焊接工艺

焊接车间流水线

车身自动化焊装

左右侧框外板与底板，及侧框与车顶横梁的固定焊接

车身车间激光焊接

车身补焊

焊后检查

涂装工艺

涂装车间

喷漆前用驼毛机清除车身内外的灰尘

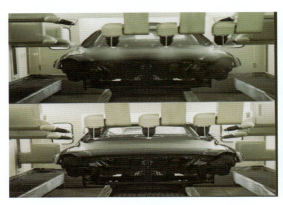

涂装车间

车身进入阳极电泳槽进行阳极电泳漆涂装

车身底部用机械手自动喷涂 PVC 防震隔热胶

喷涂后的车身

总装工艺

总装车间

总装车间可旋转的吊车架

总装车间流水线

总装车间流水线

总装车间流水线

等待检验

地铁车辆加工设备

转向架机械手

车顶密点机器人

车顶骨架机器人

激光切割机

拉弯机

车体总组成点焊

21 世纪全国高等院校汽车类创新型应用人才培养规划教材

车辆制造工艺

孙建民　编著

内 容 简 介

本书是根据车辆工程专业人才培养目标定位而编写的高校教材,在内容的选取上注重对学生在车辆结构设计中工艺能力的培养,努力简化抽象、繁复的理论,强化具体的工艺概念和工艺规程,以满足理论教学和实践教学的需要为目标。主要内容包括机械制造工艺基本概念、工件的定位和装夹方法、车辆零件制造工艺基础、车辆零件的机械加工质量、尺寸链、机械加工工艺规程的制订、汽车零件制造工艺实例、汽车整车制造工艺、轨道客车车体制造工艺等方面的制造工艺知识。

本书可作为车辆工程专业的汽车工程方向和城市轨道交通车辆方向的教材,也可作为能源与动力工程、农业机械化及其自动化、机械工程、机械设计制造及其自动化等相关专业的教材和教学参考书,还可供汽车制造、汽车服务及交通运输等领域的工程技术人员使用和参考。

图书在版编目(CIP)数据

车辆制造工艺/孙建民编著. —北京:北京大学出版社,2014.6
(21世纪全国高等院校汽车类创新型应用人才培养规划教材)
ISBN 978-7-301-24272-8

Ⅰ. ①车… Ⅱ. ①孙… Ⅲ. ①汽车—车辆制造—高等学校—教材 Ⅳ. ①U466

中国版本图书馆 CIP 数据核字(2014)第 107919 号

书　　　名：	车辆制造工艺
著作责任者：	孙建民　编著
策 划 编 辑：	童君鑫　黄红珍
责 任 编 辑：	黄红珍
标 准 书 号：	ISBN 978-7-301-24272-8/TH·0393
出 版 发 行：	北京大学出版社
地　　　址：	北京市海淀区成府路 205 号　100871
网　　　址：	http://www.pup.cn　新浪官方微博:@北京大学出版社
电 子 信 箱：	pup_6@163.com
电　　　话：	邮购部 62752015　发行部 62750672　编辑部 62750667　出版部 62754962
印 刷 者：	北京富生印刷厂
经 销 者：	新华书店
	787 毫米×1092 毫米　16 开本　21 印张　彩插 2　489 千字
	2014 年 6 月第 1 版　2014 年 6 月第 1 次印刷
定　　　价：	45.00 元

未经许可,不得以任何方式复制或抄袭本书之部分或全部内容。
版权所有,侵权必究
举报电话: 010-62752024　电子信箱: fd@pup.pku.edu.cn

前　　言

目前，随着大中型城市的快速发展，汽车和城市轨道交通车辆作为便捷的交通工具，日益受到城市建设者和市民的重视。我国的车辆工业虽然起步较晚，但近三十年的发展速度已经引起了世界各大汽车公司的关注。随着车辆设计、结构、动力等的变化，车辆的制造工艺与传统的制造工艺有了明显的不同。车辆新产品的推出速度是生产企业研发及制造能力的重要体现，这依赖于设计制造的高度现代化，尤其反映在制造工艺的柔性化和模块化上。

车辆制造工艺是保障车辆由设计图纸成为实物产品的重要支撑技术，是实现车辆技术创新的基础，是一门车辆工程领域的重要应用性技术，是车辆工程专业设置的一门主干专业基础课程。学习和从事车辆工程专业的人员，需要了解现代车辆的生产过程，掌握车辆零部件制造工艺和整车制造技术，以便在设计和生产过程中实现制造工艺的要求。本书针对车辆零部件与整车制造工艺的特点，从实际需要出发，力求跟踪车辆制造工艺的最新进展。通过该课程的学习，使学生获得车辆制造工艺的基本知识与理论，为车辆制造工艺课程设计和毕业设计打下基础；使学生掌握汽车及轨道车辆等机械结构设计中需要考虑的制造工艺要求，运用制造工艺知识分析和评价车辆零部件结构，为从事车辆设计和制造工艺工作奠定基础。

本书由机械制造工艺基础知识入手，对车辆制造过程中的工件定位和装夹方法、零件制造工艺方法、车辆零件的机械加工精度及表面质量、尺寸链、加工工艺规程的制订等方面进行了全面、系统的阐述。为了突出车辆制造的特点，兼顾目前车辆工程专业的教学需要，使学生较全面地了解车辆的制造全过程，本书重点介绍了汽车零件制造工艺实例、汽车整车制造工艺、轨道客车车体制造工艺等方面的制造工艺知识。在介绍车辆制造工艺基本理论时，力求做到既简明扼要、通俗易懂，又不失知识的系统性。在介绍具体的车辆零部件及整车制造工艺时，通过对典型实例的剖析，可以帮助读者更好地了解车辆制造工艺的规律和细节。

本书由孙建民编著，杨建伟教授主审。朱爱华参与编写了部分章节，孙建民对全书进行统稿。

在编写本书的过程中，得到了北京建筑大学机电与车辆工程学院各位领导、同事及尹玉博、周泽洋和杨云等同学的大力支持和帮助，在此表示衷心的感谢！编写过程中参阅了大量国内外同行的专著、教材、文献资料等，在此一并表示感谢。

由于编者水平有限，书中难免有疏漏和不妥之处，恳请读者批评指正。

编　　者
2014 年 2 月

目 录

绪论 ·· 1
 思考题 ·· 11

第1章 机械制造工艺基本概念 ············ 12
 1.1 生产过程和制造工艺过程 ············ 13
  1.1.1 生产过程 ························ 13
  1.1.2 制造工艺过程 ·················· 14
  1.1.3 工序 ······························ 15
 1.2 零件的加工经济精度 ··················· 17
 1.3 工艺文件 ·································· 19
  1.3.1 生产纲领和生产类型 ········ 19
  1.3.2 制造工艺规程文件 ··········· 21
  1.3.3 管理用工艺文件 ·············· 28
 思考题 ·· 29

第2章 工件的定位和装夹方法 ············ 30
 2.1 基准的概念 ······························ 31
  2.1.1 设计基准 ························ 31
  2.1.2 工艺基准 ························ 32
 2.2 工件定位的基本原理 ·················· 32
  2.2.1 工件定位的六点定位原则 ·· 33
  2.2.2 工件正确定位应限制的自由度 ··························· 33
  2.2.3 机床夹具定位元件 ··········· 36
 2.3 定位误差分析与计算 ·················· 47
  2.3.1 定位误差的定义及产生原因 ····························· 47
  2.3.2 定位误差的具体分析与计算 ····························· 49
 2.4 工件的夹紧装置 ························ 57
  2.4.1 夹紧装置的基本要求和组成 ·································· 57
  2.4.2 夹紧力的确定 ·················· 57

  2.4.3 典型夹紧机构 ·················· 59
  2.4.4 夹紧机构的动力装置 ······· 65
 2.5 机床夹具 ·································· 67
  2.5.1 专用钻床夹具 ·················· 68
  2.5.2 专用铣床夹具 ·················· 72
 2.6 夹具设计的方法和步骤 ··············· 75
  2.6.1 对专用机床夹具设计的要求 ······························· 75
  2.6.2 专用机床夹具的设计步骤 ····························· 75
  2.6.3 专用机床夹具设计实例 ···· 78
 思考题 ·· 81

第3章 车辆零件制造工艺基础 ············ 84
 3.1 车辆零件毛坯成形工艺 ··············· 85
  3.1.1 铸造 ······························· 85
  3.1.2 锻造 ······························· 89
  3.1.3 焊接 ······························· 94
  3.1.4 冲压 ······························ 100
  3.1.5 粉末冶金 ······················· 102
  3.1.6 塑料成型工艺 ················· 105
 3.2 车辆零件机械加工工艺 ·············· 107
  3.2.1 车削 ······························ 107
  3.2.2 钻削 ······························ 111
  3.2.3 铰削 ······························ 115
  3.2.4 铣削 ······························ 116
  3.2.5 镗削 ······························ 119
  3.2.6 刨削 ······························ 122
  3.2.7 磨削 ······························ 124
 3.3 车辆零件热处理工艺 ················· 127
 思考题 ······································· 128

第4章 车辆零件的机械加工质量 ········ 129
 4.1 概述 ······································· 130
  4.1.1 机械加工精度 ················· 130

4.1.2 机械加工表面质量 …… 131
4.2 零件机械加工精度 …… 132
　4.2.1 零件对加工精度的要求 …… 132
　4.2.2 加工精度的获得 …… 133
　4.2.3 工艺系统误差对加工精度的影响与控制 …… 134
　4.2.4 加工过程对加工精度的影响与控制 …… 149
　4.2.5 加工误差的统计分析 …… 156
4.3 零件机械加工表面质量 …… 165
　4.3.1 表面质量与汽车零件性能 …… 165
　4.3.2 加工工艺系统对零件表面粗糙度的影响与控制 …… 166
　4.3.3 加工工艺系统对零件表面层物理力学性能的影响与控制 …… 168
思考题 …… 172

第5章 尺寸链 …… 173

5.1 尺寸链的基本概念 …… 175
　5.1.1 尺寸链的定义 …… 175
　5.1.2 尺寸链的组成 …… 175
　5.1.3 尺寸链的分类 …… 176
　5.1.4 尺寸链的计算内容 …… 176
5.2 尺寸链计算的基本公式 …… 177
　5.2.1 封闭环基本尺寸的计算 …… 177
　5.2.2 极值法 …… 178
　5.2.3 统计法 …… 179
5.3 工艺尺寸链 …… 182
　5.3.1 基准重合时的工序尺寸计算 …… 182
　5.3.2 基准不重合时的工序尺寸计算 …… 183
5.4 装配尺寸链 …… 185
　5.4.1 装配精度 …… 185
　5.4.2 装配方法 …… 186
思考题 …… 192

第6章 机械加工工艺规程的制订 …… 194

6.1 概述 …… 195
　6.1.1 工艺规程的概念及作用 …… 195
　6.1.2 工艺规程的格式 …… 196
　6.1.3 工艺规程制订的步骤和内容 …… 199
6.2 零件的工艺性分析及毛坯的选择 …… 199
　6.2.1 零件的工艺性分析与评价 …… 199
　6.2.2 毛坯的选择 …… 202
6.3 工艺过程设计 …… 202
　6.3.1 工艺过程的组成 …… 203
　6.3.2 定位基准的选择 …… 205
　6.3.3 加工方法的选择 …… 208
　6.3.4 加工顺序的安排 …… 212
　6.3.5 工序的分散与集中 …… 214
6.4 工序设计 …… 215
　6.4.1 机床和工艺装备的选择 …… 215
　6.4.2 加工余量的确定 …… 216
　6.4.3 工序尺寸及公差的确定 …… 219
　6.4.4 时间定额的确定 …… 219
6.5 工艺方案的经济性分析 …… 220
　6.5.1 工艺成本 …… 220
　6.5.2 工艺方案的经济性评价 …… 221
　6.5.3 降低加工成本的措施 …… 221
思考题 …… 224

第7章 车辆零件制造工艺实例 …… 225

7.1 齿轮制造工艺 …… 226
　7.1.1 齿轮的结构特点 …… 226
　7.1.2 齿轮的结构工艺性分析 …… 228
　7.1.3 齿轮的机械加工工艺 …… 229
　7.1.4 齿轮主要表面的机械加工 …… 235
　7.1.5 齿轮的检验 …… 238
7.2 发动机连杆制造工艺 …… 238
　7.2.1 连杆的结构特点 …… 238

  7.2.2 连杆的结构工艺性
分析 …………………… 240
  7.2.3 连杆的机械加工工艺 …… 241
  7.2.4 连杆主要表面的机械
加工 …………………… 244
  7.2.5 发动机连杆的检验 …… 247
 7.3 发动机曲轴制造工艺 ………… 248
  7.3.1 曲轴的结构特点 ……… 248
  7.3.2 曲轴的结构工艺性
分析 …………………… 249
  7.3.3 曲轴的机械加工工艺 …… 250
  7.3.4 曲轴主要表面的机械
加工 …………………… 254
 7.4 高速客车空心车轴制造工艺 … 256
  7.4.1 空心车轴的技术要求 …… 257
  7.4.2 空心车轴的加工工艺 …… 257
  7.4.3 车轴加工专用设备 …… 258
 7.5 轨道车辆车轮制造工艺 ……… 261
  7.5.1 车轮的技术要求 ……… 261
  7.5.2 车轮轮毂孔的加工工艺 … 262
 思考题 …………………………… 263

第8章 汽车整车制造工艺 …… 264

 8.1 汽车冲压工艺 ………………… 265
  8.1.1 汽车冲压工艺特点 …… 265
  8.1.2 冲压材料 ……………… 266
  8.1.3 汽车冲压工艺方法 …… 268
  8.1.4 汽车覆盖件冲压工艺 …… 275
  8.1.5 冲压模具和冲压设备 …… 276
  8.1.6 冲压件的检验 ………… 280
 8.2 汽车焊装工艺 ………………… 281

  8.2.1 汽车焊装工艺特点 …… 281
  8.2.2 车身焊装工艺方法 …… 282
  8.2.3 车身焊装工艺 ………… 287
  8.2.4 焊装设备 ……………… 288
  8.2.5 焊装件的检验 ………… 291
 8.3 汽车涂装工艺 ………………… 292
  8.3.1 汽车涂装工艺特点 …… 292
  8.3.2 汽车涂装主要工序 …… 293
  8.3.3 汽车车身涂装工艺 …… 294
  8.3.4 涂装设备 ……………… 295
  8.3.5 涂装件的检验 ………… 299
 8.4 汽车总装工艺 ………………… 300
  8.4.1 汽车总装工艺特点 …… 300
  8.4.2 汽车总装工艺构成 …… 301
  8.4.3 汽车总装设备 ………… 303
  8.4.4 汽车总检和验收 ……… 304
 思考题 …………………………… 305

第9章 轨道客车车体制造工艺 …… 307

 9.1 概述 …………………………… 308
 9.2 客车车体组焊工艺 …………… 310
  9.2.1 底架组焊工艺 ………… 310
  9.2.2 侧墙组焊工艺 ………… 313
  9.2.3 车顶组焊工艺 ………… 315
 9.3 客车组装 ……………………… 318
  9.3.1 车体钢结构总装工艺 …… 318
  9.3.2 客车总装 ……………… 322
  9.3.3 落车检查和试运转 …… 323
 思考题 …………………………… 324

参考文献 …………………………… 325

绪 论

 本章教学目标

了解车辆生产制造过程的特点；
掌握车辆制造企业的组成及各自分工；
了解整车制造工艺内容及零部件制造工艺种类；
了解车辆制造的新技术、新工艺及发展趋势。

 本章教学要点

知识要点	掌握程度	相关知识
车辆制造企业	了解专业化部件生产厂特点 了解附件及零部件加工厂特点 重点掌握整车总装车辆生产线	附件及零部件加工厂特点 整车总装车辆生产线装备
整车制造工艺	了解冲压、焊装、涂装和总装四大典型制造工艺内容	整车制造工艺内容
车辆零部件制造工艺	了解常用车辆零部件制造工艺种类	车辆零部件制造工艺种类
车辆制造新技术、新工艺	了解车辆制造的新技术、新工艺及发展趋势	车辆制造新技术、新工艺特点及应用

车辆制造工艺

导入案例

焊接机器人最适用于多品种高质量的生产方式,目前已广泛应用在汽车制造业,汽车车身、底盘、座椅骨架、导轨、消声器及液力变矩器等焊接件均使用了机器人焊接,尤其在汽车底盘焊接生产中,机器人焊接得到了广泛的应用,如图0.1所示为车身焊接机器人。国内生产的桑塔纳、帕萨特、别克、赛欧、波罗等轿车的后桥、副车架、摇臂、悬架、减振器等底盘零件大都是以MIG焊接工艺为主的受力安全零件,主要构件采用冲压焊接,板厚平均为1.5~4mm,焊接主要以搭接、角接接头形式为主,焊接质量要求相当高,其质量直接影响到轿车的安全性能。应用机器人焊接后,大大提高了焊接件的外观和内在质量,并保证了质量的稳定性,降低了劳动强度,改善了劳动环境。

图0.1 车身焊接机器人

车辆行业的发展直接取决于车辆的设计、制造、运用和维修的技术水平,其中车辆制造技术是将车辆设计图纸变为实体产品的重要技术保障,是一个从产品设计——进入市场——返回产品设计的大系统。车辆制造已经不是传统意义上的机械加工,它是集机械、电子、光学、信息科学、材料科学、生物科学、激光学、管理学等最新成就为一体的一个新兴技术与新兴工业。

车辆制造工艺是研究车辆加工制造的过程和方法、讲究质量和效率、面对生产实际的应用科学。车辆制造过程和制造方法对车辆产品质量的影响是车辆制造工艺学研究的核心内容。通过研究车辆零件的加工和车辆产品的装配,解决车辆制造工艺学的三个基本问题,即生产过程中的质量、生产率和经济性的问题。

1. 车辆制造特点

车辆的生产制造过程虽然与其他机械产品一样,均由原材料——毛坯——加工——装配成总成,但由于车辆的种类和型号众多,结构复杂,零部件数量众多,同时具有生产批量大和生产效率高的特点,使得车辆零部件生产具有专业化、标准化和高度自动化的特点,整车生产具有集团化、机械化和电子化的特点。另外,车辆生产制造过程中涉及铸造、锻造、机械加工、冲压、焊接、热处理、化工油漆、轻工纺织、电子电器等生产领域,是一个多学科、跨专业、综合性的生产制造过程。

2. 车辆制造企业

1) 专业化部件生产厂

针对道路车辆产品,组成汽车的大型部件,如发动机、变速器、传动系统、减振器、制动系统、散热器等,均由专门的生产厂进行生产,生产过程高度自动化、生产管理现代化、产品标准化和系列化,以保证整车生产厂的配套供应。

2) 附件及零部件加工厂

这些厂负责制造高质量、互换性强的附件和零件，应具有生产批量大和生产效率高的现代车辆生产设备及生产能力，充分满足成车和大型部件的需要，同时满足车辆售后服务市场的需求。

3) 车辆制造总厂

车辆成品的生产制造水平直接决定着车辆生产的质量和产量，这些厂具有自动化程度高、生产效率高的整车总装车辆生产线。

（1）车辆板件冲压生产线。车辆板件的冲压成形，特别是汽车类车身大型覆盖件的成形，需要拥有大吨位压力机，冲压中心作业线应配置物料装卸操作机器人，尽量或完全避免人手干预的、自动化程度高的生产线。

（2）车身装焊自动生产线。生产线上设置专用工装配置现代制造的工艺机器人，采用现代焊接设备，生产线在计算机控制中心站的监控下，能实现全方位的自动装配、自动焊接和质量检测与控制。

（3）车身涂装生产线。目前，对于汽车车身而言，属于多层涂装，包括涂装前的表面处理（清洗、脱脂、磷化、钝化）、底漆、中间涂料和面漆等复杂的涂装工艺，只有采用高效的涂装方法和工艺，才能保证车身的表面涂装既有极高的装饰性，又具有较强的耐久性。

（4）整车装配生产线（车辆总装线）。采用自动化的专用工具和计算机控制传输的高节奏装配线。

（5）车辆检测线。汽车产品的检测线上需要配置的仪器设备，包括制动试验台、灯光校正仪、汽油机 CO/HC 分析仪、柴油机烟度仪、侧滑试验台、速度表试验台和测试车道等。

车辆制造总厂作为车辆生产制造的基本体系，是生产集团化所需的必要硬件条件，也是高质量、高效率和大批量生产现代车辆的重要保证。

3. 车辆制造工艺

车辆产品主要包括道路车辆和轨道车辆，其中包含汽车、拖拉机、机车车辆、军用车辆及其他工程车辆等陆上移动机械设备。下面以汽车制造生产过程为例进行介绍。

1) 整车制造工艺

现代化的汽车整车生产企业，其生产过程均包括冲压、焊装、涂装和总装四大典型制造工艺。

（1）冲压工艺。冲压工艺是建立在金属塑性变形的基础上的，在常温条件下利用模具和冲压设备对板料施压加工，使其产生塑性变形，以获得形状、尺寸和性能均符合设计要求的结构件或覆盖件。

冲压工艺的生产设备主要有开卷剪切自动线、冲压生产线、垛料翻转机、模具研配机及适当的其他修模设备，可以完成卷料存放、开卷、校平、剪切、落料、堆垛、冲压件的拉深、成形、整形、修边、冲孔、翻边等工艺，以及冲压件的存放及发送的整套工艺过程。汽车冲压车间如图 0.2 所示。

（2）焊装工艺。焊装工艺是车辆制造中应用范围最广泛的工艺之一，汽车焊装生产线如图 0.3 所示。车辆的焊接工艺通常是指在车身制造过程中，将冲压成形的车身结构件和覆盖件，用焊接加工的方式将其组合成不可拆卸的、具有完整功能的结构件或汽车白车身的加工工艺过程。

车辆制造工艺

图 0.2　汽车冲压车间

图 0.3　汽车焊装生产线

在车辆制造公司的焊装车间，焊装生产线大多为柔性设计，且机械化、自动化程度通常很高。

（3）涂装工艺。对于轿车生产企业来说，涂装车间通常是自动化程度最高、生产环境要求最严格的场所。涂装生产设备多采用轻钢结构、全面封闭、强制通风换气、自然光照及局部人工照明相结合的采光方式。

涂装工艺主要由前处理、电泳线、密封底涂线、中涂线、面涂线、精修线及烘干系统等组成。全线工件输送系统多采用空中悬挂和地面滑橇相组合的机械化输送方式。汽车喷涂车间如图 0.4 所示。

（4）总装工艺。总装是车辆制造过程中最后一个工艺环节，对于汽车生产厂家，总装线 100% 采用柔性生产方式，以适应多车型、多品种的混流生产。汽车总装工艺包括物流、输送、装配、下线检测等多个生产环节。汽车总装车间如图 0.5 所示。

图 0.4　汽车喷涂车间

图 0.5　汽车总装车间

2）零部件制造工艺

车辆的制造过程是指把汽车原材料转变为汽车产品的全过程，也可以更广泛地认为是从产品设计开始到成品出厂的全过程。由于车辆零件精度高、结构复杂、产量大，对零部件的安全性、可靠性及零部件之间的互换性要求高，所以车辆制造业与其他机械制造业相比，具有一定的特殊性。

车辆零部件的生产所涉及的工艺内容远比整车生产多，按照工艺特点可将其分为毛坯制造、机械切削加工、少无屑加工、表面强化处理、复合材料加工五大类。

（1）毛坯制造：毛坯制造中的铸、锻、焊三大工艺在机械制造行业常被统称为金属材料的热加工，其工艺特点是通过加热的工艺手段，将各种不同的金属材料转换成形状、尺寸符合后续工艺过程要求的零件毛坯。

（2）机械切削加工：车辆零部件中有大量高精度的功能件和运动部件，其中绝大多数都需要通过机械切削加工的方法达到形状和尺寸的精度要求，如汽车发动机和变速器零部件的加工是机械切削加工中最典型的。

（3）少无切屑加工：传统的机械制造工艺大多采用切削加工的方法，制造有尺寸、形状与位置精度要求的零件，生产过程中坯料质量的30%左右变成了切屑。这不仅浪费大量的材料和能源，而且占用大量的机床和人力。少无切屑加工是指在机械制造过程中用精确成形方法制造零件的工艺，其加工工艺包括精密锻造、冲压、精密铸造、粉末冶金、工程塑料的压塑和注塑等，其中注塑成型在汽车零部件制造中占有十分重要的地位。为了减轻汽车的质量、降低汽车整体成本，汽车上大量采用塑料件，如仪表台、车身内饰、汽车保险杠等。

（4）表面强化处理：表面强化处理有表面机械强化和热处理强化两种类型，为了提高车辆的零部件使用寿命，实现汽车的轻量化，几乎所有的车辆零部件都需要进行表面强化处理。

（5）复合材料加工：为了保证车辆具有良好的乘坐舒适性，车内采用了大量的消声隔热件，如排气管隔热板、车顶隔热层、发动机隔声隔热层等。汽车上几乎所有的隔热隔声件都采用复合材料压制而成。

车辆制造涉及的制造工艺主要包括铸造、锻造、冲压、焊接、金属切削加工、检验、热处理、装配、整车试验等。汽车产品的基本生产过程如图0.6所示。

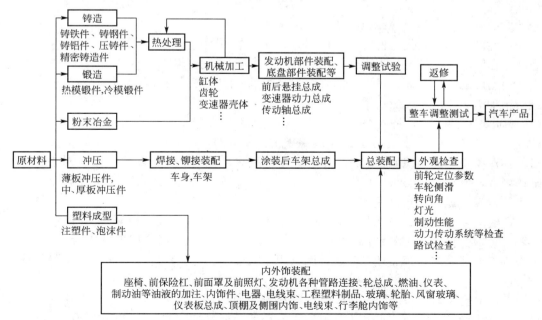

图0.6　汽车产品的基本生产过程

(1) 铸造。铸造是将熔化的金属浇灌入铸型空腔中，冷却凝固后获得产品的生产方法。在汽车制造过程中，采用铸铁制成毛坯的零件很多，约占全车质量的10%，如气缸体、变速器箱体、转向器壳体、后桥壳体、制动鼓、各种支架等。

(2) 锻造。锻造分为自由锻造和模型锻造。自由锻造是将金属坯料放在铁砧上承受冲击或压力而成形的加工方法。汽车的齿轮和轴类零件的毛坯就是用自由锻造的方法加工的。模型锻造是将金属坯料放在锻模的模膛内，承受冲击或压力而成形的加工方法。与自由锻相比，模锻所制造的工件形状更复杂，尺寸更精确。模锻件的典型例子是发动机连杆和曲轴、汽车前轴、转向节等。

(3) 冲压。冷冲压或板料冲压是使金属板料在冲模中承受压力而被切离或成形的加工方法。采用冷冲压加工的车辆零件有发动机油底壳、制动器底板、车架及大多数车身零件。这些零件一般都经过落料、冲孔、拉深、弯曲、翻边、修整等工序而成形。冲压加工的生产率很高，并可制造形状复杂而且精度较高的零件。

(4) 焊接。焊接是将两片金属局部加热或同时加热、加压而结合在一起的加工方法。对于汽车车身制造，点焊应用最广，适于焊接薄钢板。

(5) 金属切削。金属切削加工是用刀具将金属毛坯逐层切削，使工件得到所需要的形状、尺寸和表面粗糙度的加工方法。金属切削加工包括钳工和机械加工两种方法。钳工是工人用手工工具进行切削的加工方法，操作灵活方便，在装配和修理中被广泛应用。机械加工是借助于机床来完成切削的，包括车、刨、铣、钻和磨等方法。

车削：在车床上用车刀加工工件的工艺过程。车床适于切削各种旋转表面，如内、外圆柱或圆锥面，还可以车削端面。许多轴类零件及齿轮毛坯都是在车床上加工的。

刨削：在刨床上用刨刀加工工件的工艺过程。刨床适于加工水平面、垂直面、斜面和沟槽等。发动机的气缸体和气缸盖的接合面、变速器箱体和盖的配合平面等都是用刨床加工的。

铣削：在铣床上用铣刀加工工件的工艺过程。铣床可以加工斜面、沟槽，甚至可以加工齿轮和曲面等。汽车车身冷冲压的模具都是用铣削加工的。

钻削和镗削：加工孔类零件的主要切削方法。

磨削：在磨床上用砂轮加工工件的工艺过程。磨削是一种精加工方法，可以获得高精度低表面粗糙度的工件，而且可以磨削硬度很高的工件。一些经过热处理后的零件，均用磨床进行精加工。

(6) 热处理。热处理是将固态的钢重新加热、保温或冷却而改变其组织结构，以满足零件的使用要求或工艺要求的方法。加热温度的高低、保温时间的长短、冷却速度的快慢，可使钢产生不同的组织变化。热处理工艺包括退火、正火、淬火和回火等。例如，针对气缸体内孔，既要保留心部的韧性，又要改变表面的组织以提高硬度，就需要采用表面高频淬火或渗碳、氮化等热处理工艺。

(7) 装配。装配是按一定要求，用连接零件(螺栓、螺母、销或卡扣等)把各种零件相互连接和组合成部件，再把各种部件相互连接和组合成整车。无论是把零件组合成部件，或是把部件组合成整车，都必须满足设计图纸规定的相互配合关系，以使部件或整车达到预定的性能。

(8) 车辆试验。车辆的设计、制造过程始终离不开试验，针对设计思想、理论计算、初步设计、技术设计、汽车定型和生产过程等各环节，都要进行大量的试验。例如，汽车试验包括整车性能试验、燃料经济性试验、操纵稳定性试验、平顺性试验、通过性试验、安全性试验等。除了某些研究性试验外，车辆产品试验均应遵循一定的标准和规范，对试验条件、试验方法、测试仪器及其精度、结果评价等进行限定，以确保试验结果的再现性和可比性。同时需要注意的是不同国家甚至不同厂家的试验规范可能不同，因此在研究某种产品的试验数据时，必须弄清试验所依据的规程和相关国家或行业标准。

4. 车辆制造的新技术新工艺

近年来车辆产业处于高速发展时期，其中车辆制造技术与工艺进步明显。下面介绍几种现代车辆制造的新技术新工艺。

1) 高速干式切削加工工艺

高速干式切削加工是在无冷却、无润滑油剂的作用下，采用很高的切削速度进行切削加工。它采用压缩空气或其他类似的方法移去切屑，以控制工作区域的温度。实践证明，当切削参数设置正确时，切削所产生热量的 80% 可被切屑带走。

高速干式切削法有如下优点：首先，由于它省去了油屑分离过程，无冷却润滑油箱和油屑分离装置及相应的电气设备，因此，机床结构紧凑。其次，这种方法极大地改善了加工环境，加工费用也大大降低。为进一步延长刀具使用寿命，提高工件质量，可在齿轮干式切削过程中，每小时使用 10～1000mL 润滑油进行微量润滑。这种方法产生的切屑可以认为是干切屑，工件的精度、表面质量和内应力不受微量润滑油的负面影响，还可以用自动控制设备进行过程监测。

高速干式切削加工已成为各类齿轮制造工艺发展的新趋势。只要工艺参数选择合理，并采用新型的硬质合金刀具高速切削，可使加工时间大大缩短，刀具寿命更长。高速干式切削法对刀具有严格的要求：①刀具应具有优异的耐高温性能，可在无切削液条件下工作，新型硬质合金、聚晶陶瓷和 CBN 等切削材料是干式切削刀具的首选材料；②切屑和刀具之间的摩擦系数要尽可能小（最有效的方法是刀具表面具有涂层），并辅以排屑良好的刀具结构，减少热量堆积；③干式切削刀具还应具有比湿式切削刀具更高的强度和抗冲击韧性。

日本三菱公司推出了世界上第一套干式滚切系统。它采用的切削速度是传统滚切速度的若干倍，可达 200m/min。这一系统在加工汽车末级传动齿轮、大型重载齿轮、汽车小齿轮及行星齿轮时效果都很理想，生产成本至少降低 40%。

美国格里森公司用硬质合金滚刀在 Phoenix 机床上用干式切削法加工锥齿轮，与传统的高速钢刀具湿式切削法相比，切削时间可减少 50%，而且齿轮的表面粗糙度显著降低，几何精度大大提高。

干式切削和湿式切削相比，不但极大地提高了机床生产效率，降低了工件加工成本，而且有利于保护环境，节约自然资源。

2) 无屑加工工艺

无屑加工的内容较丰富，且应用范围呈现出逐渐扩大的趋势。目前，汽车产业应用无屑加工工艺最成功的案例是利用摆动辗压成形工艺加工汽车齿轮、离合器盘毂、轴承、万向节等。

摆动辗压加工又称旋转锻造（Rotaryforging）、轨道成形（Orbitalforging）、摆动锻造等，是当今世界上迅速发展起来的一种新型高精度、高效率无切削金属成形工艺。美国、瑞士、德国、日本等工业发达国家已广泛应用于汽车、摩托车、电器等相关专业。我国在 20 世纪 90 年代开始引进具有国际先进水平的摆辗设备，如瑞士 SCHMID 公司的 T200、

T400、T630冷成形摆辗机等。

摆动辗压加工采用连续局部加载成形的方法生产锻件,与其他生产工艺中锻件成形方法相比具有以下明显优点。

(1) 锻件成形的变形力仅为常规锻造方法变形力的 1/20～1/5,因此加工过程的能耗小。

(2) 锻件可在冷态、温态或热态下成形,摆动辗压能使锻件毛坯变形均匀,金属纤维流向更趋合理,提高尺寸精度并降低表面粗糙度,实现无屑加工,节省原材料。

(3) 可单机也可组线生产,易实现生产过程的机械化和自动化。

(4) 特别适合于其他锻造工艺难以生产的薄且形状复杂的盘饼或半轴法兰类锻件的生产。

(5) 采用非冲击锻压加工方式,运行中振动和噪声小,工作条件良好,对车间厂房及动力供应设施均无特殊要求。

(6) 设备结构简单、体积小、质量轻、操作简便、使用可靠、价格便宜、一次性投资少。

(7) 可采用镶块模,模座模套可通用,生产不同产品时,只需更换模芯(镶块),模具结构简单、体积小、易造易装、节约模具用钢。

(8) 锻件生产成本低,企业经济效益和社会效益高。

因此,摆动辗压生产工艺设备受到世界各国的重视,尤其是近年来得到了迅速发展和广泛应用。

3) 激光焊接工艺

激光焊接是以高功率聚焦的激光束为热源,采用偏光镜反射激光产生的光束,使其集中在聚焦装置中产生高能量的光束,将高强度的激光束辐射至金属表面,通过激光与金属的相互作用,金属吸收激光转化为热能使金属熔化,冷却结晶形成焊缝而实现焊接,其原理如图 0.7 所示。

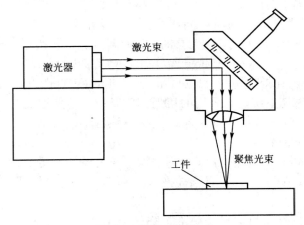

图 0.7 激光焊接原理

对于轨道客车的车体而言,不锈钢车体电阻点焊是将重叠构件用点焊方法的间断连接,而使用激光焊接,焊缝是连续的线结合方式,可有效保证车体结构的密封性。激光焊接的焊接速度可达到 5～20m/min,与点焊相比,激光焊接的热变形区域很窄,且由于是非接触焊工艺,因此不会产生点焊中伴有的焊件机械扭曲。

电阻点焊一般是对双面板材进行焊接,需要预留足够的焊接边缘,并使焊枪能够达到翻边的两侧。激光焊接只需对翻边的一面进行焊接,可以大大减小预留焊接的边缘,减少这些材料可以使整个车身的自身质量减轻,并使车身的设计更具弹性。目前,日本已将激光焊接技术应用到不锈钢轨道车辆车体侧墙的焊接生产中,并且实现了批量生产。

根据焊接机理的不同,激光焊接包括热传导焊接和激光深熔焊两种类型。

(1) 热传导焊接:当激光照射在材料表面时,一部分激光被反射,另一部分被材料吸收，将光能转化为热能而使材料加热熔化，材料表面层的热以热传导的方式继续向材料深处传递，最后将两焊件熔接在一起。

(2) 激光深熔焊：当功率密度比较大的激光束照射到材料表面时，材料吸收光能转化为热能，被加热熔化至汽化，产生大量的金属蒸气，在蒸气退出表面时产生的反作用力作用下，熔化的金属液体向四周排挤，形成凹坑，随着激光的继续照射，凹坑穿入更深，当激光停止照射后，凹坑周边的熔液回流，冷却凝固后将两焊件焊接在一起。

对于这两种焊接方法，可根据实际的材料性质和焊接需要来选择，通过调节激光的各焊接参数得到不同的焊接机理。这两种方式的区别在于前者熔池表面保持封闭，而后者熔池则被激光束穿透成孔。传导焊对系统的扰动较小，因为激光束的辐射没有穿透被焊材料，所以在传导焊过程中焊缝不易被气体侵入。而深熔焊时，小孔的不断关闭能导致气孔。传导焊和深熔焊的方式也可以在同一焊接过程中相互转换，由传导方式向小孔方式的转变，取决于施加在工件的峰值激光能量密度和激光脉冲持续时间。

激光焊接与其他传统焊接技术相比，具有许多独特的优点。

① 速度快、深度大、变形小。

② 能在室温或特殊条件下进行焊接，激光通过电磁场时，光束不会偏移，焊接设备简单。

③ 激光在真空、空气及某种气体环境中均能施焊，并能通过玻璃或对光束透明的材料进行焊接。

④ 可焊接难熔材料，如钛、石英等，并能对异性材料施焊，效果良好。

⑤ 激光聚焦后，功率密度高，当采用高功率器件焊接时，深宽比可达 5∶1，最高可达 10∶1。

⑥ 可进行微型焊接，激光束聚焦后可获得很小的光斑，且能精确定位，可用于大批量自动化生产的微、小型工件的组焊中。

⑦ 可焊接难以接近的部位，进行非接触、远距离焊接。尤其是近几年，由于在 YAG(钇铝石榴石)激光加工中采用了光纤传输技术，使激光焊接获得了更为广泛的推广和应用。

⑧ 激光束易实现光束按时间与空间分光，能进行多光束同时加工及多工位加工，为更精密的焊接提供了条件。

由于激光焊接具有上述诸多优点，因此在汽车、电子、生物医学、机械制造、粉末冶金等多领域得到了广泛应用。激光焊接在汽车产业中应用最多的是对聚合物工件及车身覆盖件与结构件的焊接。

激光-电弧复合焊是激光和电弧同时向被焊区输入能量，同时作用于焊缝区的焊接方法。通过激光与电弧的相互作用，充分发挥了两种热源各自的优势，激光吸引、压缩电弧，降低了电弧电压，提高了电弧的电流密度，从而增大了焊缝熔深，同时可提高焊接过程的稳定性。电弧降低了激光焊接对工件装配精度的要求，同时可提高工件对激光能量的吸收率。激光与电弧的复合，形成了一种新的高效焊接热源，在激光-电弧复合热源焊接过程中，激光与电弧的相互作用，提高了激光、电弧能量的利用率，焊缝的深宽比大。在获得相同焊接熔深的条件下，采用激光-电弧复合热源进行焊接时，焊接速度比单独采用电弧焊时的焊接速度显著地提高。同时，激光-电弧复合焊的焊接热输入减小，焊缝热影响区小，焊后变形也随之减小，特别在进行大厚板的焊接过程中，由于采用复合热源，焊道数减少，焊后矫形的工作量也相应减少。

此外，由于激光与电弧的相互作用，焊接过程的稳定性得到了明显提高，甚至可以在进行激光—MAG(熔化极活性气体保护焊)复合焊接时实现无飞溅焊接,且电弧热作用范围较大,温度梯度小,导致复合热源焊接凝固、冷却速度变得平缓,从而有利于气体的逸出,减少或消除气孔和裂纹的生成。

无论是从焊接质量、焊接生产效率、焊接技术需求方面考虑,还是从降低焊接生产成本方面来考虑,激光-电弧复合热源焊接技术已经在汽车、船舶、航天航空、石油管道等方面得到了实际应用,另外,在轨道车辆转向架构架的焊接上也具有推广应用潜力和良好的发展前景。

4) 超声波焊接

超声波焊接的原理是将由超声波发生器产生的20kHz(或15kHz)高压、高频信号,经换能系统将其转换为高频机械振动施加到工件上,通过工件表面及内在分子间的摩擦使接口的温度升高。当温度达到工件自身的熔点时,接口处迅速熔化,继而填充于接口间的空隙,当振动停止,工件同时在一定的压力下冷却定形。超声波焊接具有以下几方面特点。

(1) 可焊接的材料范围广,可用于同种金属材料,特别是高导电、高导热性的材料(如金、银、铜、铝等)和一些难熔金属的焊接;也可用于性能(如导热、硬度、熔点等)相差悬殊的异种金属材料、金属与非金属、塑料等材料的焊接;还可以实现厚度相差悬殊及多层箔片等特殊结构材料的焊接。

(2) 焊件不通电,不需要外加热源,接头中不出现宏观的气孔等缺陷,不生成脆性金属化合物,不会出现如电阻焊容易出现的熔融金属喷溅等现象。

(3) 焊缝金属的物理和力学性能不发生宏观变化,其焊接接头的静载强度和疲劳强度都比电阻焊接头高,稳定性好。

(4) 被焊金属表面氧化膜或涂层对焊接质量影响较小,焊前对焊件表面的处理简单。

(5) 形成接头所需电能少,仅为电阻焊的5%,焊件变形小。

(6) 不需要添加任何粘结剂、填料或溶剂,具有操作简便、焊接速度快、接头强度高、生产效率高等优点。

超声波焊接的主要缺点是受设备功率的限制,焊件一般不能太厚,接头形式常采用搭接接头,无法实现对接接头的焊接。

在汽车产业,超声波焊接主要用于塑料件及内外装饰件的焊接,如汽车保险杠、门内板和电线束等。

5) 搅拌摩擦焊

搅拌摩擦焊是一种纯热力锻造的固相连接方法,利用轴肩、搅拌针与工件间的摩擦热使接合面处的金属塑性软化,热塑化的金属在搅拌头和轴肩的共同牵引、搅拌作用下向后转移、填充形成锻造的固相焊缝,其原理及焊缝如图0.8所示。

与传统的弧焊相比,搅拌摩擦焊焊接薄板的速度比MIG(熔化极惰性气体保护焊)焊快1倍,对于厚板结构,搅拌摩擦焊接速度和MIG焊相差不大,但MIG焊接层数多,一次成功概率小,综合焊接生

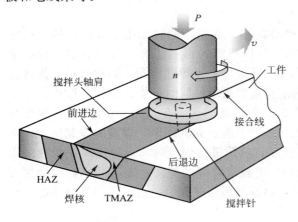

图0.8 搅拌摩擦焊原理图

产速度是 MIG 焊的 5 倍以上。

搅拌摩擦焊接头强度高、缺陷率低，无需焊丝和保护气体，降低了生产成本，生产不受车间温度和空气相对湿度的影响，能够保证生产进度。此外，由于搅拌摩擦焊为非熔化焊，焊接热输入小，焊接变形远小于传统 MIG 焊，焊后调修的工作量减少了近 50%，大大减小了操作者的劳动量，且焊接过程中无飞溅、无烟尘、无弧光，使工作人员和环境免受危害。

目前，部分轨道车辆企业已对此焊接工艺在铝合金车体上的应用开展了基础研究，并取得了一定的成果。

6) 冷金属过渡焊

冷金属过渡焊接 (CMT) 技术是一种无焊渣、无飞溅的新型焊接工艺技术。在熔滴短路过渡时，数字式焊接控制系统可根据电弧生成的开始时间自动减小焊接电流，直到电弧熄灭，同时焊丝的回抽运动利于熔滴脱落。在熔滴从焊丝上滴落之后，数字式焊接控制系统再次提高焊接电流，进一步将焊丝向前送出。之后，重新生成焊接电弧，开始新一轮的焊接过程。

这种"冷-热"交替变化大大减少了焊接热输入，CMT 工艺的焊接热输入小、焊接变形小、无飞溅；搭桥能力好、对装配间隙要求低；焊接速度高、焊缝外形均匀一致，尤其适用于薄板的焊接。在进行轨道车辆不锈钢车体焊接时，采用 CMT 钎焊焊接厚 0.6mm 波纹顶板和车顶边梁、风机座等上面的大长焊缝，可最大限度地减小波纹板的变形，减小焊后清理的工作量。

7) 激光热处理工艺

激光热处理工艺是利用高功率密度的激光束对金属表面进行强化处理的方法，它可以对金属实现相变硬化（或称表面淬火、表面非晶化、表面重熔淬火）、表面合金化等表面改性处理，达到用传统表面淬火方式所达不到的良好力学性能。经激光处理的金属表面硬度，对于铸铁可以达到 60HRC 以上，中、高碳钢可达 70HRC 以上。激光热处理技术与其他热处理（如高频淬火、渗碳、渗氮等）传统工艺相比具有以下特点。

(1) 无需使用外加材料，仅改变被处理材料表面的组织结构，处理后的改性层具有足够的厚度，可根据需要调整深浅，一般可达 0.1~0.8mm。

(2) 处理层和基体结合强度高。激光处理表面的改性层和基体材料之间是致密的冶金结合，处理层表面是致密的冶金组织，具有较高的硬度和耐磨性。

(3) 被处理工件的变形极小。由于激光功率密度高，与零件的作用时间很短（10^{-7} ~ 10^{-3}s），零件的热变形区和整体变化都很小，故特别适合于高精度零件的处理。

(4) 加工柔性好，适用面广。利用灵活的导光系统可随意将激光导向任何处理部位，从而可方便地实现对深孔、内孔、盲孔和凹槽等的处理和选择性的局部处理。

激光热处理已在汽车产业得到了较广泛的应用，如发动机缸体缸套、曲轴轴颈、齿轮与齿轮轴的热处理等。

思 考 题

1. 车辆制造企业的组成及各自分工是什么？
2. 常用车辆零部件制造工艺种类有哪些？
3. 简述冲压、焊装、涂装和总装四大典型制造工艺内容。
4. 论述车辆制造的新技术、新工艺及发展趋势。

第1章 机械制造工艺基本概念

 **本章教学目标**

了解机械设备的生产过程和制造工艺过程的概念和组成；
掌握零件机械加工工序的划分，安装、工位、工步和进给工序的特点；
了解影响零件加工经济精度的因素；
了解各种生产类型的生产纲领及工艺特点。

 **本章教学要点**

知识要点	掌握程度	相关知识
生产过程和制造工艺过程	了解生产过程特点 了解和制造工艺过程特点 重点掌握汽车生产过程流程	生产过程和制造工艺过程的分类 汽车生产过程流程
工序	掌握安装、工位、工步和进给工序的特点	工序的分类
零件加工经济精度	了解加工精度与成本的关系 了解加工精度与加工方法的选择	影响零件加工经济精度的因素
生产纲领及工艺特点	了解各种生产类型的生产纲领及工艺特点	不同生产类型的生产纲领及工艺特点 制造工艺规程文件

机械制造工艺基本概念 第1章

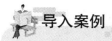
导入案例

近几十年来，随着机械制造工艺的进步，各种新技术在不断发展和应用。尤其是以数控机床发展为先导，即以数控机床专业化或者是以专用机床数控化来解决柔性和高效率的矛盾。目前，汽车零部件的生产大多采用高速加工中心组成的敏捷生产系统。欧美及日本等国不仅掌握了设备制造的专用技术，而且都非常重视汽车制造工艺流程的开发，能够实现交钥匙工程，机床可靠性指标极为先进，制造成本不断降低，新产品投放周期大大缩短。汽车制造机械加工技术的研究应用及装备本地化是我国汽车产业的历史使命。现用于加工轿车发动机、变速器等关键零件的多数加工工艺，突破了传统的加工理念，机床也突破传统的结构形式。概括讲，其机床结构设计以各种高速多刀、专用成形刀具和加工工艺为主导，以满足整条生产线各加工工位、加工工序生产节拍的均衡及稳定的质量与精度要求，实现在一次往复走刀过程中，高速加工零部件。目前我国机械加工新技术的研究应用发展很快，有一批厂家生产的装备已接近国际先进水平，如东风公司设备制造厂生产的PM400Ⅱ高速加工中心，大连亿达、沈阳数控等厂家生产的加工中心及专用数控自动线在先进发动机总成的零件加工中都已应用。另外，国内很多机床厂已生产出接近国际水平的各种数控机床产品，并且已经掌握了生产线集成技术。

1.1 生产过程和制造工艺过程

车辆工业是国家的支柱产业，在推动社会进步和国民经济发展中起着重要作用。道路车辆的生产特点是产量大、品种多、质量要求高、涉及行业广。因此，现代车辆制造企业都必须采取专业化分工与协作的方式组织规模化、多品种生产，以提高劳动生产率，保证产品质量，降低生产成本，满足用户需求。

1.1.1 生产过程

在机械制造厂制造机器时，将原材料转变为成品的全过程称为生产过程，它包括原材料的运输和保存、生产技术准备工作、毛坯的制造、零件的加工与热处理、部件和整机的装配、机器的检验调试、机器的油漆和包装等。

机械设备的生产过程主要由基本生产过程、辅助生产过程、服务与技术准备生产过程等组成。它们是有机联系的环节，互相影响、互相作用、缺一不可。汽车生产过程流程如图1.1所示。

1. 基本生产过程

基本生产过程是指毛坯（铸件、锻件、冲压件等）的制造、零件的机械加工、毛坯和零件的热处理、总成（或部件）及整车装配的过程。它是车辆生产的中心环节。

2. 辅助生产过程

辅助生产过程是指在生产过程中，为保证基本生产过程能正常进行所需要的动力（压

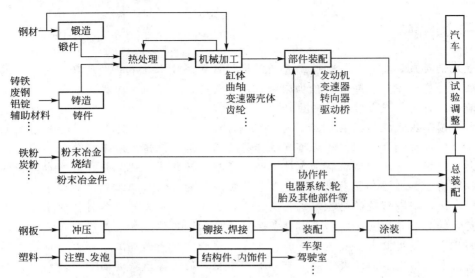

图1.1 汽车生产过程流程图

缩空气、蒸汽、煤气等）、配电、机床设备及工艺装备的生产准备等过程。

3. 服务与技术准备生产过程

服务与技术准备生产过程是指为保证生产过程正常进行和产品质量所必需的材料、毛坯、半成品及零部件的采购、运输、保管、质量检验、性能测试、产品销售及售后服务、信息服务、产品设计等过程。

1.1.2 制造工艺过程

在机器的生产过程中，改变生产对象的形状、尺寸、相对位置和性质等，使其成为成品或半成品的过程称为工艺过程。以工艺文件的形式确定下来的工艺过程称为工艺规程。由原材料经浇铸、锻造、冲压或焊接而成为铸件、锻件、冲压件或焊件的过程，分别称为铸造、锻造、冲压或焊接工艺过程，统称为毛坯成形工艺过程。将铸件、锻件毛坯或钢材经机械加工方法，改变它们的形状、尺寸、表面质量，使其成为合格零件的过程，称为机械加工工艺过程。在热处理车间，对机器零件的半成品通过各种热处理方法，直接改变它们的材料性质的过程，称为热处理工艺工程。将合格的机器零件和外购件、标准件装配成组件、部件和机器的过程，称为装配工艺过程。

1. 毛坯成形工艺过程

毛坯成形工艺过程是将原材料通过铸造或冲压等方法制成一定形状和尺寸的铸件或锻件或冲压件毛坯的工艺过程，包括塑料成形工艺、粉末冶金成形工艺，统称为毛坯形状获得工艺。例如，汽车零件制造中的发动机气缸体、变速器箱体、后桥壳等铸件毛坯；连杆、万向节、主减速器中的主动锥齿轮等锻件毛坯；车身各部件、车架纵横梁等冲压件毛坯。

2. 机械加工工艺过程

机械加工工艺过程是指在金属切削机床设备上利用切削刀具或其他工具，在机械力的作用下将毛坯或工件加工成零件的工艺过程。它是进一步改变毛坯形状和尺寸的过程，也称为提高零件尺寸精度和表面质量的工艺。例如，在零件制造中常用的车削、铣削、钻削、刨削、镗削、磨削、拉削、铰削、抛光、研磨超精加工和齿轮轮齿加工中的滚齿、插齿、剃齿和拉齿，以及无屑加工中的辊挤压、轧制和拉拔等。

3. 热处理工艺过程

热处理工艺过程是指用热处理方法(如退火、正火、调质、淬火、回火、表面热处理等)，改变毛坯或零件的使用性能和工艺性能，挖掘材料的性能潜力，提高产品质量，延长使用寿命的工艺过程。例如，车辆零件制造中的铸锻件毛坯的退火或正火，齿轮的表面淬火与回火等。

4. 装配工艺过程

装配工艺过程是指将半成品或成品通过焊接、铆接、粘接等方式连接成部件，或将零件按一定装配技术要求装配成部件(总成)或整车的工艺过程，也称为连接与装配工艺过程，是改变零件、部件或总成间相对位置的过程。例如，车架、发动机、变速器、车身等总成的装配和整车的装配。

1.1.3 工序

无论哪一种工艺过程，都是按一定的顺序逐步进行的。为了便于组织生产，合理使用设备和人力，以确保产品质量和提高生产效率，每一种工艺过程又可划分为一系列工序。

机械加工及装配工艺过程，都是由按一定顺序排列的若干道工序所组成的。工序是组成工艺过程的最基本单元。

1. 工序及其划分

工序是指一个(或一组)工人，在一个工作地(机床设备)上，对同一个(或同时对几个)工件所连续完成的那一部分工艺过程。工序划分的主要依据是工作地是否改变和加工是否连续完成(顺序或平行加工)。如图 1.2 所示为变速器输入轴毛坯大、小头两端面的铣削工序对比。图 1.2(a)所示为在一台专用端面铣床上用两把铣刀同时铣削大、小头两端面，是在一道工序中平行加工完成的。图 1.2(b)所示为在两台普通卧式铣床上分别铣削大小头端面，是在两道工序中分别加工完成的。图 1.2(c)所示为在一台普通卧式铣床上，工件装夹在机床夹具上先铣削大头端面(如Ⅰ)，再将工件掉头装夹在同一机床夹具上铣削小头端面(如Ⅱ)，是在同一台机床上先后连续加工完成的，属一道工序。

2. 工序内容

工序内容包括：安装、工位、工步和进给。

1) 安装

工件在一道工序中通过一次装夹后所完成的那一部分工艺过程，称为安装。一道工序中可以有一次或几次安装。如图 1.2(a)、图 1.2(b)所示，均为一道工序中只有一次安装；如图 1.2(c)所示则为一道工序中有两次安装。显然，在一道工序中只有一次安装完成两端面的加工方案具有生产效率高、位置误差小的优点。因此，在零件机械加工中应力求减少

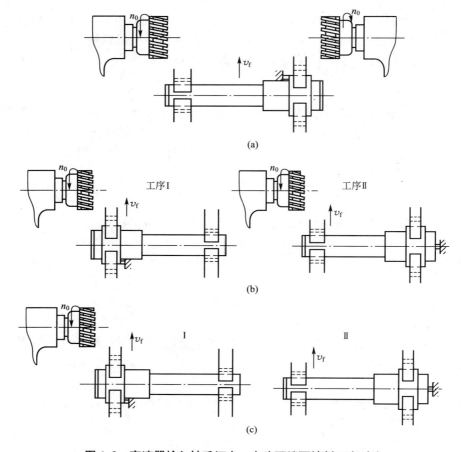

图1.2 变速器输入轴毛坯大、小头两端面铣削工序对比
（a）一台铣床上同时铣削大小头两端面；（b）两台铣床上分别铣削大小头两端面
（c）一台铣床上掉头先后连续铣削大小头两端面

安装次数，尽可能在一次安装中完成一道工序的加工内容。

2）工位

一次装夹后，工件与机床夹具或设备的可动部分一起，相对于刀具或设备的固定部分，所占据的每一个位置，称为工位。工位的变换可借助于机床夹具的分度机构、或机床设备工作台的移动、或转位来实现。工件在回转工作台上进行装卸、钻孔、扩孔和铰孔的4个加工工位如图1.3所示。采用一道工序一次安装3个工位加工，比采用3道工序3次安装完成钻孔、扩孔、铰孔加工更省时，效率更高，位置误差更小，特别是采用毛坯表面装夹情况下尤其如此。

3）工步

在加工表面、切削刀具和切削用量不变的情况下，所连续完成的那一部分加工过程，称为工步。如图1.4所示，使用一把车刀，采用同一切削用量顺序车削变速器输入轴外圆表面①～⑤（用粗实线表示的表面），是在5个工步中完成轴的5段不同直径的切削加工。

机械制造工艺基本概念 第1章

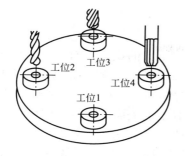

图1.3 工件在回转工作台上加工示意图
工位1—装卸工件；工位2—钻孔
工位3—扩孔；工位4—铰孔

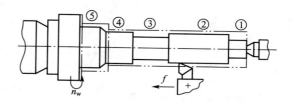

图1.4 车削变速器第一轴阶梯外圆

在大批量的零件加工生产过程中，为了提高效率，常采用多把刀具在一个工步中同时加工工件的几个表面，称为复合工步。在立轴转塔车床上，可以通过一个复合工步，同时完成钻孔及多个外面和端面的车削加工，如图1.5所示。

4）进给

切削刀具在加工表面切削一次所完成的工步内容，称为进给（又称走刀）。根据被切除的金属厚度不同，一个工步可以包括一次或数次进给，如图1.6所示。

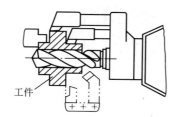

图1.5 立轴转塔车床加工零件

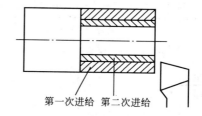

图1.6 进给示意图

1.2 零件的加工经济精度

经济效益是工厂生存的根本，一个零件从设计到加工都要注意其经济性。加工经济精度是指在正常的加工条件下（采用符合质量标准的设备和工艺装备，使用标准技术等级的工人，不延长加工时间）一种加工方法所能保证的加工精度和表面粗糙度。

加工精度等级的高低是根据使用要求决定的，零件的成本是与加工精度密切相关的，每增加一个精度等级，加工的难度会呈几何级数增长，对加工机床和工具的要求就会更高，也要求工人有较高的加工水平。例如，7级精度用一般的机床和工具就可以达到，但6级就要用磨床，而5级就要用数控机床和精磨，甚至手工研磨，4级就更难。每增加一个精度等级，可能会多几个工序，多用好几台精度更高的机床，增加技术工人，必然导致零件成本的大幅增加。

1. 加工精度与成本的关系

任何一种加工方法的加工精度与加工成本之间都有如图1.7所示的关系。图中δ为加

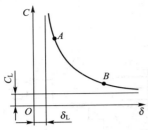

图1.7 加工精度与成本的关系

工误差，表示加工精度，C 表示加工成本。由图中曲线可知，两者关系的总趋势是加工成本随着加工误差的下降而上升，但在不同的误差范围内成本上升的比率不同。A 点左侧曲线，加工误差减少一点，加工成本会上升很多；加工误差减少到一定程度，投入的成本再多，加工误差的下降也微乎其微，这说明某种加工方法加工精度的提高是有极限的（如图1.7中的 δ_L）。在 B 点右侧，即使加工误差放大许多，成本下降却很少，这说明对于一种加工方法，成本的下降也是有极限的，即有最低成本（如图1.7中的 C_L）。只有在曲线的 AB 段，加工成本随着加工误差的减少而上升的比率相对稳定。可见，只有当加工误差等于曲线 AB 段对应的误差值时，采用相应的加工方法加工才是经济的，该误差值所对应的精度即为该加工方法的经济精度。因此，加工经济精度是指一个精度范围，而不是一个值。

2. 加工精度与加工方法的选择

各种加工方法（车、铣、刨、钻、镗、铰等）所能达到的加工精度和表面粗糙度都是有一定范围的。各种加工方法能达到的尺寸经济精度见表1-1，各种加工方法能达到的表面粗糙度见表1-2。

表1-1 各种加工方法能达到的尺寸经济精度

加工方法		公差等级（IT）		加工方法		公差等级（IT）	
		经济的公差等级	可达的公差等级			经济的公差等级	可达的公差等级
车	粗	7~8	2	铰	精	4	1
	精	6~7			细	2~3	
	细	3~4					
铣	粗	6~8	2	镗	粗	6~7	1
	精	5			精	3~5	
	细	3~4			细	2	
刨	粗	6~8	3	磨	粗	4	1
	精	5			精	3	
	细	4			细	2	
钻	无钻模	7	4	拉削	粗	*5~7	2
	有钻模	6			精	3~4	
	扩钻	5~6			细	2~3	
冷压	冲裁	8	3~4	塑料压制		8~9	6~7
	踏弯	10	5~6	切螺纹	车削	2~3	2
	拉伸	9~10	5~6		丝锥		
	挤压	5	2		板牙	3	
粉末冶金		5~7	3	辗压		2	1

注：*一般冷拔型钢的公差等级。

表 1-2 表面粗糙的等级、表面特征、加工方法和应用举例

表面粗糙度		表面特征	主要加工方法	应用举例
名称	量值/μm			
粗面	100	明显可见刀痕	粗车、粗铣、粗刨、钻	光洁度最低的加工面,一般很少应用
	50	可见刀痕	用粗纹锉刀和粗砂轮加工	
	25	微见刀痕	粗车、刨、立铣、平铣、钻	不接触表面、不重要的接触面,如螺钉孔、倒角、机座底座面等
半光面	12.5	可见加工痕	精车、精铣、精刨、铰、镗、粗磨等	没有相对运动的零件接触面,如箱盖、套筒
	6.3	微见加工痕		要求紧贴的表面、键和键槽工作表面,相对运动速度不高的接触面,如支架孔、衬套、皮带轮轴孔的工作面
	3.2	看不见加工痕		
光面	1.6	可辨加工痕迹方向	精车、精铣、精拉、精镗、精磨等	要求很好密合的接触面,如与滚动轴承配合的表面、锥销孔等;相对运动速度较高的接触面,如滑动轴承的配合表面、齿轮轮齿的工作表面等
	0.8	微辨加工痕迹方向		
	0.4	不可辨加工痕迹方向		
最光面	0.2	暗光泽面	研磨、抛光、超级精细研磨等	精密量具的表面,极重要零件的摩擦面,如气缸的内表面、精密车床主轴颈、坐标镗床的主轴颈等
	0.1	亮光泽面		
	0.05	镜状光泽面		
	0.025	雾状光泽面		
	0.012	镜面		

注:各种绝缘零件机加工表面的粗糙度规定为 3.2~25μm。

1.3 工 艺 文 件

1.3.1 生产纲领和生产类型

1. 生产纲领

生产纲领是企业在计划期间应生产的产品产量和进度计划。计划期常为一年,所以生产纲领常称为年产量。

生产纲领是指企业在计划期内应当生产产品的品种、规格及产量和进度计划。计划期

通常为 1 年，所以生产纲领也通常称为年生产纲领。

对于零件而言，产品的产量除了制造机器所需的数量之外，还要包括一定的备品和废品，因此零件的生产纲领应按下式计算。

$$N=Qn(1+a\%)(1+b\%) \tag{1-1}$$

式中　N——零件的年产量（件/年）；
　　　Q——产品的年产量（台/年）；
　　　n——每台产品中该零件的数量（件/台）；
　　　$a\%$——该零件的备品率（备品百分率）；
　　　$b\%$——该零件的废品率（废品百分率）。

2. 生产类型

生产类型是指企业（或车间、工段、班组、工作地）生产专业化程度的分类。一般分为大量生产、成批生产和单件生产三种类型。生产类型的划分，主要取决于生产纲领，即年产量。不同生产类型的零件的加工工艺区别较大，见表 1-3。因此，制订工艺流程时，首先应根据零件的生产纲领，确定相应的生产类型。生产类型确定以后，零件制造工艺过程的总体规划也就确定了。

表 1-3　各种生产类型的生产纲领及工艺特点

生产类型 纲领及特点		单件生产	成批生产			大量生产
			小批	中批	大批	
生产类型	重型机械	<5	5～100	100～300	300～1000	>1000
	中型机械	<20	20～200	200～500	500～5000	>5000
	轻型机械	<100	100～500	500～5000	5000～50000	>50000
工艺特点	毛坯的制造方法及加工余量	自由锻造，木模手工造型；毛坯精度低，余量大		部分采用模锻，金属模造型；毛坯精度及余量中等		广泛采用模锻、机器造型等高效方法；毛坯精度高，余量小
	机床设备及机床布置	通用机床按机群式排列；部分采用数控机床及柔性制造单元		通用机床和部分专用机床及高效自动机床；机床按零件类别分工段排列		高效专用夹具；定程及自动测量控制尺寸
	夹具及尺寸保证	通用夹具，标准附件或组合夹具；划线试切保证尺寸		通用夹具，专用或组合夹具；定程法保证尺寸		高效专用夹具；定程及自动测量控制尺寸
	刀具、量具	通用刀具，标准量具		专用或标准刀具、量具		专用刀具，量具，自动测量

(续)

生产类型 纲领及特点		单件生产	成批生产			大量生产
			小批	中批	大批	
工艺特点	零件的互换性	配对制造,互换性低,多采用钳工修配		多数互换,部分试配或修配	全部互换,高精度偶件采用分组装配、配磨	
	工艺文件的要求	编制简单的工艺过程卡片		编制详细的工艺过程卡片及关键工序的工序卡片	编制详细的工艺过程、工序卡片及调整卡片	
	生产率	用传统加工方法,生产率低,用数控机床可提高生产率		中等	高	
	成本	较高		中等	低	
	对工人的技术要求	需要技术熟练的工人		允许一定熟练程度的技术工人	对操作工人的技术要求较低,对调整工人的技术要求较高	
	发展趋势	采用成组工艺,数控机床、加工中心及柔性制造单元		采用成组工艺,用柔性制造系统或柔性自动线	用计算机控制的自动化制造系统、无人工厂,实现自适应控制	

1.3.2 制造工艺规程文件

工艺文件是将工艺工作以一定格式文件的形式确定下来的全部资料的总称,按其作用分为工艺规程和管理用工艺文件两类。

每个零件的生产工艺过程不是唯一的,汽车制造企业应该根据零件的生产类型,在优质、高产、低成本的原则基础上,选择符合企业本身生产能力的工艺过程。

把比较合理的工艺过程确定下来后,按一定的格式(通常是表格或图表)和要求写成文件形式,要求企业有关人员必须严格执行的指令性文件,称为工艺规程。机械加工工艺规程是规定零件制造生产工艺过程和操作方法的工艺文件,是总结生产实践经验,结合先进制造生产工艺技术和具体生产条件,在合理的工艺理论和必要的生产工艺试验的基础上,制订并指导生产组织、生产管理、工艺管理和生产操作等的技术文件。

机械加工工艺规程包括:拟定机械加工工艺路线(零件在生产过程中一次通过的全部加工内容称为工艺路线),即确定机械加工各道工序的加工方法和顺序;确定各道工序的具体内容,即规定各道工序具体的操作内容和完成方法。

机械加工工艺规程是以卡片文件形式出现的文件,常用的工艺规程主要包括工艺过程卡、工序卡、调整卡、检验工序卡等。

1. 工艺过程卡

机械加工工艺过程卡是以工序为单位,简要地列出整个零件加工所经过的工艺路线,包括毛坯制造、机械加工和热处理等,见表1-4。

表1-4 机械加工工艺过程卡示例

工序号	工序名称	机械加工工艺过程卡		产品型(代)号		零(部)件图号		共 页	第 页	备注
				产品名称		零(部)件名称	连杆			
		车间	设备	工艺装备						
			编号	编号	编号	编号	编号			
			名称	名称	名称	名称	名称			
00	锻造									锻
10	锻造喷砂清理									锻
20	检验									检
30	锻造尺寸分档									配
40	检验									检
50	粗铣平面			圆盘铣 X3016						铣
60	钻小头孔		2	Z635						钳
			小件	立钻						
70	粗镗小头孔		3							车
			小件	镗床						
80	刨角		4							钳
			小件	钻床						
90	铣定位面		5							铣
			小件	铣床						
100	粗铣分离面		6	圆盘铣 X3016						铣
			小件							

(续)

工序号	工序名称	机械加工工艺过程卡		产品型(代)号		零(部)件图号		共 页	第 页
				产品名称		零(部)件名称	连杆		
		车间	设备	工艺装备					备注
		编号	编号	编号		编号		编号	
		名称	名称	名称		名称		名称	
110	粗镗大头孔	7							车
		小件	专用机床						
120	修毛刺								钳
		小件							
130	铣螺孔低平面	8				X5024			铣
		小件				立铣			
140	调质24~32HRC								热
		小件							
150	酸洗去氧化皮								
160	磁力探伤					修磨机			
170	修磨毛刺					M7475			
180	粗磨平面					圆盘磨			
190	退磁								钳
		小件							
200	磨分离面	11				M7130			磨
		小件				平面磨床			
210	检验								检
220	修大头孔处毛刺								钳
		小件							

(续)

工序号	工序名称	车间 编号 名称	设备 编号 名称	工艺装备 编号 名称		编号 名称	备注
						机械加工工艺过程卡 产品型(代)号 产品名称	零(部)件图号 零(部)件名称 连杆	共 页	第 页		
230	钻两螺孔	12 小件				Z635 立钻	钳
240	粗镗定位孔	13 小件		专机			车
250	半精镗定位孔	14 小件		专机			车
260	精镗定位孔	15 小件		专机			车
270	2×φ15mm孔口倒角	16 小件		台钻			钳
280	扩两螺孔	17 小件		专机			钳
290	改螺纹 2—M12×125	18 小件		专机			钳
300	测量螺纹垂直度	19 小件					钳
310	检验						检

机械加工工艺过程卡是制订其他工艺文件的基础,也是生产准备、编排作业计划和组织生产的依据。在这种卡片中,除了表明零件的特征外,只列出了工序的序号、工序内容、设备和工装等。

2. 工序卡

机械加工工序卡是根据机械加工工艺卡为一道工序制订的,详细地说明了整个零件各个工序的要求,是用来具体指导工人操作的工艺文件。机械加工工序卡示例见表1-5。

表1-5 机械加工工序卡示例

机械加工工序卡		产品型(代)号		产品名称		零(部)件图号		零(部)件名称	连杆	共 页 第 页	
车间		工序号	50	工序名称	粗铣平面	切削液		材料牌号	40Cr	硬度	同时加工件数
上工序		检验		设备	型号	X3016	夹具	编号		工位器具	编号
下工序		钻小头孔			名称	圆盘铣刀		名称	连杆体两平面夹具		名称
工序号	工步内容	工艺装备			主轴转速	切削速度	进给量/mm	切削深度/m	进给次数	备注	
		编号 名称	编号 名称	编号 名称							
1											
2											
3											
4											
5											

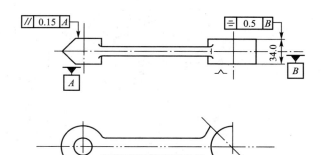

					编制(日期)	校对	标准化	会签	审核(日期)	
标记	总数	更改文件号	签字	日期						

(续)

机械加工工序卡		产品型(代)号		产品名称		零(部)件图号		零(部)件名称	连杆	共 页 第 页	
车间		工序号	100	工序名称	粗铣分离面	切削液		材料牌号	40Cr	硬度	同时加工件数
上工序	铣定位面	设备	型号	X3016	夹具	编号		工位器具	编号		
下工序	粗镗大头孔		名称	圆盘铣刀		名称	圆盘铣夹具		名称		
工序号	工步内容	工艺装备			主轴转速	切削速度	进给量/mm	切削深度/m	进给次数	备注	
		编号名称	编号名称	编号名称							
1			定位面测量架								
2			分离面校对规								
3			百分表								
4											
5											

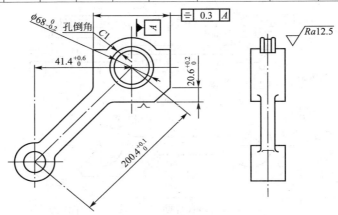

				编制(日期)	校对	标准化	会签	审核(日期)
标记	总数	更改文件号	签字	日期				

(续)

机械加工工序卡	产品型(代)号		产品名称		零(部)件图号		零(部)件名称	连杆	共 页 第 页	
车间	工序号	110	工序名称	粗镗大头孔	切削液		材料牌号	40Cr	硬度	同时加工件数
上工序	粗铣分离面修毛刺	设备	型号		夹具	编号		工位器具	编号	
下工序			名称	专用机床		名称			名称	
工序号	工步内容	工艺装备			主轴转速	切削速度	进给量/mm	切削深度/m	进给次数	备注
		编号名称	编号名称	编号名称						
1		粗镗刀	大头孔对刀表座							
2		百分表	0~200游标卡尺							
3		倒角刀	塞规							
4										

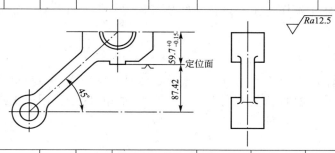

					编制(日期)	校对	标准化	会签	审核(日期)	
标记	总数	更改文件号	签字	日期						

机械加工工序卡一般用于大批大量生产的零件，它更详细地说明整个零件各个工序的要求，按工序再分工步，说明该工序每一工步的内容、使用设备、工装、切削工艺参数、时间定额、操作要求等详细内容，是指导生产的最详细的文件。在这种卡片上要画工序简图，对加工表面、夹紧、定位、支承、进给方向等进行详细说明。有的还要把加工刀具示意图画在图中。工序卡一般除正页外；还有附页。填写工序卡时，按工步填写工序尺寸、公差和表面粗糙度、几何公差等技术要求，同时对工序图还有以下要求。

（1）应画出加工件的主要轮廓线，用加粗的线标明加工表面。在不影响标注定位、夹紧符号的前提下，可以只画局部图。

（2）用符号标注定位基准及其所限制的自由度数目和夹紧位置及力源，其符号应尽可能采用《定位、夹紧符号标准》规定的符号，定位、夹紧符号应尽量在轮廓线上标注。

（3）标注该工序应保证的工序尺寸及公差、表面粗糙度、几何公差等技术要求。

（4）标明装夹零件的数目、加工时的排序方式等。

3．调整卡

调整卡主要用于多工位、多刀加工的工序。它突出标明多刀位置、行程长度及各工位切削参数（刀具参数和切削用量），以便于调整，其格式一般因机床而异。

4．检验工序卡

检验工序卡是用于指导检验人员对复杂的、精度高的零件进行检验的工艺文件。其主要内容如下。

（1）检验项目、精度及技术要求。

（2）检验用夹具、量具名称、规格、编号。

（3）检验简图，标明检验时的定位、标定、测量方法及操作程序。

（4）检验对象的抽样规则，如百分比或抽检间隔件数等。

1.3.3 管理用工艺文件

1．工装设计任务书

工装设计任务书是工艺人员向工装设计人员提出的工艺文件。其格式因各种工装的要求不同和各企业管理组织形式的不同而有较大的差别。但一般都包括标明加工、定位、夹紧的位置和技术要求的简图、生产设备的型号、规格参数。如果对工装结构、动力源有特殊要求的应加以说明。

2．工具一览表（清单）与草案

工具一览表（清单）与草案有刀具、刀辅具、量具一览表（清单）与草案等。列入草案的工具用于生产准备中一次性订货。列入工具一览表（清单）的工具用于正式生产，工具供应部门按定额进行储备，并保证供应。

3．工厂设计文件

工厂设计文件有工艺设备平面布置图，是厂房设计和地面施工的依据；还有工厂设计说明书，包括设备明细表、面积、功能、投资、人员五大指标及其说明。工厂设计又分扩大初步设计、施工设计两个阶段。在这两个阶段的工厂设计中，工艺设计是逐步深化的。

 思考题

1. 简述机械的生产过程及其所包含的工艺内容。
2. 简述机械制造工艺过程及其组成内容。
3. 什么是工序？说明工序的内容。
4. 举例说明车、铣、刨、钻、镗、铰等加工方法能达到的经济精度。
5. 什么是产品的生产纲领？它对于制订生产工艺有何作用？
6. 什么是制造工艺文件？
7. 说明机械加工工艺规程的内容。
8. 某厂年产 4105 型柴油机 1000 台，已知连杆的备用率为 5%，机械加工废品率为 1%，试计算连杆的生产纲领，说明其类型及主要工艺特点。（注：一般零件质量小于 100kg 为轻型零件；大于 100kg 且小于 2000kg 为中型零件；大于 2000kg 为重型零件。）

第 2 章
工件的定位和装夹方法

本章教学目标

掌握设计基准和工艺基准的概念及分类；
理解六点定位原理；
掌握常用定位元件的应用及其所能限制的自由度；
掌握常见定位方式的定位误差的分析与计算；
了解工件的装夹方法及常用的夹紧装置；
了解典型专用机床夹具，掌握夹具设计的方法与步骤。

本章教学要点

知识要点	掌握程度	相关知识
设计基准和工艺基准	掌握设计基准的确定 掌握工艺基准的确定	设计基准的定义 工艺基准的定义及分类
六点定位原理	掌握常见加工形式应限制的自由度	工件正确定位应限制的自由度
机床夹具定位元件	掌握用于平面定位的定位元件的种类和方法 掌握用于孔定位的定位元件的种类和方法 掌握用于外圆柱面定位的定位元件的种类和方法 掌握工件的组合定位的方法	不同表面的机床夹具定位原理与方法
定位误差的分析与计算	了解定位误差的产生原因 掌握常见定位方式的定位误差的分析与计算	定位误差的产生原因、分析和计算
工件的装夹方法及夹紧装置	了解夹紧装置的基本要求和组成 了解工件常用的夹紧机构	工件的装夹方法及常用夹紧装置的结构
专用机床夹具及夹具设计的方法、步骤	了解专用机床夹具的类型及原理 掌握机床夹具设计的方法、步骤	专用机床夹具的类型及原理 机床夹具设计的方法、步骤

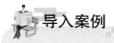

导入案例

曲轴能够将活塞直线运动的能量转换成旋转运动的能量,用以驱动汽车的传动系统和发动机的配气机构等。在曲轴加工过程中,对曲轴按主轴颈中心装夹时,曲柄臂是绕主轴颈圆周运动的,不能在车床上这样进行装夹车削。因此加工曲柄臂必须在特殊的机床上进行,采用偏心装夹。传统曲轴轴颈的磨削,往往是先磨削主轴颈(曲柄臂),再磨削曲柄臂(主轴颈),最后磨削大小头等。这样的结果就是在相对不是很复杂的机床上大量进行不同装夹。而德国埃尔温勇克机器制造有限公司的勇克(JUNKER)机床的加工理念是"一次装夹,全部加工",其优点是工艺可靠性高、工件搬运次数少、节拍时间缩短、无需多次装夹,因此可以获得更高的加工质量。勇克的高速磨削中,砂轮的安装采用的是专利技术——三点安装系统。勇克公司 JUCRANK 系列机型的摆动跟踪磨床为曲轴的整体加工提供了全面的解决方案。各种型号的磨床适用于从单缸发动机到十二缸发动机的所有型号的曲轴加工。根据加工方式和要求的产量,每一种型号的 JUCRANK 磨床都设计并安装有各具特色的平台和砂轮架。JUCRANK 摆动跟踪磨床可以完成曲轴加工过程中的所有磨削工序,主轴颈(圆柱形、凹面、凸面)和曲柄臂(圆柱形、球面、凹面、凸面)只需一次装夹就可以磨削完毕。对硬化处理过的圆角也可以进行磨削加工。

2.1 基准的概念

工件是一个几何实体,是由一些几何元素(点、线、面)构成的,其上任何一个点、线、面的位置总是用它与另外一些点、线、面的相互关系(如尺寸、平行度、同轴度等)来确定的。用来确定生产对象(工件)上几何要素间的几何关系所依据的点、线、面称为基准。根据作用不同,基准可分为设计基准和工艺基准两大类。

2.1.1 设计基准

设计图样上所采用的基准称为设计基准,它是标注设计尺寸的起点。如图 2.1 所示的轴套零件,外圆和内孔的设计基准是轴线;端面 A 是端面 B、C 的设计基准;内孔 D 的轴线是 $\phi25h6$ 外圆径向圆跳动的设计基准。

对于某一位置要求(包括两个表面之间的尺寸或位置精度)而言,在没有特殊指明的情况下,它所指向的两个表面之间常常是互为设计基准的。例如,图 2.1 中的尺寸 40,A 面是 C 面的设计基准,也可以认为 C 面是 A 面的设计基准。零件上某一点、线、面的位置常由好几个尺寸或位置公差来确定,对应每一个要求则有一个设计基准。

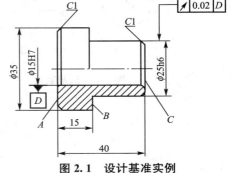

图 2.1 设计基准实例

2.1.2 工艺基准

在工艺过程中所采用的基准,称为工艺基准。工艺基准按用途不同可分为工序基准、定位基准、测量基准和装配基准。

(1) 工序基准:在工序简图上,用来确定本工序所加工表面加工后应保证的尺寸、形状、位置的基准称为工序基准,如图 2.2 所示。工序基准应当尽量与设计基准重合,当考虑定位或试切测量方便时,也可与定位基准或测量基准相重合。

(2) 定位基准:在加工时用做工件定位的基准称为定位基准。它表明了工件在机床或夹具上占据的确定位置。工件在机床或夹具上定位时,定位基准就是工件上与机床或夹具的定位元件直接接触的点、线、面,如图 2.3 所示的 C、D 面。定位基准一般由工艺人员选定,它对于获得零件加工后的尺寸和位置精度,起着重要作用。

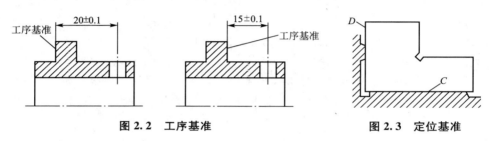

图 2.2 工序基准　　　　　　　图 2.3 定位基准

(3) 测量基准:测量零件已加工表面的尺寸和位置时采用的基准称为测量基准,如图 2.4 所示。

(4) 装配基准:装配时用于确定零件或部件在产品中的相对位置所采用的基准称为装配基准,如图 2.5 所示。

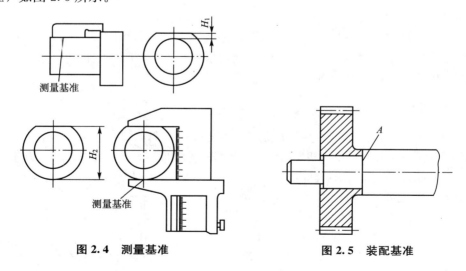

图 2.4 测量基准　　　　　　　图 2.5 装配基准

2.2 工件定位的基本原理

在机械加工过程中,通常将确定工件在机床或机床夹具中占有正确位置的过程称为定位。工件在夹具中正确的定位是保证加工精度的重要环节之一。

2.2.1 工件定位的六点定位原则

对于空间直角坐标系中的一个自由刚体,有六个方向活动的可能性,即沿三个坐标轴方向(水平面内由左向右为 x 轴方向,由后向前为 y 轴方向,垂直向上方向为 z 轴)的移动,分别用符号 $\vec{x}$、$\vec{y}$、和 $\vec{z}$ 表示;绕三个坐标轴方向的转动,分别用符号 $\hat{x}$、$\hat{y}$、和 $\hat{z}$ 表示。自由刚体在空间的位置不同,这 6 个参数的值也不同,刚体在空间的位置与 6 个参数是一一对应的。习惯上,把刚体在空间坐标系中某个方向活动的可能性称为一个自由度,即空间的一个自由刚体,共有 6 个自由度。

可近似地将一个工件视为空间的一个自由刚体,要使工件在某个方向有确定的位置,就必须限制该方向的自由度。反过来说,如果在三个相互垂直的平面上,按一定规律分布 6 个定位点(支承钉)就可以限制工件的全部自由度,如图 2.6 所示。用 6 个定位点确定工件唯一确切位置的规则,称为六点定位规则。

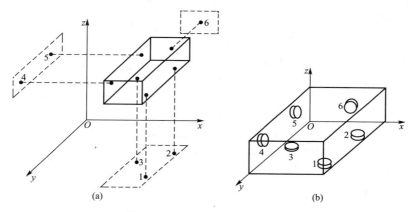

图 2.6 工件在空间的六点定位

2.2.2 工件正确定位应限制的自由度

工件的正确定位就是根据加工要求,限制工件的某几个(或全部)自由度,以满足加工要求。工件的定位问题,可以通过在空间直角坐标系中限制工件基准自由度的方法来分析。工件定位时应限制哪些自由度(方向和数量),完全由工件在该工序中的加工要求和工序基准的结构性质来决定。

如图 2.7 所示,有 6 个待加工工件,其中,图 2.7(a)要在一个球体工件上加工一个平面,且有如图所示的工序尺寸要求。对于这样的工件和加工要求,3 个转动自由度不必限制,因为被加工平面在球体上的加工部位没有要求,x、y 轴方向的移动无尺寸要求,也无需限制,因此只要限制 z 方向的移动自由度,即球体铣平面(通铣),只需限制 1 个自由度 $\vec{z}$。仿照同样的分析,图 2.7(b)要在球体上钻孔,只需限制 2 个自由度。图 2.7(c)要在长方体上通铣平面,只需限制 3 个自由度。图 2.1(d)要在圆柱轴上通铣键槽,只需限制 4 个自由度。图 2.7(e)要在长方体上通铣键槽,只需限制 5 个自由度。图 2.7(f)要在长方体上铣不通键槽,则需限制 6 个自由度。

由上述实例分析可见,从保证加工要求(尺寸、平行度、垂直度等)的角度考虑,工件

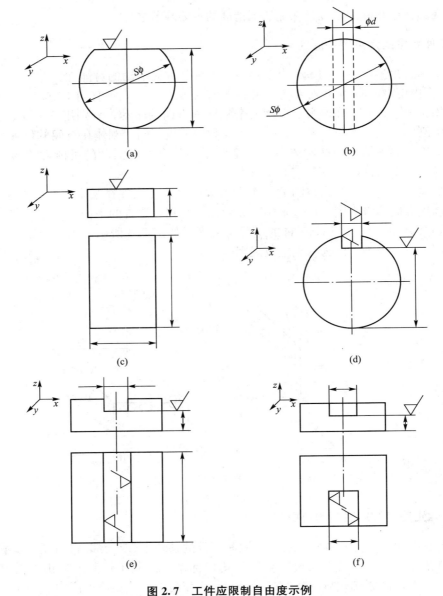

图 2.7 工件应限制自由度示例
(a) 球体上铣平面;(b) 球体上钻孔;(c) 长方体上通铣平面
(d) 圆轴上通铣键槽;(e) 长方体上通铣键槽;(f) 长方体上铣不通键槽

的正确定位,并不是对工件的 6 个自由度都要加以限制,这是因为有些自由度并不影响加工要求。因此,不影响加工要求的自由度,就不一定加以限制。在考虑工件定位方式时,首先要找出哪些自由度会影响加工要求(尺寸和位置公差),哪些自由度与加工要求无关。前者称为第一类自由度,后者称为第二类自由度。对于第一类自由度,工件定位时必须全部限制,不能遗漏,这是因为它对加工要求有直接影响。至于第二类自由度是否应加以限制,应按照加工系统所能承受的切削力、夹紧力和定位方案的方便实现等因数,决定是否限制。

如图 2.8 所示,由上述分析可知,球体上通铣平面只需限制 1 个自由度,这是从定位分析角度得出的结论,但是在决定定位方案的时候,为了使得定位系统能够实现,承受切削力、夹紧力,方便安排定位元件等原因,往往考虑限制2个自由度(图2.8(a)),或限制3个自由度(图2.8(b))。在这种情况下,对第二类自由度也加以了限制,不仅是允许的,而且是必要的。

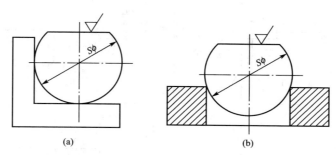

图 2.8 球体加工定位方案
(a) 限制2个自由度;(b) 限制3个自由度

在这里要特别注意的是定位与夹紧的区别。工件夹紧后在空间的6个自由度基本上都无法活动,那么是否可以认为定位系统限制了工件的全部自由度呢?答案是否定的。定位和夹紧是两个完全不同的概念,起作用的时域也不同。定位是解决工件在夹紧前位置是否正确、是否到位的问题;而夹紧是解决工件在加工过程中,在切削力、重力等外力的作用下,是否稳定地保持在定位位置的问题。即定位是解决工件的位置定不定的问题,而夹紧是解决工件受力后位置动不动的问题。

为保证加工要求,常见加工形式应限制的自由度见表2-1,此表用于分析工件第一类自由度时参考。

表 2-1 常见加工形式应限制的自由度

序号	加工要求	第一类自由度	序号	加工要求	第一类自由度
1	球体加工平面	$\vec{z}$	3	长方体加工平面	$\vec{z}$、$\hat{x}$、$\hat{y}$
2	柱体加工平面	$\vec{z}$、$\hat{y}$	4	板、垫类工件钻孔	$\vec{x}$、$\vec{z}$、$\hat{x}$、$\hat{y}$

(续)

序号	加工要求	第一类自由度	序号	加工要求	第一类自由度
5	柱体加工不通平面	$\vec{y}$、$\vec{z}$、$\hat{x}$、$\hat{z}$	9	柱体加工轴向通孔	$\vec{x}$、$\vec{z}$、$\hat{x}$、$\hat{y}$、$\hat{z}$
6	柱体铣通键槽	$\vec{x}$、$\vec{z}$、$\hat{x}$、$\hat{z}$	10	长方体加工通孔	$\vec{x}$、$\vec{y}$、$\hat{x}$、$\hat{z}$
7	长方体加工通键槽	$\vec{x}$、$\vec{z}$、$\hat{x}$、$\hat{y}$、$\hat{z}$	11	条形板加工通孔	$\vec{x}$、$\vec{y}$、$\hat{x}$、$\hat{y}$、$\hat{z}$
8	圆板上加工盲孔	$\vec{x}$、$\vec{y}$、$\vec{z}$、$\hat{x}$、$\hat{y}$	12	长方体加工盲孔	$\vec{x}$、$\vec{y}$、$\vec{z}$、$\hat{x}$、$\hat{y}$、$\hat{z}$

2.2.3 机床夹具定位元件

定位元件作为夹具结构中的重要元件之一,设计与选择时应注意以下影响因素。

(1) 精度。定位元件的工作表面精度与定位误差有很大关系,将会直接影响工件的加工精度。精度过低,保证不了工件的加工要求,过高又会使加工困难。通常可根据有关资料或生产经验确定定位元件的制造公差。

(2) 耐磨性。由于定位是通过工件的定位基准表面与定位元件的定位表面相接触来实现的，而工件的装卸将会使定位元件的表面磨损，从而导致定位精度下降。因此，为了提高夹具的使用寿命，长期保持其定位精度，定位元件的工作表面应有较高的硬度和耐磨性，特别是大批量生产场合，较高的硬度和耐磨性更为重要。

(3) 强度和刚度。为避免定位元件在工件重力、夹紧力、切削力等作用下发生变形或损坏，定位元件应具有足够的强度和刚度。对于承受较大外力或冲击力的定位元件，一般应内韧外硬。

(4) 结构工艺性。定位元件的结构应便于制造、装配和维修。通常标准化的定位元件有良好的工艺性，设计时应优先选用标准元件。

(5) 切屑。定位元件表面的形状应有利于清除切屑，否则会因切屑而影响定位精度，而且切屑还会损伤定位基准表面。

常用定位元件可按工件典型定位基面分为以下三类。

(1) 用于平面定位的定位元件：包括固定支承(钉支承和板支承)、自位支承、可调支承和辅助支承。

(2) 用于外圆柱面定位的定位元件：包括V形架、定位套和半圆定位座等。

(3) 用于孔定位的定位元件：包括定位销(圆柱定位销和圆锥定位销)、圆柱心轴和小锥度心轴。

常用定位元件选用时，应按工件定位基面和定位元件的结构特点进行选择。

1. 用于平面定位的定位元件

1) 固定支承

固定支承有支承钉和支撑板两种形式。在使用过程中，它们都是固定不动的。在定位过程中，支承钉一般只限制工件的一个自由度，而支撑板相当于两个支承钉。

(1) 支承钉：多用于三点定位或侧面支承定位，图2.9所示为支承钉的标准结构。其中，A型平头支承钉与工件接触面大，常用于定位平面较光滑的工件，即适用于精基准。

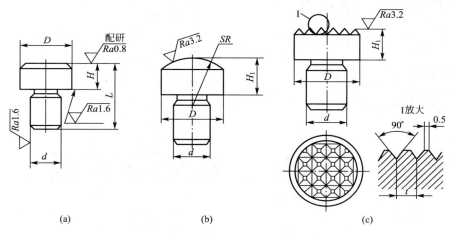

图 2.9 支承钉
(a) A型；(b) B型；(c) C型

B型球头支承钉、C型齿纹面支承钉与工件接触面小，适用于粗基准平面定位。C型齿纹面支承钉的突出优点是定位面间摩擦力大，可阻碍工件移动，加强定位稳定性；缺点是齿纹槽中易积屑，一般常用于粗糙表面的侧面定位。C型支承钉实物如图2.10所示。

一个支承钉只限制一个自由度，因此保证了定位的稳定可靠，对于作为主要定位面的粗基准而言，一般必须采用三点支承方式，则可使用三个或更多的平头支承钉定位，但必须保证这几个平头支承钉的定位工作面位于同一个平面内，否则，就会使各支承钉不能全部与工件接触，造成定位不稳定。

支承钉磨损后，如需要更换，则应在夹具体与支承钉之间加衬套，如图2.11所示。衬套内孔与支承钉采用H7/js6过渡配合。

图2.10　C型支承钉

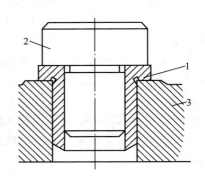

图2.11　衬套的应用

1—衬套；2—支承钉；3—夹具体

（2）支承板：标准支承板结构如图2.12所示，用于精基准面的定位。支承板多用于与已经加工的平面配合定位，常装在铸铁或其他不耐磨损的夹具体上。其中，A型支承板

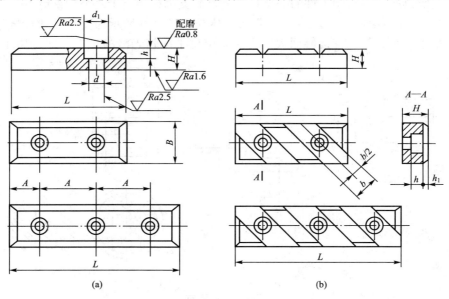

图2.12　支承板

(a) A型；(b) B型

结构简单，制造方便，但切屑易堆聚在固定支承板用的埋头螺钉坑中，不易清除，故适用于侧面及顶面定位；B 型支承板因开有斜槽，容易清除切屑，故适用于底面定位。支承板一般用 2～3 个 M6～M12 的螺钉紧固在夹具体上。

2) 可调支承

可调支承是指支撑点位置可调的定位件。在工件定位过程中，支承钉的高度需要调整时，可采用图 2.13 所示的可调支承，其中图 2.13(a)、图 2.13(c) 所示支承需要用扳手进行调节，适宜较重的工件，图 2.13(b) 所示支承是直接用手或扳手拧动圆柱头进行高度调节的，一般适用于小型工件。可调支承实物如图 2.14 所示。

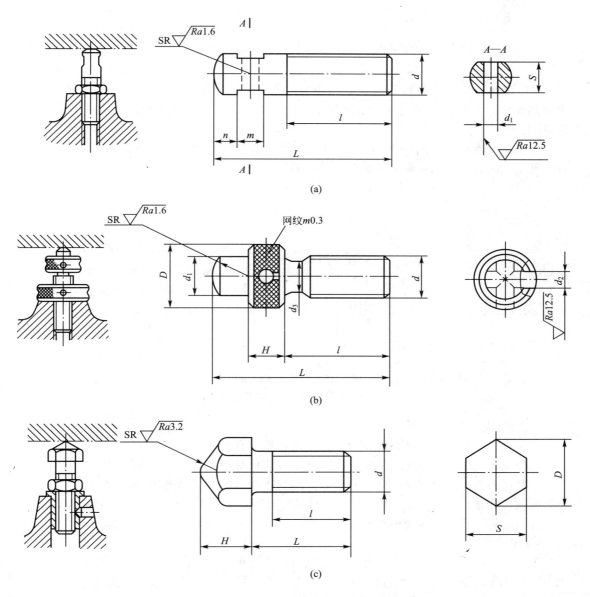

图 2.13 可调支承

图 2.14 可调支承实物

可调支承适用于工件以粗基准面定位或定位基面的形状复杂(如成形面、台阶面等),以及各批毛坯的尺寸、形状变化较大时的情况,每个工件调整一次或每批工件调整一次,调好后应锁紧。

如图 2.15(a)所示工件,毛坯为砂型铸件。首先以 B 面定位铣 A 面,再以 A 面定位镗双孔。铣 A 面时,若采用固定支承,则由于定位基面 B 的形状和尺寸误差较大,铣完后 A 面与两毛坯孔的距离尺寸 H_1、H_2 变化也大,致使镗孔时余量不均匀,甚至余量不够。因此,可以把固定支承改为可调支承,再根据每批毛坯的实际误差大小调整支承钉的高度,就可以避免上述情况的发生。

可调支承也可用于同一夹具,加工形状相同而尺寸不同的工件。如图 2.15(b)所示,对于轴钻径向孔,采用可调支承轴向定位,通过调节其位置,可以加工不同长度的销轴类工件。

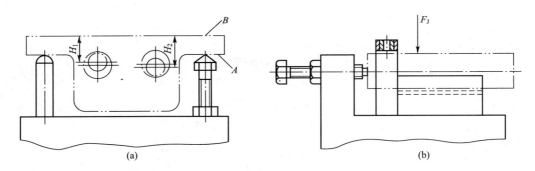

图 2.15 调节支承的应用
(a)铸件铣 B 面;(b)轴钻径向孔

3) 自位支承(浮动支承)

在工件定位过程中,能自动调整位置的支承称为自位支承,或称浮动支承。

自位支承的特点是支承点的位置能随着工件定位基面位置的变动而自动调整,定位基面压下其中一点,其余点便上升,直至各点均与工件接触。接触点数的增加,提高了工件装夹的刚度和稳定性,但其作用相当于一个固定支承,只限制了工件的一个自由度,适用于工件以毛坯面定位或定位刚性较差的场合,如图 2.16 所示。

4) 辅助支承

生产中,由于工件形状及夹紧力、切削力、工件重力等原因,可能使工件在定位后仍产生变形或定位不稳定。为了提高工件的安装刚性和稳定性,通常设置辅助支承。辅助支承用来提高工件的装夹刚度和稳定性,不起定位作用。

如图 2.17 所示,工件以内孔及端面定位钻右端小孔。若右端不设支承,工件装夹

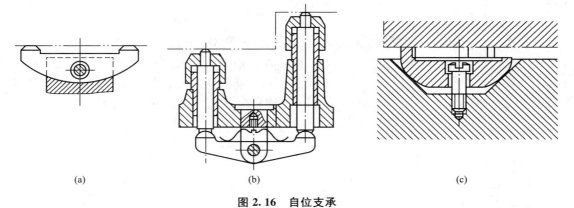

图 2.16　自位支承
（a）摆位式；（b）移动式；（c）球形浮动支承

后，右臂为一悬臂，刚性差。若在 A 点设置固定支承则属过定位，有可能破坏左端定位。在这种情况下，应在右端设置辅助支承。工件定位时，辅助支承是浮动的（或可调的），待工件夹紧后再把辅助支承固定下来，以承受切削力。

常见的几种辅助支承如图 2.18 所示。

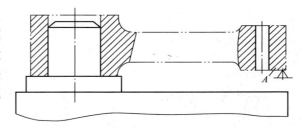

图 2.17　辅助支承

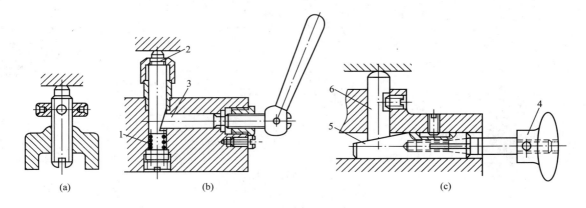

图 2.18　常见的几种辅助支承
（a）螺旋式；（b）自动调节式；（c）推引式
1—弹簧；2—滑柱；3—顶柱；4—手轮；5—斜楔；6—滑销

辅助支承和可调支承间的区别主要：辅助支承是在工件定位后参与支承的元件，其高度是由工件确定的，因此不起定位作用，但辅助支承锁紧后成为固定支承，能承受切削力。

2. 用于孔定位的定位元件

工件以圆柱孔为定位基面时，常用圆柱定位销、圆柱定位心轴和圆锥定位销作为定位元件。

1）圆柱定位销

圆柱定位销有长、短之分。短圆柱定位销可限制两个自由度，长圆柱定位销可限制四个自由度。工件以圆孔用定位销定位时，应按孔、销工作表面接触的相对长度来区分长、短销。从结构上看，定位销一般可分为固定式和可换式两种，如图 2.19 所示。固定式定位销是直接用过盈配合装在夹具体上使用的，圆柱定位销实物如图 2.20 所示。

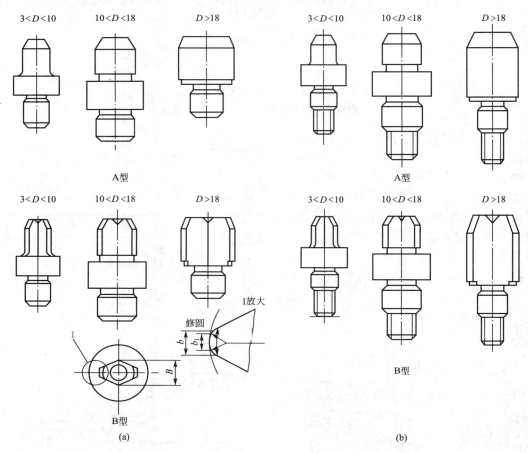

图 2.19　圆柱定位销
（a）固定式；（b）可换式

图 2.20　圆柱定位销实物

各种圆柱定位销以圆孔表面定位时，限制工件自由度的情况见表2-2。

表2-2　圆柱定位销

定位情况	短圆柱定位销	长圆柱定位销	菱形定位销
图示			
限制自由度	$\vec{y}\,\vec{z}$	$\vec{y}\,\vec{z}\,\hat{y}\,\hat{z}$	$\vec{z}$

2）圆柱定位心轴

心轴可以作为一个单独的夹具，广泛应用于车、铣、磨床上加工套筒及盘类零件。图2.21所示为常用几种圆柱心轴的结构形式。其中，间隙配合心轴定位工作部分一般按基孔制h6、g6或f7制造，装卸工件比较方便，但定心精度不高；过盈配合心轴由导向部分、工作部分和安装部分组成，导向部分作用是使工件迅速而准确地套入心轴，这种心轴制造简便且定心精度高，但装卸工件不方便，易损伤工件定位孔，因此多用于定心精度较高的场合；花键心轴主要用于以花键孔为定位基准的工件。

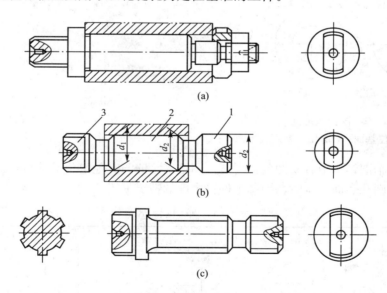

图2.21　圆柱定位心轴

(a) 间隙配合心轴；(b) 过盈配合心轴；(c) 花键心轴

1—引导部分；2—工件部分；3—传动部分

各种圆柱心轴以圆孔表面定位时，限制工件自由度的情况见表2-3。

表 2-3　圆柱心轴定位

定位情况	长圆柱心轴	短圆柱心轴	小锥度心轴
图示			
限制自由度	$\vec{y}\,\vec{z}\,\hat{x}\,\hat{z}$	$\vec{y}\,\vec{z}$	$\vec{x}\,\vec{z}$（短） $\vec{x}\,\vec{y}\,\vec{z}\,\hat{x}\,\hat{z}$（长）

3）圆锥定位销

在实际生产中，也常常遇到工件的圆孔在锥销上的定位方式，如图 2.22 所示。它可转化为 3 个定位支承点，限制了工件的 3 个移动自由度。圆锥销实物如图 2.23 所示。

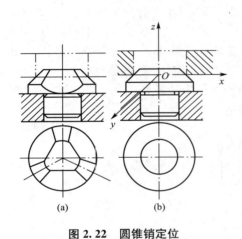

图 2.22　圆锥销定位
（a）用于粗定位基面；（b）用于精定位基面

图 2.23　圆锥销实物

工件在单个圆锥销上容易倾斜，为此，圆锥销一般与其他定位元件组合适用。

圆锥销以圆孔表面定位时，限制工件自由度的情况见表 2-4。

表 2-4　圆锥销定位

定位情况	固定锥销	浮动锥销	固定与浮动锥销
图示			
限制自由度	$\vec{x}\,\vec{y}\,\vec{z}$	$\vec{x}\,\vec{z}$	$\vec{x}\,\vec{y}\,\vec{z}\,\hat{y}\,\hat{z}$

3. 用于外圆柱面定位的定位元件

工件以外圆柱面作为定位基面时，根据外圆柱面的完整程度、加工要求和安装方式，多采用圆孔、V形块、半圆孔、圆锥孔、自动定心装置等定位，其中以V形块应用最广。V形块常用结构如图 2.24 所示。

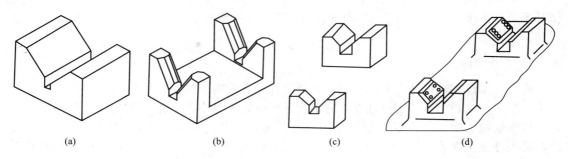

图 2.24　V 形块

(a) 精基准定位用 V 形块；(b) 粗基准、阶梯轴定位用 V 形块
(c) 精基准面相距较远用 V 形块；(d) 直径与长度较大工件定位用 V 形块

V形块用于较短的精基准定位时，一般限制工件两个自由度。V形块用于较长的未加工过的基准定位时，一般限制工件 4 个自由度。如果定位元件直径与长度较大，V 形块可不用整体钢件，而采用铸铁底座镶淬火钢片。

V形块有固定式和活动式两种，活动式V形块限制工件一个转动自由度，其沿V形块对称面方向的移动，可以补偿工件因毛坯尺寸变化而对定位的影响，同时兼具夹紧的作用。

V形块上两斜面间的夹角 α 一般选用 60°、90° 和 120°，以 90° 应用最广。其中，90° V 形块的典型结构和尺寸均已标准化。标准 V 形块是根据工件定位外圆直径来选取的，设计非标准 V 形块时，可参考图 2.25 所示的有关尺寸进行计算。其中涉及的主要尺寸如下：

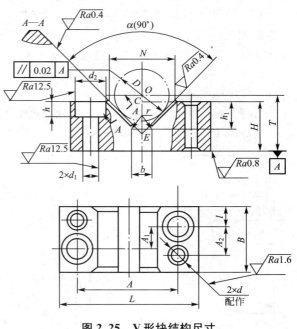

图 2.25　V 形块结构尺寸

D——V 形块检验心轴直径，即定位基准直径；

H——V 形块的高度；

α——V 形块两工作平面夹角；

T——V 形块的标准定位高度，即检验心轴中心高。在V形块工作图上必须标注此尺寸，用以综合检验V形块的制造精度。

V形块定位的最大优点是对中性好，它可使一批工件的定位基准轴线始终对中在V形块两斜面的对称面上，而不受定位基准直径误差的影响。无论定位基准是否经过加工，也不管是完整的圆柱面还是局部的圆弧面，都可采用V形块定位。因此，在以外圆柱面定位时，V形块是应用最广的定位元件。

V形块以两斜面与工件的外圆面接触起定位作用。工件的定位面是外圆柱面，但其定位基准是外圆轴线，即V形块起定心作用。这一点对分析V形块的定位误差有着重要的意义。

4. 工件的组合定位

通常，工件多是以两个或两个以上表面组合起来作为定位基准使用的，称为组合表面定位。当以多个表面作为定位基准进行组合定位时，夹具中也有相应的定位元件组合来实现工件的定位。由于工件定位基准之间、夹具定位元件之间都存在一定的位置误差，所以，必须注意工件的过定位问题。为此，定位元件的结构、尺寸和布置方式必须满足工件的定位要求。

1) 一个平面和两个与其垂直的孔的组合

在成批和大量生产中，加工箱体、杠杆、盖板等类零件时，常常以一个平面和两个定位孔作为定位基准实现组合定位，该组合定位方式简称一面两销定位，如图2.26所示。这时，工件上的两个定位孔可以是工件结构上原有的，也可以是专为工艺上定位需要而特地加工出来的，称为工艺孔。因该定位方案所需夹具结构简单、定心精度高、夹具敞开性好、易于实现定位过程自动化及定位基准统一等优点，所以在实际生产中应用广泛。

2) 一孔与一端面组合

一孔与一端面组合定位时，孔与销或心轴定位采用间隙配合，此时应注意避免过定位，以免造成工件和定位元件的弯曲变形，如图2.27所示。

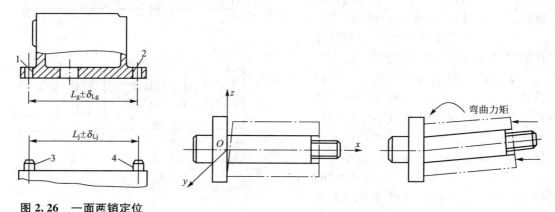

图2.26 一面两销定位

1、2—定位孔；3、4—定位销

图2.27 孔与平面的组合定位

（1）采用端面为第一定位基准，如图2.28所示，限制工件的 $\vec{x}$、$\vec{y}$、$\vec{z}$ 三个自由度，孔中心线为第二定位基准，限制工件的 $\vec{y}$、$\vec{z}$ 两个自由度，定位元件是平面支承和短圆柱销，实现五点定位。

（2）以孔中心线作为第一定位基准，如图2.29所示，限制工件的 $\vec{x}$、$\vec{y}$、$\hat{x}$、$\hat{y}$ 四个

自由度，平面为第二定位基准，限制工件的 z 一个自由度，定位元件为小平面支承（小支承板或浮动支承）和长圆柱销或心轴，实现五点定位。

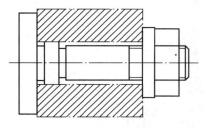 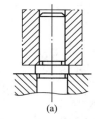 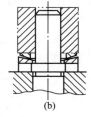

图 2.28　端面为第一定位基准　　　图 2.29　孔的中心线为第一定位基准

此外，生产中有时还会采用 V 形导轨、燕尾导轨等成形表面组合作为定位基面，此时应当注意避免由于过定位而带来的定位误差。

尽管各种定位元件结构不同，但都应该满足下列基本要求。

① 高精度：定位元件的精度直接影响定位误差的大小。一般工厂多是根据经验取定位元件制造公差的 1/5～1/3。定得过宽，会降低定位精度；定得过严，则制造困难。

② 高耐磨性：因定位元件经常与工件接触，容易磨损。为避免因定位元件的磨损而影响定位精度，要求定位元件的工作表面要有足够的耐磨性。为此，制造定位元件一般采用的材料是 20 钢，工作表面渗碳层为 0.8～1.2mm，并淬硬至 55～60HRC；或采用 T7A、T8A 钢，淬硬至 50～55HRC；或采用 45 钢，淬硬至 40～45HRC。

③ 足够的刚度与强度：应避免由于工件的质量、夹紧力、切削力等因数的影响，使定位元件变形或损坏。

④ 良好的工艺性：定位元件应便于加工、装配和维修。有时为了装配和维修方便，往往在夹具上开有适当的工艺用窗口。

在进行工艺定位分析时，首先应根据工件的要求，确定应限制的自由度。其次，再选用一定数量的恰当类型的定位元件，进行适当的布置来限制这些自由度。

2.3　定位误差分析与计算

2.3.1　定位误差的定义及产生原因

在机械加工过程中，造成工件产生加工误差的因素很多。在这些因素中，有一项是与夹具的定位系统有关的。

当用调整法加工一批工件时，工件是通过机床夹具固定在加工设备上的，工件在机床夹具上的定位过程中，会遇到工件的定位基准与工件的工序基准不重合的情况（有可能产生），以及工件的定位基准（基面）与定位元件工作表面本身存在的制造误差（必然存在），这些都能引起工件的工序基准偏离理想位置，由此引起工序尺寸产生加工误差。工件的工序基准沿工序尺寸方向上发生的最大偏移量称为定位误差，用 Δ_d 表示。

下面以实例说明定位误差产生的原因及组成。

在卧式铣床上加工如图 2.30(a)所示的套状零件上的键槽。要求保证工序尺寸为 $b_0^{+T_b}$ 及 $A \pm T_A/2$。为这道工序设计的机床夹具以及定位系统如图 2.30(b)所示,工件 1 装夹在夹具的心轴 2 上,心轴直径为 $d_{-T_d}^{0}$。

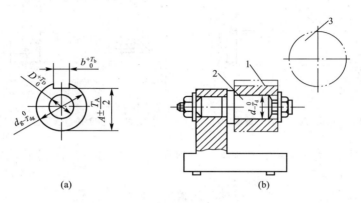

图 2.30　定位方案简图
（a）工序图；(b)定位系统图
1—工件；2—心轴；3—铣刀

在这道加工工序中,要保证的工序尺寸有 b 和 A,工序尺寸 b 是由铣刀 3 的宽度直接保证的,与定位无关；而工序尺寸 A 是由工件相对于刀具的正确定位来保证的,其尺寸精度与定位有直接关系。

从图 2.30(a)的工序图可知,工序尺寸 A 的工序基准是外圆面 d 的下母线。而在此定位系统中,夹具的对刀基准是心轴轴线；工件用内孔装在夹具心轴上实现定位,工件的定位基准为孔的轴线。显然,工件的定位与工序尺寸的工序基准没有重合,即工序尺寸的工序基准与夹具的对刀基准不重合。不重合对工序尺寸有什么影响呢？假设孔与心轴配合间隙为零,孔的轴线与心轴的轴线就重合了。刀具的位置是按心轴轴线来调整的(对刀基准是心轴轴线),并在加工一批工件过程中,不考虑其他因素(如刀具磨损、铣刀杆的变形等)时,其位置是不变的。假如需要保证的工序尺寸是图 2.31(a)所示的尺寸 C 而不是 A,这时工件的定位基准、工序尺寸的工序基准和对刀基准是重合的(孔和销的轴心线),加工出来的一批工件的 C 尺寸是一样的,也即不存在因定位引起的加工误差。而现在要加工的工序尺寸是 A,尽管工件的定位基准(孔的轴线)和对刀基准(心轴轴线)在整个加工过程中

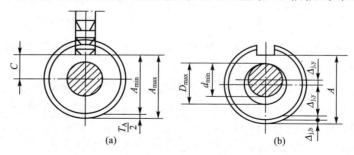

图 2.31　定位误差分析
（a）基准不重合；(b)基准位移

保持位置不变，但外圆直径 d_g 在其尺寸公差内变动，从而引起工序基准在工序尺寸方向上产生位置变化，其最大值为 $T_{dg}/2$。这就是由于工序基准与定位基准（对刀基准）不重合引起的基准不重合误差，以 $\Delta_{j,b}$ 表示。$\Delta_{j,b}$ 值为

$$\Delta_{j,b} = T_{dg}/2$$

上述的定位误差（基准不重合误差）是在心轴与孔配合间隙为零的假设条件下分析的。实际上，由于心轴与孔存在最小间隙 X 和内孔与心轴本身的制造误差 T_D、T_d。工件在自重的作用下，孔和心轴的轴线必定不会时时重合，孔的轴线会偏离心轴轴线位置而下移，如图 2.31(b) 所示。这时，如果不考虑外圆 d_g 的误差，工序尺寸也会出现加工误差，称为基准位移误差，以 $\Delta_{j,y}$ 表示。因此，由于工件的重力作用使得工件向单一方向位移，故 $\Delta_{j,y}$ 值为

$$\Delta_{j,y} = \frac{T_D + T_d + X}{2}$$

由于上述两项定位误差是相互独立存在的，所以对于工序尺寸 A 总的定位误差为

$$\Delta_d = \Delta_{j,b} + \Delta_{j,y} = \frac{T_{dg}}{2} + \frac{T_D + T_d + X}{2}$$

定位误差 Δ_d 可以分为两部分：①工序基准与定位基准（或对刀基准）不重合，引起基准不重合误差 $\Delta_{j,b}$；②定位基准（基面）和定位元件本身存在制造误差和最小配合间隙，使定位基准偏离其理想位置，产生基准位移误差 $\Delta_{j,y}$。

但并不是在任何情况下这两部分误差都存在，当定位基准与工序基准重合时，$\Delta_{j,b} = 0$；当工序基准无位移变化时，$\Delta_{j,y} = 0$。

2.3.2 定位误差的具体分析与计算

1. 工件以平面定位时的定位误差

当工件以单一平面为定位基准时，平面与定位元件是直接接触的。若平面又是工序基准时，则基准是重合的，所以没有基准不重合误差，即 $\Delta_{j,b} = 0$；若平面不是工序基准，则基准是不重合的，所以一定存在基准不重合误差，即 $\Delta_{j,b} \neq 0$。而基准位移误差有以下两种情况。

（1）定位平面是未加工的毛坯表面。这种情况一般用三点支承方式，定位元件是球头支承钉，如图 2.32(a) 所示。由于毛坯面的制造误差，使得定位基准在 ΔH 范围内变化，故

$$\Delta_{j,y} = \Delta H$$

（2）定位平面是已加工过的平面。这种情况一般用多条支承板，也可以用支承钉，如图 2.32(b) 所示。由于平面已被加工过，可以认为定位基准（工序基准）没有位移变化。故

$$\Delta_{j,y} = 0$$

当工件以两个以上的组合平面定位时，情况比较复杂，要根据具体情况具体分析。其中基准位移误差是由定位基准（平面）之间的位置误差产生的。如图 2.32(c) 所示的定位系统，该工序要求保证工序尺寸 b、H 及 B。其中 b 是由铣刀宽度保证的，尺寸 H 及 B 是靠工件相对于铣刀的正确定位来保证的。当以平面 K_1 和 K_2 为定位基准时，由于定位基准与工序基准重合（K_1 和 K_2 是工序基准），基准不重合误差等于零。而基准位移误差，对于 H 工序尺寸，它的工序基准和定位基准都是 K_1 平面，且平面 K_1 是已加工表面，故基准

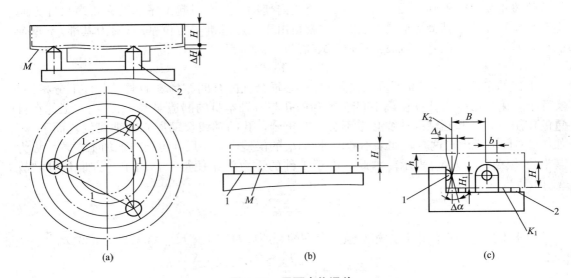

图 2.32 平面定位误差
(a) 粗基准平面；(b) 精基准平面；(c) 两个组合平面
1—支承板；2—支承钉

位移误差也为零。即

$$\Delta_{d(H)} = \Delta_{j,b(H)} + \Delta_{j,y(H)} = 0 + 0 = 0$$

对于工序尺寸 B，它的工序基准和定位基准都是 K_2 平面。由于平面之间存在垂直度误差（$90°\pm\Delta\alpha$），因此，在调整好的机床上加工一批工件时，将引起工序基准位置发生变化，故工序尺寸 B 也随之产生加工误差，其定位误差为

$$\Delta_{d(B)} = \Delta_{j,b(B)} + \Delta_{j,y(B)} = 0 + 2h\tan\Delta\alpha = 2h\tan\Delta\alpha$$

2. 工件以圆孔定位时的定位误差

与孔配合的定位元件有心轴、定位销和锥销。工件以圆孔在不同的定位元件上定位时，所产生定位误差是随定位系统和孔与心轴（销）的不同配合性质而变化的。对于工件以圆孔在间隙配合心轴（或定位销）上定位的定位误差，根据心轴（或定位销）放置方位的不同，有以下两种情况。

(1) 心轴（或定位销）水平放置。在图 2.33(a) 所示的工件上钻一个小孔，由工序图可知，工序基准与定位基准都是定位孔的轴线，基准是重合的，所以基准不重合误差为零。由于孔和心轴存在制造误差和最小配合间隙，如图 2.33(b) 所示，所以当工件装在心轴（定位销）上时，因其自重而下降，使圆孔上母线与心轴上母线接触，引起定位基准（工序基准）发生偏移，如图 2.33(c) 所示，这就是基准位移误差。定位孔与心轴的最大间隙为 $(T_{Dg}+T_d+X)$，因为心轴水平放置，工件在重力的作用下，总是向单方向移动，故定位误差为

$$\Delta_{d(A)} = 1/2(T_{Dg}+T_d+X)$$

(2) 心轴（定位销）垂直放置。仍以图 2.33(a) 所示的工件为例，在立式钻床上钻孔并保证工序尺寸 A。由图 2.34 可以看出，由 $\Delta_{j,y}$ 引起的工件工序基准变化范围，是以心轴轴线为圆心、直径为最大配合间隙的圆。因此，心轴垂直放置时的定位误差比水平放置时的

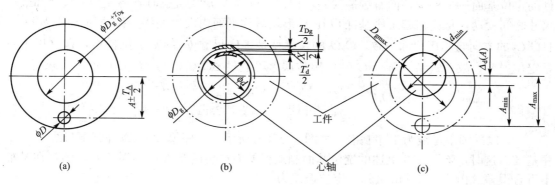

图 2.33 心轴(定位销)水平放置时的定位误差
(a) 工序图；(b)、(c) 误差分析图

定位误差增大 1 倍，即
$$\Delta_{d(A)} = T_{Dg} + T_d + X$$

3. 工件以外圆定位时的定位误差

工件用外圆定位时，常用的定位元件有各种定位套、支承板、支承钉等。采用各种定位套、支承板、支承钉定位时，定位误差的分析可参照前述圆孔定位和平面定位的情况。下面主要针对工件外圆在 V 形块上的定位误差进行分析与计算。

在外圆尺寸为 $\phi d_{-T_d}^{0}$ 的圆柱体上铣一个键槽，圆柱体放在 V 形块上定位，当键槽深度尺寸(工序尺寸 h)的标注方法不同(工序基准不同)时，出现如图 2.35 所示的三种情况。

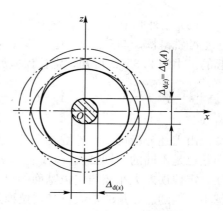

图 2.34 心轴(定位销)垂直放置时的定位误差

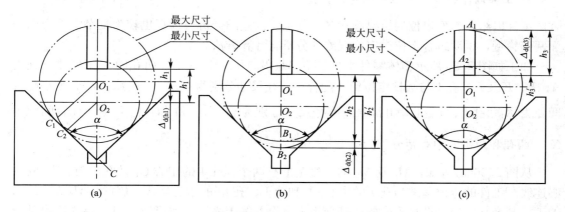

图 2.35 外圆在 V 形块上定位时的定位误差

(1) 以外圆轴线为工序基准。如图 2.35(a)所示，工件外圆直径为 $d_{-T_d}^{0}$，工件尺寸 h_1 的工序基准为工件轴线 O，而工件的定位基准也为工件轴线 O，两者是重合的(V 形块既是对中定位元件，也是定心定位元件)，因此不存在基准不重合误差。但是，由于一批工

件的定位基面——外圆柱面有制造误差，使得工件与V形块接触时，将在最大尺寸和最小尺寸之间变动，从而引起工序基准O在V形块对称平面内发生偏移，移动的区间是$\overline{O_1O_2}$，且$\overline{O_1O_2}$的方向与工序尺寸一致，$\overline{O_1O_2}$的长度就是工序尺寸h_1的基准位移量，在这里也就是定位误差。故$\Delta h = h_1' - h_1 = \overline{O_1O_2}$。定位误差可通过$\Delta O_1 C_1 C$与$\Delta O_2 C_2 C$的关系求得

$$\Delta_{d(h_1)} = \overline{O_1O_2} = \overline{O_1C} - \overline{O_2C} = \frac{\overline{O_1C}}{\sin\frac{\alpha}{2}} - \frac{\overline{O_2C}}{\sin\frac{\alpha}{2}} = \frac{d}{2\sin\frac{\alpha}{2}} - \frac{d-T_d}{2\sin\frac{\alpha}{2}} = \frac{T_d}{2\sin\frac{\alpha}{2}}$$

(2) 以外圆下母线为工序基准。如图2.35(b)所示，工序尺寸h_2以外圆下母线B为工序基准。这时，除了存在上述的定位基面制造误差而产生的基准位移误差外，还存在基准不重合误差。由图2.35(b)可知，定位误差为

$$\Delta_{d(h_2)} = \overline{B_1B_2} = \overline{O_1O_2} + \overline{O_2B_2} - \overline{O_1B_1} = \frac{T_d}{2\sin\frac{\alpha}{2}} + \frac{d-T_d}{2} - \frac{d}{2} = \frac{T_d}{2}\left[\frac{1}{\sin\frac{\alpha}{2}} - 1\right]$$

(3) 以外圆上母线为工序基准。如图2.35(c)所示，工序尺寸h_3以外圆上母线A为工序基准铣键槽。与第二种情况相同，定位误差也是由于基准不重合和基准位移误差共同引起的。由图2.35(c)可知，定位误差为

$$\Delta_{d(h_3)} = \overline{A_1A_2} = \overline{O_1A_1} + \overline{O_1O_2} - \overline{O_2A_2} = \frac{d}{2} + \frac{T_d}{2\sin\frac{\alpha}{2}} - \frac{d-T_d}{2} = \frac{T_d}{2}\left[\frac{1}{\sin\frac{\alpha}{2}} + 1\right]$$

由上述分析可知，外圆在V形块上定位铣键槽时，键槽深度的工序基准不同，其定位误差也是不同的，即$\Delta_{d(h_2)} < \Delta_{d(h_1)} < \Delta_{d(h_3)}$。从减少定位误差方面来考虑，标注尺寸$h_2$最佳。定位误差大小还与定位基面的尺寸公差和V形块的夹角α有关。α角越大，定位误差越小。但随着α角的增大，其定位稳定性也将降低。当α角增大到平角时，就变成了平面定位的情况，从而失去了对中定位的作用。一般α取90°、120°和150°。

4. 工件以组合表面定位时的定位误差

工件以组合表面定位的情况非常多，其定位误差的分析与计算也较为复杂。下面以一面两销为例，说明组合定位时定位误差的分析与计算方法。

加工如图2.36所示箱体零件上的两孔M_1及M_2。M_1及M_2两孔的工序尺寸分别为A、B、E及F。孔I'与圆柱定位销I配合，直径尺寸分别为$\phi D_1{}^{+T_{D_1}}_{\ 0}$和$\phi d_1{}^{\ 0}_{-T_{d_1}}$，最小配合间隙为$X_1$；孔$II'$与菱形销$II$配合，直径尺寸分别为$\phi D_2{}^{+T_{D_2}}_{\ 0}$和$\phi d_2{}^{\ 0}_{-T_{d_2}}$，最小配合间隙为$X_2$。两孔和两销的中心距分别为$L \pm \frac{T_{Lg}}{2}$和$L \pm \frac{T_{Lj}}{2}$。

从图2.36(a)可知，M_1及M_2的工序基准有两个：孔I'的中心O_1及孔I'与孔II'的中心连线。工件的定位基准为孔I'的中心O_1和孔I'、孔II'的中心连线。因此，M_1及M_2孔的工序基准与定位基准是重合的，基准不重合误差等于零。由此可知，只需要计算出基准位移误差，就可得到定位误差值。

基准位移误差包括两类，即沿图示x轴方向的基准位移误差(称纵向定位误差)和基准$\overline{O_1O_2}$偏离理想位置的转动的基准位移误差($\Delta\alpha$、$\Delta\gamma$)。

(1) 对于纵向定位误差。一般加工箱体零件时，由于箱体自重较大，定位销多为垂直

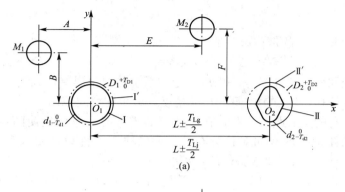

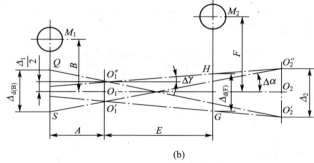

图 2.36 双孔定位时的定位误差分析

放置。因此，加工 M_1 及 M_2 孔时，沿两孔中心连线方向的纵向定位误差与垂直放置的单销定位情况相同。定位误差也是由于定位基面(孔)和定位元件(销)本身的制造误差及最小配合间隙引起的，工序尺寸 A、E 的定位误差值为

$$\Delta_{d(A,E)} = T_{D_1} + T_{d_1} + X_1 = \Delta_1$$

因为一面两销定位时，圆柱销的配合间隙比菱形销的小，所以取 Δ_1 为纵向定位误差。

（2）对于转动的基准位移误差。由于中心 O_1 在 O_1' 和 O_1'' 间变动，中心 O_2 在 O_2' 和 O_2'' 间变动，如图 2.36 所示。因此，中心线 $\overline{O_1O_2}$ 有两种极端变动：一是从 $\overline{O_1'O_2''}$ 变动到 $\overline{O_1''O_2'}$；另一种情况是从 $\overline{O_1''O_2'}$ 变动到 $\overline{O_1'O_2''}$。

当加工表面处于两定位孔之外(如加工 M_1 孔)时，孔 I' 与销 I 在上母线接触，而孔 II' 与销 II 在下母线接触，或者相反位置时引起的工序基准位移最大。这时，两孔中心连线 $\overline{O_1'O_2''}$ 相对理想位置 $\overline{O_1O_2}$ 偏转了一个角度 $\Delta\alpha$，通常称为转角误差，也称角向误差或角度误差，其值为

$$\tan\Delta\alpha = \frac{T_{D_1} + T_{d_1} + X_1 + T_{D_2} + T_{d_2} + X_2}{2L} = \frac{1}{2L}(\Delta_1 + \Delta_2)$$

可见，工序尺寸 B 的定位误差为

$$\Delta_{d(B)} = \overline{SQ} = \Delta_1 + 2A\tan\Delta\alpha = T_{D_1} + T_{d_1} + X_1 + 2A\tan\Delta\alpha$$

当加工表面处于两孔之间时(如加工 M_2 孔)，孔 I' 与孔 II' 的上母线分别与销 I 和销 II 的上母线，或者它们的下母线接触时，两孔连线产生的转角误差为 $\Delta\gamma$(一般 $\Delta_2 > \Delta_1$)，称为横向转角误差，其值为

$$\tan\Delta\gamma = \frac{T_{D_2}+T_{d_2}+X_2-(T_{D_1}+T_{d_1}+X_1)}{2L} = \frac{1}{2L}(\Delta_2-\Delta_1)$$

可见，工序尺寸 F 的定位误差值为

$$\Delta_{d(F)} = \overline{HG} = \Delta_1 + 2E\tan\Delta\gamma = T_{D_1}+T_{d_1}+X_1+2E\tan\Delta\gamma$$

从上述分析可知，若想减小一面两销定位系统的定位误差，方法如下。

(1) 提高定位孔、定位销本身的尺寸精度和减少配合间隙。

(2) 增大两孔的中心距。为此，在设计产品零件时，应尽量使两定位孔布置得远些。通常，两孔中心距偏差取双向对称分布，公差取决于工件设计要求和工艺水平，一般为 ±(0.03~0.05)mm。加工要求偏低的，可取±0.1mm。

以上讨论了以平面、内孔、外圆及其组合表面定位时产生定位误差的原因及其计算方法。

几种常见定位系统的定位误差见表 2-5。

表 2-5 常见定位方式的定位误差

序号	工序简图	定位简图	工序尺寸或位置精度	定位误差
1	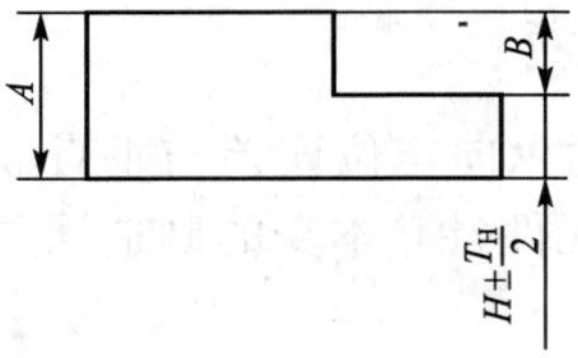	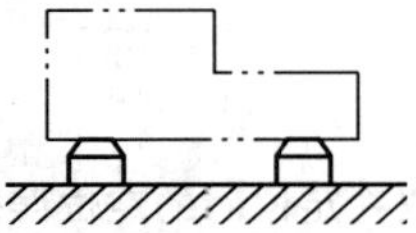	A B	$\Delta_{d(A)}=0$ $\Delta_{d(B)}=T_H$
2		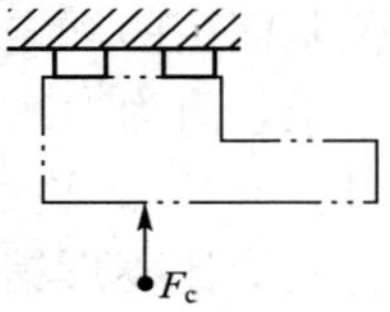	B	$\Delta_{d(B)}=0$
3	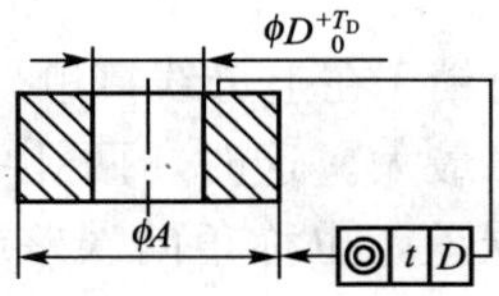	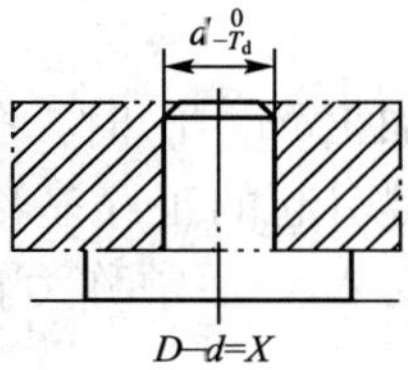	外圆对内圆的同心圆	$\Delta_{d(同轴度)}=T_D+T_d+X$
4	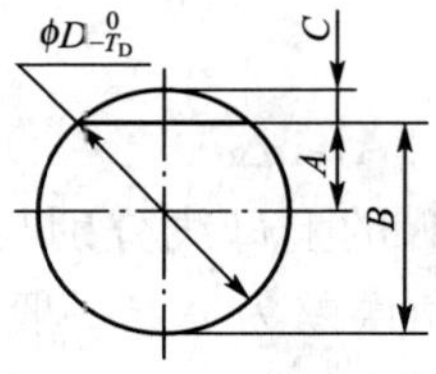	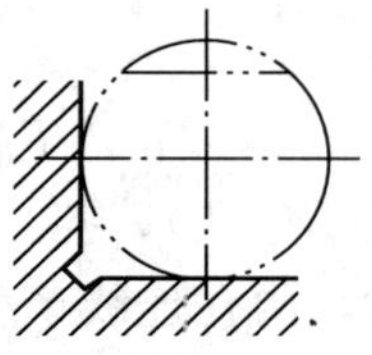	A B C	$\Delta_{d(A)}=\frac{1}{2}T_d$ $\Delta_{d(B)}=0$ $\Delta_{d(C)}=T_d$

(续)

序号	工序简图	定位简图	工序尺寸或位置精度	定位误差
5			A	$\Delta_{d(A)} = \dfrac{T_d}{2\sin\dfrac{\alpha}{2}}$
			B	$\Delta_{d(B)} = \dfrac{T_d}{2}\left(\dfrac{1}{\sin\dfrac{\alpha}{2}} - 1\right)$
			C	$\Delta_{d(C)} = \dfrac{T_d}{2}\left(\dfrac{1}{2\sin\dfrac{\alpha}{2}} + 1\right)$
6	$\phi D_{-T_D}^{0}$		A	$\Delta_{d(A)} = 0$
			B	$\Delta_{d(B)} = \dfrac{1}{2}T_d$
			C	$\Delta_{d(C)} = \dfrac{1}{2}T_d$
7			A	$\Delta_{d(A)} = \dfrac{T_d \sin\beta}{2\sin\dfrac{\alpha}{2}}$
			B	$\Delta_{d(B)} = \dfrac{T_d}{2}\left(\dfrac{\sin\beta}{\sin\dfrac{\alpha}{2}} - 1\right)$
			C	$\Delta_{d(C)} = \dfrac{T_d}{2}\left(\dfrac{\sin\beta}{\sin\dfrac{\alpha}{2}} + 1\right)$
8			A	$\Delta_{d(A)} = \dfrac{T_d}{2}$
			B	$\Delta_{d(B)} = 0$
			C	$\Delta_{d(C)} = T_d$
			t	$\Delta_{d(对称度)} = \dfrac{T_d}{2}$
9	$d_{-T_d}^{0}$		A	$\Delta_{d(A)} = \dfrac{T_d}{2\sin\dfrac{\alpha}{2}}$
			B	$\Delta_{d(B)} = \dfrac{T_d}{2}\left(\dfrac{1}{\sin\dfrac{\alpha}{2}} - 1\right)$
			C	$\Delta_{d(C)} = \dfrac{T_d}{2}\left(\dfrac{1}{2\sin\dfrac{\alpha}{2}} + 1\right)$
			t	$\Delta_{d(对称度)} = 0$

(续)

序号	工序简图	定位简图	工序尺寸或位置精度	定位误差
10			A B C t	$\Delta_{d(A)}=0$ $\Delta_{d(B)}=\dfrac{T_d}{2}$ $\Delta_{d(C)}=\dfrac{T_d}{2}$ $\Delta_{d(对称度)}=\dfrac{T_d}{2\sin\dfrac{\alpha}{2}}$
11			A B C t	$\Delta_{d(A)}=0$ $\Delta_{d(B)}=\dfrac{T_d}{2}$ $\Delta_{d(C)}=\dfrac{T_d}{2}$ $\Delta_{d(对称度)}=0$
12			A B C t	$\Delta_{d(A)}=0$ $\Delta_{d(B)}=\dfrac{T_d}{2}$ $\Delta_{d(C)}=\dfrac{T_d}{2}$ $\Delta_{d(对称度)}=0$
13			A A_1 B B_1	$\Delta_{d(A)}=2(L_1-h)\tan\Delta\alpha$ $\Delta_{d(A_1)}=0$ $\Delta_{d(B)}=2(L_1-h)\tan\Delta\alpha+T_L$ $\Delta_{d(B_1)}=T_{L_1}$
14			A A_1 A_2 B B_1	$\Delta_{d(A)}=T_L$ $\Delta_{d(A_1)}=T_L+T_{L_1}$ $\Delta_{d(A_2)}=0$ $\Delta_{d(B)}=T_D+T_d+X$ $\Delta_{d(B_1)}=T_D+T_d+X+T_{L_2}$

注：表中 A、A_1、A_2、B、B_1、C 均为本工序的工序尺寸，t 为本工序的几何公差，其他尺寸均为已知。

2.4 工件的夹紧装置

工件在加工前需要定位和夹紧，这是两项十分重要的工作。夹紧的目的是防止工件在切削力、重力、惯性力等作用下发生位移或振动，以免破坏工件的定位。把工件压紧夹牢的装置称为夹紧装置。

2.4.1 夹紧装置的基本要求和组成

在不破坏工件精度并保证加工质量的前提下，夹紧机构应尽量满足下列基本要求。
(1) 夹紧力不应破坏工件的正确定位。
(2) 夹紧装置应有足够的可靠性。
(3) 夹紧时不应破坏工件表面，不应使工件发生超过允许范围的变形。
(4) 能用较小的夹紧力获得所需的夹紧效果。
(5) 工艺性好，在保证生产率的前提下结构应简单，便于制造、维修和操作；手动夹紧机构应具有自锁性能。

夹紧装置是夹具的重要组成部分，一般夹紧装置主要由以下三个部分组成。
(1) 力源装置：产生原始夹紧力的动力装置，通常是指机动夹紧时所用的气动、液动、电动等动力装置。若力源来自人力，则称为手动夹紧。
(2) 夹紧元件：直接夹紧工件的元件，它是夹紧装置的最终执行元件，它与工件直接接触，把工件夹紧，如各种螺钉、压板等。
(3) 中间传力机构：介于力源和夹紧元件之间的传力机构，即把力源装置产生的力传递给夹紧元件的中间传力机构。中间传力机构常常起着重要的作用，它可根据实际的需要设计得简单或是复杂，甚至没有。它一般有以下三个作用。

① 改变夹紧力的方向：如图 2.37 所示，力源装置产生的水平作用力通过铰链杠杆机构后，改变为垂直方向的夹紧力。

② 改变夹紧力的大小：为了把工件牢固地夹住，有时需要较大的夹紧力，这时可利用中间传动机构（如斜楔、杠杆等）改变作用力的大小，以满足夹紧工件的需要。

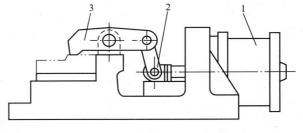

图 2.37 夹紧装置的组成
1—力源装置；2—中间传力机构；3—夹紧元件

③ 自锁：在力源消失后，中间传力机构仍能使整个夹紧系统处于可靠的夹紧状态，这种现象称为自锁。自锁作用对手动夹紧特别重要，如一般的螺旋机构就是利用螺纹的自锁作用。

2.4.2 夹紧力的确定

对工件施加一定的夹紧力是把工件夹紧的必要因素，而夹紧力的确定包括其方向、大小和作用点的确定，即夹紧力三要素。夹紧力三要素确定时，还需综合考虑工件的结构特点、加工要求、定位元件的结构及布置、切削力的方向和大小等因素。

1. 夹紧力方向的确定原则

(1) 夹紧力的作用方向应垂直于工件的主要定位基面，如图 2.38 所示。在直角形工件上镗孔，由于工件上左端面与底面有垂直度误差，为了保证被镗孔与左端面的垂直度要求，选择左端面为主要定位基准面，以符合基准重合原则，同时夹紧力方向应垂直于主要定位基准(左端面)，如图 2.38(a)所示。若夹紧力指向底面，则不仅装夹稳定性较差，而且工件的左端面与底面有垂直度误差，使被加工孔与左端面的垂直度要求也难以保证，如图 2.38(b)所示。

(2) 夹紧力的方向应有利于减少所需要的夹紧力，如图 2.39 所示。夹紧力的方向应使所需的夹紧力最小。当夹紧力和切削力、工件重力的方向均相同时，加工过程中所需的夹紧力可最小。另外，夹紧力越小，工件的夹紧变形越小，夹紧装置越紧凑，从而能简化夹紧装置的结构和便于操作，减少工人的劳动强度，提高劳动生产率。

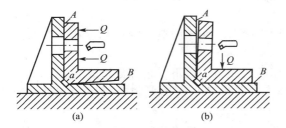

图 2.38　夹紧力方向对镗孔位置精度的影响

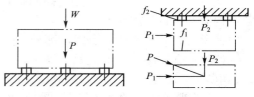

图 2.39　夹紧力方向应有利于减少夹紧力

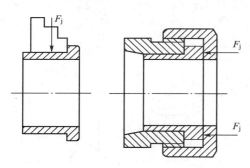

图 2.40　夹紧力方向应与工件刚度最大的方向一致

(3) 夹紧力的作用方向应与工件刚度最大的方向一致，以减小工件的夹紧变形。夹紧力的方向应使工件变形最小。如果夹紧力指向主要定位基准，工件容易产生变形而不能保证加工质量时，可以使夹紧力指向工件刚性较大的部分，如图 2.40 所示。

2. 夹紧力作用点的确定原则

夹紧力的作用点应对准定位支承或落在定位元件的支承范围内。即着力点应能保持定位稳固，不致使工件发生颠覆力矩而引起工件产生位移或倾斜，导致定位破坏。

夹紧力的作用点应落在工件刚性较好的部位，以减小工件的夹紧变形，即夹紧力作用点应避免放在加工部位的上方或容易引起较大变形的地方。

夹紧力作用点应尽量靠近被加工部位，以减小切削力绕夹紧作用点的力矩，防止工件在加工中产生转动或位移。

3. 夹紧力大小的确定

夹紧力大小对于保证定位稳定、夹紧可靠、确定夹紧装置的结构尺寸等都有很大关系。在夹紧力方向、作用点确定之后，还需确定适宜的夹紧力大小。

加工过程中,工件受到切削力、离心力、惯性力及重力等的作用,理论上夹紧力的作用应与上述力(力矩)的作用相平衡。但是切削力的大小和方向在加工过程中是变化的,因此夹紧力的大小只能进行估算。

目前,大多利用切削原理试验公式粗略算出切削力(矩),再对夹紧力做简化估算,估算的方法如下。

(1) 首先假设系统为刚性系统,切削过程处于稳定状态。

(2) 常规情况下,为简化计算,只考虑切削力(矩)对夹紧的影响;在工件高速运动的场合,必须计入惯性力,尤其在精加工时,惯性力常是影响夹紧力的主要因素。

(3) 分析并了解对夹紧最不利的加工瞬时位置和情况,将此时所需的夹紧力定为最大值。根据此时的受力情况列出其静力平衡方程式,即可解算出理论上的夹紧力 F_J。

(4) 按下式计算出实际需要的夹紧力

$$F_{JK}=KF_J$$

式中 F_{JK}——实际需要的夹紧力;

K——安全系数,一般 $K=1.5\sim3$,粗加工取最大值,精加工取最小值;

F_J——在最不利的条件下由静力平衡计算出的夹紧力。

2.4.3 典型夹紧机构

夹紧机构的设计与选择是夹紧装置的主要内容。首先应根据工件形状、加工方法、生产规模等因素来确定夹紧机构的形式,然后再进行具体结构的设计与计算。

1. 斜楔夹紧机构

斜楔夹紧机构利用斜面的楔紧作用,将外力传递给工件,完成工件的夹紧,如图 2.41 所示。它常用于气动和液压夹具中,在手动夹紧中,斜楔夹紧机构往往和其他机构联合使用。

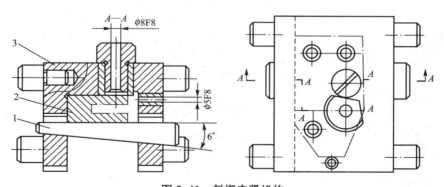

图 2.41 斜楔夹紧机构
1—斜楔;2—工件;3—夹具体

斜楔夹紧机构的缺点是夹紧行程小,手动操作不方便。

2. 螺旋夹紧机构

采用螺旋直接夹紧或与其他元件(如垫圈、压板等)组合实现夹紧工件的机构,统称为螺旋夹紧机构。螺旋夹紧机构结构简单、容易制造,而且螺旋相当于一个斜楔缠绕在圆柱体表面。由于其升角小(3°左右),因此螺旋机构具有较好的自锁性能,获得的夹紧力大,且夹紧行程不受限制，是应用最广泛的一种夹紧机构。

其主要缺点是夹紧动作慢、辅助时间长、工作效率低。所以在实际应用中通常采用一些快速结构，如快卸垫圈、快换螺母等。

（1）单个螺旋夹紧机构：通过螺钉或螺母夹紧工件的机构，如图2.38所示。螺钉头部直接压在工件表面上，可能会损伤工件或带动工件旋转，如图2.42(a)所示。为克服这一缺点，在其头部加装浮动压块，以增加接触面积，减少损伤，如图2.42(b)所示。

（2）组合式螺旋夹紧机构：该机构便于调整夹紧力的大小、指向、着力点及夹紧行程，使夹紧系统和整个夹具得到合理、灵活的布局，实现工件的快速装卸，是一种应用很广泛的夹紧机构。

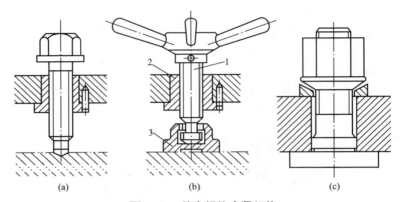

图2.42　单个螺旋夹紧机构

1—螺杆；2—螺母套；3—摆动压块

图2.43所示为常见的3种螺旋压板夹紧机构。由图2.43(a)可见，螺旋压紧位于压板中间，螺母下用球面垫圈。压板尾部的支柱顶端也做成球面，以便在夹紧过程中压板根据工件表面位置做少量偏转。采用的是移动压板，其主要用途是增大夹紧行程。图2.43(b)所示夹紧机构主要起改变夹紧力方向的作用，在适当调节力臂时，也可以实现增力或增大夹紧行程。在图2.43(c)中，夹紧机构主要起增力作用。

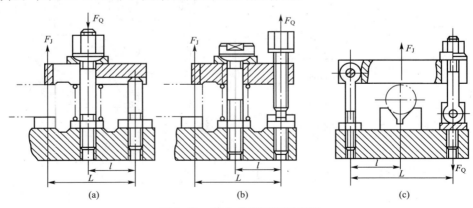

图2.43　组合式螺旋夹紧机构

（3）快速螺旋夹紧机构：为迅速夹紧工件，减少辅助时间，可采用各种快速接近或快速撤离工件的螺旋夹紧机构。

图 2.44(a)中的夹紧机构为带有开口垫圈的螺母夹紧机构,螺母最大外径小于工件孔径,松开螺母取下开口垫圈,工件即可穿过螺母被取出。图 2.44(b)所示结构为快卸螺母结构,螺孔内钻有光滑斜孔,其直径略大于螺纹公称直径,螺母旋出一段距离后,就可取下。图 2.44(c)为回转压板夹紧机构,松开螺钉后,将回转压板逆时针转过适当角度,工件便可从上面取出。

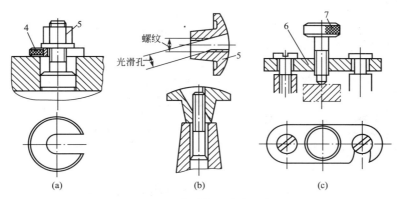

图 2.44 快速螺旋夹紧机构

3. 偏心夹紧机构

偏心夹紧机构是斜楔夹紧机构的一种变型,它是通过偏心轮直接夹紧工件或与其他元件组合夹紧工件的,常用的偏心件有圆偏心和曲线偏心。圆偏心夹紧机构具有结构简单、夹紧迅速等优点,但它的夹紧行程小、增力倍数小、自锁性能差,一般只在被夹紧表面尺寸变动不大和切削过程振动较小的场合应用。

如图 2.45 所示,其中图 2.45(a)和图 2.45(b)用的是圆偏心轮,图 2.45(c)用的是偏心轴,图 2.45(d)用的是有偏心圆弧的偏心叉。

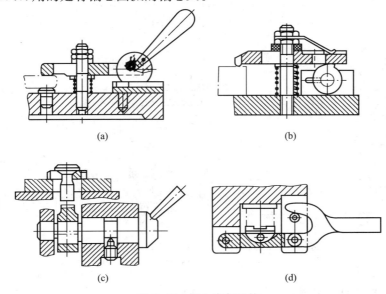

图 2.45 偏心夹紧机构

4. 定心夹紧机构

定心夹紧机构是在实现定心作用的同时，又将工件夹紧的机构，如图 2.46 所示。在定心夹紧机构中，与工件定位基准（基面）相接触的元件，既是定位元件，又是夹紧元件。定心夹紧机构是利用定位夹紧元件的等速移动或均匀弹性变形的方式，来实现工件的定心或对中的机构。

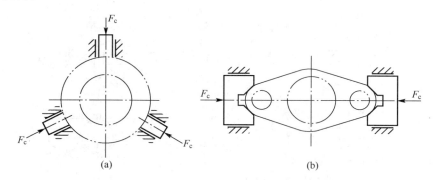

图 2.46 几何形状对称工件的定心夹紧机构

定心夹紧机构按其夹紧原理可分为机械式定心夹紧机构和弹性变形式定心夹紧机构；按其夹紧工作原理可分为等速位移定心夹紧机构和均匀弹性变形夹紧机构。

1) 机械式定心夹紧机构

机械式定心夹紧机构是利用斜楔、螺旋、偏心轮、齿轮和齿条等刚性传动件，使定位夹紧元件作等速位移来实现定心夹紧。一般常见的有自定心卡盘、齿轮式偏心机构、锥面定心夹紧心轴、螺旋定心夹紧机构等。

(1) 螺旋等速位移定心夹紧机构：等速螺旋双移动 V 形块式定心夹紧机构如图 2.47 所示，工件装在两个可左右移动的 V 形块钳口 2 和 3 之间，V 形块的移动由具有左、右旋的螺杆 1 操纵。螺杆 1 的中部支承在叉形支架 4 上，支架用螺钉固定在夹具上。借助钳口对中调整螺钉 5 和 6 可调节支架 4 的位置，以保证两个 V 形块钳口的对中性。

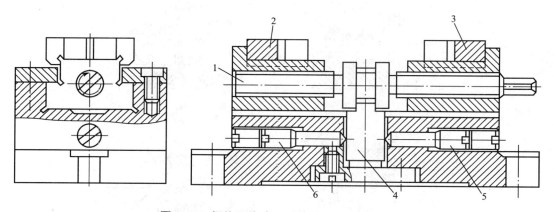

图 2.47 螺旋双移动 V 形块式定心夹紧机构
1—螺杆；2、3—V 形块钳口；4—叉形支架；5、6—钳口对中调整螺钉

该定心夹紧机构结构简单，工作行程长，通用性好，但定心精度不高。

（2）锥面双移动定心夹紧机构：如图2.48所示，通过调整螺母使锥度心轴和锥套左右等速位移，推动滑块同时径向伸缩移动来夹紧或松开工件。

2）弹性变形式定心夹紧机构

（1）膜片式弹性定心夹紧机构：利用薄壁弹性元件受力后产生的均匀变形，使工件定位和夹紧，如图2.49（a）所示为磨削圆柱齿轮内孔的一种弹性膜片定心卡盘。当气缸操纵推杆向右推压在弹性膜片中部而变形时，卡

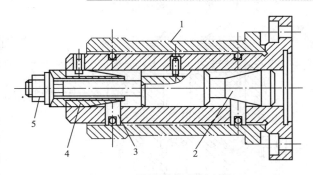

图2.48 锥面定心夹紧心轴
1—工件；2—锥度心轴；3—滑块；4—锥套；5—螺母

爪就略微径向张开而将滚柱松开，此时可装入或卸下被磨削的齿轮。当推杆向左后退时，卡盘的弹性膜片因弹性恢复使卡爪收拢，卡爪通过滚柱定心夹紧被磨削齿轮。这种弹性变形式定心夹紧机构的优点是定心精度高、操作简便、生产率高。缺点是夹紧力小，多用于精加工，如热处理后磨削圆柱齿轮内孔等。

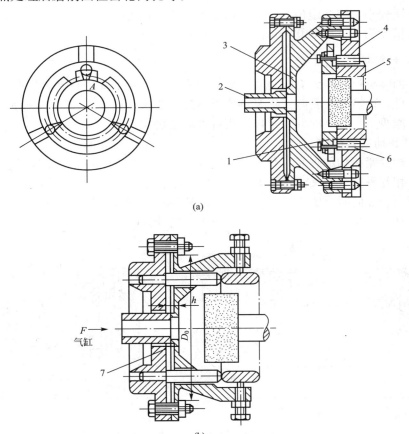

(a)

(b)

图2.49 膜片式弹性定心卡盘
(a) 磨齿轮内孔的弹性膜片定心卡盘；(b) 磨套圈内孔的弹性膜片定心卡盘
1—环；2—推杆；3—弹性膜片；4—卡爪；5—工件；6—滚柱；7—鼓膜盘

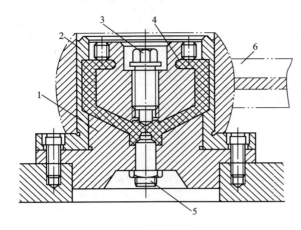

磨套圈内孔的弹性膜片定心卡盘如图2.49(b)所示。

(2) 液性塑料弹性定心夹紧机构：图2.50所示为定心夹紧连杆大头孔的液性塑料夹具。弹性元件为薄壁套筒2，其内孔中部的环槽与夹具体1的主通道相联通，在通道和环槽内灌满液性塑料。手动拧紧加压螺钉3，使螺钉头部的柱塞对腔内的液性塑料施加压力，迫使薄壁套筒2产生均匀的径向弹性变形，将工件内孔胀紧而定心夹紧。这个夹具在大批量生产时，利用气缸操纵柱塞移动，来实现对腔内的液性塑料施加压力而将工件定心夹紧。

图 2.50 液性塑料弹性定心夹紧机构
1—夹具体；2—薄壁套筒；3—加压螺钉；
4—液性塑料；5—定程螺钉；6—连杆

由于受到薄壁套筒变形量的限制，胀开尺寸范围较小，因此定位内孔应经精加工。该机构定心夹紧可靠，定心精度高，一般可保证定心精度为 0.01～0.02mm，适用于精加工工序。

5. 联动夹紧机构

在工件的装夹过程中，有时需要夹具同时有几个点对工件进行夹紧，有时则需要同时加紧几个工件，而有些夹具除了夹紧动作外，还需要松开或锁紧辅助支承等，这时为了提高生产率，减少工件装夹时间，可以采用各种联动机构。

1) 单件联动夹紧机构

单件联动夹紧机构的夹紧力作用点有两点、三点或多至四点，夹紧力的方向可以相同、相反、相互垂直或交叉。图2.51(a)所示的两个夹紧力 F_z 与 F_x 相互垂直，拧紧手柄可在右侧面和顶面同时夹紧工件。图2.51(b)所示两个夹紧力 F_z 方向相同，拧紧右边螺母，通过螺杆带动平衡杠杆，即能使两幅压板均匀地同时夹紧工件。

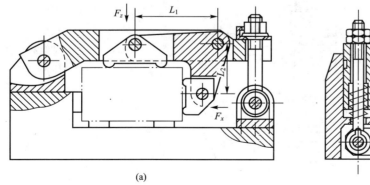
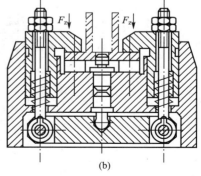

(a) (b)

图 2.51 单件联动夹紧机构

2) 多件联动夹紧机构

(1) 平行式多件联动夹紧机构：如图2.52(a)所示，通过左方螺母的紧固或松开，使联动机构压板将工件平行夹紧或松开。如图 2.52 所示，采用带有 3 个浮动环节的压板结构，当右方压板左端下压时，使浮动压板同时等力地夹紧工件。在图 2.52(c)中，当中间手柄扳动螺母时，松开或压紧压板，可通过两端的浮动压板将 4 个工件同时松开或压紧。图 2.52(d)所示为液性塑料平行多件联动夹紧机构，它是由左端螺塞的调整对液性塑料施压或减压，再通过压块夹紧或松开工件的。

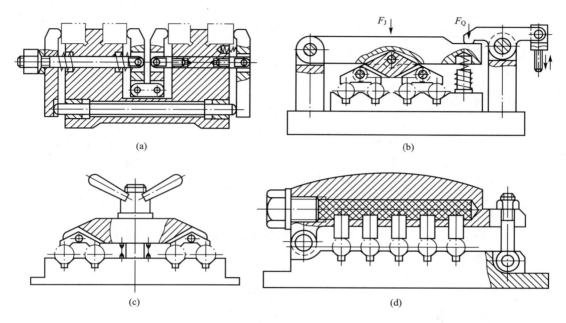

图 2.52 平行式多件联动夹紧机构

（2）顺序式多件联动夹紧机构：如图 2.53 所示，夹紧时拧紧左端的螺母，推动钩形压板，将多个工件顺序加紧。这种顺序多件夹紧，由于沿夹紧方向存在尺寸误差积累，因此适用于工件加工表面与夹紧方向相平行的场合。

2.4.4 夹紧机构的动力装置

1. 气动夹紧装置

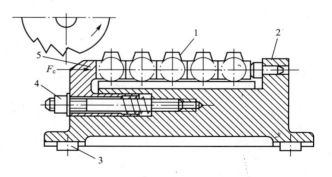

图 2.53 顺序式多件联动夹紧机构
1—工件；2—夹具体；3—定向键；4—螺母；5—钩形压板

气动夹紧装置采用压缩空气作为夹紧装置的动力源，压缩空气具有粘度小、无污染、传送分配方便的优点；缺点是夹紧力比液压夹紧力小，一般压缩空气工作压力为 0.4～0.6MPa，结构尺寸较大，有排气噪声。典型的气压夹紧供气传动系统如图 2.54 所示。

活塞式气缸按工作状态分为单向作用和双向作用气缸，其中双向作用活塞式气缸应用较广泛。

图 2.55 所示的结构为一个固定式双向作用活塞式气缸，可作为车床、铣床、钻床、冲床等机床夹具的动力装置。

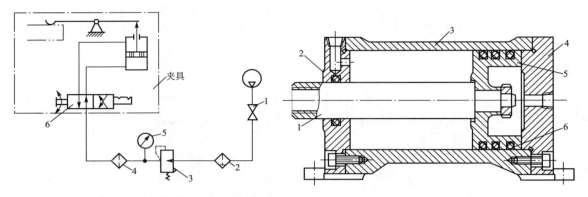

图 2.54　气动夹紧供气传动系统
1—气源开关；2—空气过滤器；3—调压阀；
4—油雾器；5—压力计；6—换向阀

图 2.55　固定式双向作用活塞式气缸
1—活塞杆；2—前端盖；3—气缸体；
4—后端盖；5—活塞；6—密封圈

2. 液压夹紧装置

液压夹紧装置的工作原理和结构与气动夹紧装置相似，具有以下优点。

（1）压力油工作压力比气压大，可达 6MPa，是气压的 10 倍。因此，液压缸尺寸小，不需增力机构，夹紧装置紧凑。

（2）压力油具有不可压缩性，故夹紧装置刚度大，工作平稳。

（3）液压夹紧装置噪声小。

液压夹紧装置的缺点是需要有一套供油装置，成本相对较高，适用于具有液压传动系统的机床和切削力较大的场合。

3. 气-液夹紧装置

气-液夹紧装置利用压缩空气为动力，以油液为传动介质，兼有气动和液压夹紧装置的优点。气-液增压器如图 2.56 所示，是将压缩空气的动力转换成较高压力的液压，驱动夹具的夹紧液压缸动作，以实现夹紧工件。

当三位五通阀由手柄拧到预夹紧位置时，压缩空气进入左气室 B，活塞 1 右移，将 b 油室的油经 a 室压至夹紧液压缸下端，推动活塞 3 来预夹紧工件。因 D 和 D_1 相差不大，故压力油的压力 p_1 稍大于压缩空气压力 p_0。但由于 $D_1 > D_0$，故左气缸会将 b 室的油大量压入夹紧液压缸，实现快速预夹紧。

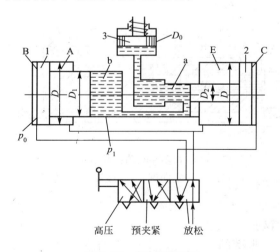

图 2.56　气-液增压器
1、2、3—活塞；A、B、C、E—气室；
a、b—油室

当控制阀手柄拧到高压夹紧位置时，压缩空气进入右气缸C室，推动活塞2左移，a、b两室隔断。由于D远大于D_2，使a室压力增大许多，推动活塞3加大夹紧力，实现高压夹紧。

当把手柄拧到放松位置时，压缩空气进入左气缸的A室和右气缸的E室，活塞1左移而活塞2右移，a、b两室联通，a室油压降低，夹紧液压缸的活塞3在弹簧作用下复位，放松工件。

4. 其他动力夹紧装置

（1）真空夹紧装置：利用工件上基准面与夹具上定位面间的封闭空间，抽取真空后吸紧工件，或利用工件外表面上受到的大气压力来压紧工件，如图2.57所示。

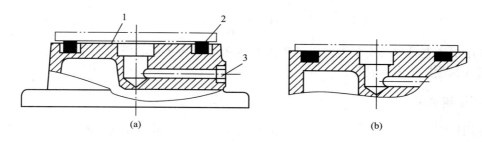

图 2.57　真空夹紧原理图
（a）未夹紧状态；（b）夹紧状态
1—密封腔；2—橡胶密封圈；3—抽气口

真空夹紧适合铝、铜及其合金和塑料等非导磁材料制成的薄板形工件或薄壳形工件。

（2）电磁夹紧装置：如平面磨床上的电磁吸盘，当线圈中通上直流电后，其铁心就会产生磁场，在磁场力的作用下将导磁性工件夹紧在吸盘上。

2.5　机床夹具

机床夹具是指在机械加工过程中，用来固定加工对象，确保工件处于适宜位置，以进行加工和检测，并保证其加工要求的机床附加装置。其作用是完成工件的装夹工作。

机床夹具按其不同特性有不同的分类方法，按夹具的通用特性分为通用机床夹具与专用机床夹具，专用机床夹具包括机床专用夹具、成组夹具、组合夹具、可调整夹具和自动线夹具等。按夹具夹紧动力来源分为手动夹具和机动夹具。

通用机床夹具是指夹具结构和尺寸已标准化、系列化，具有一定通用性的夹具。例如，车床上的自定心卡盘、单动卡盘，铣床上的机用平口钳、万能分度头、回转工作台，平面磨床上的电磁吸盘等，因其通用性强而广泛应用于单件小批量生产中。几种通用机床夹具如图2.58所示。

专用机床夹具是指针对某一工件的某一工序的加工要求而专门设计制造的机床夹具。由于车辆属于大批量生产，为了提高生产效率、保证质量，在零件加工中，除使用普通机床夹具外，广泛采用专用机床夹具。

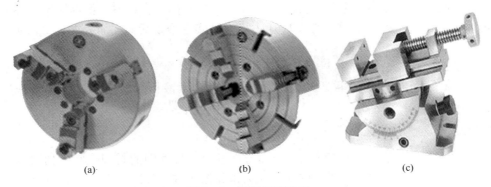

图 2.58 通用机床夹具
(a) 三爪自定心卡盘；(b) 四爪单动卡盘；(c) 万向平口钳

专用机床夹具种类很多，按夹具适用的机床可分为车床、铣床、钻床、镗床、磨床、齿轮机床、数控机床夹具等。

2.5.1 专用钻床夹具

使用钻床、铰刀等加工孔的刀具，进行孔加工时使用的机床夹具称为专用钻床夹具，也称为钻模。

1. 钻床夹具的类型

根据工件被加工孔的分布情况和钻床夹具使用要求的不同，钻床夹具有固定式、回转式、滑柱式等形式。下面仅介绍固定式和回转式钻床夹具。

1) 固定式钻床夹具

固定式钻床夹具是指钻模板与夹具固定连接，在加工过程中夹具固定安装在钻床工作台上的钻床夹具。固定式钻床夹具可用在立式钻床、摇臂钻床和多轴组合钻床上。

图 2.59 所示为加工摇臂锁紧孔的固定式钻床夹具，也可用来加工连杆类零件上的锁紧孔。根据工件加工要求，选用两孔及一端面作为组合定位基准。

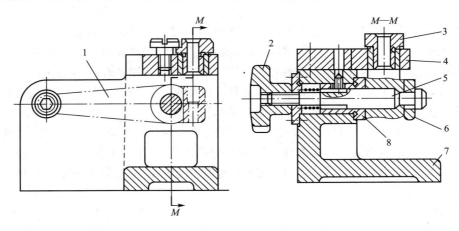

图 2.59 固定式钻床夹具

1—工件(摇臂)；2—螺母；3—钻套；4—钻模板；5—活动心轴；6—开口垫片；7—夹具体；8—挡套

在夹具上，挡套、活动心轴及菱形销为定位元件，它们与定位基准接触或配合实现定位。用螺母、开口垫片和活动心轴对工件进行夹紧。钻模板用螺钉与夹具体固定联接。

这种钻床夹具的定位精度相对较高，一般用于立式钻床加工单孔或在摇臂钻床上加工平行孔系。在机床上安装钻模时，一般先将装在主轴上的钻头（精度要求高时用心轴）插入钻套中，以确定钻模的位置，再将其紧固在机床工作台上。这样既可减少钻模磨损，又可保证钻孔有较高的尺寸精度。

2）回转式钻床夹具

在钻多孔的加工中，可在立式钻床上使用立轴多工位回转式钻床夹具加工同一圆周上的轴向平行孔系，如图2.60所示。或者使用水平轴多工位回转式钻床夹具，加工分布在同一圆周上的径向孔系，如图2.61所示。

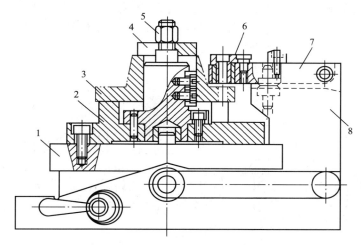

图2.60 立轴多工位回转式钻床夹具

1—回转工作台；2—夹具体；3—工件；4—开口垫圈；5—螺母；6—钻套；7—钻模板；8—支座

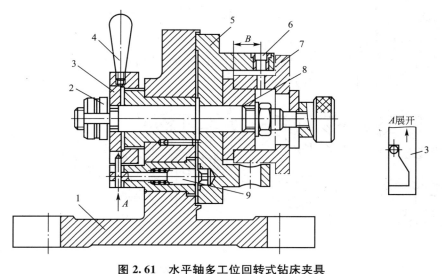

图2.61 水平轴多工位回转式钻床夹具

1—夹具体；2—锁紧螺母；3—环套；4—手柄；5—回转分度盘；
6—钻套；7—工件；8—定位环；9—分度销

2. 钻套

钻套是用来引导钻头、铰刀等孔加工刀具用的导向元件。钻套的功能是确定孔加工刀具相对于夹具定位元件的位置和引导孔加工刀具，提高刀具的刚性，防止其在加工中发生偏移。

按钻套的使用和结构来分，钻套分为标准钻套和特殊结构钻套。标准钻套又分为固定式、可换式、快换式三种。

固定式钻套如图 2.62(a)、图 2.62(b)所示，该钻套直接以过盈配合压入钻模板孔内。其缺点是导向孔磨损后被压出，破坏了钻模板原安装孔。该钻套主要用于中小批量生产。在大批量生产中，为便于更换被磨损的钻套，可使用可换式钻套，如图 2.62(c)所示。若在工件一次装夹中，顺序进行多个工步加工，可采用图 2.62(d)所示的快换式钻套。更换钻套时，不需卸下螺钉，只需逆时针转动钻套到削边平面对准螺钉位置，即可快速向上拉出并更换钻套。这种钻套适合大批量生产。

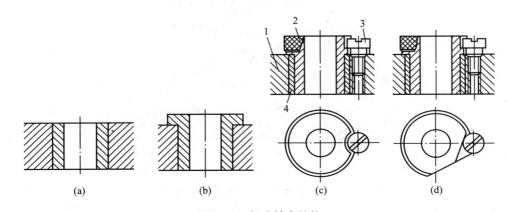

图 2.62 标准钻套结构

1—钻模板；2—钻套；3—螺钉；4—衬套

由于工件形状或被加工孔位置的特殊性，有时需要采用特殊结构的钻套。当钻两个距离很近的孔时，可采用图 2.63(a)所示的非标准钻套。例如，在凹坑内、斜面上钻孔时，常采用如图 2.63(b)、图 2.63(c)所示的加长钻套。

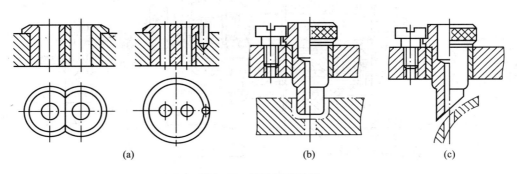

图 2.63 特殊钻套结构

(a) 两孔距离较小；(b) 孔离钻模板较远；(c) 斜面上钻孔

钻套材料的耐磨性要求很高,批量较小时一般采用碳素工具钢 T10A 制造,批量大时采用硬质合金制造。

钻套高度与工件材料、钻孔直径、孔深、刀具刚度、工件表面形状等因素有关。

如图 2.64 所示,钻套高度一般取 $H=(1\sim2.5)d$,孔径 d 大时取小值,d 小时取大值,对 $d<5\text{mm}$ 的孔,取 $H\geqslant2.5d$。加工精度高、工件材料硬、钻头刚性差时,H 取较大值,反之取较小值。

C 为排屑间隙,如 C 值太大,将影响刀具的导向精度和加工精度;如 C 值太小,切屑难以自由排出,则会影响被加工孔的表面质量,甚至会因阻力矩的增大而折断钻头。对于铸铁类脆性材料工件,$H=(0.6\sim0.7)d$;对于钢类韧性材料工件,$H=(0.7\sim1.5)d$。对于斜面或弧面上钻孔,h 还可取再小些。

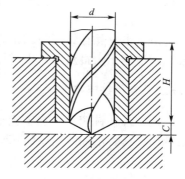

图 2.64 钻套高度与排屑间隙尺寸

3. 钻模板

常见的钻模板有固定式、分离式、铰链式、悬挂式等结构形式。钻模板通常装配在夹具体或支架上,或与夹具体上的其他元件相连接,常见的有以下几种类型。

(1)固定式钻模板:钻模板直接固定在夹具体上,因此钻套相对于夹具体也是固定的,钻孔精度较高。但这种结构对某些工件而言,装拆不太方便。钻模板与夹具体多采用圆锥销定位、螺钉紧固结构。对于简单钻模也可采用整体铸造或焊接结构,其优点是钻套位置精度较高。

(2)分离式钻模板:钻模板与夹具体是分离的,并成为一个独立部分,且钻模板对工件有定位要求。有的分离式钻模板和钻套组成独立的钻模,而无夹具体等其他装置。使用时,只需将钻模板的定位部分直接与工件装配,并夹紧在机床工作台上便可钻孔。这种钻模板结构简单,钻孔精度取决于钻模板与工件的配合精度。但是工件在夹具体中每装卸一次,钻模板也要装卸一次,装卸工件的时间较长,效率较低,适合用摇臂钻床加工。

(3)铰链式钻模板:钻模板与夹具体用铰链连接,钻模板可绕铰链轴翻转。加工时,钻模板需用螺母或其他方法固定,钻孔的位置精度要求较高时,应予配制或用锥销定位。该钻模板装卸工件比较方便,但位置精度较低,结构也较复杂。当工件难以装卸时采用。

(4)悬挂式钻模板:如图 2.65 所示,当采用多轴传动头进行平行孔系加工时,所使用的钻模板悬挂在多轴传动

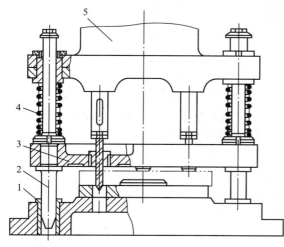

图 2.65 悬挂式钻模板
1—导向套;2—导向柱;3—钻模板;
4—弹簧;5—传动箱

箱上，它们之间用两根导向柱和弹簧等连接。

钻孔时钻模板将随机床主轴向下移动，当悬挂钻模板下降至钻孔位置停止下移时，钻模板利用弹簧压紧工件上平面而实现工件的夹紧。钻头下移时继续压缩两根弹簧，夹紧力也随之增加。

由于带有悬挂钻模板的钻床夹具可实现多孔加工和利用钻模板夹紧工件，所以生产率较高，适用于大批量生产中平行加工盘状等中等尺寸多孔零件。

2.5.2 专用铣床夹具

按工件在铣床上的加工运动特点，可将铣床夹具分为直线进给铣床夹具、圆周连续进给铣床夹具、沿曲线进给铣床夹具等类型。

1. 直线进给铣床夹具

直线进给铣床夹具安装在铣床工作台上，加工中同工作台一起以直线进给方式运动。按一次装夹工件数目的多少可分为单件铣床夹具、双工位铣床夹具和多件铣床夹具。

（1）单件铣床夹具：一次装夹一个工件的铣床夹具，如图 2.66 所示。该夹具生产率较低，劳动强度较大，只适用于单件、小批生产。

（2）双工位铣床夹具：如图 2.67 所示，采用双工位铣床夹具，铣削汽车主减速器中主动锥齿轮轴的两个端面。工件用短 V 形块、定位销定位，采用螺旋压板机构夹紧工件。因为要同时夹紧两个工件，所以压板通过铰链与压块做成活动连接，以保证夹紧的可靠性。该夹具有两个工位，第一个工位加工时，第二个工位装卸工件，从而提高了生产率，适用于成批生产。

（3）多件铣床夹具：多件装夹顺序加工的铣床夹具如图 2.68 所示，用于在一小轴端面上铣槽。工件以小轴下端面和圆柱体作为定位基准，在夹具上相应地以支承钉和 V 形块定位。利用夹具右端设置的薄膜气室的动作，推动推杆再顺序推动多个 V 形块，实现工件的顺序夹紧。

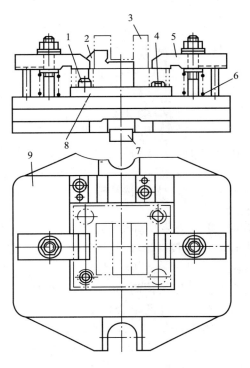

图 2.66　单件加工铣床夹具
1—圆柱销；2—对刀块；3—工件；
4—菱形销；5—压板；6—弹簧；
7—定向键；8—支承板；9—夹具体

铣刀的正确位置靠对刀块来完成，利用夹具底面上的两个定位键，实现夹具在铣床工作台上的定位。由于采用多件顺序夹紧，生产率较高，适用于大批量生产中加工小型零件。

2. 圆周连续进给式铣床夹具

工件拨叉安装在单轴或双轴圆盘铣床的回转工作台上，同时铣削上下两平面，如图 2.69 所示。加工过程中，夹具随回转台旋转做连续的圆周进给运动，工作台上一般有

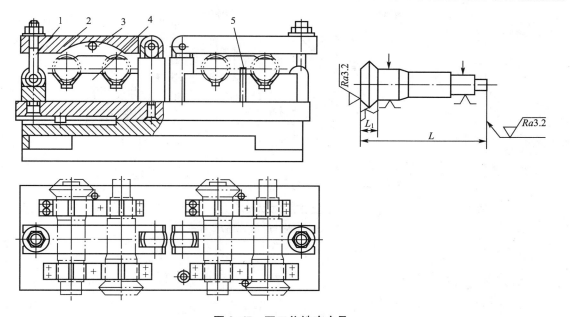

图 2.67 双工位铣床夹具
1—螺钉；2—压板；3—压块；4—V 形块；5—定位销

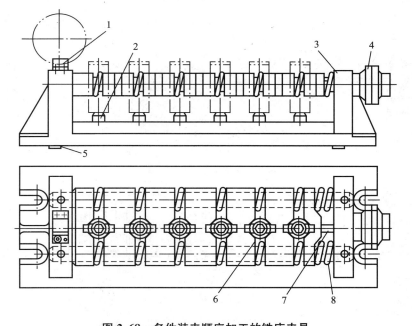

图 2.68 多件装夹顺序加工的铣床夹具
1—对刀块；2—支承钉；3—夹具体；4—薄膜气室；5—定位键；
6—V 形块；7—推杆；8—弹簧

多个工位，每个工位都安装有一套夹具。一个工位安装工件，另一个工位拆卸工件，可以实现切削加工和装卸工件的同时进行，生产效率很高，适用于大批量生产中的中小型零件加工。

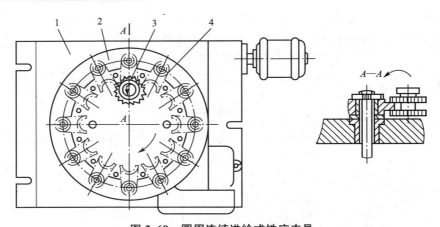

图 2.69　圆周连续进给式铣床夹具
1—夹具底座；2—回转工作台；3—铣刀；4—工件

3. 仿形（靠模）铣床夹具

机械进给仿形铣床夹具如图 2.70 所示，将其安装在普通卧式或立式铣床上，利用靠模使工件进给过程中，相对铣刀同时做轴向和径向运动，加工与靠模一样的曲面。液压进给仿形铣床夹具是安装在液压仿形铣床上进行加工的，效率更高，加工原理与机械进给仿形加工基本相同。

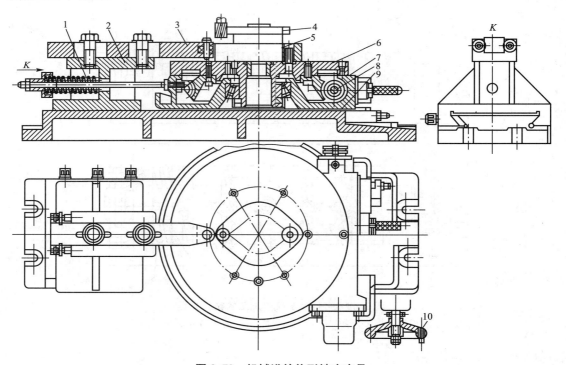

图 2.70　机械进给仿形铣床夹具
1—弹簧；2—支架；3—支板；4—工件；5—靠模；6—转盘；7—蜗轮箱；
8—蜗轮；9—底座；10—手轮

2.6 夹具设计的方法和步骤

2.6.1 对专用机床夹具设计的要求

由于数控机床、加工中心等新加工技术设备的应用，对机床夹具提出了新的要求，专用机床夹具已向着标准化、精密化、高效化、柔性化的方向发展。

设计专用机床夹具需要满足下列基本要求。

(1) 保证工件的加工精度。保证工件加工的各项技术要求是设计专用机床夹具的最基本要求，包括正确确定定位方案、夹紧方案，正确确定刀具的对刀、导向方式和合理制订专用机床夹具的技术要求等。

(2) 能够提高生产效率。在大批量生产中，专用机床夹具的主要功用是满足工件加工要求和提高工件的加工效率。为保证较高的生产率，可以采用机动夹紧装置，如气动、液压等。在中小批量生产中，应尽可能使夹具结构简单，广泛使用单件加工和手动夹紧机构。

(3) 尽量选用标准化夹具零部件。采用结构成熟的标准夹具元件、标准的夹紧机构等，减少非标准零件，以提高夹具的标准化程度，缩短夹具的设计和制造周期，提高夹具设计质量，降低夹具的制造周期及制造成本。

(4) 机械性能好。夹具结构应具有足够的刚度和强度。为保证工件加工精度要求和夹具本身的精度不受破坏，以及加工中夹具不发生振动等，夹具结构应具有较高的刚度和强度。

(5) 使用方便而安全。为便于操作，夹紧机构的操作手柄一般应放在右侧或前面。为便于夹紧工件，操纵夹紧手柄或扳手在操作范围内应有足够的活动空间，因此在设计时要认真查阅机床有关数据。同时，还要考虑排屑顺畅和清除切屑的方便性、安全性。

(6) 具有良好的工艺性。所设计的专用机床夹具应便于制造、装配、检测、调整和维修。对于夹具上精度要求高的位置尺寸与公差，应考虑能否在装配后以组合件的方式直接加工保证，或依靠装配时用调整的方法得到保证。

2.6.2 专用机床夹具的设计步骤

1. 明确设计要求，认真调查研究，收集设计资料

(1) 应明确工件的年生产纲领。这是确定夹具设计总体方案的依据之一，它决定了夹具的复杂程度和自动化程度。例如，大批量生产时，一般选择机动、多工件、自动化程度高的方案。

(2) 熟悉工件的零件图和工序图。零件图给出工件的尺寸、形状和位置、表面粗糙度等精度的总体要求，工序图则表明夹具所在工序的零件的工序基准、工序尺寸、已加工表面、待加工表面，以及本工序的定位、夹紧方案，这是夹具设计的直接依据。

(3) 了解工序加工内容，收集设计资料。根据工艺规程中本工序的加工内容要求，考虑夹具总体设计方案、操作方法、估算夹紧力等，熟悉相关基础知识，收集设计资料。

2. 确定夹具总体结构方案

（1）定位方案：分析加工内容和精度要求，按六点定位原理，确定具体的定位方案和定位、对刀、导向等元件的配置和方式。

（2）夹紧方案：确定夹紧力的方向、作用点及夹紧元件或夹紧机构。估算夹紧力大小，选择和设计动力源。

（3）夹具体和夹具的总体结构形式：根据工件的形状、大小、加工内容及选用机床等因素来确定。

3. 绘制夹具的装配图

（1）将工件视为透明体，用双点画线画出工件轮廓、定位基准（基面）、夹紧面和加工表面。

（2）画出定位元件和导向元件，按夹紧状态画出夹紧装置，必要时可用双点画线画出松开位置时夹紧元件的轮廓。

（3）画出其他元件或机构，最后画出夹具体，把上述各组成部分连接成一体，标注必要的尺寸、配合和技术条件，并对零件编序号，形成完整的夹具装配图。

（4）填写零件明细栏和标题栏等。

4. 绘制夹具零件图

对装配图中的非标准零件均应绘制零件图，视图尽可能与装配图上的位置一致，尺寸、形状、位置、配合、加工表面粗糙度等要标注完整。

图 2.71 所示为加工零件小孔的夹具装配图，包括定位装置、钻套、夹紧装置、夹具总装配图等的设计过程。

5. 尺寸和技术要求的标注

夹具装配图上尺寸及精度、位置精度的标注主要包括以下几点。

（1）夹具外形轮廓尺寸。若夹具上有活动部分，则应用双点画线画出最大活动范围，或标出活动部分的尺寸范围。

（2）工件与定位元件间的联系尺寸。例如，工件基准孔与夹具定位销的配合尺寸。

（3）夹具与刀具的联系尺寸。例如，对刀块与定位元件之间的位置尺寸及公差，钻套与定位元件之间的位置尺寸及公差。

（4）夹具与机床联系部分的联系尺寸。例如，铣床夹具的定向键与铣床 T 形槽的配合尺寸，车床夹具安装基面（止口）的尺寸，角铁式车床夹具中心至定位元件工作面的尺寸等，夹具体与机床的连接面与定位元件的位置精度。

（5）夹具内部的配合尺寸。它们与工件、机床、刀具无关，主要是为了保证夹具装配后能满足规定的使用要求。

上述尺寸公差的确定可分为两种情况处理，一是夹具上定位元件之间，对刀、导引元件之间的尺寸公差，直接对工件上相应的加工尺寸发生影响，因此可根据工件的加工尺寸公差确定，一般可取工件加工尺寸公差的 1/5~1/3。二是定位元件与夹具体的配合尺寸公差，夹紧装置各组成零件间的配合尺寸公差等，则应根据其功用和装配要求，按一般公差与配合原则决定。

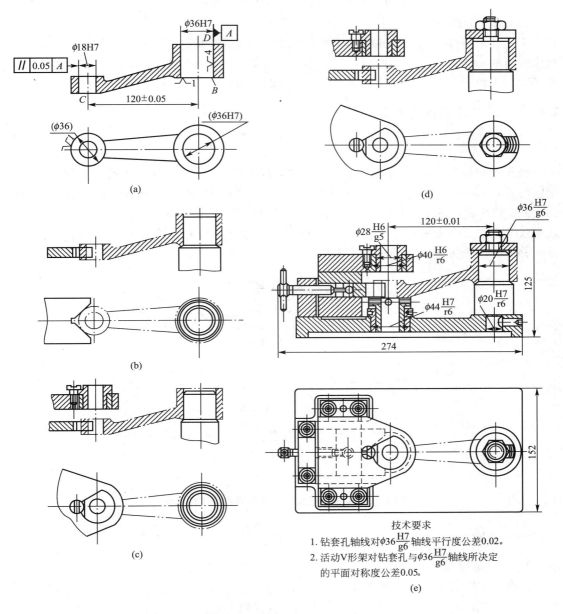

图 2.71 钻床夹具设计过程示例

（a）零件工序图；（b）设计定位装置；（c）设计夹紧装置；（d）设计钻套；（e）夹具总装配图

夹具装配图上的技术要求一般应包括以下几点。

（1）定位元件之间的定位要求。例如，定位销工作部分的尺寸及公差，一面两销定位时两销中心距及公差，圆柱销轴线与定位平面的垂直度要求等。以上的尺寸精度和位置精度均是造成定位误差的因素。

（2）定位元件与连接元件（夹具以连接元件与机床相连）或找正基面间的相互位置精度要求。

(3) 对刀元件与连接元件(或找正基面)间的相互位置精度要求。
(4) 导引元件与定位元件间的相互位置要求。

上述技术条件是保证工件相应的加工要求所必需的，其数量应取工件相应技术要求所规定数值的 1/5～1/3。当工件没注明要求时，夹具上的那些主要元件间的位置公差，可以按经验取为(100∶0.05)～(100∶0.02)mm，或在全长上不大于 0.03～0.05mm。

2.6.3 专用机床夹具设计实例

1. 设计任务

汽车变速器拨叉钻孔和攻螺纹的工序简图如图 2.72 所示，其加工要求为钻 $\phi 8.9$mm 螺纹底孔，其轴线对孔 $\phi 19^{+0.052}_{0}$ 和槽 $19^{+0.135}_{+0.035}$ 的对称中心平面 $A—B$ 的垂直度公差；$\phi 8.9$mm 螺纹底孔轴线对孔 $\phi 19^{+0.052}_{0}$ 的对称度公差；距 F 平面间尺寸为 (31.7 ± 0.15)mm；攻螺纹 M10。工件材料为 45 钢，毛坯为模锻件；生产类型为成批生产；使用机床为 Z525 立式钻床。为该工序设计一专用钻床夹具。

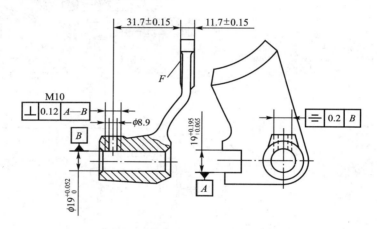

图 2.72 变速器拨叉钻孔和攻螺纹的工序简图

2. 确定钻床夹具的结构方案

1) 确定定位元件

根据工序图规定的定位基准及加工要求，选用组合定位：定位销 A_1 与工件 $\phi 19^{+0.052}_{0}$ 孔相配合；定位销 A_2 与工件 $19^{+0.195}_{+0.065}$ 槽配合；支承钉与工件 F 平面接触。上述组合定位共限制六个自由度，如图 2.73(a)所示。

对于工序尺寸 $\phi 8.9$mm 螺纹底孔和 M10 螺纹孔，均由刀具相应尺寸直接保证，不存在定位误差。对于工序尺寸 (31.7 ± 0.15)mm，因定位基准与工序基准重合，若不考虑定位基面 F 平面的位置误差，则工序尺寸 31.7mm 的定位误差 $\Delta_{d(31.7)}=0$。对于 $\phi 8.9$mm 孔轴线对 $A—B$ 平面的垂直度(0.12mm)要求，如图 2.74 所示，因两个定位销均处于水平位置，所以实际定位时工件重力下沉而使对称中心平面 $\overline{A_1—A_2}$ 下移到 $\overline{A'_1—A'_2}$ 处，螺纹底孔轴线偏转至 $\overline{A'_1—B'}$ 处。此时 $\phi 8.9$mm 螺纹底孔全长 9.5mm 上的垂直度定位误差 $\Delta_{d(\perp)}$ 可通过如下方法计算。

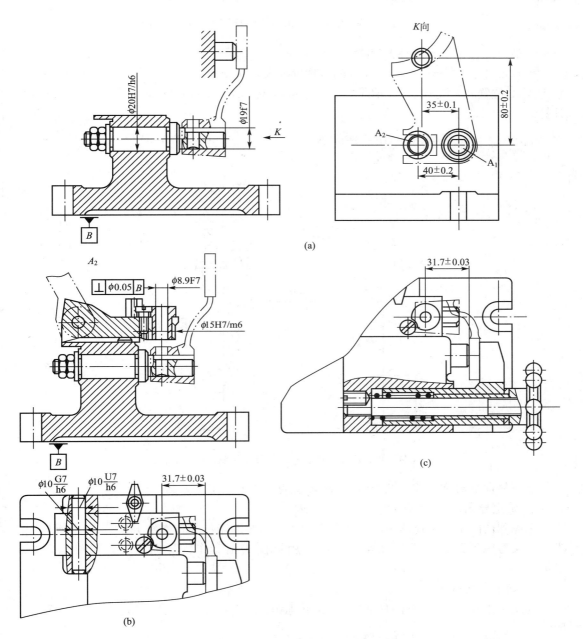

图 2.73 拨叉钻孔攻螺纹工序的专用钻床夹具设计过程
(a) 定位方案；(b) 导向方案；(c) 夹紧方案

横向转角误差：

$$\tan\Delta\gamma = \frac{X_{2\max} - X_{1\max}}{2L} = \left(\frac{0.187 - 0.093}{2 \times 40}\right) = 1.175 \times 10^{-3} \text{(mm)}$$

垂直度定位误差：

$$\Delta_{d(\perp)} = \overline{MN} = 9.5\tan\Delta\gamma = 0.0112 < \frac{0.12}{3} = 0.04 \text{(mm)}$$

可见，能可靠保证垂直度公差要求。

螺纹底孔 $\phi 8.9$ mm 对孔 $\phi 19$ mm 的对称度要求，从图 2.74 中看到，当对称中心平面偏转到 $\overline{A_1'A_2'}$ 位置时，孔 $\phi 19$ mm 轴线也偏转至 $\overline{A_1'B'}$ 位置处，对称度定位误差值可用以下方法计算。

$$\Delta_{d(\div)} = \overline{MP} = 19\tan\Delta\gamma = 0.022 < \frac{0.2}{3} = 0.067 \text{(mm)}$$

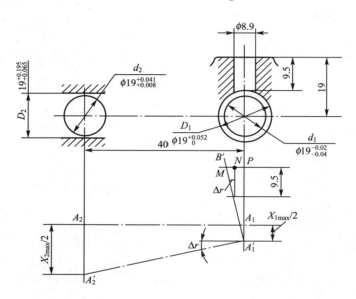

图 2.74　垂直度定位误差和对称度定位误差的计算图解

能可靠保证对称公差 0.2mm 的要求，说明采用上述定位方案可行。

2) 确定导向装置

考虑到由两个工步连续完成钻孔和攻螺纹，为装卸工件和攻螺纹方便，采用铰链式钻模板。又考虑到钻套磨损后便于更换，选用可换式钻套作为导向元件，如图 2.73(b) 所示。

3) 确定夹紧机构

选用星形手轮、双头螺柱和钩形压板等组成的螺旋压板夹紧机构，如图 2.73(c) 所示。

3. 绘制夹具装配图

拨叉钻孔工序的钻床夹具装配图如图 2.75 所示。

4. 标注夹具装配图样上的相关尺寸、配合和位置公差等技术要求

(1) 根据工件加工要求，确定钻套轴线至支承钉间尺寸 (31.7±0.03)mm（公差值取工件相应尺寸公差的 1/5~1/2）；钻套轴线对夹具底平面的垂直度公差为 ϕ0.05mm。

(2) 定位销 A_1 和 A_2 的对称中心平面对夹具体底平面的平行度公差为 0.02mm。

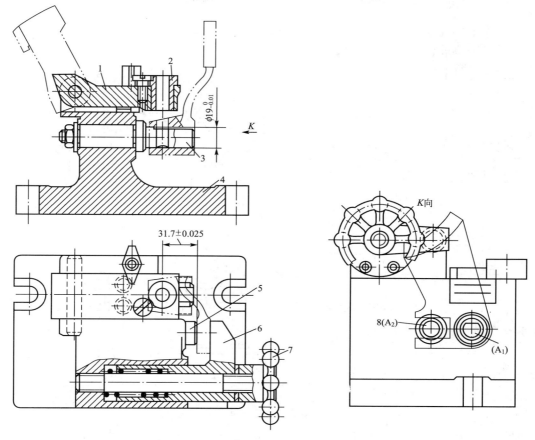

图 2.75 拨叉在专用钻床夹具上的装夹
1—钻模板；2—钻套；3—定位销(A_1)；4—夹具体；5—支承钉；
6—钩形压板；7—星形手柄；8—定位销(A_2)

1. 对于工件的定位，什么是基准？基准分哪几类？各种基准间有何关系？
2. 什么是定位粗基准、精基准和定位基面？
3. 解释六自由度定位原则。
4. 在设计定位系统时，定位元件所限制的自由度和工件的第一类自由度有什么关系？
5. 工件以平面定位时，常用哪些定位元件？
6. 试分析图 2.76 中的每个定位元件限制了哪些自由度。
7. 工件以孔定位时，常用哪些定位元件？
8. 工件以外圆柱面定位时，常用哪些定位元件？
9. 什么是定位误差？分析其产生的原因。
10. 在阶梯轴上铣一平面，其工序尺寸为 $30_{-0.28}^{0}$ mm，有如图 2.77 所示五种定位方案。试分析与计算：

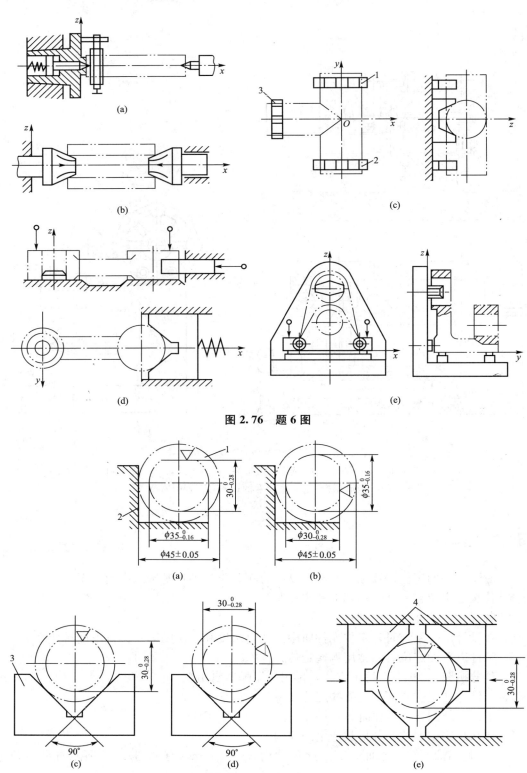

图 2.76 题 6 图

图 2.77 题 10 图

(1) 工件的工序基准是什么？五种定位方案的定位基准是什么？
(2) 当不考虑阶梯轴两外圆同轴度公差时，求五种定位方案的定位误差。
(3) 当阶梯轴两外圆的同轴度公差为 0.03mm 时，求五种定位方案的定位误差。

11. 精镗活塞销孔的加工要求：活塞销孔轴线至顶面的尺寸为 56mm±0.08mm，销孔对裙部外圆的对称度公差为 0.2mm，如图 2.78(a)所示。若机床夹具采用内止口（短定位套）和平面支承定位，如图 2.78(b)所示，试分析计算工序尺寸和对称度的定位误差。

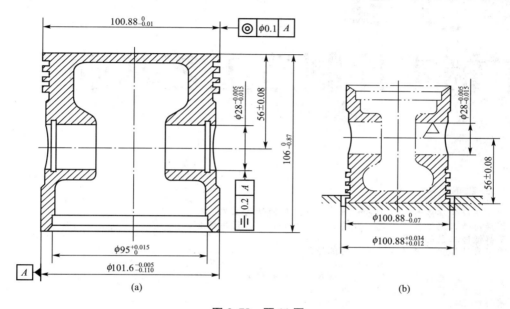

图 2.78 题 11 图

12. 选择夹紧力的方向和作用点应注意哪些原则？
13. 常用典型夹紧机构有哪些类型？
14. 夹紧机构的动力装置主要有哪些？试述其各自的工作特点。
15. 专用钻床夹具由哪些元件和装置构成？它们各起何作用？
16. 专用铣床夹具由哪些元件和装置构成？它们各起何作用？

第3章 车辆零件制造工艺基础

本章教学目标

掌握车辆毛坯成形制造工艺的种类、加工件的结构工艺性及各自特点；
掌握铸造工艺过程、工艺参数的选择，了解铸造工艺的种类；
了解锻造工艺的特点、分类；
掌握常见焊接工艺特点及方法的选择；
掌握车削工艺特点、车床类型和结构，了解车刀的种类及特点；
掌握钻削工艺特点、钻床类型、结构和钻头的种类；
了解铰削工艺特点、铰刀的结构及组成；
掌握铣床的分类和结构、铣刀的种类；
了解镗床的分类和结构、镗刀的种类，镗削工艺特点；
了解刨床的分类和结构、刨刀的种类；
了解磨床的种类、结构、磨削工艺特点。

本章教学要点

知识要点	掌握程度	相关知识
铸造工艺	掌握铸造工艺过程、工艺参数的选择 掌握铸造件的结构工艺性 了解铸造工艺的种类	铸造工艺过程、工艺参数的确定 铸造工艺分类
锻造工艺	了解锻造工艺的特点、分类	锻造工艺的特点、种类
焊接工艺	掌握常见焊接工艺特点及方法的选择 掌握焊接件的结构工艺性	焊接工艺方法的选择 焊接件的结构工艺性
冲压工艺	掌握冲压工艺特点 掌握冲压件的结构工艺性	冲压工艺特点 冲压件的结构工艺性
粉末冶金工艺	了解粉末冶金工艺过程	粉末冶金工艺过程
塑料成型工艺	了解塑料成型工艺特点、工艺过程	塑料成型工艺特点、工艺过程
车削工艺	掌握车床类型、基本结构 了解车刀的种类及特点	车床类型和结构 车刀的种类及特点
钻削工艺	掌握钻床类型、基本结构 了解钻头的种类及钻削工艺特点	钻床类型和结构 钻头的种类
铰削工艺	了解铰削的工艺特点 了解铰刀的结构及组成	铰削的工艺特点 铰刀的结构及组成
铣削工艺	掌握铣床的分类、结构 掌握铣刀的种类	铣床的分类、结构 铣刀的种类
镗削工艺	了解镗床的分类、结构 了解镗刀的种类、镗削工艺特点	镗床的分类、结构 镗刀的种类
刨削工艺	了解刨床的分类、结构 了解刨刀的种类、刨削工艺特点	刨床的分类和结构，刨刀的种类，刨削工艺特点
磨削工艺	了解磨床的种类 了解砂轮的组成要素，磨削工艺特点	磨床的种类和结构 磨削工艺特点

导入案例

机械零件加工中心（CNC）由机械设备与数控系统组成，是用于加工复杂形状工件的高效率自动化机床。加工中心备有刀具库，具有自动换刀功能。工件装夹后，数控系统能控制机床按不同工序自动选择、更换刀具、自动对刀、自动改变主轴转速、进给量等，可连续完成钻、镗、铣、铰、攻螺纹等多种工序，从而大大缩短了工件装夹时间、测量和机床调整等辅助工序时间，对加工形状比较复杂，精度要求较高，品种更换频繁的零件具有良好的经济效果。

加工中心最初是从数控铣床发展而来的。第一台加工中心是1958年由美国卡尼-特雷克公司首先研制成功的。它在数控卧式镗铣床的基础上增加了自动换刀装置，从而实现了工件一次装夹后即可进行铣削、钻削、镗削、铰削和攻螺纹等多种工序的集中加工。20世纪70年代以来，加工中心得到迅速发展，出现了可换主轴箱的加工中心，它备有多个可以自动更换的装有刀具的多轴主轴箱，能对工件同时进行多孔加工。

加工中心按加工工序分类，可分为镗铣与车铣两大类。按控制轴数可分为三轴、四轴、五轴加工中心。按主轴与工作台相对位置可分为卧式加工中心、立式加工中心、带立卧两个主轴的复合式加工中心和万能加工中心（又称多轴联动型加工中心）。机械零件加工中心如图3.1所示。

加工中心由于工序的集中和自动换刀，减少了工件的装夹、测量和机床调整等时间，使机床的切削时间达到机床开动时间的80%左右（普通机床仅为15%～20%）。同时也减少了工序之间的工件周转、搬运和存放时间，缩短了生产周期，具有明显的经济效果。

图3.1 机械零件加工中心

3.1 车辆零件毛坯成形工艺

毛坯种类的选择不仅影响毛坯的制造工艺及费用，而且也与零件的机械加工工艺和加工质量密切相关。为此，需要毛坯成形工艺和机械加工工艺等方面互为协调，合理地确定毛坯的种类、结构形状，并绘出毛坯图。常见的毛坯种类有以下几种：铸件、锻件、焊接件、冲压件等。

3.1.1 铸造

将熔化后的金属浇注到铸型中，待其凝固、冷却后，获得一定形状的零件或零件毛坯的成形方法，称为铸造。铸造获得的毛坯或零件称为铸件，铸造车间如图3.2所示。

1. 铸造的特点及分类

车辆用铸件的主要特点是壁薄、形状复杂、尺寸精度高、质量轻、可靠性好、生产批

图 3.2 铸造车间

量大等。对于汽车而言，铸件一般占其自重的 20% 左右，仅次于钢材用量。就材质而言，铸铁、铸钢、铸铝、铸铜等应有尽有，仅铸铁就采用了灰铸铁、球墨铸铁、蠕墨铸铁、可锻铸铁及合金铸铁等。

一般习惯将铸造分成砂型铸造和特种铸造两大类。液态金属完全靠重力充满整个铸型型腔，且直接形成铸型的原材料主要为型砂，这种铸造方法成为砂型铸造。在汽车铸件生产中，砂型铸造所生产的铸件占整个汽车铸件的 90% 以上。凡不同于砂型铸造的铸造方法，统称为特种铸造。

2. 砂型铸造

1) 砂型铸造的工艺过程

铸造是以砂为主要造型材料制备铸型的一种铸造工艺方法。砂型铸造应用十分广泛，目前 90% 以上的铸件是用砂型铸造方法生产的。

如图 3.3 所示，铸造工艺过程主要由以下几个部分组成：造型、造芯、砂型及型芯烘干、合型、熔炼金属、浇注、落砂和清理、检验。但需注意，有时对某个具体的铸造工艺过程来说并不一定包括上述全部内容，如铸件无内壁时无需造芯，湿型铸造时砂型无需烘干等。

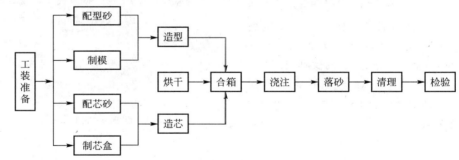

图 3.3 砂型铸造的工艺过程

2) 工艺参数的选择

铸造工艺方案确定以后，接下来涉及的主要工艺参数包括以下几个方面。

(1) 机械加工余量：铸件上需要切削加工的表面，应预留出一定的加工余量，其大小取决于铸造合金的种类、造型方法、铸件大小及加工面在铸型中的位置等诸多因素。一般来讲，铸钢件表面粗糙，变形大，机械加工余量大；非铁合金表面较光洁，机械加工余量小；铸件越大、越复杂，机械加工余量越大；铸件的顶面比底面和侧面的机械加工余量大。

(2) 起模斜度：为了使模样便于从铸型中取出，垂直于分型面的立壁所设计的斜度称为起模斜度。模样越高，斜度取值越小；内壁斜度比外壁斜度大；手工造型比机器造型的斜度大。铸件外壁斜度一般取 0.5°～4°。

(3) 铸造圆角：为了防止铸件在壁的连接和拐角处产生应力和裂纹，防止铸型的尖角损坏和产生砂眼，在设计铸件时，铸件壁的连接和拐角部分应设计成圆角。

(4) 型芯头：为了保证型芯在铸型中的定位、固定和排气，模样和型芯都要设计出型芯头，它们之间的尺寸和形状要留有装配用的芯头间隙。

(5) 收缩余量：由于铸件在浇注后冷却收缩，制作模样时要加上这部分收缩尺寸。一般灰铸铁的收缩余量为 0.8%~1.0%，铸钢为 1.8%~2.2%，铸造铝合金为 1.0%~1.5%。收缩余量的大小除了与合金种类有关外，还与铸造工艺、铸件在收缩时的受阻情况等有关。

3) 铸件结构工艺性

铸件结构工艺性是指设计的铸件结构不仅能保证零件使用性能的要求，而且还能适应铸造工艺和合金铸造性能的要求。铸件结构设计是否合理，对铸件质量、铸造成本和生产率有很大的影响。铸件结构的设计应尽量使制模、造型、造芯、合型和清理等工序简化，提高生产率。

(1) 铸件外形：分型面容易使铸件产生错型，影响铸件外形和尺寸精度，力求避免两个以上的分型面。设计铸件侧壁上的凸台、凹槽时，要考虑到起模方便，尽量避免使用活块和型芯。

(2) 铸件内腔：避免不必要的型芯，造芯不仅增加铸造工时，而且容易在下芯和合型浇注时产生麻烦，形成铸造缺陷。型芯要便于固定、排气和清理。

(3) 铸件结构斜度：铸件结构设计时，考虑到起模方便，应在垂直于分型面的不加工立壁上设计出斜度。设计斜度要比制作模样时给出的起模斜度大，这样便于制作模样时不再考虑起模斜度。采用机器造型时，设计斜度取 0.5°~1°；用手工造型时，取 1°~3°。铸件内壁斜度要大于外侧面。

(4) 铸件壁厚：为了获得完整、光滑的合格铸件，铸件壁厚设计应大于材料在一定铸造条件下的最小壁厚。砂型铸造条件下不同材料铸件的最小壁厚见表 3-1。壁厚均匀是为了铸件各部分冷却速度相接近，保证同时凝固，避免因壁厚差别而形成热节，产生缩孔、缩松，也避免薄弱环节产生变形和裂纹。

表 3-1 砂型铸造条件下铸件的最小壁厚　　　　　（单位：mm）

铸件尺寸	铸钢	普通灰铸铁	球磨铸铁	可锻铸铁	铝合金	铜合金
<200×200	8	4~6	6	5	3	3~5
200×200~500×500	10~12	6~10	12	8	4	6~8
>500×500	18~20	15~20	—	—	6	

注：若铸件结构复杂或铸造合金的流动性差，则应取上限值。

(5) 铸件壁的连接方式：铸件壁之间的连接应有铸造圆角，如无圆角，直角处的热节大，易产生缩孔缩松，并在内角处产生应力集中，裂纹倾向增大。铸件壁之间要避免交叉和锐角连接，铸件壁连接时应采用如图 3.4 所示的形式。铸件壁厚不同的部分进行连接时，应力求平缓过渡，避免截面突变。当壁厚差别较小时，可用圆角过渡。当壁厚之比差别在两倍以上时，应采用楔形过渡。

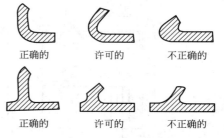

图 3.4 铸件壁之间连接接头结构

3. 特种铸造

在车用铸件中常用的特种铸造方法有金属型铸造、压力铸造、低压铸造、离心铸造及消失模铸造和熔模铸造等，还有一些特种铸造方法在铸件大量生产中采用较少，如挤压铸造、陶瓷型铸造、石膏型铸造、连续或半连续铸造及真空吸铸等。

1) 金属型铸造

金属型是指由金属材料制成的铸型。金属型铸造是指用重力将熔融金属浇注入金属铸型获得铸件的方法。垂直分型式金属型如图 3.5 所示，由定型和铸型两个半型组成，分型面位于垂直位置，浇注时先使两个半型合紧，待熔融金属凝固、铸件定型后使两个半型分离，取出铸件。

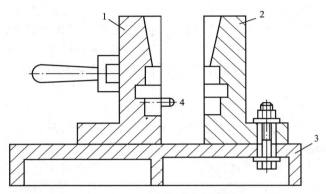

图 3.5 垂直分型式金属型
1—动型；2—定型；3—底座；4—定位销

金属型铸造实现了一型多铸，克服了砂型铸造造型工作量大、占地面积大、生产率低等缺点，具有铸件精度和力学性能高的特点。在汽车行业中，铝合金缸盖、进气管及活塞等形状不太复杂的中、小型铸件的大批量生产均采用金属型铸造。

2) 压力铸造

压力铸造是指将熔融金属在高压下高速充型，并在压力下凝固的铸造方法。压力铸造使用的压铸机如图 3.6(a)所示，由定型、动型、压室等组成。首先使动型与定型合紧，用活塞将压室中的熔融金属压射到型腔，如图 3.6(b)所示。待金属凝固后打开铸型并顶出铸件，如图 3.6(c)所示。

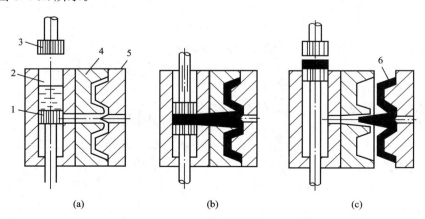

图 3.6 压力铸造
（a）合型浇注；（b）压射；（c）开型铸件
1—活塞；2—压室；3—活塞；4—定型；5—动型；6—铸件

压力铸造以金属型铸造为基础，又增加了在高压下高速充型的功能，解决了金属的流动性差问题。压力铸造可以直接铸出零件上的各种孔眼、螺纹、齿形等。由于熔融金属的充型速度快、排气困难，常常在铸件的表皮下形成许多小孔。因此，压力铸造铸件不能进行热处理。在汽车行业中压力铸造在零件制造过程中得到广泛应用，如缸体、缸盖等铝压铸件，压铸时除了要下很多型芯之外，对铝缸体还要将铸铁缸套压铸到缸体中。

3) 低压铸造

低压铸造是在 20～70kPa 的压力下，使金属液压入铸型，并在压力下结晶凝固的铸造方法。因其压力低，故称为低压铸造。低压铸造工艺原理如图 3.7 所示。

工作时由储气罐向保温室送入压力为 10～80kPa 的干燥压缩空气或惰性气体，使金属液（高出液相线 100～150℃）沿升液管，从密封坩埚中以 10.5～10.6m/s 的速度压入铸型型腔中，将其充满后，仍保持一定压力（或适当增压）至型腔内金属液完全凝固。然后撤出压力，使没有凝固的金属液在重力作用下流回坩埚，保证升液管和浇口中没有凝固的金属液。最后，打开铸型取出铸件。

低压铸造的压力可人为控制，故适用于各种材料的铸型，如金属型、砂型、壳型和熔模铸型等。铸件在压力下凝固结晶，浇口又能起补缩作用，铸件自上而下顺序凝固，因此组织致密，能有效地克服铝合金的针孔等缺陷。铸件成品率高，浇口余头小，金属利用率高（可达95%）。另外，低压铸造的铸件表面粗糙度可达 $Ra12.5～3.2\mu m$，公差等级能满足 IT14～IT12，最小壁厚为 2～5mm。

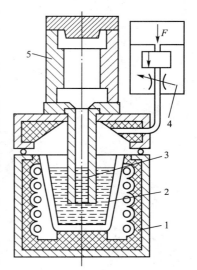

图 3.7 低压铸造
1—保温室；2—坩埚；3—升液管；4—储气罐；5—铸型

低压铸造是介于重力铸造（靠金属液本身重力流入型腔）和压力铸造之间的一种铸造方法，它可以生产铝、镁、铜合金和少量钢制薄壁壳体类铸件，如发动机的缸体和缸套，高速内燃机的活塞、带轮、变速箱和壳体等。

4) 离心铸造

离心铸造是指将熔融金属浇入绕轴回转的铸型中，在离心力的作用下凝固成形的铸造方法。其铸件轴线与铸型回转轴线重合。这种铸件多是简单的圆筒形，铸造时不用型芯就可形成圆筒形内孔。当铸型绕垂直线回转时，浇注入铸型中的熔融金属的自由表面呈抛物线形状，因此，不宜铸造轴向长度较大的铸件，如图 3.8(a) 所示。当铸型绕水平轴回转时，浇注入铸型中的熔融金属的自由表面呈圆柱形，如图 3.8(b) 所示，因此常用于铸造要求壁厚均匀的中空铸件。

离心铸造时，熔融金属受离心力的作用容易充满型腔，同时在离心力的作用下结晶能获得组织致密的铸件。但是，铸件的内表面质量较差，尺寸也不准确。离心铸造主要用于制造铸钢、铸铁、有色金属等材料的各类管状零件的毛坯。

3.1.2 锻造

锻造是利用金属材料的可塑性，借助外力（加压设备）和工模具的作用，使坯料或铸锭产生局部或全部变形，而形成所需要的形状、尺寸和一定组织性能锻件的加工方法。锻造加工的零件如图3.9所示。

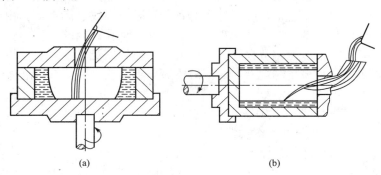

图 3.8 离心铸造
（a）垂直轴线；（b）水平轴线

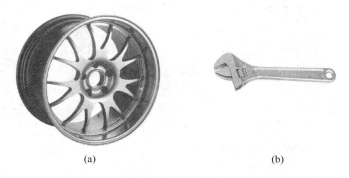

图 3.9 锻造加工件
（a）轿车锻造铝轮圈；（b）模锻铜扳手

1. 锻造的特点及分类

锻造按所用工具与模具安置情况的不同分为自由锻、胎膜锻、模锻等类型，如图3.10所示。模锻按成形温度可分为热锻、温锻、冷锻、等温锻等类型。随着生产力的发展，锻造中也引入轧、挤等方法，如用辊锻方法生产连杆，用挤压方法生产发动机气门、转向轴等，提高了毛坯质量和生产率。

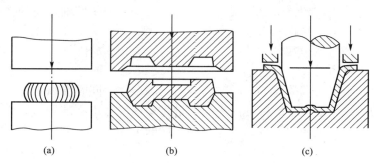

图 3.10 锻造工艺类型
（a）自由锻；（b）胎膜锻；（c）模锻

锻造制成的毛坯和零件应用广泛，主要具有以下特点。

（1）金属材料经过锻压后，可改善组织，提高力学性能。铸态材料经过锻造、轧制或挤压后，可使铸态组织的一些缺陷（如气孔、缩孔等）压合，晶粒细化，性能提高。

（2）锻造加工主要依靠金属在塑性状态下体积的转移，不需要切除金属。因此，锻件的材料利用率高，流线分布合理，工件强度高。

（3）除自由锻外，其他锻压加工容易实现机械化、自动化，具有较高的生产率。

（4）锻压生产是使金属在固态下流动成形的，因此，变形量不能太大，工件的形状不能太复杂。锻压设备和模具等投资较大。

锻件的强度及可靠性很高，广泛应用于车用发动机、变速器、转向器、行走部分总成的零件上，主要有以下几类。

（1）发动机：曲轴、连杆、连杆盖、凸轮轴、进排气门等。

（2）转向系：转向节、转向节臂、转向扇形轴、转向摇臂等。

（3）传动系：驱动轴、等速万向节、轴承座圈、十字轴、主动小齿轮、行星齿轮、半轴齿轮等。

（4）悬架：上悬臂架、下悬臂架、转向横拉杆等。

2．自由锻

自由锻是指放在砧铁上的锻件承受冲击或压力而成形的加工方法，其锻造件形状和尺寸主要由锻工的技术水平来保证。自由锻可分为手工锻造和机器锻造两种。手工锻造劳动强度大，只适于少量小型锻件的生产，车辆生产中主要依靠机器锻造进行生产。自由锻造液压机如图 3.11 所示。

自由锻造工序分为基本工序、辅助工序及修整工序。基本工序是自由锻造的主要工序，包括镦粗、拔长、冲孔、弯曲、切割、错移和扭转等。辅助工序是为基本工序操作方便而进行的预先变形，如压钳口、钢锭倒棱和压肩等。修整工序是为提高锻件表面质量而进行的工序，如校整、滚圆、平整等。

图 3.11　自由锻造液压机

设计自由锻件结构和形状时，除满足使用性能要求外，还应考虑良好的锻件结构工艺性。例如，锻件上应避免楔形、曲线形、锥形等倾斜结构，这类锻件加工时需要专用工具，且锻造困难。圆柱体与圆柱体曲面交接处锻造很困难，应改成平面与圆柱体交接或平面与平面交接较为合理。对于带加强筋和表面小凸台的锻件，结构上是不允许的，可适当增加壁厚来提高强度，小凸台应用沉头孔代替。对于横截面有急剧变化或形状复杂的锻件，可将其设计成几个简单件，锻制成形后，再用焊接或机械连接方式构成整体组合件。

3．模锻

模锻是使金属坯料在锻模模膛内一次或多次承受冲击力或压力的作用，而被迫流动成形的制造工艺。由于模膛对金属坯料流动的限制，最终得到与模膛形状相符的锻件。

按使用设备不同，模锻可分为锤上模锻、胎膜锻、压力机上模锻及其他专用设备上的模锻。其中锤上模锻的工艺通用性强,是目前常用的模锻方法。全液压模锻锤如图 3.12 所示。

模锻的主要特点体现在以下几个方面。

(1) 生产率高,金属变形是在模腔内进行的,锻件成形快。
(2) 模锻件尺寸相对精确,加工余量小。
(3) 可以锻出形状比较复杂的锻件。
(4) 与自由锻相比,可以节省材料,减少切削加工工作量,降低成本。
(5) 操作简单,易于实现机械化和自动化加工。

模锻的不足之处在于坯料整体变形,变形抗力较大,而且锻模制造成本很高,适合中、小型锻件的大批量生产。

模锻件结构工艺性要求主要包括:模锻件应有合理的分模面、模锻斜度和圆角;模锻件的几何形状应有利于金属成形;应尽量避免锻件上有深孔或多孔结构;形状复杂的模锻件可采用锻-焊组合工艺。

4. 新型锻造工艺

随着现代工业的进步,锻造工艺也有很大发展,如零件的挤压、辊轧、径向锻造、摆动辗压等。

1) 挤压

挤压式锻压机床如图 3.13 所示。挤压是通过对挤压模内坯料施加强大压力,使它发生变形而获得毛坯或零件的加工方法。挤压加工工艺特点如下。

图 3.12　全液压模锻锤

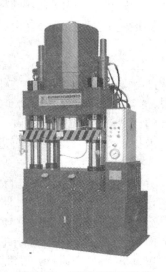
图 3.13　挤压式锻压机床

(1) 坯料在挤压模内三向受压,使金属塑性提高。
(2) 挤压零件表面质量好,一般精度可达 IT7～IT6,表面粗糙度 Ra 达 3.2～0.4μm。
(3) 挤压零件流线分布好,使其力学性能提高。
(4) 材料利用率可高达 70%,生产率高,并可制出形状复杂、薄壁、深孔件。

热挤压锻压机床广泛用于生产铝、铜等有色金属的管材和型材等,属于冶金工业范围。钢的热挤压既用以生产特殊的管材和型材，也用以生产难以用冷挤压或温挤压成形的实心和孔心（通孔或不通孔）的碳钢和合金钢零件，如具有粗大头部的杆件、炮筒、容器等。冷挤压锻压机床原来只用于生产铅、锌、锡、铝、铜等的管材、型材，以及牙膏软管（外面包锡的铅）、干电池壳（锌）、弹壳（铜）等制件。冷挤压操作简单，适用于大批量生产的较小制件。挤压主要应用于各种轴对称形状的小型零件，对于非对称件，挤压时流动分配不均，很容易使凸模折断。

2) 轧制

轧制主要用于生产型材、管材、板材及异型钢材等原材料。零件轧制工艺特点主要表现为：生产率高，如辊锻的生产率要比锤上模锻高 5～10 倍；锻件质量好，轧制锻件可更接近零件形状，节约金属材料；工人劳动条件好，便于实现机械化、自动化；设备结构简单。零件轧制工艺主要有辊锻、环形件轧制、热轧齿轮等。生产钢板的轧制车间如图 3.14 所示。

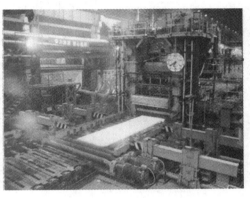

图 3.14 轧制车间

（1）辊锻：使坯料通过装在一对轧辊上的扇形模块时，受压产生变形的生产方法，如图 3.15 所示。扇形模块可以在轧辊上装拆更换，坯料通过辊轧，截面积减小，长度增加。可以通过成形辊锻工艺预成形汽车前轴、连杆等较复杂锻件。

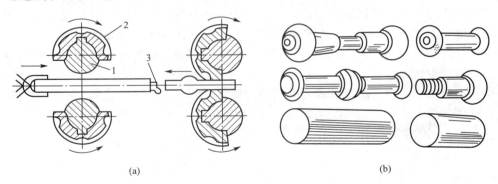

图 3.15 辊锻工艺示意图

1—轧辊；2—扇形模块；3—定位块

（2）环形件的轧制：将坯料放置在两高速旋转的成形轧辊中加压，使环形件的截面积缩小、直径增大的一种加工方法，如图 3.16 所示。该工艺可轧制齿圈、轴承套圈等环形锻件，生产率很高。

3) 摆动辗压

摆动辗压又称旋转成形，其工作原理如图 3.17 所示。上模 1 与垂直轴线成一倾斜角，上模做高频率的圆周摇摆运动，与坯料 2 顶面局部接触，同时，液压柱塞 3 推动下模 4 使坯料向上移动，对摆动的上模加压。当液压柱塞到达预定位置时，锻造完毕，柱塞下降，顶杆把成形锻件顶出。

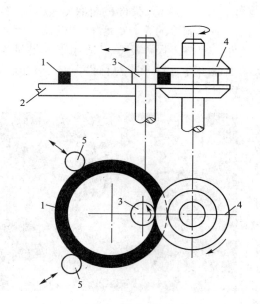

图 3.16 环形件轧制示意图
1—环形件坯料；2—底板；3—从动辊；4—主动辊；5—导向辊

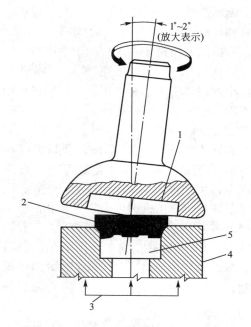

图 3.17 摆动辗压的工作原理
1—上模；2—坯料；3—柱塞；4—下模；5—顶杆

摆动辗压为冷锻，其锻造压力仅为一般冷锻设备所需的 5%～10%，这是由于模具与工件接触部分面积较小的原因。与模锻相比，其材料变形较慢，是逐步进行的，工件表面光滑。锻件尺寸误差为 0.025mm，表面粗糙度 Ra 为 1.6～0.4μm。辗压设备所需吨位较小，设备费用也较低。

摆动辗压可加工内表面或外表面有凹凸的锻件，如驱动桥法兰半轴、主减速器从动齿轮及各种饼盘类、环形类、带法兰的轴类件等。

3.1.3 焊接

1. 焊接的特点与分类

焊接是将两片金属局部加热或同时加热、加压而结合在一起的加工方法。焊接能够非常方便地利用型材和采用锻-焊、铸-焊、冲压-焊等复合工艺，制造出各种大型、复杂的机械结构和零件。

车辆制造中焊接生产具有批量大、生产速度快、自动化程度高、对被焊接零件的装配焊接精度要求高等特点，生产中广泛采用专用自动焊机和弧焊机器人工作站。焊接与其他连接方法有着本质的区别，焊接生产的特点主要如下。

(1) 节省金属材料，结构质量轻，生产周期短。

(2) 以小拼大、化大为小，可制造重型、复杂的机器零部件，简化铸造、锻造及切削加工工艺，获得最佳技术经济效果。

(3) 焊接接头具有良好的力学性能和密封性。

(4) 能够制造双金属结构，使材料的性能得到充分的利用。

(5) 生产的毛坯有较好的强度和刚度，质量轻，材料利用率高。

焊接的缺点是抗振性较差、变形大，须经时效处理后才能进行机械加工。因此，对一些性能要求高的重要零件，在机械加工前应采用退火处理，以消除应力、防止变形。

焊接的分类繁多，根据焊接过程中加热程度和工艺特点的不同，焊接可分为三大类，如图3.18所示。

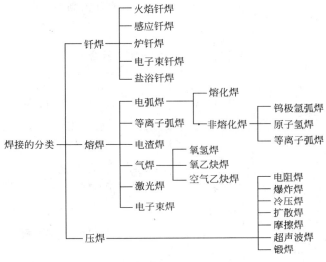

图 3.18 焊接的分类

(1) 钎焊：采用熔点低于被焊金属的钎料（填充金属）熔化之后，填充接头间隙，并与被焊金属相互扩散实现连接的焊接方法称为钎焊。焊接过程中被焊工件不熔化，且一般没有塑性变形。

(2) 熔焊：将工件焊接处局部加热到熔化状态，形成熔池（通常还加入填充金属），冷却结晶后形成焊缝，被焊工件结合为不可分离的整体的焊接方法称为熔焊。常见的熔焊方法有气焊、电弧焊、电渣焊、等离子弧焊、电子束焊、激光焊等。

(3) 压焊：在焊接过程中无论加热与否，均需要加压的焊接方法称为压焊。常见的压焊有电阻焊、摩擦焊、冷压焊、扩散焊、爆炸焊等。

2. 常见焊接工艺

焊接的工艺方法多种多样，常用焊接方法的选择见表3-2。

表 3-2 常用焊接方法的选择

焊接方法	主要接头形式	焊接位置	被焊材料选择	应用选择
焊条电弧焊	对接、角接、搭接、T形接	全位置	碳钢、低合金钢、铸铁、铜及铜合金、铝及铝合金	各类中小型结构
埋弧自动焊		平焊	碳钢、合金钢	成批生产、中厚板长直焊缝和较大直径环焊缝

(续)

焊接方法	主要接头形式	焊接位置	被焊材料选择	应用选择
氩弧焊	对接、角接、搭接、T形接	全位置	铝、铜、镁、钛及其合金,耐热钢,不锈钢	致密、耐蚀、耐热的焊件
CO_2气体保护焊	对接、角接、搭接、T形接	全位置	碳钢、低合金钢、不锈钢	致密、耐蚀、耐热的焊件
等离子弧焊	对接、搭接	全位置	耐热钢,不锈钢,铜、镁、钛及其合金	一般焊接方法难以焊接的金属和合金
气焊	对接	全位置	碳钢、低合金钢、铸铁、铜及铜合金、铝及铝合金	受力不大的薄板及铸件,损坏机件的补焊
电渣焊	对接	立焊	碳钢、低合金钢、铸铁、不锈钢	大厚铸、锻件的焊接
点焊	搭接	全位置	碳钢、低合金钢、不锈钢、铝及铝合金	薄板、壳体的焊接
缝焊	搭接	全位置	碳钢、低合金钢、不锈钢、铝及铝合金	薄壁容器和管道的焊接
对焊	搭接	全位置	碳钢、低合金钢、不锈钢、铝及铝合金	杆状零件的焊接
摩擦焊	对接	平焊	各类同种金属和异种金属	圆形截面零件的焊接
纤焊	搭接	—	碳钢、合金钢、铸铁、非铁合金	强度要求不高,其他焊接方法难以焊接的结构

1) 焊条电弧焊

焊条电弧焊是用手工操作焊条进行焊接的一种电弧焊,是利用电弧放电产生的高温熔化焊条和焊件,使之接合的焊接方法。焊条电弧焊的操作实习如图 3.19 所示。

焊条电弧焊的优点是设备简单,操作简单灵活,可以进行各种位置及各种不规则焊缝的焊接,对生产环境及焊接位置的适应性强;焊条系列完整,可以焊接大多数常用金属材料,对焊接接头装配要求低,可焊的金属材料广。

同时,焊条电弧焊的缺点是由于焊工需要在高温、尘雾下工作,劳动条件差,强度大;焊条载流能力有限(电流一般为20～500A),焊接厚度一般为3～20mm,生产效率较低,焊接质量很大程度上取决于焊工的操作技能;不适合焊接一些活泼金属、难熔金属及低熔点金属。

2) 电阻焊

电阻焊属于压焊的一种,是利用电流通过焊件及其接触处产生的电阻热,将连接处加热到塑性状态或局部熔化状态,再施加压力形成接头的焊接方法。电阻焊机床如图 3.20 所示。

电阻焊的生产率高,焊接变形小,不需要填充金属,劳动条件好,操作简便,易于实现自动化生产。但焊接设备复杂,耗电量大,对焊件厚度和接头形式有一定限制,通常适用于大批量生产。电阻焊分为点焊、缝焊和对焊,如图 3.21 所示。

图 3.19　焊条电弧焊

图 3.20　电阻焊机床

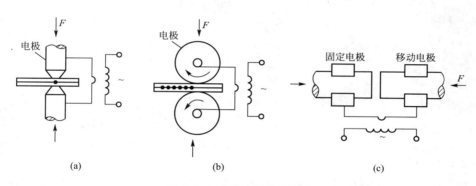

图 3.21　电阻焊的基本形式
（a）点焊；（b）缝焊；（c）对焊

3）气体保护焊

气体保护焊是利用外加气体来保护电弧和焊缝的电弧焊。常用的保护气体是氩气和 CO_2，称为氩弧焊和 CO_2 气体保护焊。氩弧焊的保护气体氩气是惰性气体，在高温下，氩气不与金属起化学反应，且保护电弧和熔池不受空气的有害作用。氩弧焊按使用的电极不同可分为钨极氩弧焊和熔化极氩弧焊两种。CO_2 气体保护焊是以 CO_2 作为保护气体，以连续送进的焊丝为电极的焊接方法。CO_2 气体保护焊焊机如图 3.22 所示。

图 3.22　CO_2 气体保护焊焊机

4）钎焊

钎焊是采用熔点比母材（焊件）低的合金作为钎料，加热时钎料熔化，并靠润湿作用和毛细作用填满并保持在接头间隙内，将焊件连接起来的焊接方法。钎焊时焊件常以搭接形式装配好，而母材处于固态，依靠液态钎料和固态母材间的相互扩散形成钎焊接头。在钎焊过程中，使用熔剂的作用是清除母材表面的氧化物和杂质，并保护母材和钎料在钎焊过程中免受氧化,增加钎料的渗透能力和对母材的附着能力。按钎料的熔点不同,钎焊可分为硬钎焊和软钎焊两种。

钎焊有如下优点:①加热温度较低,对母材的物理化学性能影响小,焊接应力和变形较小,可以保证焊件的尺寸;②焊接接头外表美观整齐,无需再进行加工;③可以焊接性能差别较大的异种金属和厚薄不等的焊件,对焊件整体加热时,可同时焊接多条焊缝的复杂焊件,生产率很高;④钎焊设备简单,生产投资较少。缺点是钎焊接头的强度较低,耐热能力差,对焊件清理要求严格,不适用于较重要钢结构和重载、动载机件的焊接。

5)激光焊接

图 3.23　利用激光焊接机进行钢材拼焊

采用偏光镜反射激光,使其集中在聚焦装置中,产生巨大能量的光束,如果焦点靠近工件,工件就会在几毫秒内熔化和蒸发,利用这一效应的焊接工艺称为激光焊接。通过激光焊接机进行钢材拼焊的过程如图 3.23 所示。

在车辆工业中,激光技术主要用于车身拼焊、零件焊接和自动变速器联体齿轮的焊接。在车身设计制造中,根据车身不同的设计和性能要求,选择不同规格的钢板,通过激光剪裁和拼装技术完成车身某一部位的制造,如前风窗玻璃框架、车门内板、车身底板、中立柱等。

激光焊接用于汽车制造可以降低车身质量,提高车身的装配精度,增加车身的刚度,降低车身制造过程中的冲压和装配成本,减少车身零件数目,同时将其整体化。采用激光焊接的车身刚度可以提高 30%,从而提高了车身的安全性。另外,减少车身质量,还可以达到省油的目的。

3. 金属材料的焊接性

金属材料的焊接性是指在一定的焊接工艺条件下,金属材料获得优质焊接接头的难易程度。它一般包括两个方面:一是结合性能,即在给定的焊接工艺条件下,金属形成完好焊接接头的能力;二是使用性能,即在给定的焊接工艺条件下,金属的焊接接头在使用条件下安全运行的能力,包括焊接接头的力学性能、耐高温、耐腐蚀、抗疲劳等。这不仅与金属本身材质有关,也与焊接时采用的工艺条件、焊接方法有关。

10、15、20 钢等低碳钢的碳含量少,由于其碳的质量分数低于 0.25%,塑性好,淬硬倾向小,不易产生裂纹,所以焊接性好,是应用广泛的焊接结构材料。焊接过程中不需要任何特殊的工艺措施,通过普通的焊接工艺即可获得优质的焊接接头。

中碳钢的碳的质量分数为 0.25%～0.60%,有一定的淬硬倾向,焊接接头容易产生低塑性的淬硬组织和冷裂纹,焊接性较差,焊接时应当进行预热。中碳钢的焊接结构多为锻件和铸钢件,或进行补焊。

高碳钢的碳的质量分数大于 0.60%,其焊接特点与中碳钢基本相同,但淬硬和裂纹倾向更大,焊接性更差。一般这类钢不用于制造焊接结构,大多是用焊条电弧焊或气焊来补焊修理一些损坏件。焊接时，应注意焊前预热和焊后缓冷。

低合金结构钢含碳量较低，对硫、磷控制较严，焊条电弧焊、埋弧焊、气体保护焊和电渣焊均可用于此类钢的焊接，以焊条电弧焊和埋弧焊较常用。选择焊接材料时，通常从等强度原则出发，为了提高抗裂性，尽量选用碱性焊条和碱性焊剂；对于不要求焊缝和母材等强度的焊件，也可选择强度级别略低的焊接材料，以提高塑性，避免冷裂。

铸铁的碳、硅含量高，塑性很差，一般不考虑作为焊接结构件，而只能进行焊补。铸铁在制造和使用中容易出现各种缺陷和损坏，铸铁补焊是对有缺陷铸铁件进行修复的重要手段，在实际生产中具有很大的经济意义。

对于铜及铜合金的焊接，存在问题是难熔合，裂纹倾向大，焊接应力和变形较大，容易产生气孔。

铝具有耐腐蚀性、塑性、导电性、导热性及焊接性良好等优点，因而铝及铝合金在航空、车辆、机械制造、电工及化学工业中得到广泛应用。

4. 焊接件的结构工艺性

在焊接件设计及焊接结构生产制造过程中，除了要考虑焊件的使用性能外，还应考虑焊件的结构工艺性能，使焊件生产简便、质量优良、成本低廉，保证在较高的生产率和较低的成本下，获得符合设计要求的产品质量。焊件结构工艺性应考虑到焊接结构材料的选择、接头形式、焊缝布置、焊缝质量的保证、焊后热处理等方面。

1) 焊接结构材料的选择

对焊接结构来说，材料的焊接性不能只强调选用高强度、高质量的结构材料，还应该考虑制造成本、生产周期及材料加工性能。车辆焊接结构选用的材料一般可焊性都较好，车身大都采用可焊性较好的低碳钢冷轧板材。在满足焊接结构件使用性能的前提下，应尽量选用焊接性良好的材料。低碳钢和普通低合金钢的焊接性良好、价格低、焊接工艺简单、易于保证焊接质量，应优先选用；而中、高碳钢焊接性不好，应尽量避免使用。在采用两种不同材料进行焊接时，应注意它们焊接性的差异。

2) 焊接接头形式及厚度

焊接接头主要有角接接头、对接接头、T形接头和搭接接头4种形式。其次，还有弯边接头、锁底接头、套管接头及斜T形接头等，而汽车车身零件常用的装焊接头形式主要是搭接接头和弯接接头。

采用搭接接头的零件比较小且焊点布置又靠近零件的边缘时，可以在固定式点焊机上进行焊接。若零件比较大且焊点又处于零、合件中间时，就要视焊点的数目采用不同的点焊机。对于焊接接头，在车身设计时应尽量避免封闭式接头，因为车身的刚性及零件形状的偏差使得装焊焊接质量很难控制。弯接接头在装配精度上要比搭接接头更容易保证质量。例如，汽车顶盖的下盖板与下后围连接，若采用搭接接头，搭配时易产生上下错位，而改为弯接接头，装配就比较稳固。此外，对涉及车身外观的焊接，由于焊接热应力会使表面产生局部的变形而影响外观质量，这时可以通过改变车身零件的形状来消除或减少这种缺陷。

焊接件连接处材料的厚度直接影响材料的焊接工艺性。当厚度过大时，不仅增加了结构的质量和焊接接头的工作量，延长了热处理的时间，而且在焊接加热或冷却受热不均时，容易产生裂纹。材料若太薄，则易于过热或烧穿。为简化焊接工作，提高焊接质量，在设计焊接结构时，应尽可能采用统一的几种厚度的板料和管料，在统一结构上尽量采用同一厚度的材料，若受条件约束，不能使其厚度完全相同时，两个相连接的零件厚度差别不能过大，要求有一定厚度比，否则在连接处容易产生应力集中。一般在较厚零件与薄壁零件焊接时，要采用过渡接头的连接形式。

3) 焊缝的布置

焊缝的布置设计对焊接结构工艺性有着非常重要的意义，合理的焊缝布置可以减少内应力和变形，提高结构的安全可靠性。

焊缝的布置可以遵循以下原则：焊缝位置应便于施焊，有利于保证焊缝质量；尽量减少结构的焊缝数量和焊缝的长度；尽量使得焊缝对称分布，尽量减少交叉焊缝；焊缝布置应有利于减少焊接应力和变形（如减少结构的焊缝数量、分散布置焊缝、对称分布焊缝）；焊缝应尽可能避开结构最大应力和应力集中部位；焊缝应尽量避开机械加工面。

3.1.4 冲压

1. 冲压特点

图 3.24 汽车覆盖件的冲压设备

冲压工艺是一种先进的金属加工方法，它是建立在金属塑性变形基础上，在常温条件下使金属板料在冲模中承受压力而被切离或成形，从而获得具有一定形状、尺寸和性能的零件的加工方法。板料冲压的坯料厚度一般小于 4mm，通常在常温下冲压，故又称为冷冲压。汽车覆盖件的冲压设备如图 3.24 所示。

冲压工艺与其他金属加工方法相比，具有以下特点。

（1）冲压生产操作简单，生产率高，零件成本低，工艺过程易于实现机械化与自动化。

（2）利用冲压工艺方法可以获得其他金属加工方法所不能或难以加工的、形状复杂的零件。

（3）冲压件的尺寸精确、表面光洁、质量稳定、互换性好，一般不再进行机械加工，即可作为零件使用。

（4）冲压加工一般不需加热毛坯，也不像切削加工需切除大量金属，因此它的材料利用率高，使冲压件具有质量轻、强度高和刚性好的优点，适合于进行车身零件的加工。

（5）冲压所用原材料为轧制板料或带料，在冲压过程中材料表面一般不受破坏，因此冲压零件的表面质量较好，为后续表面处理工序（如涂装）提供了方便。

汽车车身是由覆盖件、结构件等组焊而成的全金属薄壳结构，车身本体的零件基本上都是采用冲压工艺生产出来的，冲压材料（薄板等）的质量占全部汽车材料的 40%～45%。采用冲压工艺生产的零件，不仅质量轻、强度和刚性好，而且工艺过程较简单、尺寸的一致性好、材料消耗少。因此，冲压不仅可以提高生产效率，还可降低生产成本，使汽车工业得以迅速发展。例如，车身的内、外覆盖件和骨架件；车架的纵梁、横梁和保险杠等；车轮的轮辐、轮辋和挡圈等；座椅的骨架、滑轨和调角器等；车厢的侧板和底板等；发动机的气缸盖、油底壳和滤清器等；底盘上的制动器零件、减振器零件等；散热器的散热片、冷却水管和储水室等；车锁及其他附件零件等一般都是冲压件。

汽车车身对其冲压件的尺寸精度和表面质量要求高，只有合格的冲压件才能焊装出合格的车身，因此冲压件的质量是汽车车身制造质量的基础，冲压技术是汽车车身制造中的关键技术之一。

2. 冲压工序

由于冲压加工零件的形状、尺寸、批量大小、精度要求、原材料性能等的不同，其冲压方法多种多样。冲压模具如图 3.25 所示，冲压基本工序按加工性质的不同，可以分为两大类型：分离工序和变形工序。

分离工序是将冲压件或毛坯在冲压过程中沿一定的轮廓使其相互分离的工序，其冲压零件的分离断面要满足一定的断面质量要求，主要有落料、冲孔、切断等，分离工序统称为冲裁。

变形工序是板料在不破坏的情况下产生塑性变形，获得所需求的形状及尺寸的工序，主要有拉深、弯曲成形等变形工序。

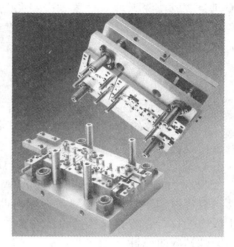

图 3.25　冲压模具

3. 冲压件的结构工艺性

进行冲压件的结构设计时，不仅要保证其使用要求，还要满足冲压工艺性的要求。通常对冲压件的结构工艺性影响最大的是工件的几何形状、尺寸和精度要求。

1) 冲裁件的结构工艺性

冲裁件的结构工艺性是指冲裁件结构、形状、尺寸对冲裁工艺的适应性，主要包括以下几方面。

(1) 冲裁件的形状应力求简单、对称，规则的几何形状有利于排样时合理利用材料，提高材料的利用率。

(2) 冲裁件转角处应尽量避免尖角，直线相接处均要以圆角过渡，通常转角处应设有圆角(半径 $R \geqslant 0.25t$，t 为板厚)，以减小角部模具的磨损。

(3) 冲裁件应避免长槽和细长悬臂结构，对孔的最小尺寸及孔距间的最小距离等都有一定限制。

(4) 冲裁件的尺寸精度要求应与冲压工艺相适应，其合理经济精度为 IT9~IT12，较高精度冲裁件可达到 IT8~IT10。采用整修或精密冲裁等工艺，可使冲裁件精度达到 IT6~IT7，但成本也相应提高。

2) 拉深件的结构工艺性

拉深件设计时主要考虑以下几方面。

(1) 拉深件的形状应力求简单、对称，避免圆锥形、球面形和空间复杂曲面形，尽量采用轴对称的形状，使零件变形均匀和模具加工制造方便。

(2) 尽量避免直径小、深度大的结构设计，否则不仅需要多副模具进行多次拉深，且容易出现废品。

(3) 对于半敞开或不对称的拉深件，可采用合冲工艺，即将两个或几个零件合并成对称形状，一起冲压，然后切开，以减少工序、节约材料、保证质量。

(4) 拉深件的底部与侧壁，凸缘与侧壁应有足够的圆角，一般圆角半径 $R \geqslant (2\sim 4)S$（S 为坯料厚度），矩形盒角部的圆角半径 $R \geqslant 3S$。拉深件底部或凸缘上的孔边到侧壁的距离 B，应满足 $B \geqslant R+0.5S$。另外，带凸缘拉深件的凸缘尺寸要合理，不宜过大或过小，否则会造成拉深困难或导致压边圈失去作用。

(5) 不要对拉深件提出过高的精度或表面质量要求。拉深件直径方向的经济精度一般为 IT9～IT10，经整形后精度可达到 IT6～IT7，拉深件的表面质量一般不超过原材料的表面质量。

3) 弯曲件的结构工艺性

弯曲件设计时应考虑以下几方面。

(1) 弯曲件的弯曲半径 r 不应小于最小弯曲半径 r_{min}，否则可采用剪薄弯曲区厚度 t 的方法，以加大 r_{min}/t；但 r 不宜过大，否则会造成回弹量过大，使弯曲角度和圆角半径精度不易保证。

(2) 弯曲件的形状应尽量对称，弯曲半径应左右对称，以防止在弯曲时发生工件偏移。直边过短不易弯曲成型，应使弯曲件的直边高 $H > 2S$。例如，工件不对称时，为防止板料偏移，在模具结构的设计时，可考虑增设压紧装置或定位工艺孔。

(3) 弯曲已冲孔的工件时，孔的位置应在变形区以外，孔与弯曲变形区的距离 $L \geqslant (1\sim 2)S$。

(4) 应尽可能沿材料纤维方向弯曲。多向弯曲时，为避免角部畸变，应先冲工艺孔或切槽。

3.1.5 粉末冶金

粉末冶金工艺是以分割成很细小的金属或非金属粉末颗粒做原料，通过固结使其成为具有一定形状制品的加工方法，其制品统称为粉末冶金零件或烧结零件。粉末冶金零件是机械制造工业中的一大类通用性基础零件，一般包括结构零件、减摩零件和摩擦零件。

由于零部件的高强度化、高精度化及低成本化，使粉末冶金零件在车辆上的使用量越来越多，如发动机的气门座、粉末冶金链轮、带轮等。

粉末冶金工艺过程包括粉料制备、粉末成形、烧结及后续处理等工序，其工艺流程如图 3.26 所示。自动成形压机、压力烧结炉如图 3.27、图 3.28 所示。

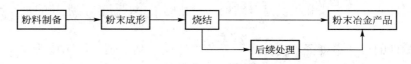

图 3.26　粉末冶金工艺流程

1. 粉末的制取

制粉方法大体上可归纳为机械法和物理化学法两大类。机械法制粉是将原材料通过机械粉碎，原材料的化学成分基本上不发生变化的制粉过程；物理化学法制粉是借助化学或物理作用，改变原材料的化学成分或聚集状态而获得粉末的工艺过程。从工业加工过程中，雾化法、还原法和机械法三种制粉方法应用较为广泛。

图 3.27　粉末冶金自动成形压机

图 3.28　粉末冶金压力烧结炉

1) 雾化法

雾化制粉方法如图 3.29 所示，依靠自重从漏包中流出的金属液流，受到从喷嘴喷射出的高压气体或水的冲击，雾化成粉。喷射流的主要作用：把熔融液流击碎成细小的液滴；通过急冷使细小的液滴凝固。

2) 还原法

通过氧化物和盐类发生还原反应制取粉末的工艺过程称为还原法。在工业上，还原法被广泛地用来制取铁、铜、钴、钨、钼等粉末，这是由于还原法制取的粉末不仅经济，而且制取过程简单，在生产时容易控制粉末的颗粒大小和形状。还原法制得的粉末还具有很好的压制性和烧结性。

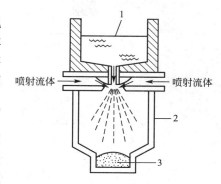

图 3.29　雾化制粉
1—熔融金属；2—集气室；
3—金属粉末

3) 机械法

机械法是指利用破碎机、锤击机或球磨机粉碎材料，生产细小颗粒粉末的工艺过程。最常见的球磨机利用回转筒内不断抛落的钢球破碎金属。

除此之外，生产粉末的方法还有电解法、化学沉淀法和高速冲击法等。

2. 零件的成形

粉末冶金的工艺过程包括三个步骤。

(1) 粉末生产：粉末的生产过程包括粉末的制取、粉料的混合等步骤。为改善粉末的成形性和可塑性通常加入机油、橡胶或石蜡等增塑剂。

(2) 粉末压紧：如钢模压制，在这个工序中，将金属粉末制成具有一定形状、尺寸、孔隙度及强度的预成形坯。

(3) 粉末烧结：烧结过程中粉末颗粒间通过扩散、再结晶、熔焊、化合、溶解等一系列的物理化学过程，成为具有一定孔隙度的冶金产品。如果烧结条件控制得当，烧结体的密度和其他物理、力学性能可以接近或达到相同成分的致密材料。

一般情况下，烧结好的制件可直接使用。但对于某些尺寸精度、硬度、耐磨性要求高的制件，还要进行烧结后处理。后处理包括精压、滚压、挤压、淬火、表面淬火、浸油、及熔渗等。

下面对钢模压制和粉末烧结工艺进行介绍。

1) 钢模压制

粉末压紧时，需要较高的压力使粉末成为所需形状。压制时，两个方向相反的冲头挤压位于模腔中的粉末，如图3.30所示。压制后的工件称为预压形坯。预压形坯一般具有足够的强度，搬运时不会破裂，但远低于烧结后的工件强度。

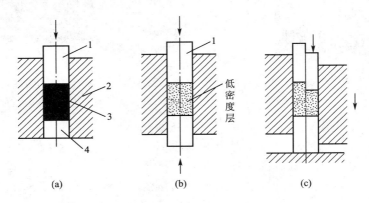

图 3.30　钢模压制
(a) 单向压制；(b) 双向压制；(c) 浮动阴模压制
1—上模冲头；2—阴模；3—粉末；4—下模冲头

钢模压制的常用压力设备为机械、水压或二者结合。根据工件的复杂程度，钢模压制的基本方式有三种，即单向压制、双向压制及浮动阴模压制。

(1) 单向压制如图3.30(a)所示，阴模和下模冲头不动，由上模冲头单向加压，压力施加在粉末坯料的上顶部，由于粉末坯料与阴模之间的摩擦，使得预成形坯的底部和顶部的密度不均匀。使用润滑剂，可以减小粉末坯料与模壁之间的摩擦力，从而使沿高度方向密度不均匀的程度降低。

(2) 双向压制如图3.30(b)所示，在双向压制时，压力是同时从上、下两个方向施加在粉末坯料上的，可以减小预成形坯中密度分布的不均匀性。对于采用双向压制所得到的预成形坯来说，与冲头接触的两端密度较高，而中间的密度较低。但总体来看，采用双向压制方法，可以改善单向压制时沿高度方向密度的不均匀性，适于压制较长的制品。

(3) 浮动阴模压制如图3.30(c)所示，在压制时，下模冲头固定不动，阴模安放在弹簧（也可以安装在液压缸）上，使之可以浮动。当上模冲头进入模腔压制粉末时，粉末与阴模内表面之间的摩擦力使阴模克服弹簧的阻力向下运动，阴模的运动会产生与下冲头运动相同的效果。阴模的运动方向与粉末沿高度上的位移方向是一致的，从而使得粉末预成形坯密度沿高度分布趋于均匀。

2) 粉末烧结

粉末烧结是将粉末预成形坯在适当的温度和气氛条件下进行加热的工艺工程。即把粉末预成形坯加热到低于其中基本成分熔点的温度下保温，然后以各种方式和速度冷却到室温。在此过程中，发生一系列物理和化学的变化，粉末颗粒的聚集体变成为晶粒的聚结体，从而获得具有所需物理、力学性能的制品或材料。

由于粉末冶金生产属于大批量生产，所以大多烧结炉设计成自动进料方式，一般包括三个步骤：预热、烧结和冷却。

随着粉末冶金工业的发展，粉末冶金出现许多新工艺，并获得迅速发展，如热压成形、粉末挤压、粉末锻造、粉末轧制、等静压成形、喷射成形等。这些先进工艺的特点表现为具有更高的生产率，采用加热压实，提高压实密度，增加制件强度及表面质量等。

3.1.6 塑料成型工艺

1. 塑料成型工艺特点及分类

塑料的主要成分是合成树脂，合成树脂是由相对分子质量小的物质经聚合反应而制得的相对分子质量大的高分子聚合物，如聚氯乙烯、聚乙烯、聚丙烯、聚苯乙烯、聚酰胺、聚碳酸酯、酚醛树脂、聚氨酯、环氧树脂等。简单组分的塑料基本上以树脂为主要成分，不加或加入少量助剂。多组分的塑料除树脂外还需要加入其他助剂，如增塑剂、稳定剂、润滑剂、填充剂、阻燃剂、发泡剂、着色剂等，用以改善塑料的加工性能和使用性能。

塑料的种类很多，按其使用性能可分为通用塑料、工程塑料和功能塑料。

（1）通用塑料：一般只能作为非结构材料使用，产量大，用途广，价格低。主要有聚乙烯、聚丙烯、聚氯乙烯、酚醛塑料和氨基塑料等。

（2）工程塑料：作为工程结构材料使用，力学性能优良，能在较宽温度范围内承受机械应力和在较为苛刻的化学、物理环境中使用。主要有聚酰胺、聚碳酸酯、聚甲醛、ABS、聚苯醚、聚砜、聚酯及各种增强塑料等。

（3）功能塑料：用于特种环境中，具有某种特殊性能的塑料。主要有医用塑料、光敏塑料、导磁塑料、高温耐热塑料、高频绝缘性塑料等。

2. 注射成型工艺

注射成型又称注塑成型，是热塑性塑料制件的一种主要成型方法，某些热固性塑料也可采用注射方法成型。螺杆式注射机结构如图3.31所示，注射成型工艺工程如下。

（1）将颗粒状或粉末塑料从注射机料斗送入高温的料筒。

（2）塑料受到料筒加热和螺杆的剪切摩擦热作用而逐渐熔融塑化，并不断被螺杆压实，同时被推向料筒前端，产生一定压力，使螺杆在转动的同时，缓慢地向后移动，当螺杆退到预定位置，触及限位开关时，螺杆即停止转动。

（3）注射活塞带动螺杆按一定的压力和速度，将积存于料筒端部的塑料粘流态熔体经喷嘴注入模具型腔。

（4）待充满模腔的熔料经一定时间的保压冷却定型后，开启模具，取出塑件，获得具有一定形状和尺寸的塑料制件。

（5）塑件经注射成型后，除去浇口凝料、余料和飞边毛刺。有些制件还需要进行消除应力或稳定性能的后处理。

注射成型在汽车制品生产中所占的比例很大，如保险杠、通风格栅、仪表板、座椅靠

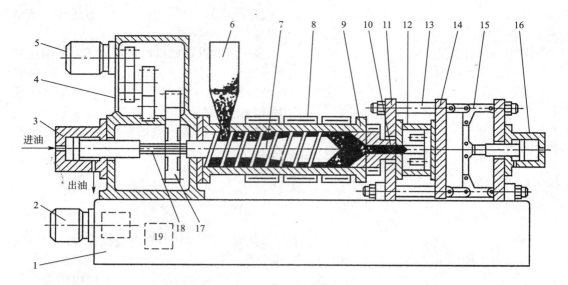

图 3.31 螺杆式注射机结构示意图

1—机身；2—电动机及液压泵；3—注射液压缸；4—齿轮箱；5—齿轮传动电动机；6—料斗；7—螺杆；8—加热器；9—料筒；10—喷嘴；11—定模固定板；12—模具；13—拉杆；14—动模固定板；15—合模机构；16—合模液压缸；17—螺杆传动齿轮；18—螺杆花键；19—油箱

背、护风圈、空调机壳等大型零件，以及各种开关、把手、结构件、装饰件、减摩耐磨件、轮罩、护条等小型零件。

3. 压缩和压注成型工艺

1) 压缩成型工艺

压缩成型是将粉末、粒状或纤维状的热固性塑料放入模具加料腔内，如图3.32(a)所示，然后合模加热使其熔融，并在压力作用下使塑料流动而充满模腔，如图3.32(b)所示，同时塑料高分子发生交联固化而定型的工艺。最后脱模得到所需制品，如图3.32(c)所示。

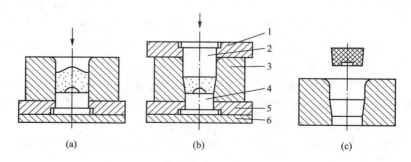

图 3.32 压缩成型工艺过程

1—凸模；2—上凸模；3—凹模；4—下凸模；5—凸模固定板；6—下模座

压缩成型主要用于热固性塑料零件的生产。热塑性塑料也可采用压缩成型，在成型前一阶段与热固性塑料相同，但由于没有交联反应，所以必须冷却固化才能脱模。因此需要模具交替加热与冷却，生产周期长。压缩成型适合于大型零件的生产，如导流板、车门、门梁柱、顶盖等。

2) 压注成型工艺

压注成型是在压缩成型的基础上进行改进的一种热固性塑料的成型方法，其成型原理如图3.33所示。模具闭合后，将塑料（预压锭）加入已加热到一定温度的模具加料室中，使其受热熔融，如图3.33(a)所示。在柱塞压力作用下，塑料熔融体经过模具浇注系统，注入并填满闭合的型腔，如图3.33(b)所示。塑料在型腔内继续受热受压而固化成型，最后打开模具取出塑件，如图3.33(c)所示。

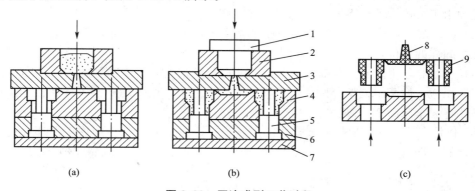

图 3.33　压注成型工艺过程
1—柱塞；2—加料腔；3—上模板；4—凹模；5—型芯；6—型芯固定板；
7—下模板；8—浇注系统；9—塑件

压注成型中，塑料在型腔内预先受热熔融，在压力作用下注入型腔，因此能制作带深孔或形状复杂的塑料零件，也可制作带精细嵌件的塑料零件。由于塑料成型前模具已经完全闭合，因而塑料精度易保证，表面粗糙度值也较小，塑料零件上只有少许模具分型面造成的很薄的塑料飞边。

3.2　车辆零件机械加工工艺

车辆零件由不同的典型零件表面构成，如轴类、螺纹、花键和齿轮等零件表面，这些表面都需要通过机械加工来获得。随着零件设计精度的提高，要求的机械加工工艺也越来越先进。

3.2.1　车削

1. 车床

车床主要是用车刀对旋转的工件进行车削加工的机床。在车床上还可用钻头、扩孔钻、铰刀、丝锥、板牙和滚花工具等进行相应的加工。车床主要用于加工轴、盘、套类和其他具有回转表面的工件，是机械制造中使用非常广泛的一类机床。

1) 车床类型

按用途和结构的不同，车床主要分为卧式车床、落地式车床、立式车床、转塔车床、单轴自动车床、多轴自动和半自动车床、仿形车床、多刀车床和各种专门化车床，如凸轮轴车床、曲轴车床、车轮车床、铲齿车床。在所有车床中，以卧式车床应用最为广泛。卧式车床加工尺寸公差等级可达 IT8～IT7，表面粗糙度 Ra 值可达 $1.6\mu m$。近年来，计算机技术被广泛运用到机床制造业中，随之出现了数控车床、车削加工中心等机电一体化产品。

（1）普通车床：加工对象广，主轴转速和进给量的调整范围大，能加工工件的内外表面、端面和内外螺纹。这种车床主要由工人手工操作，生产效率低，适用于单件、小批量生产和修配车间。

（2）转塔车床和回转车床：具有能装多把刀具的转塔刀架或回转刀架，能在工件的一次装夹中由工人依次使用不同刀具完成多种工序，适用于成批生产。

（3）自动车床：按一定程序自动完成中小型工件的多工序加工，能自动上下料，重复加工一批同样的工件，适用于大批、大量生产。

（4）多刀半自动车床：有单轴、多轴、卧式和立式之分。单轴卧式车床的布局形式与普通车床相似，但两组刀架分别装在主轴的前后或上下，用于加工盘、环和轴类工件，其生产率比普通车床高 3～5 倍。

（5）仿形车床：能仿照样版或样件的形状尺寸，自动完成工件的加工循环，适用于形状较复杂的工件的小批和成批生产，生产率比普通车床高 10～15 倍。有多刀架、多轴、卡盘式、立式等类型。

（6）立式车床：主轴垂直于水平面，工件装夹在水平的回转工作台上，刀架在横梁或立柱上移动。适用于加工较大、较重、难于在普通车床上安装的工件，分单柱和双柱两类。

图 3.34　普通车床

（7）数控车床：它是一种通过数字信息控制机床按给定的运动轨迹进行自动加工的加工装备。数控车床是数字程序控制车床的简称，它集通用性好的万能型车床、加工精度高的精密型车床和加工效率高的专用型车床的特点于一身，是国内使用量最大、覆盖面最广的一种数控机床。

2）卧式车床组成

普通车床如图 3.34 所示，其主要组成部分如图 3.35 所示。

（1）床头箱：又称主轴箱，内装主轴和变速机构。变速是通过改变设在床头箱外面的手柄位置，可使主轴获得 12 种不同的转速（45r/min～1980r/min）。主轴的右端有外螺纹，用以连接卡盘、拨盘等附件。主轴右端的内表面是莫氏 5 号的锥孔，可插入锥套和顶尖，当采用顶尖并与尾架中的顶尖同时使用，安装轴类工件时，其两顶尖之间的最大距离为 750mm。床头箱的另一重要作用是将运动传给进给箱，并可改变进给方向。

（2）进给箱：又称走刀箱，它是进给运动的变速机构，固定在床头箱下部的床身前侧面。变换进给箱外面的手柄位置，可将床头箱内主轴传递下来的运动转为进给箱输出的光杠或丝杠获得不同的转速，以改变进给量的大小或车削不同螺距的螺纹。

（3）变速箱：安装在车床前床脚的内腔中，并由电动机（4.5kW，1440r/min）通过联轴器直接驱动变速箱中的齿轮传动轴。

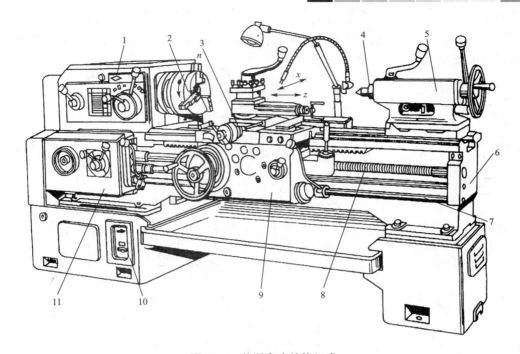

图 3.35　普通车床结构组成
1—主轴箱；2—夹盘；3—刀架；4—后顶尖；5—尾座；6—床身；7—光杠；
8—丝杠；9—溜板箱；10—底座；11—进给箱

(4) 溜板箱：又称拖板箱，是进给运动的操纵机构。它使光杠或丝杠的旋转运动，通过齿轮和齿条或丝杠和开合螺母，推动车刀做进给运动。溜板箱上有三层滑板，当接通光杠时，可使床鞍带动中滑板、小滑板及刀架沿床身导轨做纵向移动；中滑板可带动小滑板及刀架沿床鞍上的导轨做横向移动。故刀架可做纵向或横向直线进给运动。当接通丝杠并闭合开合螺母时，可车削螺纹。溜板箱内设有互锁机构，使光杠、丝杠二者不能同时使用。

(5) 刀架：用来装夹车刀，可做纵向、横向及斜向运动。刀架是多层结构，它由大刀架、中刀架、转盘、小刀架和方刀架组成。

(6) 尾架：用于安装后顶尖，以支持较长的工件进行加工，或安装钻头、铰刀等刀具进行加工。偏移尾架可以车出长工件的锥体。尾架由套筒、尾架体、底板组成。

(7) 光杠与丝杠：将进给箱的运动传至溜板箱。光杠用于一般车削，丝杠用于车螺纹。

(8) 床身：车床的基础件，用来连接各主要部件，并保证各部件在运动时有正确的相对位置。在床身上有供溜板箱和尾架移动用的导轨。

(9) 前床脚和后床脚：用来支撑和连接车床各零部件的基础构件，床脚用地脚螺栓紧固在地基上。车床的变速箱与电动机安装在前床脚内腔中，车床的电气控制系统安装在后床脚内腔中。

2. 车刀

车刀是在各种车床上使用的刀具，是在零件机械加工中应用广泛的一种刀具。

按用途不同,车刀可分为外圆车刀、端面车刀、内孔车刀及切断刀等,如图 3.36 所示。外圆车刀用于粗车或精车圆柱面或圆锥面等外回转表面,端面车刀专门用于车削垂直于轴线的平面。

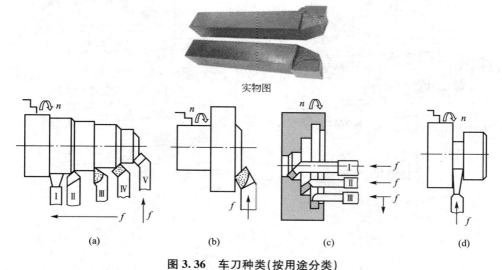

图 3.36 车刀种类(按用途分类)
(a) 外圆车刀;(b) 端面车刀;(c) 内孔车刀;(d) 切断刀

按结构不同,车刀大致可分为整体式高速钢车刀、焊接式硬质合金车刀、机夹式车刀和可转位式车刀,如图 3.37 所示。

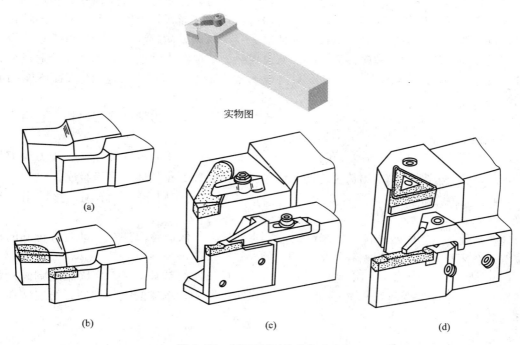

图 3.37 车刀种类(按结构分类)
(a) 整体式高速钢车刀;(b) 焊接式硬质合金车刀;(c) 机架式车刀;(d) 可转位式车刀

焊接式硬质合金车刀结构简单、制造方便、使用灵活，可以根据切削条件和加工要求，刃磨出所需的形状和角度，硬质合金利用较充分。在制造工艺上，由于硬质合金和刀杆材料（一般为中碳钢）的线胀系数不同，当焊接工艺不够合理时，易产生热应力，严重时会导致硬质合金出现裂纹。另外，还可能出现磨刀热应力和裂纹。

机夹式车刀是用机械加固的方法将刀片固定在刀杆上，由刀片、刀垫、刀杆和夹紧机构等组成的车刀。这种车刀是针对于焊接式硬质合金车刀的缺陷而出现的。与焊接式硬质合金车刀相比，机夹式车刀排除了产生焊接应力和裂纹的可能性，但在使用过程中仍需刃磨，不能完全避免由于刃磨而引起的热裂纹，其切削性能仍取决于人工刃磨的技术水平。

可转位机夹刀具是一种把可转位刀片用机械夹固的方法装夹在特制的刀杆上使用的刀具。在使用过程中，当切削刃磨钝后，不需刃磨，只需通过刀片的转位，即可用新的切削刃继续切削。只有当可转位刀片上所有的切削刃都磨钝后，才需要更换新刀片。它除了具有焊接式、机夹重磨式刀具的优点外，还具有切削性能和断屑性能稳定、停车换刀时间短等优点，完全避免了焊接和刃磨引起的热应力和热裂纹，有利于合理使用硬质合金和新型复合材料，有利于刀杆和刀片的专业化生产。

3. 车削加工量

按照加工精度和表面粗糙度，车削加工一般分为粗加工、半精加工、精加工和精细加工四个阶段。其各个阶段经济精度范围和表面粗糙度见表3-3。粗加工阶段的主要目的是切除加工表面的大部分加工余量，因此主要考虑的是如何提高生产率。半精加工阶段的主要任务是使零件达到一定的准确度，为重要表面的精加工做好准备，并完成一些次要表面的加工。精加工和精细加工阶段的主要任务是达到零件的全部尺寸和技术要求，这个阶段主要考虑的是如何保证加工质量。

表3-3 车削加工的经济精度范围和表面粗糙度值

加工阶段	经济精度范围	表面粗糙度值/μm	加工阶段	经济精度范围	表面粗糙度值/μm
粗加工	IT10~IT12	12.5~6.3	精加工	IT7~IT8	3.2~0.8
半精加工	IT8~IT10	6.3~3.2	精细加工	IT6~IT7	0.8~0.2

粗车时，在允许范围内应尽量选择大的切削深度和进给量，以提高生产率，而切削速度相应选低些，以防止车床过载和车刀的过早磨损。半精车和精车用作工件的半精加工（后继一般有磨削）或精加工（主要是加工有色金属材料），以保证工件加工质量为主。因此，应尽可能减小切削力，减小切削热引起的由机床—夹具—工件—刀具组成的工艺系统的变形，减小加工误差。所以，应选取较小的切削深度和进给量，而切削速度则可取高些。选择切削用量时，通常是先确定切削深度，然后确定进给量，最后确定切削速度。

3.2.2 钻削

1. 钻床

用钻头在工件上加工孔的机床称为钻床。通常，钻头的旋转为主运动，钻头轴向移动为进给运动。钻床是应用最广泛的孔加工机床，常用的有台式钻床、立式钻床和摇臂钻床等。

台式钻床是一种小型钻床，加工孔径一般小于12mm。它主要用于电器、仪表工业及机器制造业的钳工、装配工作中。台式钻床的主要参数以最大钻孔直径表示，台式钻床如图3.38所示。

立式钻床又分为圆柱立式钻床、方柱立式钻床和可调多轴立式钻床三个系列。图3.39所示为一方柱立式钻床，其主轴是垂直布置的，在水平方向的位置固定不动，必须通过工件的移动，找正被加工孔的位置。电动机6通过主轴箱5中的传动装置带动主轴3旋转，通过进给箱4可使主轴获得所需的进给运动。主轴箱和进给箱的变速机构可变换主轴的转速和进给量。根据加工的需要，工作台和进给箱可沿立柱导轨移动。立式钻床生产率不高，大多用于中小型工件的单件或小批量生产。

图3.38 台式钻床

摇臂钻床如图3.40所示。针对大型工件的钻孔，在工件不动的情况下，摇臂钻床主轴能任意调整其位置。摇臂钻床广泛用于大、中型工件的加工。

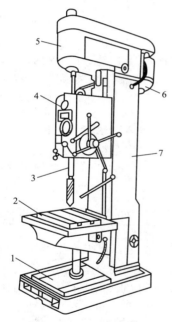

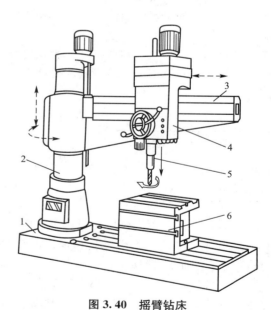

图3.39 立式钻床
1—底座；2—工作台；3—主轴；
4—进给箱；5—主轴箱；
6—电动机；7—立柱

图3.40 摇臂钻床
1—底座；2—立柱；3—摇臂；
4—主轴箱；5—主轴；6—工作台

摇臂钻床与立式钻床的最大区别是，其三轴可以在水平面上调整位置，使刀具很方便地对准被加工孔的中心，而工件则固定不动。

摇臂钻床主要由底座、立柱、摇臂、主轴箱等组成。主轴箱4装在摇臂3的水平导轨上，主轴箱沿摇臂导轨的横向移动及摇臂立柱2的回转，可使主轴5很方便地调整到机床工作范围的任何位置。为适合不同高度工件的需要，摇臂可沿立柱做上下移动。根据工件大小可以装夹在工作台 6 或底座 1 上。

2. 钻头

1）麻花钻

麻花钻作为一种重要的孔加工刀具，它既可以在实心材料上钻孔，也可以在原有孔的基础上扩孔，既可用来加工钢材、铸铁，也可以加工铝、铜及其合金，甚至还可加工有机材料和木材等非金属材料。

麻花钻由柄部、颈部和工作部分三部分组成，外形如图 3.41 所示。

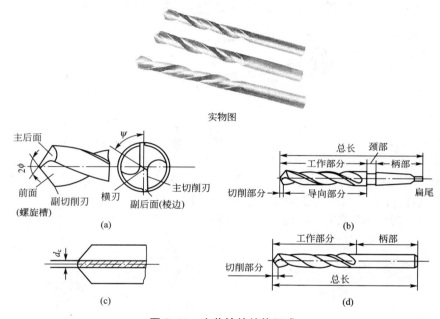

图 3.41 麻花钻的结构组成
（a）麻花钻切削部分的结构；（b）锥柄麻花钻；（c）钻心结构；（d）直柄麻花钻

（1）柄部：钻头的装夹部分，当钻头直径小于 13mm 时，通常采用直柄（即圆柱柄），当钻头直径大于 12mm 时，则采用圆锥柄。工作时，扁尾部分位于机床主轴孔的扁槽内，防止其在机床主轴中转动，而且顶端还可作为卸取的敲击部分。

（2）颈部：柄部和工作部分的连接处，并作为磨削外径时砂轮退刀和打标记的地方，也是柄部与工作部分不同材料的焊接部位。

（3）工作部分：由导向部分和切削部分组成。

钻头的导向部分由两条螺旋槽所形成的两螺旋形刃瓣组成，两刃瓣由钻芯连接。为减小两螺旋形刃瓣与已加工表面的摩擦，在两刃瓣上制出了两条螺旋棱边（称为刃带），用以引导钻头并形成副切削刃。螺旋槽用以排屑和导入切削液，从而形成前面，导向部分的直径向柄部方向逐渐减小，形成倒锥，其倒锥量为 (0.05～0.12)/100mm，类似于副偏角，以减小刃带与工件孔壁间的摩擦。钻芯直径（即与两槽底相切圆的直径）影响钻头的刚性和螺旋槽截面积。对标准麻花钻而言，为提高钻头的刚性，钻芯直径制成向钻柄方向增大的正锥，其正锥量一般为 (1.4～2)/100mm。此外，导向部分也是切削部分的备磨部分。

钻头的切削部分由两个螺旋形前面、两个由刃磨得到的后面、两条刃带（副后面）、两条主切削刃、两条副切削刃(前面与刃带的交线)和一条横刃组成。横刃为两个主后面相交形成的刃,副后面是钻头的两条刃带,工作时与工件孔壁(即已加工表面)相对。

2) 扩孔钻

扩孔钻通常用于铰或磨前的预加工或毛坯孔的扩大,其外形与麻花钻相类似,其结构如图3.42所示。

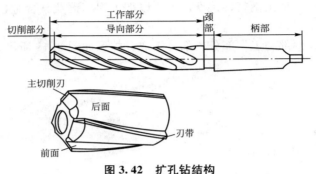

图 3.42 扩孔钻结构

扩孔钻通常有三四个刃带,没有横刃,前角和后角沿切削刃的变化小,故加工时导向效果好,轴向抗力小,切削条件优于钻孔。另外,扩孔钻主切削刃较短,刀齿数目多,钻心粗壮,刚度大,切削过程平稳。一般而言,扩孔余量小,因此扩孔可采用较大的切削用量,而其加工质量却比麻花钻好。一般加工精度可达IT10~IT11,表面粗糙度Ra值可达$3.2\sim6.3\mu m$。

扩孔钻常见的结构形式有高速钢整体式、镶齿套式和硬质合金可转位式,如图3.43所示。

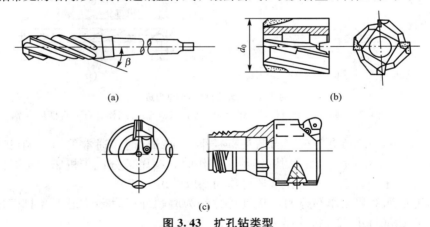

图 3.43 扩孔钻类型
(a) 高速钢整体式;(b) 镶齿套式;(c) 硬质合金可转位式

3. 钻削工艺特点

钻削是车辆零件加工中应用较为广泛的一种切削加工方法,如各类箱(壳)体类零件的连接孔、螺纹孔的底孔、凸缘和法兰类零件的连接孔等,都需要进行钻削加工。钻削工艺特点如下。

(1) 麻花钻的两条切削刃对称地分布在轴线两侧,钻削时,所受径向抗力相互平衡,因此不像单刃刀具那样容易弯曲。

(2) 钻孔时切削深度达到孔径的一半,金属切除率较高。

(3) 钻削过程是半封闭的，钻头伸入工件孔内并占有较大空间，切屑较宽且往往成螺旋状，而麻花钻容屑槽尺寸有限，因此排屑较困难，已加工孔壁由于切屑的挤压摩擦常被划伤，使表面粗糙度值较大。

(4) 钻削时，冷却条件差，切削温度高。因此，限制了切削速度，影响了生产率的提高。刀具刚性差，排屑困难，切削热不易排出。

(5) 钻削为粗加工，其加工经济精度等级为IT11～IT13，表面粗糙度 Ra 值为12.5～50μm。一般用作要求不高的孔(如螺栓通过孔、润滑油通道孔等)的加工或高精度孔的预加工。

3.2.3 铰削

1. 铰刀

铰刀是孔的精加工刀具，也可用于半精加工。铰孔余量小，常用于钻孔等工序之后。为了提高铰孔精度，铰孔时，最好是工件旋转，铰刀只做进给运动。但也可采用铰刀既旋转又进给，工件固定不动的方法。

铰刀外形结构如图3.44所示，根据使用方式，铰刀一般分为手用铰刀及机用铰刀两种。手用铰刀柄部为直柄，工作部分较长，导向作用较好。手用铰刀又分为整体式和外径可调式两种。机用铰刀可分为带柄铰刀和套式铰刀，根据加工类型可分为圆形铰刀和锥度铰刀。根据制造材料可分为高速钢铰刀和硬质合金铰刀。高速钢一般为整体式，硬质合金一般为焊接式。

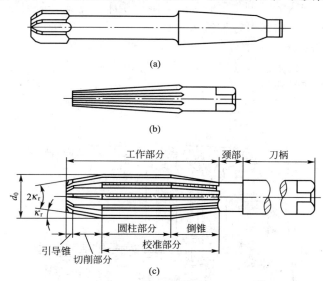

图 3.44 铰刀的结构及组成
(a) 机用铰刀；(b) 锥度铰刀；(c) 手工铰刀

铰削一般在钻孔、扩孔或镗孔以后进行，用于加工精密的圆柱孔和锥孔，加工孔径范围一般为3～100mm。由于铰刀的切削刃长，铰削时各刀齿同时参加切削，生产效率高，在孔的精加工中应用较广。

铰刀由工作部分、柄部和颈部组成。铰刀一般用高速钢和硬质合金制造，在变速器箱(壳)体等零件上铰孔时，大多使用硬质合金铰刀。图3.44(a)所示铰刀为在立式钻床和组合钻床上常使用的机用铰刀，图3.44(b)所示的锥度铰刀可以加工锥孔，手用铰刀的结构及其组合如图 3.44(c)所示。

2. 铰削工艺特点

(1) 铰孔的加工余量较小，一般粗铰为 0.15～0.35mm，精铰为 0.05～0.15mm。铰刀的容屑槽较浅，刚性较高。铰刀的齿数较多，导向性较好。铰刀校准部分的圆柱部分副切削刃起着修光作用，修光不仅有切除少量金属的作用，同时其刃带还有挤压作用。

(2) 铰孔的加工精度较高，粗铰加工精度可达 IT9～IT10，表面粗糙度 Ra 值为 3.2～12.5μm。精铰加工精度可达 IT6～IT8，表面粗糙度 Ra 值为 0.4～1.6μm。

(3) 为了避免在铰削时切削刃上产生积屑瘤而影响表面粗糙度，铰孔的切削速度较低。例如，用硬质合金圆柱形多刃铰刀对钢件铰孔时，当孔径为 40～100mm 时，切削速度为 6～12m/min。铰削时的进给量较大，一般为 0.2～1.2mm/r，是钻孔的 3～5 倍。

(4) 正确选用煤油、机械油或乳化液等切削液可提高铰孔质量和刀具寿命，并有利于减小振动。

3.2.4 铣削

1. 铣床

铣床是一种应用非常广泛的机床，其主运动是铣床的旋转运动，进给运动一般是工作台带动工件的运动。铣床的类型主要有卧式升降台铣床、立式升降台铣床、龙门铣床、万能工具铣床、各种专门化铣床及数控铣床等。

1) 卧式升降台铣床

卧式升降台铣床结构如图 3.45 所示，其主轴是水平布置的。主要用于单件及成批生产中，铣削平面、沟槽和成形表面。

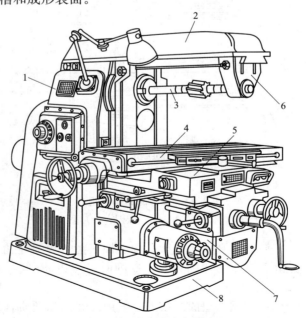

图 3.45　卧式升降台铣床

1—床身；2—悬梁；3—主轴；4—工作台；5—滑座；6—刀杆支架；7—升降台；8—底座

2) 立式升降台铣床

立式升降台铣床与卧式升降台铣床的主要区别在于它的主轴是垂直安装的，用立铣头代替卧式铣床的水平主轴、悬梁、刀杆及其支承部分，如图 3.46 所示。

立式铣床适用于单件及成批生产中，加工平面、沟槽、台阶。由于立铣头可在垂直平面内旋转，因而可铣削斜面。若机床上采用分度头或圆形工作台，还可铣削齿轮、凸轮及铰刀和钻头等的螺旋面，在模具加工中立式铣床最适合加工模具型腔和凸模成形表面。

3) 龙门铣床

龙门铣床如图 3.47 所示，主要用于大中型工件的平面、沟槽加工。可以对工件进行粗铣、半精铣，也可以进行精铣加工。龙门铣床的生产效率很高，在成批和大量生产中得到广泛应用。

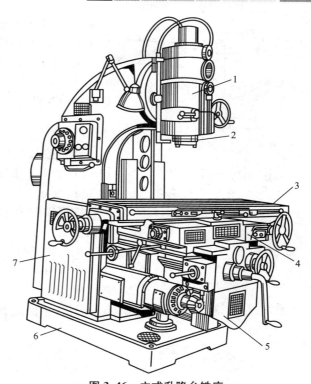

图 3.46 立式升降台铣床
1—立铣头；2—主轴；3—工作台；4—滑座；5—升降台；6—底座；7—床身

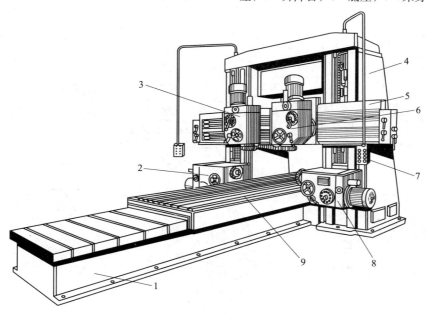

图 3.47 龙门铣床
1—床身；2、8—侧铣头；3、6—立铣头；4—立柱；
5—横梁；7—操纵箱；9—工作台

4）万能工具铣床

万能工具铣床如图 3.48 所示，可以置换水平主轴、垂直主轴和插头，可以承担卧式铣床、立式铣床和插床的部分工作。万能工具铣床常用于工具车间，加工各种形状较复杂的刀具、量具、辅具、夹具及模具零件。

2. 铣刀

铣刀按其用途不同大体上可分为加工平面用铣刀、加工沟槽用铣刀和加工成形面用铣刀三类，常见铣刀如图 3.49 所示。

按刀齿齿背形式不同，铣刀可分为尖齿铣刀和铲齿铣刀。

尖齿铣刀的特点是齿背经铣制而成，并在切削刃后磨出一条窄的后刀面，铣刀用钝后只需刃磨后刀面，刃磨比较方便。铲齿铣刀的特点是齿背经铲制而成，铣刀用钝后仅刃磨前刀面，易于保持切削刃原有的形状，因此适用于切削廓形复杂的铣刀。

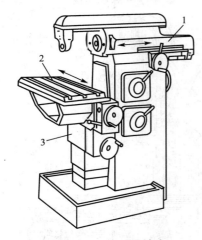

图 3.48 万能工具铣床
1—主轴座；2—固定工作台；3—升降台

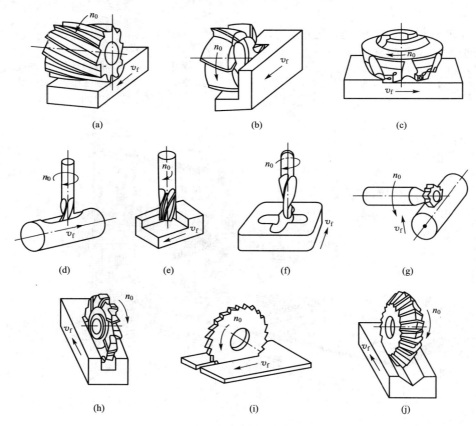

图 3.49 铣刀种类
（a）圆柱铣刀；（b）端铣刀；（c）硬质合金端铣刀；（d）键槽铣刀；（e）立铣刀；
（f）模具铣刀；（g）半圆键槽铣刀；（h）三面刃铣刀；（i）锯片铣刀；（j）角度铣刀

铣刀的种类、形状虽多，但都可以归纳为圆柱铣刀和面铣刀两种基本形式，每个刀齿可以看作一把简单的车刀，所不同的是铣刀回转、刀齿较多，不同的铣削方式如图 3.50 所示。

3. 铣削工艺特点

铣削在金属切削加工中的应用仅次于车削，其主运动是铣刀的回转运动，切削速度较高，除加工狭长平面外，其生产效率均高于刨削。铣刀为多刃刀具，铣削时，各刀齿轮轴承担切削，散热冷

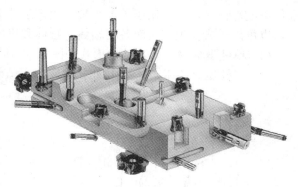

图 3.50 不同的铣削方式

却条件好，刀具寿命长。铣刀种类多，铣床功能强，因此铣削的适应性好，能完成多种表面的加工。铣削时，各铣刀刀齿的切削是断续的，铣削过程中同时参与切削的刀齿数是变化的，切屑厚度也是变化的，因此切削力是变化的，存在冲击和振动。铣削的经济加工精度为 IT7～IT9，表面粗糙度 Ra 值为 1.6～12.5μm。

3.2.5 镗削

镗削是一种大内径车削工艺，按加工质量可分为粗镗、精镗和细镗。

1. 镗床

常用镗床有卧式镗床、坐标镗床和精镗床等。

1) 卧式镗床

卧式镗床由床身、主轴箱、工作台、平旋盘和前、后立柱等组成，如图 3.51 所示。

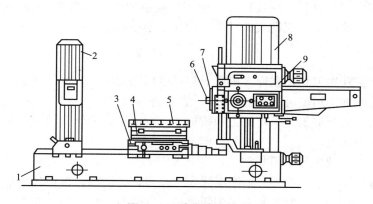

图 3.51 卧式镗床外形

1—床身；2—后立柱；3—下滑座；4—上滑座；5—工作台；
6—主轴；7—平旋盘；8—前立柱；9—主轴箱

2) 坐标镗床

坐标镗床是一种高精度机床，刚性和抗振性很好，还具有工作台、主轴箱等运动部件的精密坐标测量装置，能实现工件和刀具的精密定位。所以，坐标镗床加工的尺寸精度和

形位精度都很高，主要用于单件小批量生产条件下对夹具的精密孔、孔系和模具零件的加工，也可用于成批生产时对各类箱体、缸体和机体的精密孔系进行加工。

（1）单柱坐标镗床，其结构形式如图3.52所示。

（2）双柱坐标镗床，其结构如图3.53所示。

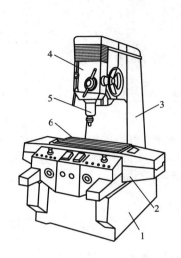

图3.52　单柱坐标镗床
1—床身；2—床鞍；3—立柱；4—主轴箱；5—主轴；6—工作台

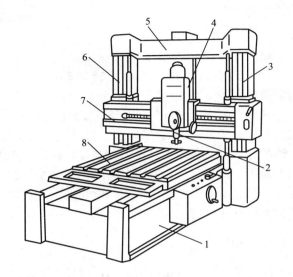

图3.53　双柱坐标镗床
1—床身；2—主轴；3、6—立柱；4—主轴箱；5—顶梁；7—横梁；8—工作台

（3）精镗床：一种高速镗床，由于采用金刚石作为刀具材料，又称为金刚镗床。一般采用硬质合金作为刀具材料，通过较高的速度、较小的背吃刀量和进给量进行切削加工，加工精度较高，主要用于在成批或大量生产中加工中小型精密孔。

2. 镗刀

镗刀是一种扩孔用刀具，在许多机床上都可以用镗刀镗孔，如车床、铣床、镗床及组合机床等。镗孔的加工精度可达IT6～IT8，加工表面粗糙度Ra值可达$0.8\sim6.3\mu m$，常用于较大直径的孔的粗加工、半精加工和精加工。根据镗刀的结构特点及使用方式，可分为单刃镗刀和双刃镗刀。

单刃镗刀的刀头结构与车刀相似，如图3.54所示。单刃镗刀只有一个主切削刃，其结构简单、制造方便、通用性强，但刚度比车刀差得多。因此，单刃镗刀通常选取较大的主偏角和副偏角、较小的刃倾角和刀尖圆弧半径，以减少切削时的径向力。

加工小直径孔的镗刀通常做成整体式，加工大直径孔的镗刀可做成机夹式或机夹可转位式。新型的微调镗刀如图3.54(e)所示，调节方便，调解精度高。镗盲孔时，镗刀头与镗杆轴线倾斜53.8°；镗通孔时，刀头若垂直镗杆安装，可根据螺母刻度进行调整。这种刀具适合于坐标镗床、自动线和数控机床。

双刃镗刀的两刀刃在两个对称位置同时切削，故可消除由径向切削力对镗杆的作用而造成的加工误差。这种镗刀切削时，孔的直径尺寸是由刀具保证的，刀具外径是根据工件

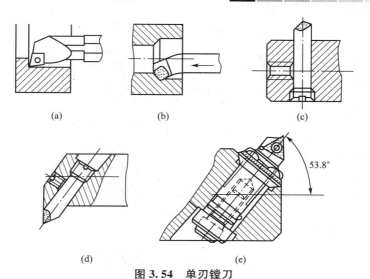

图 3.54 单刃镗刀

(a) 可转位式镗刀；(b) 整体焊接式镗刀；(c) 机夹式通孔镗刀；
(d) 机夹式盲孔镗刀；(e) 可调镗刀

孔径确定的，结构比单刃镗刀复杂，刀片和刀杆制造较困难，但生产效率较高。所以，适用于加工精度要求较高、生产批量大的场合。

双刃镗刀可分为定装镗刀和浮动镗刀两种。

整体定装镗刀如图 3.55 所示，直径尺寸不能调节，刀片一端有定位凸肩，供刀片装在镗杆中定位使用。刀片用螺钉或楔块紧固在镗杆中。

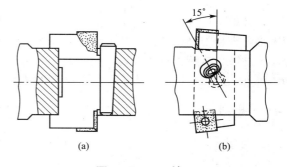

图 3.55 双刃镗刀

浮动镗刀如图 3.56 所示，其直径尺寸可在一定的范围内调节。镗孔时，刀片不紧固在刀杆上，可以浮动并自动定心。刀片位置由两切削刃上的切削力平衡，可消除由于镗杆偏摆及刀片安装所造成的误差。但这种镗刀不能校正孔的直线度误差和孔的位置偏差，所以要求加工孔的直线度误差小，且表面粗糙度 Ra 值不大于 $3.2\mu m$ 的工件。它的缺点是不能加工孔径 $\phi 20mm$ 以下的孔。而其优点则是制造简单、刃磨方便，在单件、小批量生产，特别是加工大直径孔时，浮动镗刀是实用的孔径加工刀具。

3. 镗削工艺特点

在镗床上除镗孔外，还可以进行钻孔、铰孔，以及用多种刀具进行平面、沟槽和螺纹的加工。镗削能方便地加工直径大的孔，实现对孔系的加工，如用坐标镗床、数控镗床进行孔系加工，可获得很高的孔距精度。

镗床多种部件能实现进给运动，其工艺适应能力强，能加工形状多样、大小不一的各种工件的多种表面。在镗床上镗孔是以刀具的回转为主运动的，与以工件回转为主运动的孔加工方式比较，特别适合机架、箱体等复杂结构的大型零件上的孔加工。由于工件结构

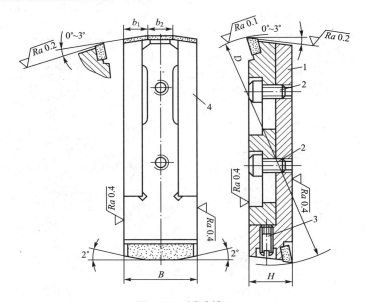

图 3.56 浮动镗刀
1—上刀体；2—紧固螺钉；3—调节螺钉；4—下刀体

复杂，外形不规则，孔或孔系在工件上往往不处于对称中心或平衡中心，工件回转时，平衡较困难，容易因平衡不良而产生加工过程中的振动。另外，大型工件回转做主运动时，工件外形尺寸大，故转速不宜太高，工件上的孔或孔系直径相对较小，不易实现高速切削。

镗孔的经济精度等级为IT7～IT9，表面粗糙度值 Ra 值为 $0.8\sim3.2\mu m$。

3.2.6 刨削

1. 刨床

刨床主要用于加工各种平面（水平面、垂直面及斜面等）和沟槽（T形槽、燕尾槽及V形槽等），也可以加工一些直线成形面。其主运动和进给运动均为直线运动。

刨床根据结果和性能主要分为牛头刨床、龙门刨床、单臂刨床及专门刨床等。

牛头刨床如图3.57所示，通过滑枕带动刨刀做直线往复运动，因滑枕前端的刀架形似牛头，因而称为牛头刨床。主要用于单件小批生产中，刨削中小型工件上的平面、成形面和沟槽。中小型牛头刨床的主运动大多采用曲柄摇杆机构传动，故滑枕的移动速度是不均匀的。大型牛头刨床多采用液压传动，滑枕基本上是匀速运动。滑枕的返回行程速度大于工作行程速度。

龙门刨床如图3.58所示，主要用于加工大型或重型零件上的各种平面、沟槽和各种导轨面，也可以在工作台上一次装夹数个中小型工件进行多件加工。

龙门刨床的工作台带动工件通过门式框架做直线往复运动，空行程速度大于工作行程速度。而进给运动则是刨刀的横向或垂直间歇运动，这与牛头刨床的运动正好相反。

2. 刨刀

刨刀的结构、几何形状均与车刀相似，属于单刃刀具。刨刀切入和切出工件时，受较大的冲击力，容易发生"崩刃"和"扎刀"现象，因而刨刀刀杆截面比较粗大，以增加刀

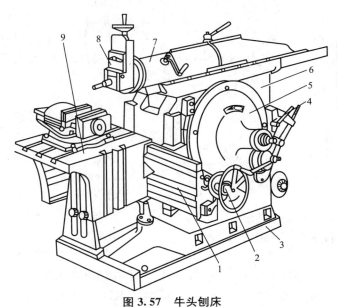

图 3.57 牛头刨床

1—横梁；2—进刀机构；3—底座；4—变速机构；
5—摆杆机构；6—床身；7—滑枕；8—刀架；9—工作台

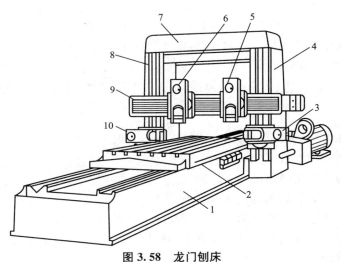

图 3.58 龙门刨床

1—床身；2—工作台；3—右侧刀架；4—右立柱；5—右垂直刀架；
6—左垂直刀架；7—顶梁；8—左立柱；9—横梁；10—左侧刀架

杆的刚性，而且往往做成弯头，使刨刀在碰到硬质点时可适当弯曲变形而缓和冲击，以保护刀刃。

按加工用途不同，常用的刨刀分为直头刨刀和弯头刨刀两种，如图 3.59 所示。直头刨刀受弯曲变形时，刀刃会扎入工件表面，损坏已加工表面和刀尖，故用于粗加工；弯头刨刀在受到较大的切削力时，刀杆弯曲变形可退离工件，刀刃不会扎入工件表面，故用于精加工。

3. 刨削工艺特点

(1) 刨削的主运动是直线往复运动，在空行程时做间歇进给运动。由于刨削过程中无

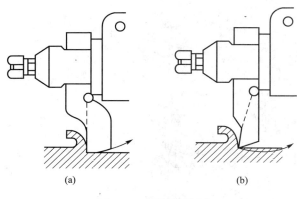

图 3.59 刨刀的类型
(a) 弯头刨刀(用于精加工); (b) 直头刨刀(用于粗加工)

进给运动,因此刀具的切削角不变。

(2) 刨床结构简单,调整和操作都较方便。刨刀为单刃刀具,制造和刃磨较容易,价格低廉。所以,刨削生产成本较低。

(3) 由于刨床主运动是直线往复运动,刀具切入和切离工件时有冲击负载,因此,限制了切削速度的提高,一般切削速度为 17～50m/min,且回程不切削,增加了辅助时间,故刨削的生产率较低。但在龙门刨床上刨削窄长工件表面时生产率则较高。

(4) 刨刀的正确安装与否直接影响工件加工质量。安装时将转盘对准零线,以便准确控制吃刀深度。刀架下端应与转盘底侧基本相对,以增加刀架的刚度。直头刨刀的伸出长度一般为刀杆厚度的 1.5～2 倍。

(5) 刨削的加工精度通常为 IT7～IT9,表面粗糙度 Ra 值为 $12.5～1.6\mu m$。采用宽刃刀精刨时,加工精度可达 IT6,表面粗糙度 Ra 值可达 $0.8～0.2\mu m$。

3.2.7 磨削

磨削是在磨床上使用砂轮对工件进行精加工的常用加工方法之一。磨削可加工外圆、内孔、平面、螺纹、齿轮、花键、导轨和成形面等各种表面,其加工精度可达 IT5～IT6,表面粗糙度 Ra 值一般可达 $0.1\mu m$。磨削尤其适合于加工难以切削的超硬材料(如淬火钢)。

1. 磨床

采用磨料或非金属的磨具(如砂轮、砂带、油石和研磨剂等)对工件表面进行加工的机床称为磨床,是精密加工机床的一种。

磨床的种类很多,按照用途和采用的工艺方法不同,大致可分为以下几类。

(1) 外圆磨床:主要磨削回转表面,包括外圆磨床、无心外圆磨床及万能外圆磨床等。外圆磨床分为普通外圆磨床和万能外圆磨床,在普通外圆磨床上可磨削工件的外圆柱面和外圆锥面,在万能外圆磨床上还能磨削内圆柱面和内圆锥面及端面。外圆磨床的主要参数为最大磨削直径。

(2) 内圆磨床:主要包括内圆磨床、无心内圆磨床及行星内圆磨床等。

(3) 平面磨床:用于磨削各种平面,包括卧轴矩台平面磨床、立轴矩台平面磨床、卧轴圆台平面磨床及立轴圆台平面磨床等。工作台可分为矩形工作台和圆形工作台两种,矩台平面磨床的主要参数为工作台台面宽度,圆台平面磨床的主要参数为工作台台面直径。

(4) 工具磨床:用于磨削各种工具,如样板或卡板等,如工具曲线磨床、钻头沟槽(螺旋槽)磨床、卡板磨床及丝锥沟槽磨床。

(5) 刀具、刃具磨床:用于刃磨各种切削刀具,如万能工具磨床、拉刀刃磨床及滚刀刃磨床等。

（6）专用磨床：专门用于磨削一类零件上的一种表面，如曲轴磨床、凸轮轴磨床、花键轴磨床、活塞环磨床、球轴承套圈沟磨床及滚子轴承套圈滚道磨床等。

（7）研磨机：以研磨剂为切削工具，用于对工件进行光整加工，以获得很高的精度和很小的表面粗糙度的磨床。

（8）其他磨床：包括珩磨机、抛光机、超精加工机床及砂轮机等。

数控磨床如图3.60所示。万能外圆磨床的结构组成如图3.61所示。

图 3.60　数控磨床

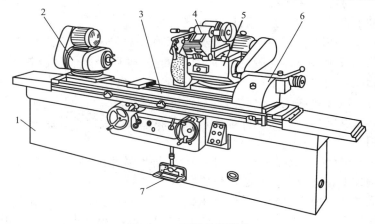

图 3.61　万能外圆磨床
1—床身；2—头架；3—工作台；4—内圆磨具；5—砂轮架（滑鞍）；6—尾座；7—脚操纵板

万能外圆磨床由下列部件组成。

（1）床身：磨床的基础支撑件，用以支撑和定位机床的各个部件。

（2）头架：用于装夹和定位工件并带动工件做自转运动。当头架体旋转一个角度时，可磨削短圆锥面。当头架体做逆时针回转90°时，可磨削小平面。

（3）砂轮架：用以支撑并传动主轴高速旋转，砂轮架装在滑鞍上，当需要磨削短圆锥面时，砂轮架可调至一定的角度位置。

（4）内圆磨具：用于支撑磨内孔的砂轮主轴。内圆磨具主轴由单独的内圆砂轮电动机驱动。

（5）尾座：其上的后顶尖和头架前顶尖一起支撑工件。

（6）工作台：由上工作台和下工作台两部分组成。上工作台可绕下工作台的心轴在水平面内调至某一角度位置，用以磨削锥度较小的长圆锥面。工作台台面上装有头架和尾座，这些部件随着工作台一起，沿床身纵向导轨做纵向往复运动。

（7）滑鞍及横向进给机构：转动横向进给手轮，通过横向进给机构带动滑鞍及砂轮架做横向移动。也可利用液压装置，通过脚操纵板使滑鞍及砂轮架做快速进退或周期性自动切入进给。

2. 砂轮

砂轮是磨削加工中最常用的工具，是由结合剂将磨料颗粒黏结而成的多孔体。砂轮的组成要素主要包括以下几个方面。

(1) 磨料：砂轮中的硬质颗粒。常用的磨料主要是人造磨料，有刚玉、碳化硅、人造金刚石和立方氮化硼(CBN)等。

(2) 粒度：表示磨料颗粒的尺寸大小。磨料的粒度可分为两大类，基本颗粒尺寸大于 $40\mu m$ 的磨料，用机械筛选法来决定粒度号，其粒度号就是该种颗粒正好能通过的筛子的网号。网号就是每英寸(25.4mm)长度上筛孔的数目。因此粒度号越大，颗粒尺寸越小；反之，颗粒尺寸越大。颗粒尺寸小于 $40\mu m$ 的磨料用显微镜分析法来测量。

(3) 结合剂：将磨粒黏合在一起，使砂轮具有必要的形状和强度。结合剂的性能对砂轮的强度、耐冲击性、耐腐蚀性及耐热性有突出的影响，并对磨削表面质量有一定影响。

(4) 硬度：磨粒在磨削力的作用下从砂轮表面脱落的难易程度。砂轮硬即表示磨粒难以脱落；砂轮软，表示磨粒容易脱落。所以，砂轮的硬度主要由结合剂的黏结强度决定，而与磨粒本身的硬度无关。

选用砂轮时，应注意硬度选得适当。若砂轮选得太硬，会使磨钝了的磨粒不能及时脱落，因而产生大量磨削热，造成工件烧伤；若选得太软，会使磨粒脱落得太快而不能充分发挥其切削作用。

(5) 组织：磨粒在砂轮中占有体积的百分数(即磨粒率)。它反映磨粒、结合剂、气孔三者之间的比例关系。磨粒在砂轮总体积中所占的比例大，气孔小，即组织号小，则砂轮的组织紧密；反之，则组织疏松。砂轮上未标出组织号时，即为中等组织。

常见砂轮形状有平形(P)、碗形(BW)、碟形(D)等，砂轮的端面上一般都有标志。从管理和选用方便的角度出发，砂轮参数的表示顺序是形状、尺寸、磨料、粒度号、硬度、组织号、结合剂、线速度。

3. 磨削工艺特点

砂轮在磨削时具有极高的圆周速度，其磨削速度可达 60m/s，为普通刀具切削速度的 10 倍以上。而采用 CBN 砂轮磨削时，磨削速度已高达 120～180m/s。

磨削加工切除单位体积金属所消耗的能量大，而这些能量大部分转化为切削热。砂轮在磨削时除了对工件表面有切削作用外，还有强烈的摩擦，磨削区域的温度可高达 400～1000℃，易引起工件表面退火或烧伤。磨削过程中磨粒切削刃与工件接触点的瞬时温度可达 1000℃以上，砂轮与工件接触区的平均温度通常可达 500～800℃。因此，磨削表面容易产生残余应力，容易造成烧伤和产生裂纹。

砂轮磨料的硬度高，耐热性好，砂轮可以磨削铜、铝、铸铁等较软的金属材料，还可以磨削硬度很高的淬硬钢、高速钢、硬质合金、钛合金和玻璃等金属及非金属材料。因此，磨削能加工一般金属及切削刀具所不能加工的硬材料，如带有不均匀铸、锻硬皮的工件表面，淬硬表面等。

磨削是一种少切屑加工方法，在一次行程中切除的金属量很小，金属切除效率低。但磨削加工能切除极薄极细的切屑，切屑厚度一般只有几微米，故磨削加工有较强的修正误差能力，其经济加工精度高，加工表面粗糙度值小，广泛用于工件的精加工。

3.3 车辆零件热处理工艺

金属热处理是对固态金属或合金采用适当方式加热、保温和冷却,以获得所需的组织结构和性能的加工方法。加热温度的高低、保温时间的长短、冷却速度的快慢,可使钢材产生不同的组织变化。例如,将加热的钢件浸入水中快速冷却(淬火),可提高钢件的硬度。

为使金属钢件具有所需要的力学性能、物理性能和化学性能,除合理选用材料和各种加工成形工艺外,热处理工艺往往是必不可少的。钢铁是机械加工制造过程中应用广泛的材料,钢铁显微组织复杂,可以通过热处理予以控制,所以钢铁的热处理是金属热处理的主要内容。另外,铝、铜、镁、钛等及其合金也都可以通过热处理改变其力学、物理和化学性能,以获得不同的使用性能。

金属热处理是机械制造中的重要工艺之一,与其他加工工艺相比,热处理一般不改变工件的形状和整体的化学成分,而是通过改变工件内部的显微组织,或改变工件表面的化学成分,赋予或改善工件的使用性能,用以改善工件的内在质量。

金属热处理工艺大体可分为整体热处理、表面热处理和化学热处理三大类。根据加热介质、加热温度和冷却方法的不同,每一大类又可区分为若干不同的热处理工艺。同一种金属采用不同的热处理工艺,可获得不同的组织,从而具有不同的性能。

1. 整体热处理

整体热处理是对工件整体加热,然后以适当的速度冷却,获得需要的金相组织,以改变其整体力学性能的金属热处理工艺。钢铁整体热处理一般包括退火、正火、淬火和回火四种基本工艺。

(1)退火是将工件加热到适当温度,根据材料和工件尺寸采用不同的保温时间,然后进行缓慢冷却,目的是使金属内部组织达到或接近平衡状态,获得良好的工艺性能和使用性能,或者为进一步淬火做组织准备。

(2)正火是将工件加热到适宜的温度后在空气中冷却,正火的效果同退火相似,只是得到的组织更细,常用于改善材料的切削性能,有时也用于对一些要求不高的零件作为最终热处理。

(3)淬火是将工件加热保温后,在水、油或其他无机盐、有机水溶液等淬冷介质中快速冷却。淬火后钢件变硬,但同时变脆。

(4)回火是将淬火后的钢件在高于室温而低于650℃的某一适当温度进行长时间的保温,再进行冷却,以降低钢件的脆性。

退火、正火、淬火、回火是整体热处理中的四种基本工艺,其中淬火与回火关系密切,常常配合使用,缺一不可。

这四种基本热处理工艺随着加热温度和冷却方式的不同,又演变出不同的热处理工艺。为了获得一定的强度和韧性,把淬火和高温回火结合起来的工艺,称为调质处理。某些合金淬火形成过饱和固溶体后,将其置于室温或稍高的适当温度下保持较长时间,以提高合金的硬度、强度或电性、磁性等,这样的热处理工艺称为时效处理。时效处理主要用于消除毛坯制造和机械加工中产生的内应力。

把压力加工形变与热处理有效而紧密地结合起来进行,使工件获得很好的强度、韧性配合的方法称为形变热处理。在负压气氛或真空中进行的热处理称为真空热处理,它不仅能使工件不氧化、不脱碳,保持处理后工件表面光洁,提高工件的性能,还可以通入渗剂进行化学热处理。

2. 表面热处理

表面热处理是只加热工件表层,以改变其表层力学性能的金属热处理工艺。为了只加热工件表层而不使过多的热量传入工件内部,使用的热源须具有高的能量密度,即在单位面积的工件上给予较大的热能,使工件表层或局部能短时或瞬时达到高温。表面热处理的主要方法有火焰淬火和感应加热热处理,常用的热源有氧乙炔或氧丙烷等火焰、感应电流、激光和电子束等。

3. 化学热处理

化学热处理是改变工件表层化学成分、组织和性能的金属热处理工艺。化学热处理与表面热处理的不同之处是前者改变了工件表层的化学成分。化学热处理是将工件放在含碳、氮或其他合金元素的介质(气体、液体、固体)中加热,保温较长时间,从而使工件表层渗入碳、氮、硼和铬等元素的处理工艺。渗入元素后,有时还要进行其他热处理工艺,如淬火及回火。化学热处理的主要方法有渗碳、渗氮、渗金属。有很多车辆零件,既要保留心部的韧性,又要改变表面的组织以提高硬度,就需要采用表面高频淬火或渗碳、氮化等热处理工艺。

渗碳淬火适用于低碳钢和低合金钢,先提高零件表面的含碳量,经淬火后使表层获得高的硬度,而心部仍保持一定的强度和较高的韧性和塑性。渗碳分整体渗碳和局部渗碳。局部渗碳时对不渗碳部分要采取防渗措施(镀铜或镀防渗材料)。由于渗碳淬火变形大,且渗碳深度一般为0.5~2mm,所以渗碳工序一般安排在半精加工和精加工之间。

渗氮是使氮原子渗入金属表面获得一层含氮化合物的处理方法。渗氮层可以提高零件表面的硬度、耐磨性、疲劳强度和耐蚀性。由于渗氮处理温度较低、变形小、渗氮层较薄(一般不超过0.6~0.7mm),渗氮工序应尽量靠后安排,为减小渗氮时的变形,在切削后一般需进行消除应力的高温回火。

热处理是机械零件和工模具制造过程中的重要工序之一,它可以保证和提高工件的各种性能,如耐磨性、耐腐蚀性等,还可以改善毛坯的组织和应力状态,以利于进行各种冷、热加工。

思考题

1. 车辆毛坯成形制造工艺的种类有哪些?
2. 简述铸造工艺过程。如何选择工艺参数?
3. 锻造工艺的特点有哪些?如何分类?分析铸件的结构工艺性。
4. 分析常见焊接工艺特点及方法的选择。
5. 说明车削工艺特点、车床类型和结构。
6. 叙述钻头的种类及钻削工艺特点。
7. 说明铰刀的结构及组成。
8. 铣床是如何分类的?铣刀有哪些种类?
9. 说明镗床的分类和结构、镗刀的种类和镗削工艺特点。
10. 刨床是如何分类的?刨刀的种类有哪些?
11. 说明磨床的种类和磨削工艺特点。

第 4 章 车辆零件的机械加工质量

本章教学目标

掌握机械加工精度的概念、主要内容及机械加工表面质量的组成；
了解零件对加工精度的要求、加工精度的获得方法；
掌握工艺系统误差对加工精度的影响与控制；
掌握加工过程对加工精度的影响与控制；
掌握加工误差的统计分析方法；
了解表面质量与汽车零件性能的影响；
掌握加工工艺系统对零件表面粗糙度的影响与控制；
掌握加工工艺系统对零件表面层物理力学性能的影响与控制。

本章教学要点

知识要点	掌握程度	相关知识
机械加工精度 机械加工表面质量	掌握机械加工精度的概念及主要内容 掌握机械加工表面质量的组成	机械加工精度的概念、内容 机械加工表面质量的组成
加工精度的获得	了解加工精度的获得方法	尺寸精度、形状精度和位置精度的获得方法
工艺系统误差对加工精度的影响与控制	掌握工艺系统误差对加工精度的影响与控制方法	工艺系统误差对尺寸精度、形状精度和位置精度的影响与控制
加工过程对加工精度的影响与控制	掌握加工过程对加工精度的影响与控制	工艺系统受力变形、热变形、磨损和内应力对加工精度的影响与控制
加工误差的统计分析	掌握加工误差的统计分析方法	加工误差的实际分布图 加工误差的理论分布图 利用加工误差分布图、点图分析加工工艺
加工工艺系统对零件表面粗糙度的影响与控制	掌握加工工艺系统对零件表面粗糙度的影响与控制	加工工艺系统（如几何因素、物理因素和振动）对零件表面粗糙度的影响与控制
加工工艺系统对零件表面层物理力学性能的影响与控制	掌握加工工艺系统对零件表面层物理力学性能的影响与控制	加工工艺系统对零件表面层物理力学性能（如表面层的冷作硬化、表面层的金相组织变化、表面层的残余应力）的影响与控制

导入案例

现代汽车制造中，普遍采用车身制造综合误差指数(Continuous Improvement Indicator, CII)来控制车身制造质量，即"2mm 工程"。这一误差指数不是车身制造质量测量数据的实际偏差，而是对车身制造尺寸稳定性指标的综合评价，不但可以应用于整车制造，而且可以应用于零部件制造。"2mm 工程"应用于汽车工业不仅可以实现经济的汽车制造，同时也是一个国家制造技术水平的综合反映。

汽车制造企业在实施"2mm 工程"过程中，汽车车身的匹配一直是主要影响因素，如果车身匹配精度超过规定值，就会影响汽车制造质量、生产节拍和产品成本。汽车车身匹配误差主要涉及车身设计质量、焊接夹具、焊接变形量和车身零部件精度及操作过程等方面原因，必须采取相应措施进行有效控制。两车 A 柱连接位置接缝对比如图 4.1 所示。

图 4.1 两车 A 柱连接位置接缝对比

"2mm 工程"的本质是建立以数据为基础的制造质量控制体系，通过对制造数据建模进行分析来识别车身制造尺寸偏差源，保证车身制造工艺的稳定性，最终提高整车的配合精度。

4.1 概 述

影响车辆产品质量的主要因素包括：零件的材料、零件的加工制造、产品的装配与调试等。其中，零件加工质量是影响车辆产品工作性能、使用寿命和可靠性等的重要质量指标，是保证产品质量的基础。任何机械产品的质量总是与组成产品的零件加工质量和产品的装配质量直接相关的。

机械零件加工质量有两大指标，分别为机械加工精度和机械加工表面质量。

4.1.1 机械加工精度

机械加工精度的研究目的是针对加工系统中各种误差，掌握其变化的基本规律，分析工艺系统中各种误差与加工精度之间的关系，寻求提高加工精度的途径，以保证零件的机械加工质量。

加工精度是指零件加工后的实际几何参数(如尺寸、形状和位置)与理想几何参数的符合程度。符合程度越高，加工精度越高。一般机械加工精度是在零件图上给定的，主要包括如下内容。

(1) 尺寸精度：加工后零件的实际尺寸与零件理想尺寸相符的程度。

(2) 形状精度：加工后零件的实际形状与零件理想形状相符的程度。

(3) 位置精度：加工后零件的实际位置与零件理想位置相符的程度。

实际加工不可能做得与理想零件完全一致，总会有大小不同的偏差，零件加工后的实际几何参数对理想几何参数的偏离程度，称为加工误差。加工误差的大小表示了加工精度的高低。生产实际中用控制加工误差的方法来保证加工精度。

经济加工精度包括加工尺寸经济精度和加工表面形状、位置经济精度。其含义是在正常加工条件下（如采用符合质量标准的设备、工艺装备和标准技术等级工人，不延长加工时间等），该加工方法所能保证的加工精度。

4.1.2 机械加工表面质量

机械加工表面质量又称表面完整性，主要包括两方面的内容。

1. 表面层的几何形状特征

表面层的几何形状特征如图4.2所示，主要由以下几部分组成。

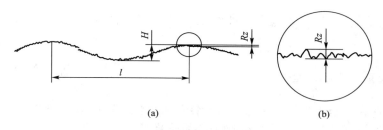

图4.2 表面粗糙度和表面波度
（a）波度；（b）表面粗糙度

（1）表面粗糙度：加工表面上较小间距和峰谷所组成的微观几何形状特征，即加工表面的微观几何形状误差，其评定参数主要有轮廓算术平均偏差 Ra 或轮廓微观不平度十点平均高度 Rz。

（2）表面波度：介于宏观形状误差与微观表面粗糙度之间的周期性形状误差，它主要是由机械加工过程中的低频振动引起的，应作为工艺缺陷设法消除。

（3）表面加工纹理：表面切削加工刀纹的形状和方向，取决于表面形成过程中所采用的机械加工工艺及切削运动的规律。

2. 表面层物理力学性能的变化

表面层的物理力学性能包括表面层的加工硬化、表面层的金相组织变化和表面层残余应力。机械零件在加工中由于受切削力和切削热的综合作用，表面层金属的物理力学性能相对于基本金属的物理力学性能发生了变化。零件表面层性质沿深度方向上的变化如图4.3所示，最外层生成有氧化膜或其他化合物，并吸收、渗进气体粒子，称为吸附层。吸附层下是压缩层，是由于切削力的作用形成的塑性变形区，其上部是由于刀具的挤压摩擦而产生的纤维层。切削热的作用也会使工件表面层材料产生相变及

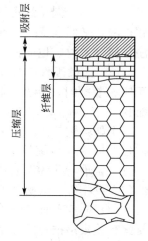

图4.3 加工表面层性质变化

晶粒大小变化。

(1) 表面层的加工硬化。表面层的加工硬化一般用硬化层的深度和硬化程度 N 来评定。

$$N = \frac{H - H_0}{H_0} \times 100\% \tag{4-1}$$

式中　H——加工后表面层的显微硬度；

　　　H_0——原材料的显微硬度。

(2) 表面层金相组织的变化。在加工过程(特别是磨削)中的高温作用下，工件表面层温度升高，当温度超过材料的相变临界点时，就会产生金相组织的变化，大大降低零件的使用性能。这种变化包括晶粒大小、形状、析出物和再结晶等。

(3) 表面层残余应力。在加工过程中，由于塑性变形、金相组织的变化和温度造成的体积变化的影响，表面层会产生残余应力。目前对残余应力的判断大多是定性的，它对零件使用性能的影响大小取决于它的方向、大小、和分布状况。

4.2　零件机械加工精度

4.2.1　零件对加工精度的要求

对于汽车而言，整车性能、寿命、安全性和可靠性等，在很大程度上取决于零件的加工精度、表面质量和装配质量是否达到了产品图样所规定的要求。而汽车制造通常是大批、大量生产的，出于使用维护方便和生产节奏的要求，汽车整车及部件多采用互换法或分组互换法装配，以零件的加工精度来保证装配精度，从而保证汽车各项性能指标的要求和维修配件的互换要求。

对加工精度较高的零件，在机械加工中要考虑以下几个方面的问题。

(1) 加工中的形状误差应小于位置误差，位置误差应小于尺寸误差。对于一般机械加工，几何形状误差约占尺寸误差的1/3。例如，过大的圆度误差就很难得到准确的直径尺寸；两个平面本身的平面误差很大，就很难获得它们之间的平行度或垂直度。即使在未标注几何公差时，也应控制几何公差在尺寸公差之内。

(2) 整批工件的加工误差应接近正态分布。这是为了在整批工件合格的前提下，用互换法装配时，能获得良好的装配效果；用分组互换法装配时，保证装配中零件都能配套。

例如，轴与孔配合，就不希望出现极大值孔与极小值轴或相反的配合(尽管其尺寸都在公差带内)，而希望大量出现平均值附近的轴与孔的配合，以便大量获得理想的间隙或过盈。若轴与孔的尺寸均为正态分布，即可达到这个目的。分组装配时，为使对应组的零件数大致相等，就必须要求轴与孔的尺寸遵从同一分布规律。

(3) 对经济加工精度的要求需保守一级。按零件精度和粗糙度要求确定加工方法时，要比有关表格推荐的经济加工精度保守一个等级。例如，对公差等级为IT7的表面进行加工，要按IT6来确定加工方法。或者说，月能达到IT6的加工方法来加工IT7的表面。对粗糙度的获得方法也可这样考虑。

这主要是因为车辆零件的制造多采用调整法加工，即在一次对刀后，按规定的单件时间加工一批工件，工件的加工精度只能由工艺系统自身的运行而获得。

（4）正确确定基准不重合的工序尺寸和公差及中间工序尺寸的公差要求。在车辆零件的装卸加工中，常采用工序集中的高效组合机床或自动线加工，不可避免地由于要用同一基准定位，出现定位基准与设计基准不重合的工序尺寸。表面看这类工序尺寸不是零件图所标注的尺寸，实际上，它们将与其他工序一起通过尺寸链转换来共同保证设计尺寸。参照各工序所能达到的经济加工精度，合理确定这类工序尺寸的公差，才能间接保证设计尺寸的要求。

4.2.2 加工精度的获得

1. 尺寸精度的获得方法

机械加工中获得零件尺寸精度的方法有试切法、定尺寸刀具法、调整法和自动控制法。

（1）试切法：先在工件加工表面上试切一小部分，测量试切所达到的尺寸，按加工要求做适当调整。再试切、再测量，如此反复，当试切尺寸达到要求时，按最后试切的位置切削整个待加工表面。这种方法加工精度不稳定，生存率低，其加工精度取决于操作者的技术水平，通常只适用于单件小批生产。

（2）定尺寸刀具法：用具有一定尺寸精度的刀具来保证工件被加工部位的尺寸，如钻孔、铰孔、拉孔和攻螺纹等。这种方法通常应用于零件的内表面加工。

（3）调整法：按工件规定的尺寸，调整好刀具和工件在机床上的相对位置，并在一批零件的加工过程中保持这个相对位置不变。刀具和工件的相对位置，多用定程机构和对刀装置等进行调整，如行程开关、定程挡块、样件、样板、对刀块等。用这种方法加工的工件的尺寸是在一次调整后得到的，因此工件的尺寸稳定性好，生产率高。

（4）自动控制法：利用测量装置、进给装置和控制系统，使工件在加工过程中自动测量、进给、补偿，当工件达到要求的尺寸时，自动停止加工。具体方法有自动测量和数字控制等。这种方法在自动加工机床和生产自动线上广泛应用，生产率高，工件的尺寸精度易于保证。

2. 形状精度的获得方法

机械加工中获得零件几何形状精度的方法有轨迹法、成形法和展成法。

（1）轨迹法：利用切削运动中刀具刀尖的运动轨迹，形成工件被加工表面形状的方法。例如，工件外圆车削加工中，工件做旋转主运动，刀具做轴向进给运动，刀尖相对于工件的运动轨迹即形成了工件的外圆表面。

（2）成形法：利用成形刀具切削刃的几何形状切削出工件形状的方法。这种加工方法中，工件的形状精度与切削刃的形状精度和刀具的安装精度有关。

（3）展成法：利用刀具和工件做展成切削运动时，切削刃在被加工表面上的包络面形成工件加工表面的方法。这种加工方法中，工件的形状精度与机床展成运动中的传动链精度有关。

3. 位置精度的获得方法

机械加工中，零件表面的相互位置精度主要取决于在装夹中工件的定位方式。按生产批量、加工精度要求和工件大小不同，工件的安装方式主要有两种。

(1) 一次装夹获得法：零件有关表面间的位置精度是直接在工件的同一次装夹中，由各有关刀具相对工件的成形运动之间的位置关系保证的。例如，轴类零件外圆与端面、端台的垂直度，箱体孔系加工中各孔之间的同轴度、平行度和垂直度等，均可采用一次装夹获得法。

(2) 多次装夹获得法：零件有关表面间的位置精度是由刀具相对工件的成形运动与工件定位基准面（也是工件在前几次装夹时的加工面）之间的位置关系保证的。例如，轴类零件上的键槽对外圆表面的对称度，箱体平面与平面之间的平行度、垂直度，箱体孔与平面之间的平行度和垂直度等，均可采用多次装夹获得法。在多次装夹获得法中，又可根据工件的不同装夹方式划分为直接装夹法、找正装夹法和夹具装夹法。

4.2.3 工艺系统误差对加工精度的影响与控制

由于产生影响零件加工精度的工艺系统误差的因素很多，下面重点对零件尺寸精度、形状精度和位置精度的影响进行分析。

1. 工艺系统误差对尺寸精度的影响与控制

在机械加工中，虽然获得尺寸精度的方法有试切法、调整法、尺寸刀具法和自动控制法4种，但对调整法和尺寸刀具法进行分析时，则发现调整法所依据的试切工件或标准样件的尺寸和尺寸刀具法所使用刀具的尺寸都是靠试切法加工获得的。而自动控制法的实质就是试切法加工的自动化，它的基础也是试切法。因此，分析影响获得尺寸精度的因素，从根本上来说主要是分析影响试切法精度的因素。此外，采用调整法加工获得一批零件尺寸精度时，还应分析影响这一批零件尺寸精度的其他因素。为此，影响零件获得尺寸精度的因素主要包括以下几方面。

(1) 尺寸测量精度：试切法加工时，对工件试切尺寸的测量精度。

(2) 微量进给精度：试切法加工时，机床进刀机构的微量进给精度。

(3) 微薄切削层的极限厚度：试切法加工时，能切下微薄切削层的最小厚度。

(4) 定位和调整精度：调整法加工时，工件的定位及刀具的调整精度。

1) 尺寸测量精度

零件尺寸精度的获得，往往首先受到尺寸测量精度的限制。例如，利用光波干涉原理将被测尺寸与激光光波波长相比较，其测量精度可达 $0.01\mu m$。这种光波干涉测量法主要用于实体基准（如精密量块和精密刻度尺）的测量。对一般机器的零件尺寸，则主要采用万能量具、量仪进行测量。

(1) 尺寸测量方法。在机械加工中，常采用如下几种测量方法。

① 绝对测量和直接测量：测量示值直接表示被测尺寸的实际值，如用游标卡尺、百分尺、千分尺和测长仪等具有刻度尺的量具或量仪测量零件尺寸的方法。

② 相对测量：测量示值只反映被测尺寸相对于某个定值基准的偏差值，而被测尺寸的实际值等于基准与偏差值的代数和，如在具有小范围细分刻线尺或表头的各种测微仪、比较仪上，用精密量块调零后再测零件尺寸的方法。

③ 间接测量：测量示值只是与被测尺寸有关的一些尺寸或几何参数，测出后还必须再按它们之间的函数关系计算出被测零件的尺寸。例如，采用三针和百分尺测量螺纹中

径,采用弓高弦长规测量非整圆样板或大尺寸圆弧直径等。

(2) 影响尺寸测量精度的主要因素。采用上述几种尺寸测量方法对零件尺寸进行测量,从其测量过程、测量条件及使用的测量工具来看,影响尺寸测量精度的主要因素有如下几个方面。

① 测量工具本身精度的影响。在对零件尺寸进行测量时,由于使用的测量工具不可能制造得绝对准确,因而测量工具的精度必然对被测零件尺寸的测量精度产生直接的影响。测量工具精度主要是由示值误差、示值稳定性、回程误差和灵敏度等四个方面综合起来的极限误差(测量工具可能产生的最大测量误差)表示的。各种常用测量工具的极限误差值可以从各种测量工具的使用说明书中查出。

② 测量过程中测量部位、目测或估计不准的影响。在对零件尺寸进行测量的过程中,测量者的视力、判断能力和测量经验都会影响尺寸测量精度。当采用卡钳、游标卡尺或百分尺测量轴颈或孔径尺寸时,往往由于测量的部位不准确而造成测量误差。随着被测工件的尺寸增大,造成的测量误差也增大。因此,在测量大尺寸的轴颈或孔径时,应特别注意保持正确的测量部位。

此外,在测量过程中目测刻度值时,往往由于观测方向不垂直而产生斜视的测量误差,这种测量误差有时甚至大到半格之多。在精密测量时,若量仪指针停留在两条示值刻线之间,就要求用目测来估计指针移过刻线的小数部分,因而也会产生目测估计不准的误差。

③ 测量过程中所使用的对比标准、其他测量工具的精度及数学运算精度的影响。当采用相对测量或间接测量时,还应考虑所使用的对比标准、其他测量工具的精度及数学运算的精度等影响因素。当采用机械式测微仪和精密量块测量工件直径、用千分尺和三针测量精密螺纹中径、通过弓高弦长规测量计算非整圆样板直径时,所使用的精密量块、三针、弓高弦长规的精度及有关数学运算的精度,都对测量精度有所影响。

④ 单次测量判断不准的影响。尺寸测量精度的高低是由测量误差来衡量的,而测量误差的大小则以测量值与实际值之差表示。

在对零件尺寸进行测量时,若只根据一次测量的数据来确定被测尺寸的大小,则由于一次测量结果的随机性,不能更准确地判断其值与实际值的接近程度。

(3) 尺寸测量精度的控制。

① 选择的测量工具或测量方法应尽可能符合"阿贝原则"。"阿贝原则"是指零件上的被测线应与测量工具上的测量线重合或在其延长线上。例如,常用的千分尺、测深尺、立式测长仪和万能测长仪等测量时是符合"阿贝原则"的,而游标卡尺及各种工具显微镜的测量则不符合"阿贝原则"。采用的测量工具不符合"阿贝原则",则存在较大的测量误差。如图 4.4 所示,采用游标卡尺测量一个小轴直径尺寸 d,比采用千分尺测量存在较大的测量误差。下面分析测头移动时,由于配合间隙产生相同的倾斜角 φ 而引起的测量误差。

采用游标卡尺测量时的测量误差如图 4.4(a)所示。

$$\Delta_{测1} = l_1 \tan\varphi \approx l_1 \varphi$$

当 $l_1 = 15\text{mm}$, $\varphi = 1' = 0.00029$ 时

$$\Delta_{测1} = 15 \times 0.00029 = 0.00435\text{mm}$$

采用千分尺测量时的测量误差如图 4.4(b)所示。

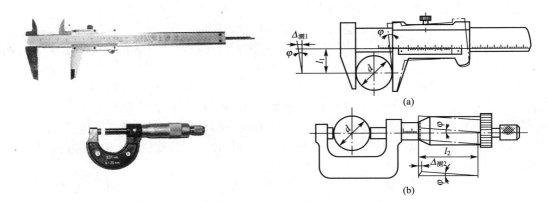

图 4.4 游标卡尺和百分尺的测量误差
（a）游标卡尺；（b）百分尺

$$\Delta_{测2} = l_2 - l_2\cos\varphi \approx \frac{l_2}{2}\varphi^2$$

当 $l_2 = 40\text{mm}$，$\varphi = 1' = 0.00029$ 时

$$\Delta_{测2} = \frac{40}{2} \times (0.00029)^2 = 0.0000017\text{mm}$$

$$\Delta_{测1}/\Delta_{测2} = 0.00435/0.0000017 \approx 2559$$

可见 $\Delta_{测1}$ 约为 $\Delta_{测2}$ 的 2559 倍。

② 合理选择测量工具及测量方法。由于在进行尺寸测量过程中所使用的各种量具、量仪、长度基准件和其他测量工具等都是按一定的公差制造的，因此在应用时也必然有它们相应的精度范围。在对零件尺寸进行测量之前，首先应了解所采用的各种测量工具或测量方法所能达到的测量精度，然后再根据被测零件的尺寸精度，合理地选取相应精度的测量工具和测量方法。

由于在进行尺寸测量过程中存在测量误差，因此在测量有尺寸精度要求的零件时，就必须解决测量误差与零件制造公差之间的精度合理分配问题。

从保证零件的加工精度的角度出发，要求由制造公差和测量误差组成的保证公差，应严格地限制在零件的尺寸公差范围之内。

③ 合理使用测量工具。相对测量时，对千分尺类的量仪，最好使用其线性关系较好的标准段对零件尺寸进行测量。机械式测量仪，由于其传动结构有原理性误差，最好使用示值为零附近非线性误差较小的那一段量程对零件尺寸进行测量。若选用机械式测微仪，为了减少原理误差的影响，最好选用量程等于或大于被测零件尺寸公差两倍的量仪。

采用具有示值误差校正值的量具或量仪进行测量，这时可以通过消除所使用测量工具本身的系统误差（即量具的示值误差）提高测量精度。

④ 采用多次重复测量。对被测零件尺寸进行多次重复测量，然后对被测量数据进行处理，就可以得到较接近于被测零件尺寸真值的测量结果。

当对一个被测零件尺寸进行多次重复测量时，在只有单纯的随机误差因素影响下，其大量测得值的算数平均值就非常趋近其真值。

2) 微量进给精度

(1) 微量进给方法。在机床上实现微量进给的方法,大多是通过一套减速机构实现的,如图 4.5 所示的蜗轮蜗杆、行星齿轮或棘轮棘爪等减速装置,均可获得微小的进给量。

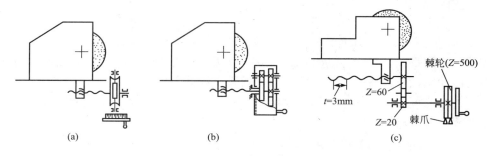

图 4.5　微量进给机构
(a) 蜗轮蜗杆;(b) 行星齿轮;(c) 棘轮棘爪

对于各种机械减速的微量进给机构,从传动的角度看,进给手轮转动一小格使工作台进给移动 1μm 或更小的数值是很容易的。但在实际进行的低速微量进给过程中,常常会出现如图 4.6(a) 所示的现象。即当开始转动进给手轮时,只是消除了进给机构的内部间隙,工作台并没有移动。再将进给手轮转动一下,工作台可能还不移动,直到进给手轮转动到某一个角度,工作台才开始移动。但此刻工作台往往一下突然移动一个较大的距离,而后,又处于停滞不动的状态。这种在进给手轮低速微量转动过程中,工作台由不动到移动,再由移动到停滞不动的反复过程,称之为跃进(或爬行)现象。图 4.6(b) 所示即为一个进给刀架的实测结果。

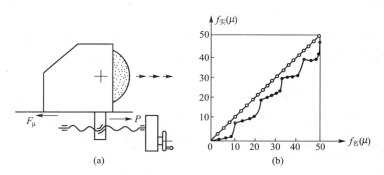

图 4.6　低速微量进给时的跃进现象

(2) 微量进给精度的影响因素。影响微量进给精度的根本原因在于进给机构中各相互运动的零件表面之间存在着摩擦力,其中主要的是进给系统的最后环节,即机床工作台与导轨之间的摩擦力。这些摩擦力在开始转动进给手轮时就阻止工作台移动,并促使整个进给机构产生相应的弹性变形。随着进一步转动进给手轮,进给机构的弹性变形程度和相应产生的弹性驱动力逐渐增大,当其值达到能克服工作台与床身导轨之间的静摩擦力时,工作台便开始进给移动了。工作台一开始移动,相互运动表面由静摩擦状态变为动摩擦状态,这时由于摩擦因数下降,使工作台产生一个加速度,因而工作台就会移动一个较大的距离。当工作台移动一定距离后,又会因动摩擦力大于逐渐由于弹性恢复而减小的弹性驱动力而暂时停止下来，又恢复到静止不动的状态。这样周而复始地进行，即出现了跃进现象。

在低速微量进给过程中，跃进现象的产生与整个进给机构的传动刚度、工作台质量和静、动摩擦因数有关。

(3) 微量进给精度的控制。

① 提高进给机构的传动刚度。在进给机构结构允许的条件下，可以适当增大进给机构中传动丝杠的直径，缩短传动丝杠的长度，以减少在进给传动时的受力变形。设计进给机构中的传动丝杠，若按一般的强度、磨损等条件计算，所需直径尺寸往往很小，以至刚度较低。为此，可适当地加大直径尺寸，一般可参考下述经验公式进行计算。

$$d_2 = 1.5\sqrt{L} \qquad (4-2)$$

式中　d_2——传动丝杠的螺纹中径(mm)；
　　　L——传动丝杠的长度(mm)。

尽量消除进给机构中各传动元件之间的间隙，特别是最后传动环节——丝杠和螺母之间的间隙。尽量缩短进给机构的传动链。为了提高微量进给精度，还可以采用传动链极短的高刚度无间隙的微量进给机构。这类微量进给机构是利用某些金属材料在磁场、电压、温度和负荷等物理因素作用下，其长度发生变化的性质设计的，磁致伸缩微量进给机构就是其中的一种。

② 减少进给机构各传动副之间的摩擦力和静、动摩擦因数的差值。采用滚珠丝杠螺母和滚动导轨结构，变滑动摩擦为滚动摩擦，由于滚动摩擦因数很小，几乎不随速度的提高而减小，故可显著提高微量进给精度。

采用静压螺母和导轨，可使各滑动副表面之间保持着一定压力的油膜层，变固体摩擦为液体摩擦，这样可以显著降低静、动摩擦因数并使它们数值相近，从而提高微量进给精度。

理想的导轨材料应是摩擦因数小、动摩擦因数无下降特性的材料。聚四氟乙烯塑料的静摩擦因数很小（$\mu_0 = 0.04$ 左右），且动摩擦因数几乎无下降特性，因而是一种较理想的滑动导轨材料。

③ 合理布置进给机构中传动丝杠的位置。在机床进给机构的设计中，还必须合理布置进给丝杠的位置，否则会由于扭侧力矩的作用，使工作台与床身导轨搭角接触，从而增加摩擦阻力，影响进给精度，严重时甚至可能造成"卡死"现象。

3) 微薄切削层的极限厚度

在机械加工中，实现微薄切削的加工方法有如下几种。

(1) 精密车削：主要用于有色金属及其合金、未淬硬钢和铸铁的加工。

(2) 精密磨削：主要用于黑色金属，特别是淬硬钢的加工。

(3) 研磨及超精加工：主要用于黑色金属、各种合金钢和淬硬钢的加工。

无论是采用精密车削、精密磨削、研磨及超精加工等哪种加工方法，加工时所能切下金属层的最小极限厚度主要取决于刀具或磨粒的刃口半径。在机械加工中，所使用的刀具或砂轮能切下的金属层的实际厚度，总是与理论的切削层厚度不同。每次行程切削后，总是留有一层极薄的金属层切不下来，这一金属层的厚度就是影响尺寸精度的极限厚度。

极限厚度的控制措施可以通过选择切削刃口半径小的刀具材料或磨料，并对刀具刃口进行精细研磨，以及提高刀具刚度的方法。

对于磨削、研磨加工使用的砂轮或磨料，主要应尽量选取粒度号大的细磨粒，利用刃口半径非常小的磨粒进行相应的微薄切削层的磨削加工。

对于切削加工，主要是尽可能减小所使用刀具的切削刃口半径。刀具切削刃口半径的大小主要与刀具材料和刃磨方法有关。在刀具楔角相同的条件下，选用碳素工具钢刀具可获得比高速钢和硬质合金刀具小的切削刃口半径。为了得到更小的切削刃口半径，还可使用金刚石刀具。在相同的刀具材料下，对刀具切削刃口进行一般刃磨后再进行研磨，可获得较小的切削刃口半径。若想获得更小的刀具切削刃口半径，则还需要在一般研磨的基础上再进行精密研磨。

为了实现微薄切削，必须提高整个工艺系统的刚度，而其中所使用刀具的刚度又是一个关键的环节，可以采取提高刀具淬火硬度的办法来提高其刚度。例如，精车精密丝杠螺纹，采用淬硬后硬度为 68HRC 以上的高速钢车刀，经过精细研磨后，切下来的切削层厚度可达 0.004mm。

4) 定位和调整精度

在加工一批零件的过程中，若有尺寸精度和位置精度的要求，为了提高生产率，可采用调整法在工件的一次装夹或多次装夹中获得。这时，这一批零件加工后的尺寸精度还取决于工件的定位和刀具的调整精度。

对一批零件来说，无论是加工表面本身尺寸，还是加工表面之间的位置尺寸，若想获得其精度都需要解决刀具的调整精度问题。当采用一把刀具加工时，主要是调整刀具相对工件的准确位置；当同时采用几把刀具加工时，则还需要调整刀具与刀具之间的准确位置。

(1) 刀具调整方法和影响刀具调整精度的主要因素。常采用的刀具调整方法主要有按标准样件或对刀块（导套）调整刀具，以及按试切一个工件后的实测尺寸调整刀具两种方法。

当采用标准样件或对刀块（导套）调整刀具时，影响刀具调整精度的主要因素有标准样件本身的尺寸精度、对刀块（导套）相对工件定位基准之间的尺寸精度、刀具调整时的目测精度、切削加工时刀具相对工件加工表面的弹性退让和行程挡块的受力变形等。

当采用按试切一个工件后的实测尺寸调整刀具时，虽可避免上述一些因素的影响，提高刀具的调整精度，但对于一批工件，可能导致由于进给机构的重复定位误差和按试切一个工件尺寸调整刀具的不确定性，引起加工后这一批零件尺寸分布中心位置的偏离。

(2) 提高刀具调整精度的措施。提高刀具调整精度的措施可以通过提高进给机构的重复定位精度和提高一批工件尺寸分布中心位置判断的准确性的方法保证。

对机床上的进给机构进行重复定位，可采用行程挡块或量仪。当采用行程挡块时，进给机构的重复定位精度主要与行程挡块的刚度有关。一般情况下，采用刚性挡块，其重复定位精度可达 0.01~0.05mm。行程挡块刚度较低时，其重复定位精度仅能达到 0.10~0.30mm。因此，当采用行程挡块刚度较低时，必须尽量提高行程挡块本身的刚度及其接触刚度。为进一步提高进给机构的重复定位精度，还可采用万能量仪（如百分表或千分比较仪）实现。

为了进一步提高对一批工件尺寸分布中心位置判断的准确性，可采取多试切几个工件的办法。例如，按提高尺寸测量精度的多次重复测量原理，采取按试切一组 n 个工件的平均尺寸调整刀具的办法，就可进一步提高对一批工件尺寸分布中心位置判断的准确性。

2. 工艺系统误差对形状精度的影响与控制

在机械加工中,获得零件加工表面形状精度的基本方法是成形运动法,当零件形状精度要求超过现有机床设备所能提供的成形运动精度时,还可采用非成形运动法。

虽然组成零件的几何形面的种类很多,但就其加工时所采用的成形运动来看,不外乎是由回转运动和直线运动这两种最基本的运动形式所形成。在加工中,要想获得准确的表面形状,就要求各成形运动本身及它们之间的关系均应准确。例如,加工圆柱面时,不仅要求回转运动和直线运动本身准确,还要求它们之间具有准确的相互位置关系——直线运动与回转运动轴线平行。当加工螺旋面或渐开线齿面时,除了要求各成形运动本身和它们之间的相互位置关系准确外,还要求有关成形运动之间具有准确的速度关系。采用成形刀具加工时,还与成形刀具的制造安装精度有关。因此,采用成形运动法获得零件表面形状,影响其精度的因素主要包括以下几方面。

(1) 各成形运动本身的精度。
(2) 各成形运动之间的相互位置关系的精度。
(3) 各成形运动之间的速度关系的精度。
(4) 成形刀具的制造和安装的精度。

采用非成形运动法获得零件加工表面形状,影响其精度的主要因素是对零件加工表面形状的检测精度。

1) 各成形运动本身的精度

(1) 回转运动精度。准确的回转运动,主要取决于在加工过程中其回转中心相对刀具(或工件)的位置始终不变。当在机床上通过主轴部件夹持工件(或刀具)进行加工时,其回转运动精度则主要取决于机床主轴的回转精度。

机床主轴做回转运动时,主轴的各个截面必然有它的回转中心。理想的回转中心在空间相对刀具(或工件)的位置是固定不变的,如图 4.7(a)所示。在主轴的任一截面上,主轴回转时若只有一点 O 的速度始终为零,则这一点 O 即为理想的回转中心。但在主轴的实际回转过程中,理想的回转中心是不存在的,而是存在着一个其位置时刻变动的回转中心,如图 4.7(b)中的 O_1 点,此中心称为瞬时回转中心。

机床主轴回转精度的高低,主要是以在规定测量截面内,主轴一转或数转内,各瞬时回转中心相对其平均位置的变动范围来衡量,如图 4.7(c)所示。这个变动范围越小,则主轴回转精度越高。

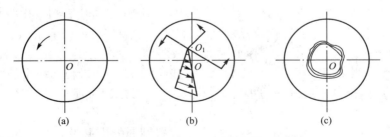

图 4.7 主轴回转中心与主轴回转精度

提高回转精度可从提高零件加工时所使用机床主轴的回转精度和保证零件加工时的回转精度两个方面入手。

① 提高机床主轴回转精度的主要措施。在主轴部件上采用精密滚动轴承,并通过预加载荷的方法消除轴承间隙,这不仅消除了轴承间隙的影响,而且还可以提高主轴轴承刚度,使主轴回转精度进一步提高。

在装配轴承时,可通过先试装调整所需间隙或过盈,并测好此时轴承端面与主轴的轴向间隙,再根据实测的间隙配磨调整垫圈,装上此垫圈后即可达到预定的装配间隙或过盈。

为进一步提高主轴回转精度,在很多精密机床的主轴部件上采用静压轴承结构,这种结构具有主轴刚度高、回转精度高、轴承的加工工艺性好等特点。

空气静压轴承还具有不发热、压缩空气不需要回收处理和结构简单等优点,故更适于在轻载的精密机床主轴上采用。

② 保证零件加工时回转精度的主要措施。为保证零件加工时的瞬时回转轴线不变,对轴类零件可采用两个固定顶尖定位的加工方案。零件在加工过程中,由于始终围绕两个固定顶尖的连线转动,故可加工出圆度很高的外圆表面。采用两个固定顶尖定位,此方法很早以前就被采用了,但目前仍是获得高回转精度的主要方法,并且被广泛应用于检验仪器和精密机床的结构中。

为保证零件在加工时的回转精度,还必须保证两个固定顶尖、零件上的两个顶尖孔本身的精度和它们之间的位置精度。

对于小直径尺寸的零件,由于采用了圆弧母线顶尖孔,就可以使两个具有同轴度误差的顶尖孔零件在加工回转时,顶尖孔与固定顶尖接触面积变化不大,从而保证了零件在加工时的回转精度。对未淬硬的零件采用短圆锥顶尖孔结构,则可在零件加工前,通过两个硬质合金顶尖,对其进行挤压磨合,进一步提高两个顶尖孔的同轴度及其与固定顶尖的接触精度。

(2) 直线运动精度。准确的直线运动主要取决于机床导轨的精度及其与工作台之间的接触精度。

① 机床导轨精度标准。对于各类机床,为了保证在其上移动部件的直线运动精度,对机床导轨有如下几个方面的精度要求。导轨在水平面内的直线度,如图4.8(a)所示;导轨在垂直平面内的直线度,如图4.8(b)所示;导轨与导轨之间在垂直方向的平行度,如图4.8(c)所示。

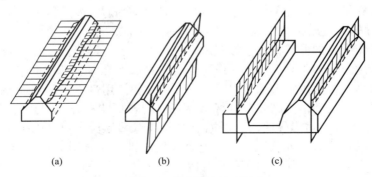

图4.8 机床导轨的精度要求

② 机床导轨误差对机床移动部件直线运动及零件形状精度的影响。机床导轨的误差将造成在其上移动部件的直线运动误差，从而在不同程度上反映到被加工工件的形状误差上去。

以车床为例，当车床导轨只在水平面内有直线度误差时，如图 4.9(a)所示，将使刀具本身的成形运动不呈直线，此时刀尖相对工件回转轴线，将在加工表面的法线方向（即加工误差的敏感方向），按导轨的直线度误差做相应的位移运动，从而造成零件加工表面的轴向形状误差，其值 Δr 几乎等于导轨在水平面内相应部位的直线度误差 Δy。当车床导轨只在垂直平面内有直线度误差时，如图 4.9(a)所示，虽也同样使刀尖本身的成形运动不呈直线，但由于此时刀尖相对工件回转轴线，将在加工表面的切线方向（即加工误差的非敏感方向）变化，故对零件加工表面的形状精度影响极小，它们之间的关系是 $\Delta r \approx \Delta z^2/d$，一般可忽略不计。当车床两导轨之间在垂直方向存在平行度误差时，如图 4.9(c)所示，工作台在直线进给运动中将产生摆动，刀尖本身的成形运动也将变成一条空间曲线，若前后导轨在某一段位置的平行度误差为 Δn 时。则在其相应的零件加工部位上将造成的形状误差大致为 $\Delta r = \Delta y = \dfrac{H}{B}\Delta n$。

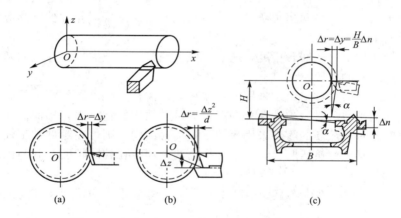

图 4.9　车床导轨误差对加工表面形状精度的影响

一般车床 H/B 为 2/3，外圆研磨床 H/B 为 1，故 Δn 对零件加工表面形状精度的影响是不可忽视的。

③ 提高直线运动精度的主要措施。直线运动精度主要取决于机床导轨的精度及其与工作台导轨的接触精度，因此关键在于提高机床导轨的制造精度及其精度保持性。

a. 选用合理的导轨形状和导轨组合形式，并在可能的条件下增加工作台与床身导轨的配合长度。机床导轨的形状很多，如矩形、三角形和燕尾形等。从导轨与导轨的组合形式来看，又可采用双矩形、双三角形，或矩形与三角形组合等。虽然机床导轨的形状和导轨的组合形式很多，但从导轨的承载情况、制造精度和使用过程中的精度保持性等方面综合分析，可获得直线运动精度高和精度保持性好的导轨形状和导轨组合形式是 90°的双三角形导轨。采用 90°双三角形导轨时，可通过双凸或双凹形检具，对机床床身和工作台导轨进行精确的检测，也可以进行互检，故能大大提高机床导轨副的制造精度和接触精度。这种类型机床导轨的磨损主要产生在垂直方向，它对导轨在垂直平面内的直线度精度影响较大，而对其在水平面内的直线度和两导轨之间在垂直方向的平行度精度影响很小。因此，对机床导轨在垂直方向是加工误差的非敏感方向的加工机床来说，可以在较长时期保持它的原有精度。

在设计与床身导轨相配合的工作台时，应在结构允许的条件下适当增加其长度，这样可使床身导轨和工作台导轨的加工误差在工作时均化，从而进一步提高工作台的直线运动精度。

b. 提高机床导轨的制造精度。在选用合理的导轨形状和导轨组合形式的基础上，提高直线运动精度的关键在于提高导轨的加工精度和配合接触精度。为此，要求尽可能提高导轨磨床精度和工作台导轨加工时的配磨精度。对于精度要求更高的机床导轨，则只能采用非成形运动法获得。

c. 采用静压导轨。在机床上采用液体或气体静压导轨结构，由于在工作台与床身导轨之间有一层压力油或压缩空气，既可对导轨面的直线度误差起均化作用，又可防止导轨面在使用过程中的磨损，故能进一步提高工作台的直线运动精度及其精度保持性。

2) 各成形运动之间的相互位置关系精度

在机械加工中，为获得一个零件加工表面的准确形状，不仅要求各成形运动准确，而且还要求它们之间的相互位置关系也要准确，否则将对零件加工表面的形状精度产生影响。

例如，在车床上加工外圆表面时，若想获得准确的圆柱面，除了工件回转运动与刀具直线运动都要求准确外，还要求刀具的直线运动与工件的回转运动轴线平行，否则加工出来的外圆表面就不会是一个准确的圆柱面。

若刀具的直线运动与工件回转运动轴线不平行，则加工后将是一个圆锥面。若刀具直线运动与工件的回转运动轴线不在同一平面内，即在空间交错平行，则加工出来的表面将是一个双曲面。

在车床上车削加工端面时，要求刀具直线运动与工件的回转运动轴线垂直，否则加工后的端面将产生内凹或外凸现象。

影响各成形运动之间相互位置关系精度的主要因素是机床上工件和工具两大系统有关部件的相对位置和相对运动精度，也就是所使用机床的几何精度。各成形运动之间相互位置关系精度的提高，主要是在保证机床有关零部件本身制造精度的基础上，通过总装时的调试、检测和精修达到。

3) 各成形运动之间的速度关系精度

对一些形状简单的零件表面，如外圆、内孔、平面、锥面及球面等，它们的成形过程对各成形运动之间的速度关系并没有什么严格的要求。但对形状较复杂的某些零件表面，如螺纹表面及齿形表面等，则在成形过程中还要求在各成形运动之间有准确的速度关系。

(1) 各成形运动之间速度关系精度对零件加工表面形状精度的影响。在车床上加工螺纹表面时，若想获得准确的表面形状，除工件回转运动和刀具直线运动本身，以及它们之间和相互位置关系均要准确外，还必须保证这两个成形运动之间的速度关系也要准确，即

$$\frac{v_刀}{v_工} = \frac{np}{\pi d_2 n} = \frac{p}{\pi d_2} = C \qquad (4-3)$$

式中　$v_刀$——刀具直线运动速度(m/min)；

$v_\text{工}$——工件螺纹中径处的圆周速度(m/min);
n——工件转速(r/min);
P——螺纹螺距(mm);
d_2——螺纹中径(mm);
C——常数。

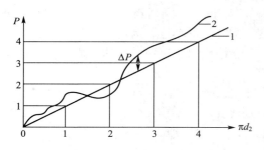

图 4.10 螺纹表面加工的螺旋线误差
1—理想螺纹表面时的螺旋线;2—各成形运动之间的速度关系不准确时的螺旋线

如图 4.10 所示,当加工出来的表面是理想的螺纹表面时,将这个螺纹表面展开,其上位于中部的螺旋线应是一条直线。若在加工过程中各成形运动之间的速度关系不准确,则加工后展开的螺纹表面上中部的那条螺旋线将是一条无明显规律的曲线。此曲线与直线之间沿垂直方向的差值,即是反映螺纹表面形状精度的螺旋线误差 ΔP。

在滚齿机上滚切加工齿形时,若想获得准确的渐开线齿形表面,除了要求滚刀与工件的回转运动和滚刀的直线垂直进给运动本身,以及它们之间的位置关系准确外,还必须保持滚刀与工件两个回转运动之间的速比不变,即

$$\frac{n_\text{刀}}{n_\text{工}}=\frac{z_\text{工}}{z_\text{刀}}=C \tag{4-4}$$

式中 $n_\text{刀}$——滚刀转速(r/min);
$n_\text{工}$——工件转速(r/min);
$z_\text{工}$——被切齿轮工件的齿数;
$z_\text{刀}$——滚刀的头数。

若在加工过程中不能保持上述的准确速度关系,就会造成齿轮的齿形和圆周齿距等误差。

无论是在车床上加工螺纹表面,还是在齿轮机床上加工渐开线齿形表面,各成形运动之间的速度关系精度主要是由工件与切削刀具之间的机床内传动链的精度保证的。因此,在机床内传动链中,每个传动元件的加工和装配误差,都将对获得准确的速度关系有影响。

(2) 各成形运动之间速度关系精度的控制。从上面的分析可知,提高各成形运动之间速度关系精度的关键,在于提高所使用机床内传动链的传动精度。目前,提高机床内传动链传动精度的方法如下:尽量减少或消除传动误差的来源;在传动链的传动系统中外加一个大小相等的反误差进行补偿。具体措施主要有下述几种。

① 提高机床内传动链各传动元件的加工和装配精度。精密的螺纹加工和齿轮加工机床内传动链中的传动齿轮,一般均要求达到 6 级或更高的精度等级,并严格控制其内孔与配合轴颈之间的间隙。此外,还必须同时对机床主轴、传动丝杠、分度蜗轮副等提出相应的精度要求,并严格控制它们装配后的径向、轴向跳动或安装偏心。达到上述要求的螺纹加工机床,可加工出 7 级精度左右的丝杠;达到上述要求的滚齿机,采用 AA 级精密滚刀并经精细调整,可加工出 6 级精度左右的齿轮。

② 采用传动链极短的内传动链。对专门用于螺纹加工的机床,可采用更换挂轮的办法,

实现各种不同规格的螺纹加工,通过缩短机床的内传动链而得到较高的传动精度。

③ 采用补偿传动误差的方法。为了减少螺纹或齿轮加工机床内传动链的传动误差,进一步提高其传动精度,还可采用补偿传动误差的方法。其实质是在机床内传动链的传动系统中加入一个与传动误差大小相等但方向相反的误差,使它们互相抵消。如图 4.11 所示,是由校正尺 1 的校正曲线,提供给可转动螺母 2 的附加转动,来实现传动误差的补偿。在车削加工螺纹的某一瞬时,刀具进给运动

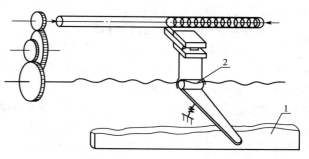

图 4.11 螺纹加工机床传动误差的补偿原理
1—校正尺;2—可转动螺母

速度过快,则通过可转动螺母 2 在校正尺 1 的作用下,使其与传动丝杠同向产生一个附加转动,从而使刀具恢复到准确的进给速度。反之亦然。

实现传动误差的补偿,首先要解决机床传动误差的精确测量问题。目前,测量螺纹加工机床内传动链传动误差的方法较多,如静态间断测量法和动态连续测量法。

4) 成形刀具的制造和安装精度

零件加工表面形状精度的获得方法中,若采用成形刀具进行加工,其加工表面的形状精度还与成形刀具的形状及其在加工前的安装精度有关。

若零件加工表面在加工时所使用的成形刀具制造和刃磨后本身形状不准确,其误差将直接反映到加工表面上。即使当所使用的成形刀具制造和刃磨得很准确,但在机床上安装有误差时,也会影响加工表面的形状精度。对旋转体成形表面,其所使用成形刀具的准确安装是要求刀具成形刃口所在平面必须通过被加工工件的轴线。

例如,当采用宽刃车刀横向进给加工短锥面时,若刀具刃口位置安装得偏高或偏低,将加工成一个双曲面,如图 4.12(a)所示。又如,用成形螺纹车刀精车丝杠时,若车刀前刀面安装得偏高、偏低或倾斜,也会造成加工后螺旋面的形状误差,如图 4.12(b)所示。

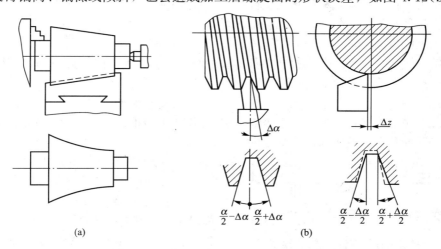

图 4.12 成形刀具安装误差对零件加工表面形状精度的影响

为了提高成形刀具的刃磨和安装精度，可采用光学曲线磨床对成形刀具进行精确刃磨，通过对刀样板或对刀显微镜实现成形刀具的准确安装。

5）零件加工表面形状的检测精度

（1）检测精度对零件加工表面形状精度的影响。当零件加工表面形状精度要求很高，从现有机床已得不到与其相应的高精度成形运动时，常采用非成形运动法加工。这时，被加工零件的形状精度在很大程度上取决于加工过程中对加工表面形状的检验和测量精度。例如，精密机床导轨的直线度、平行度及其截面的形状精度的最终工序，常采用刮研或研磨的方法，这些方法均属于非成形运动法。采用这些方法进行加工，要确知被加工导轨面各部位的高低，需要通过相应精度的对比标准——平尺、样板和检具进行检验。为了获得精密量块的高精度平面，也常采用手工精研或精研机研磨，这时精密量块加工表面的平面度主要取决于高精度的研磨平板。高精度的精密丝杠的最终精研工序，也同样与使用螺母研具的精度有关。这些研磨平板或螺母研具等，在实质上既是加工工具又是检验工具。

（2）提高零件加工表面形状检测精度的主要措施。

① 提高检测用标准平尺和标准平台的精度。在检验和测量零件加工表面形状过程中，所使用的标准平尺和标准平台应具有精度高、寿命长、刚度好和结构简单等特点。为此，对标准平尺和标准平台必须选取合理的结构形式和相应的精密加工方法。

② 提高对零件加工表面形状的测量精度。除采用精密平台、精密平尺对零件加工表面的形状进行检测外，还可采用精密水平仪和光学平直仪等测量工具进行测量。例如，对机床导轨面的测量，特别是对长导轨面的测量，往往由于受到标准平尺结构尺寸的限制，而只能采用上述精密测量方法。

3. 工艺系统误差对位置精度的影响与控制

在机械加工中，获得零件加工表面之间位置精度的基本方法有一次装夹获得法和多次装夹获得法。多次装夹获得法又可根据工件装夹方式的不同划分为直接装夹、找正装夹及夹具装夹等。当零件加工表面之间的位置精度要求很高、不能依靠机床精度保证时，还可采用非成形运动法。根据上述零件加工表面间位置精度的不同获得方法，影响其精度的主要因素分别为①机床的几何精度；②工件的找正精度；③夹具的制造和安装精度；④工件加工表面之间位置的检测精度。

1）机床的几何精度

当采用一次装夹获得法或多次装夹获得法中的直接装夹加工时，影响加工表面之间精度的主要因素是所使用机床的几何精度。

当零件上各加工表面是在多刀车床、龙门刨床、多轴钻镗床或加工中心上一次装夹中，同时或顺序地由多把刀具加工获得时，则其各加工表面之间的位置精度可由图 4.13 所示的工艺系统几何关系所保证。图中的"刀具切削成形面"是指刀具切削刃口相对工件做成形运动的轨迹，因其也是零件上的被加工表面，故对在加工中相互重合的表面之间用符号"="表示。对图中有关面之间的精度联系（如位置精度、机床几何精度、找正精度及夹具精度）关系，则用符号"（—）"表示。由图示可知，各加工表面之间的位置精度主要与

图 4.13 一次装夹保证零件各加工表面之间位置精度的工艺系统几何关系

机床有关部件之间的位置精度和运动精度有关,即与机床几何精度有关,而与工件的装夹精度无关。

当零件上各加工表面是在一次装夹中的多个工位上分别由有关刀具加工获得时,其各加工表面之间的位置精度也是与机床的几何精度的组成部分——机床工作台的定位精度有关的。例如,在多轴半自动、自动机床或多工位机床上加工零件时,其各加工表面之间的位置精度还与机床某些部件的移位、转位和重复定位等精度有关。如图4.14(a)所示,在两个工位上分别加工零件的外圆和内孔,加工后外圆与内孔之间的同轴度误差主要取决于机床回转工作台的分度转位精度,即机床工作台可能产生的最大相邻分度误差 $\Delta_\text{分}$,如图4.14(b)所示,其值为

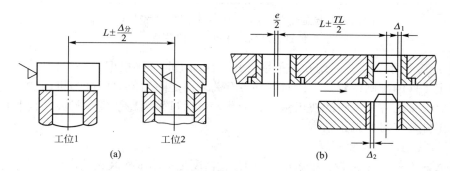

图 4.14　多工位加工时机床回转工作台的最大相邻分度误差

$$\Delta_\text{分} = \Delta_1 + \Delta_2 + \frac{e}{2} + TL \tag{4-5}$$

式中　Δ_1——定位销与定位套内孔的最大配合间隙;
　　　Δ_2——定位销与导向套内孔的最大配合间隙;
　　　e——定位套本身内孔与外圆之间的同轴度公差;
　　　TL——工作台分度盘相邻定位套底孔的中心距公差。

如被加工零件各有关表面之间位置精度是采用多次装夹获得法中的直接装夹获得时,保证加工表面与定位基准面(以前工序装夹时的加工面)之间位置精度的工艺系统几何关系,如图4.15所示。

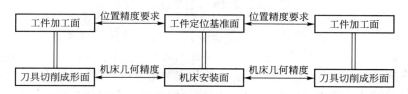

图 4.15　直接装夹保证零件加工表面与定位基准面
之间位置精度的工艺系统几何关系

由图4.15所示的工艺系统几何关系可知,影响零件有关表面之间的位置精度的主要是机床的几何精度。例如,车床主轴回转轴线与三爪自定心卡盘轴线的同轴度、龙门铣床工作台面与各铣头主轴回转轴线的垂直度和平行度、工作台面和其上T形槽侧面与工作台移动导轨之间的平行度等,这些都是机床几何精度的重要指标。为此,可通过精化机床、

提高机床各有关部件之间的位置和运动精度来保证加工零件的位置精度。

2) 工件的找正精度

当零件各有关表面之间的位置精度是采用多次装夹获得法中的找正装夹获得时,保证加工表面与定位基准面之间位置精度的工艺系统几何关系,如图4.16所示。

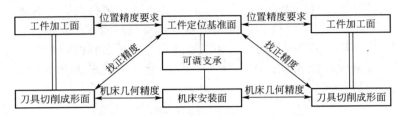

图 4.16　找正装夹保证零件加工表面与定位基准面之间
位置精度的工艺系统几何关系

由图4.16所示的工艺系统几何关系可知,在加工前直接根据刀具刃口的切削成形面,找正并确定工件的准确位置,则此时零件各有关表面之间的位置精度与机床的几何精度无关,主要取决于工件装夹时的找正精度。为此,可通过采用高精度量具或量仪和仔细的操作来提高工件装夹时的找正精度。

3) 夹具的制造和安装精度

在成批生产中,当零件有关表面之间的位置精度是采用多次装夹获得法中的夹具装夹获得时,保证零件加工表面与定位基准面之间位置精度的工艺系统几何关系,如图4.17所示。

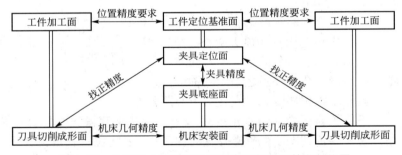

图 4.17　夹具装夹保证零件加工表面与定位基准面位置
之间的位置精度的工艺系统几何关系

由图4.17所示的工艺系统几何关系可知,当夹具通过其上有关表面直接安装到机床上时,由于增加了夹具这个环节,故影响零件加工表面与定位基准面之间位置精度的主要因素,除了机床几何精度外,还与夹具的制造和安装精度(简称夹具精度)有关。当夹具安装到机床上是采用找正装夹(即找正夹具上定位元件表面的准确位置)时,此时影响零件加工表面与定位基准面之间位置精度的主要因素是夹具装夹时的找正精度。为此,在使用夹具装夹加工零件时,为获得较高的位置精度,应采用找正夹具上定位元件相对刀具切削成形面准确位置的方法来提高夹具安装精度。

4) 工件加工表面之间位置的检测精度

当零件有关表面之间的位置精度要求高,通过采用上述各种装夹方法均达不到要求时,则只能采用非成形运动法来获得。此时,加工后零件有关表面间的位置精度,主要取决于对加工表面之间位置的检测精度。例如，对精密量块的手工精研，其工作面之间的平行度精度，主要是通过不断检测其平行度误差和不断进行修整研磨达到的。

4.2.4 加工过程对加工精度的影响与控制

零件在机械加工过程中，工艺系统受力变形、热变形、磨损及参与应力等因素对加工精度的影响也是重大的。这些因素都会在不同程度上影响加工时刀具相对工件的位置、刀具相对工件的成形运动、工件的装夹及工件试切尺寸的测量等方面的精度。

虽然在加工过程中，各种力、热、磨损和残余应力等因素的影响，在一般情况下不像工艺系统误差影响表现得那样明显，但是在一些低刚度零件、特殊结构零件和精密零件加工中，它们的影响却占有较大的比例。

1. 工艺系统受力变形对加工精度的影响与控制

1）各种力对零件加工精度的影响

在零件加工过程中，在各种力（夹紧力、切削力和重力等）的作用下，整个工艺系统要产生相应的变形，并造成零件在尺寸、形状和位置等方面的加工误差。

在加工过程中，由于工件或夹具的刚度过低或夹紧力确定不当，都会引起工件或夹具的相应变形，造成加工误差。

在加工过程中，工件的加工余量发生变化、工件材质不均等因素引起的切削力变化，使工艺系统变形发生变化，也会产生加工误差。如图 4.18 所示，毛坯 A 有椭圆形状误差。加工时，将刀具调整到图中虚线位置。由图可知，在毛坯椭圆长轴方向上的背吃刀量为 a_{p1}，短轴方向上背吃刀量为 a_{p2}。由于背吃刀量不同，切削力不同，工艺系统产生的让刀变形也不同，对应于 a_{p1} 产生的让刀为 y_1，对应于 a_{p2} 产生的让刀为 y_2，故加工出来的工件 B 仍然存在椭圆形状误差。由于毛坯存在圆度误差 $\Delta_{毛}=a_{p1}-a_{p2}$，因而引起了工件的圆度误差 $\Delta_{工}=y_1-y_2$，且 $\Delta_{毛}$ 越大，$\Delta_{工}$ 越大，这种现象称为加工过程中的毛坯误差复映现象。$\Delta_{工}$ 与 $\Delta_{毛}$ 的比值 ε 称为误差复映系数，它是误差复映程度的度量。ε 值越小，加工后零件的精度越高。

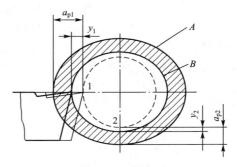

图 4.18 车削偏心毛坯

当该表面分几次进行加工时，第一次加工后的误差复映系数为 ε_1，第二次加工后的误差复映系数为 ε_2，第三次加工后的误差复映系数为 ε_3，则该表面总的误差复映系数为各次加工后误差复映系数的乘积。由于每个误差复映系数均小于 1，所以总的误差复映系数是一个很小的数值。这样，经过几次加工后，零件上的误差比毛坯误差就小得多了。有可能达到允许的公差范围，从而得到所要求的精度。

2）控制工艺系统受力变形对零件加工精度的影响

（1）降低切削用量。在零件加工过程中，可通过降低切削用量来减少夹紧力、切削力等对零件加工精度的影响。虽然这种措施会影响生存率，但在精加工工序中，为确保加工精度仍是有效的方法。

（2）补偿工艺系统有关部件的受力变形。通过掌握工艺系统受力变形规律，可以采取补偿变形的方法。即事先调整好工艺系统的某个部分，使其占有受力变形的相反位置，从而补偿加工过程中受力变形产生的误差。

在车床上采用调整法加工一批工件的外圆时，为了补偿刀架部件受力变形的影响，常常采取先试切几个工件，根据加工后工件的实际尺寸调整刀具的位置，或在已知变形量大小的前提下，采用径向尺寸略小的样件调整刀具的位置等办法，以达到补偿刀架部件受力变形的目的。

（3）采用恒力装置。在试切法加工的试切尺寸测量中，避免测量力对零件加工精度影响的主要措施是尽量减小测量力，而过小的测量力又会引起量具或量仪示值的不稳定性。为此，在常用万能量具量仪中，可采用恒力装置以保持测量力在一定的范围之内，为进一步减少测量力的影响，还可通过采用相对测量法，以便使测量力引起的接触变形误差在对比中相互抵消。

（4）提高工艺系统刚度。在上述措施中，降低切削用量是一种比较消极的办法，而补偿受力变形也往往由于结构限制或加工调整过于复杂，而使其采用受到一定限制。比较彻底的解决办法是提高工艺系统刚度，其中特别是提高工艺系统中薄弱环节的刚度。

下面，就提高工艺系统刚度的途径，归纳了几个方面。

① 提高配合面的接触刚度。由于部件的刚度大大低于相同外形尺寸的实体零件的刚度，所以提高接触刚度是提高工艺系统刚度的关键。提高各零件结合表面的几何形状精度和降低粗糙度，就能提高接触刚度。

提高机床导轨面的刮研质量，提高顶尖锥体与主轴和尾座锥孔的接触质量，多次修研工件中心孔等，都是实际生产中为提高接触刚度经常采用的工艺措施。

② 设置辅助支撑或减小悬伸长度以提高工件刚度。例如，车细长轴时常采用跟刀架，工作初，先在工件尾端车出一段外圆面以便于安装在间隔90°的三个支承跟刀架上。车削时，工件外圆面被夹持在刀具和三个支撑块之间，形成两对相互平衡的径向力，从而有效地减小了弯曲变形和振动。

另外，运用反向走刀车削法，能有效地提高工件刚度，减小工件的弯曲变形和振动，如图4.19所示。

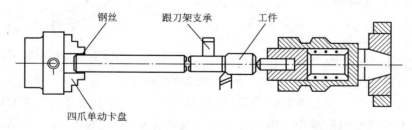

图4.19 反向走刀车削细长轴

首先，用卡盘通过一个开口钢丝圈将工件夹紧。由于卡夹接触面积小，工件能在卡爪内自由摆动，避免了卡盘与后顶尖不同轴时产生变形。车床尾顶尖改用弹性顶尖。当工件受热伸长或因轴向力挤压时，顶尖能自动后退，避免了工件受阻弯曲。采用间隔90°的三个支承跟刀架，增加了工件刚度，改变走刀方向，使刀具由床头向床尾反向走刀。由于细长轴左端固定在卡盘内，右端可以伸缩，靠近车刀处又有跟刀架支承，平衡推力。因此反向走刀时，工件内部只有卡盘到车刀一段产生拉应力，不易产生弹性弯曲变形和振动。也可采用同截面内多刀车削,使方向相反的切削推力互相均衡,避免切削推力对刚度的过高要求。

③ 通过合理的刀具材料、结构和热处理措施提高刀具刚度。例如,采用硬质合金刀杆以增强刚度,也可增加刀具外形尺寸以增强刚度。

④ 采用合理的安装方法和加工方法提高工艺系统的刚度。例如,工件加工面尽量靠近机床主轴以提高刚度,从而减小外力作用方向上的变形量。

2. 工艺系统热变形对加工精度的影响与控制

在机械加工过程中,工艺系统在各种热源的影响下,常产生复杂的变形,破坏了工艺系统间的相对位置精度,造成了加工误差。据统计,在某些精密加工中,由于热变形引起的加工误差占总加工误差的 40%～70%。热变形不仅降低了系统的加工精度,而且还影响了加工效率的提高。

引起工艺系统热变形的热源可分为内部热源和外部热源。内部热源包括切削热和摩擦热,外部热源包括环境温度和辐射热。切削热和摩擦热是工艺系统的主要热源。

1) 工艺系统热变形对加工精度的影响

(1) 机床热变形对加工精度的影响。机床受热源的影响,各部分温度将发生变化,由于热源分布的不均匀和机床结构的复杂性,机床各部件将发生不同程度的热变形,破坏机床原有的几何精度,从而引起加工误差。

车床类机床的主轴箱中的轴承、齿轮、离合器等传动副的摩擦,使主轴箱和床身的温度上升(主要热源),从而造成了机床主轴抬高和倾斜。

几种机床热变形的趋势如图 4.20 所示。

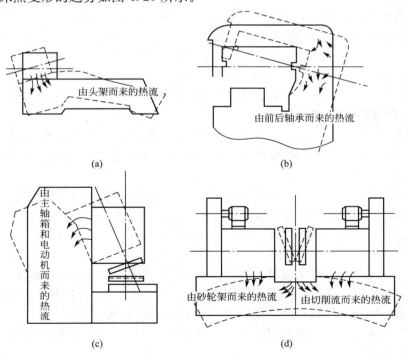

图 4.20 几种机床热变形的趋势
(a) 车床;(b) 铣床;(c) 立式平面磨床;(d) 双端面铣床

(2) 工件热变形对加工精度的影响。因零件结构特点不同,在机加工过程中因受热都会引起不同程度的加工误差。轴类零件在车削或磨削时,一般是均匀受热,温度逐渐升高,其直径也逐渐胀大,胀大部分将被刀具切去,待工件冷却后则形成圆柱度和直径尺寸的误差。细长轴在顶尖间车削时,热变形将使工件伸长,导致工件的弯曲变形,加工后将产生圆柱度误差。薄圆环磨削时,如图4.21所示,虽近似均匀受热,但磨削时磨削热量大、工件质量小,温度升高,在夹压处散热条件较好,该温度较其他部分低,加工完毕工件冷却后,会出现棱圆形的圆度误差。

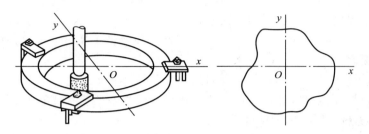

图 4.21　薄圆环磨削时产生的圆度误差

当粗精加工时间间隔较短时,粗加工时的热变形将影响到精加工,工件冷却后将产生加工误差。在加工铜、铝等线膨胀系数较大的有色金属时,其热变形尤其明显,必须引起足够重视。

(3) 刀具热变形对加工精度的影响。切削热虽然大部分被切屑带走或传入工件,传到刀具上的热量不多,但因刀具切削部分质量小(体积小)、热容量小,所以刀具切削部的温升大。例如,用高速钢刀具切削时,刃部的温度高达700~800℃,刀具热伸长量可达0.03~0.05mm,因此对加工精度的影响不容忽略。

2) 控制工艺系统热变形的主要措施

(1) 减少热量的产生及其影响。减少工艺系统的热源或减少热源的发热量及其影响,都可以达到减少热变形的目的。

在磨削加工时,磨削热的大小不仅与磨削用量有关,还受砂轮钝化和堵塞的影响。因此,除正确的选择砂轮和磨削用量外,还应及时地修整砂轮以避免过多的热量产生。

对机床中的运动部件,要减少其发热量,通常从结构和润滑等方面着手。例如,在主轴上应用静压轴承、低温动压轴承及采用低黏度润滑油。锂基油脂和用油雾润滑等都可使其温升减少。在机床液压传动系统中减少节流元件,也能相应地降低油温,从而减少机床的热变形。

对机床的电动机、齿轮变速箱、油池、冷却箱等热源,如有可能都移出主机以外成为独立的单元,从而避免其影响。若不能分离出去时,则在这些部件和机床大件的结合面上装置隔热材料,或用隔热罩将热源罩起来。也能取得较好的效果。

对未安置在恒温车间的精密加工设备,应考虑安放在适当的位置,以防止阳光、暖气等外部热源的影响。

(2) 加强散热能力。加强散热也是控制工艺系统热变形的一个行之有效的措施。例如,在加工过程中供给充分的冷却液,并使其能喷射到应有的位置上,或者采用喷雾冷却等冷却效能较高的办法，以加强加工时的散热能力。

采用强制冷却控制热变形的效果是显著的。加工中心机床普遍采用冷冻机对润滑油进行强制冷却，将机床中的润滑油当冷却剂使用，主轴轴承和齿轮箱中产生的热量，由润滑油吸收带走，然后通过热交换器散出去。有的机床采用水冷装置，使冷却水流过绕主轴部件的空腔，这样可使主轴的温升控制在 1~2℃。有些机床设有风冷装置，也可以改善机床的温升情况。

（3）控制温度变化。从热变形的很多实例来看，在热的影响中比较棘手的问题在于温度变化不定。若能保持温度稳定，则即使由于热变形产生的加工误差也都是常值系统误差，一般较容易得到补偿。因此，控制温度变化也是控制热变形、提高加工精度的一个有效措施。

对于加工周围环境温度的变化，主要是采用恒温的办法来解决。例如，对精密磨床、坐标镗床、螺纹磨床、齿轮磨床等精密机床，需要安放在恒温车间中使用。恒温的精度可根据加工精度要求而定，一般取±1℃，精度更高的机床应取±0.5℃。

在精加工之前，先让机床空运转一段时间，待机床达到或接近平衡状态后再进行加工，也是解决温度变化的一项措施。

（4）采用热补偿措施。单纯地减少温升有时不能收到满意的效果，可采用热补偿法使机床的温度场比较均匀，从而使机床产生均匀的热变形，以减少对加工精度的影响。如图 4.22 所示，热空气从电动机风扇排出，通过特设的管道，引向防护罩和立柱及后壁空间，为平面磨床加热温升较低的立柱后壁，以减少立柱前后壁的温度差，从而减少立柱的弯曲变形。

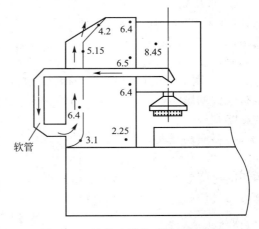

图 4.22 均衡立柱前后壁的温度场

3. 工艺系统磨损对加工精度的影响与控制

1）工艺系统磨损对零件加工精度的影响

在零件加工过程中，组成工艺系统各部分的有关摩擦表面之间，在力的作用下，经过一段时间后就不可避免地要产生磨损。无论是加工用的机床，还是夹具、量具和工具，有了磨损就会破坏工艺系统的精度，对零件的加工精度产生影响。

虽然在加工过程中，工艺系统中的机床、夹具、量具和工具等都会产生磨损，但在一段时期内它们的磨损程度及其对零件加工精度的影响都是不同的。一般来说，机床、夹具和量具在一两周或一两天的加工时间内的磨损极小，但对刀具或磨具来说，则有很大的不同，它们的磨损常常较快，甚至在加工一个工件的过程中就可能出现不允许的磨损，这在加工表面尺寸大的零件精加工中表现得更为突出。

2）控制工艺系统磨损的主要措施

（1）合理设计机床有关零部件的结构。

① 对机床的易磨损表面采用防护装置。对精密机床的床身导轨、传动丝杠或传动蜗轮等采用密封防护装置，以防止灰尘或金属微粒进入而造成急剧的非正常磨损。有的精密

机床甚至将传动丝杠或蜗轮完全浸入油中，以减少它们在工作过程中的磨损。

② 采用静压结构。在机床主轴、导轨和丝杠螺母部分，采用静压结构，这样就可以在机床有关部件的相对运动表面间充满压力油或压缩空气，从而极大地降低磨损。例如，为解决大型精密螺纹加工机床传动丝杠和螺母的磨损问题，可采用液体静压丝杠螺母结构。

(2) 提高零件表面的耐磨性。在精密机床、夹具和量具中，对于相对运动的表面，采取提高其耐磨性的办法，也可控制它们的磨损速度，为此可采取如下措施。

① 在设计时采用耐磨的金属材料或非金属材料。例如，对机床床身导轨采用耐磨铸铁、钢质导轨或在工作台导轨上镶粘耐磨塑料板等。

② 对易磨损的零件表面进行热处理。例如，对精密机床采用淬硬的钢制导轨，并最后进行精细研磨，可使其耐磨性比一般铸铁导轨提高10倍左右。

③ 提高具有相对运动的有关零件表面的形状精度和降低其表面粗糙度。

④ 采用合理的润滑方式，保持摩擦表面之间的润滑油膜层，减少摩擦表面的磨损。

(3) 合理选择刀具材料、切削用量及刀具刃口形式。

① 选用耐磨的刀具材料。影响刀具磨损的主要因素之一是刀具材料，刀具材料的发展(碳素工具钢、高速钢、硬质合金、陶瓷、金刚石及立方氮化硼等)充分说明了这一点。在精加工中采用的陶瓷刀具及金刚石刀具，其耐磨性高，可在精车大直径外圆或内孔表面时采用。

② 选用最佳的切削用量。在加工过程中，若切削用量选择不当，对刀具的尺寸磨损也有较大的影响。一般来说，切削深度及进给量对刀具尺寸磨损的影响不大，而切削速度的影响则较大。

很多实验证明，切削速度 v 与刀具单位磨损量 K 之间的关系，并非简单的线性关系，如图4.22所示，不同的刀具材料和被加工工件的材料均有类似的曲线关系，只不过最佳的切削速度数值不同而已。一般高速钢刀具，其最佳切削速度为 $v_{佳}=0.4\sim0.5m/s$，硬质合金刀具切削速度为 $v_{佳}=1.7\sim3.2m/s$。

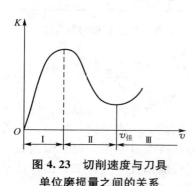

图 4.23 切削速度与刀具单位磨损量之间的关系

之所以产生如图4.23所示曲线关系，主要是由于在不同切削速度下，刀具本身温度和性能不同。刀具磨损主要是通过冲击破坏磨损和摩擦磨损两种方式进行的。当在低速切削时，刀具本身温度较低而性脆，这时对刀具刃口的冲击破坏磨损起主导作用，其磨损随切削速度提高而增大。随着切削速度的提高，刀具本身温度也相应提高并使其韧性增加，这时冲击破坏磨损的作用也就减少，因而刀具磨损也相应地下降。而当切削速度再提高时，则由于刀具本身温度过高而使刀具硬度下降，此时虽然冲击破坏磨损的作用不大，但摩擦磨损又开始起主导作用，又加剧了刀具磨损。

③ 选用适当的冷却润滑液。选用适当的冷却润滑液，可降低刀具温度并减少切屑与刀具之间的摩擦，从而降低刀具磨损。

④ 采用宽刃刀具。减少刀具的尺寸磨损，除合理选取刀具材料、切削用量和冷却润

滑液外，还可以从缩短加工表面所需的刀具切削加工路程考虑。例如，采用宽刃刀和大进给量精车大轴或精刨大型机床床身导轨面等均有较好的效果。但当采用宽刃刀具进行大进给量切削加工时，一定要对其刃口进行精细研磨，并且还要采取相应措施以防止在加工过程中产生自激振动。

4. 工艺系统内应力对加工精度的影响与控制

内应力是指当外部载荷去掉以后仍存留在工件内部的应力，也称残余应力。内应力是由于金属内部组织发生了不均匀的体积变化而产生的。具有内应力的工件，是处在一种不稳定状态之中的，它内部的组织有强烈的恢复到没有内应力稳定状态的倾向。即使在常温下，工件的内部组织也在不断发生变化，直到内应力完全消失为止。在这一过程中，工件的形状逐渐改变(如翘曲变形)，从而丧失其原有精度。如果把存在内应力的工件装配到机器中，则会因其在使用中的变形而破坏整台机器的精度。

1) 工艺系统内应力对零件加工精度的影响

(1) 毛坯制造中产生的内应力。在铸、锻、焊及热处理等加工过程中，由于工件各部分热胀冷缩不均匀，以及金相组织转变时的体积变化，毛坯内部产生了相当大的内应力。毛坯的结构越复杂，各部分壁厚越不均匀，散热条件差别越大，毛坯内部产生的内应力也越大。具有内应力的毛坯在短时间内还看不出有什么变化，内应力暂时处于相对平衡的状态，但当切去一层金属后，就打破了这种平衡，内应力重新分布，工件就明显地出现了变形。

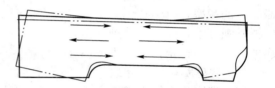

图 4.24　机床床身内应力引起的变形

如图 4.24 所示，机床床身铸件铸造后，由于导轨表面冷却较快，内部冷却较慢，铸件内部产生内应力，内应力的分布是导轨表面呈压应力，内部为拉应力。铸造后内应力处于暂时的平衡状态。若导轨面加工去一层，则破坏了原来的平衡状态，内应力重新分布，将发生弯曲变形。为了减少变形，一般在铸件粗加工后进行时效处理，消除掉内应力后，再进行精加工。

(2) 冷校直产生的内应力。一些刚度较差、容易变形的工件(如丝杠等)，通常采用冷校直的办法修正其变形，如图 4.25 (a)所示。工件中部受到载荷 F 作用时，工件内部产生应力，其轴心线以上产生压应力，轴心线以下产生拉应力，如图 4.25 (b)所示，而且两条虚线之间为弹性变形区，虚线之外为塑性变形区。当去掉外力后，工件的弹性恢复受到塑性变形区的阻碍，致使内应力重新分布，如图 4.25(c)所示。由此可见，工件经冷校直后内部产生内应力，处于不稳定状态，若再进行切削加

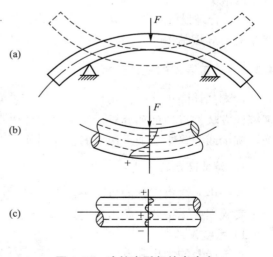

图 4.25　冷校直引起的内应力

工，工件将重新发生弯曲。

(3) 切削加工中产生的内应力。工件切削加工时，在各种力和热的作用下，其各部分将产生不同程度的塑性变形及金相组织变化，从而产生内应力，引起工件变形。

一般在加工过程中，切去表面一层金属后，都会引起内应力的重新分布，导致工件变形。因此，粗加工后，应将被夹紧的工件松开，使之有时间使内应力重新分布。否则，在继续加工时，工件处于弹性应力状态下，而在加工完成后，必然要逐渐产生变形，致使破坏最终工序所得到的精度。因而机械加工中常采用粗精加工分开，以消除残余应力对加工精度的影响。

2) 减少或消除内应力的措施

(1) 采取时效处理。自然时效处理方法主要是在毛坯制造之后，或粗、精加工之间，让工件停留一段时间，利用温度的自然变化，经过多次热胀冷缩，使工件的晶体内部或晶界之间产生微观滑移，从而达到减少或消除内应力的目的。

人工时效处理是将工件放在炉内加热到一定温度，使工件金属原子获得大量热能来加速它的运动，并保温一段时间达到原子组织重新排列，再随炉冷却，以达到消除残余应力的目的。

振动时效处理是将激振器牢固地夹持在工件的适当位置上，根据工件的固有频率调节激振器的频率，直到达到共振状态，再根据工件尺寸及内应力调整激振力，使工件在一定的振动强度下，保持几分钟甚至几十分钟的振动，引起工件金属内部晶格错位蠕变，使金属的结构状态稳定，以减少或消除工件的内应力。

(2) 合理安排工艺路线。对于精密零件，粗、精加工分开。对于大型零件，由于粗、精加工一般安排在一个工序内进行，因此粗加工后先将工件松开，使其自由变形，再以较小的夹紧力夹紧工件进行精加工。对于焊接件，焊接前，工件必须经过预热以减小温差，减小内应力。

(3) 合理设计零件结构。设计零件结构时，应注意简化零件结构，提高其刚度，减小壁厚差。焊接结构时，则应使焊缝均匀，以减小内应力。

4.2.5 加工误差的统计分析

在零部件的生产中，影响加工精度的因素往往是错综复杂的。在实践中，一般运用数理统计方法加以处理和分析，从中寻求规律，找出影响加工误差的主要因素，进而采取措施，减少或消除影响加工误差的主要因素，以确保加工质量的可靠和稳定。

1. 加工误差的性质

生产中，测得零件的每一个数据都是实验数据，而零件的加工误差则属于实验误差。对于实验误差，按照误差出现的规律，可以分成三类不同性质的误差。

1) 系统误差

系统误差的大小和方向随时间按某一确定规律变化。系统误差又可分为常值系统误差和变值系统误差两种。常值系统误差是指误差的大小和方向固定不变。变值系统误差是指误差的大小和方向随时间发生变化。

在机械加工中，加工原理误差，机床、刀具、夹具的制造误差，机床的受力变形等引起的加工误差均与时间无关，其大小和方向在一次调整中也基本不变，属于常值系统误差。机床、夹具、量具等磨损引起的加工误差，在一次调整中若无明显差异，也属于常值系统误差。

机床、刀具未达到热平衡时，热变形引起的加工误差，是随加工时间的变化而呈有规律的变化，这类误差属于变值系统误差。

2）随机误差

随机误差的大小和方向以不可预定的方式变化。在机械加工中，毛坯误差的复映、工件的定位误差和工件残余应力引起的变形所产生的误差等都属于随机误差。

3）过失误差

过失误差是指由于操作人员过失引起的误差。该误差只能通过操作规程或制度加以避免，它不属于统计分析的范畴。

2. 加工误差的实际分布图

在对工件加工尺寸等数据进行统计分析时，通常将数据用某种图表形式反映出来。

在机械加工过程中，某一工序加工出来的一批工件，由于各种误差的存在，必然会引起加工尺寸的变化。在对一批零件的检测中，出现同一尺寸的工件数目称为频数，频数与子样总数之比称为频率。如果以工件的尺寸（或误差）为横坐标，以频数（或频率）为纵坐标，就可做出工件加工尺寸（或误差）的实际分布图。实际分布图能直观地反映出工件尺寸（或误差）的分布情况。

制作实际分布图，须先对工件按适当的、相等的尺寸间隔进行分组，并以各组内尺寸间隔中值代替组内各零件的实际尺寸，然后以工件的尺寸（或误差）为横坐标，以频数（或频率）为纵坐标，画出直方图。

例如，某汽车制造厂在制造轿车后桥总成时，压装橡胶支承要求保证开档尺寸为(62 ± 0.3)mm。顺序测得100个零件的尺寸，见表4-1。将100个尺寸分成7组，组距为0.1mm，算得各组中值、各组频数、频率和频率密度，填入表4-2。然后，以工件尺寸尾数为横坐标，频数为纵坐标，画出工件加工尺寸的实际分布直方图，如图4.26所示。

表4-1 后桥总成首道工序压装橡胶金属支承开档尺寸　　　　（单位：mm）

工件序号	测量值	工件序号	测量值	工件序号	测量值	工件序号	测量值
1	61.5	11	62.0	21	61.7	31	61.6
2	61.7	12	61.9	22	61.7	32	61.8
3	61.6	13	61.7	23	61.7	33	61.9
4	61.8	14	61.6	24	61.7	34	61.8
5	61.9	15	61.6	25	61.6	35	61.7
6	61.8	16	61.6	26	61.9	36	61.7
7	61.9	17	61.9	27	61.9	37	61.8
8	61.9	18	61.8	28	61.9	38	61.8
9	62.1	19	61.9	29	61.8	39	61.8
10	62.0	20	61.8	30	61.9	40	61.7

(续)

工件序号	测量值	工件序号	测量值	工件序号	测量值	工件序号	测量值
41	61.7	56	61.8	71	61.9	86	62.0
42	61.7	57	61.8	72	61.8	87	62.0
43	61.9	58	62.0	73	61.9	88	61.7
44	61.9	59	61.8	74	61.9	89	61.7
45	61.8	60	61.8	75	61.9	90	61.7
46	61.8	61	61.8	76	62.0	91	61.8
47	61.8	62	61.8	77	62.0	92	61.8
48	61.7	63	61.8	78	62.0	93	61.7
49	61.7	64	61.9	79	61.9	94	61.7
50	61.7	65	61.9	80	61.9	95	61.7
51	61.9	66	61.9	81	61.9	96	61.8
52	61.9	67	62.0	82	61.9	97	61.8
53	61.8	68	62.0	83	61.9	98	61.9
54	61.9	69	62.0	84	61.8	99	61.9
55	61.8	70	61.9	85	61.9	100	61.7

表 4-2 频数分布

组界/mm		组中值/mm	频数	频率/(%)	频率密度/(%)	中值尾数/mm
从	到					
61.5	<61.6	61.55	1	1	10	1.55
61.6	<61.7	61.65	6	6	60	1.65
61.7	<61.8	61.75	20	20	200	1.75
61.8	<61.9	61.85	28	28	280	1.85
61.9	<62.0	61.95	33	33	330	1.95
62.0	<62.1	62.05	11	11	110	2.05
62.1	<62.2	62.15	1	1	10	2.15

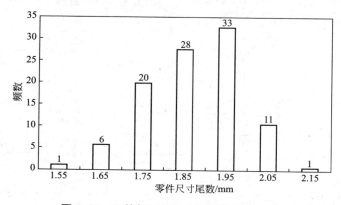

图 4.26 工件加工尺寸的实际分布直方图

在以频数为纵坐标作直方图时，如果研究的个体数（即子样数）不同，或分组组距不同，图形的形状也就各异。为了使实际分布图不受子样数及组距的影响，可用频率密度为纵坐标做出直方图。

$$频率密度＝频率÷组距＝频数÷（子样数\times 组距）$$

$$频率＝频率密度\times 组距＝直方图上矩形的面积$$

由于所有各组频率之和等于 100%，因此直方图上全部矩形面积之和应等于1。实际分布图是子样的统计图。

3. 加工误差的理论分布图

正态分布曲线是通过子样的统计推断得出的。正态分布曲线如图 4.27 所示，正态分布函数为

$$y(x)=\frac{1}{\sigma\sqrt{2\pi}}e^{-\frac{1}{2}(\frac{x-\mu}{\sigma})^2} \qquad (4-6)$$

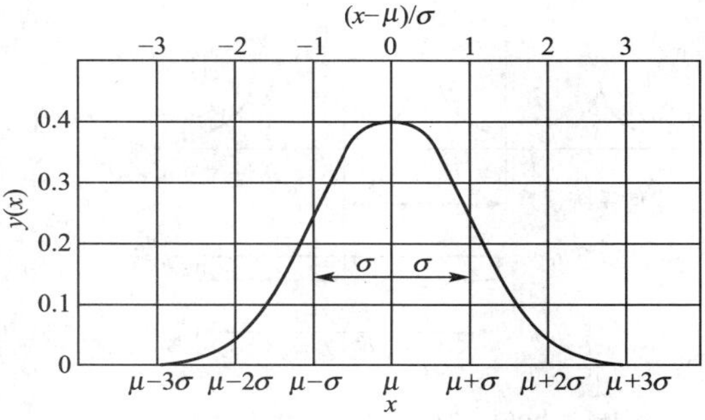

图 4.27 正态分布曲线

式中　$y(x)$——概率密度函数；

μ、σ——研究对象全体数（即母体数）的均值、标准差。

概率是频率的稳定值，概率密度相当于直方图中的频率密度。整个正态分布曲线下所围的面积为 1。将 $\mu=0$、$\sigma=1$ 的正态分布称为标准正态分布，即

$$y(x)=\frac{1}{\sqrt{2\pi}}e^{-\frac{1}{2}x^2} \qquad (4-7)$$

工件尺寸的分布有时并不服从正态分布。例如，将在两次调整下加工出来的零件作为一次分析的样本，则可能由于每次调整时常值系统误差的不同，如常值系统误差大于 2.2σ 时，就会得到如图 4.28(a) 所示的双峰曲线，如把两台机床加工出来的工件放在一起，那么曲线的两个峰高也会不一样。若加工中刀具磨损比较显著，就会形成平顶分布，如图 4.28(b) 所示。当工艺系统存在显著的热变形时，分布曲线往往不对称，加工轴时偏左，加工孔时偏右，如图 4.28(c) 所示。工件的对称度、锥度、直线与平面间的平行度或平面间的垂直度等误差是没有负值的，尽管它们仍服从正态分布，由于其实际负值部分叠加到了正值部分，就会出现图 4.28(d) 所示的分布曲线，这种正值分布称为差数模分布。还有跳动量、圆度、直线与平面间的垂直度等误差也是没有负值的，但由于各种随机误差的影响是矢量叠加，就会出现如图 4.28(e) 所示的正值分布，这种分布称为瑞利分布。

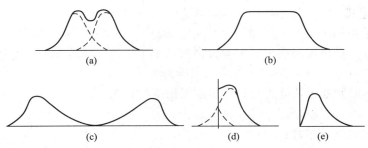

图 4.28 非正态分布

4. 利用加工误差分布图分析加工工艺

1) 判别加工误差的性质

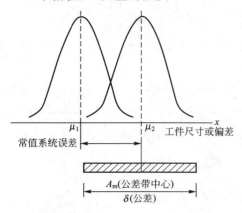

图 4.29 μ 值对正态分布的影响

一般使用零件尺寸的直方图与正态分布曲线判别加工误差的性质。

(1) 如果零件尺寸的直方图与正态分布曲线基本相符,则说明加工过程中基本没有变值系统误差。这时,可利用正态分布曲线进一步分析加工过程中是否存在常值系统误差,并判别随机误差的大小。

如图 4.29 所示,正态分布曲线以均值 μ 为对称中线,如果 σ 不变,均值 μ 改变,则曲线沿 x 轴移动而不改变其形状,可根据以下两种情况进行均值 μ 对加工误差的影响分析。

当 $\mu=A_m$,即曲线的均值 μ 与设计规定的公差带中心 A_m 重合,说明加工过程中没有常值系统误差。

当 $\mu \neq A_m$,即曲线的均值 μ 与设计规定的公差带中心 A_m 不重合,说明加工过程中存在常值系统误差。μ 与 A_m 的差值,就是系统误差的大小。若 $\mu > A_m$,说明存在使零件尺寸偏大的常值系统误差;若 $\mu < A_m$,说明存在使零件尺寸偏小的常值系统误差。

如图 4.30 所示,如果均值 μ 不变,标准差 σ 改变,则曲线形状改变。根据以下两种情况,可进行标准差 σ 对加工误差的影响分析。

当标准差 σ 减小时,曲线形状陡峭,说明随机误差减小。

当标准差 σ 增加时,曲线形状平坦,说明随机误差增大。

(2) 如果零件尺寸的直方图与正态分布曲线不相符,则说明加工过程中有变值系统误差。两者差异越大,存在变值系统误差的可能性就越高。

对于加工过程中出现的常值系统误差和变值系统误差,应寻找产生这些误差的根源,采取相应措施予以消除。

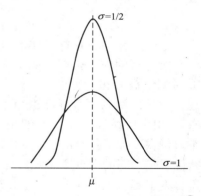

图 4.30 σ 值对正态分布的影响

2) 判断工艺能力

工艺能力是指加工工艺所能加工出产品质量的实际能力。判断某工序的工艺能力,可用该工序的尺寸分散范围来表示。因为大多数加工工艺的尺寸分布都接近于正态分布,而正态分布的尺寸分散范围为 6σ,所以取工艺能力为 6σ。

可用式(4-8)判断工艺能力是否满足加工精度的要求:

$$C_p = \delta/(6\sigma) \tag{4-8}$$

式中 C_p——工艺能力系数;

δ——设计规定的零件公差。

$C_p \geq 1$,则该工序具有不出废品的必要条件,但不一定不出废品,主要取决于是否存在常值系统误差,若 μ 与 A_m 重合,就不会出废品;$C_p < 1$,则该工序必然有废品出现。根据工艺能力系数的大小,可将工艺能力分为五个等级(表4-3)。

表4-3 工艺等级

工艺能力系数	工艺等级	说明
$C_p > 1.67$	特级工艺	工艺能力很高,可以作相应考虑
$1.67 > C_p > 1.33$	一级工艺	工艺能力足够
$1.33 > C_p > 1.00$	二级工艺	工艺能力勉强,必须密切注意
$1.00 > C_p > 0.67$	三级工艺	工艺能力不足,可能产生少量不合格产品
$0.67 \geq C_p$	四级工艺	工艺能力很差,必须经过改进才能生产

3) 估计产品的废品率

根据正态分布曲线在某一区域内所围的面积,可以估计出产品可能出现的废品率。

如图4.31所示,工件尺寸分散范围为 $(\mu-3\sigma) \sim (\mu+3\sigma)$,其中有一部分尺寸偏小($\mu-3\sigma \sim A_{min}$),在公差 δ 范围之外,这部分产品就是废品。区域曲线下所围的面积就是废品率。

在数理统计的有关表格中可查得正态分布曲线下某一区间所围的面积。

5. 利用加工误差点图分析加工工艺

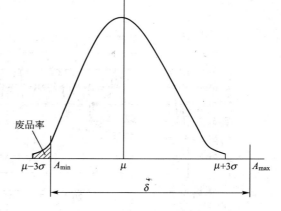

图4.31 尺寸偏小的废品率

分布曲线在工艺分析中有很重要的作用,但也存在一些缺点。例如,当加工中随机误差和系统误差同时出现时,无法反映误差的发生和变化趋势。由于必须等一批零件(子样)加工后,才能做出直方图,进而求出 μ 和 σ,因此不能很及时地提供控制误差的资料。

利用加工误差点图分析加工工艺,可以弥补分布曲线的一些缺陷。

1) 个值点图

按加工顺序逐个测量一批工件的尺寸,以工件顺序为横坐标,工件尺寸(或误差)为纵坐标,个值点图如图4.32所示。

个值点图反映了每个工件的尺寸(或误差)变化与加工时间的关系,如果把点图的上下极限点包络成两根平滑的曲线,如图4.33所示,就能清楚地看出加工过程中误差的性质及其变化趋势。平均线 OO' 表示每一瞬时的分散中心,其变化反映了变值系统误差随时间变化的规律,通过其始点 O 则可看出常值系统误差的影响,上下限曲线 AA' 和 BB' 间的宽度表示每一瞬时的尺寸分散范围,它反映了随机误差的大小。

2) $\overline{X}-R$ 点图

为了能直接反映出加工中系统误差和随机误差随时间的变化趋势,还需利用 $\overline{X}-R$ 点

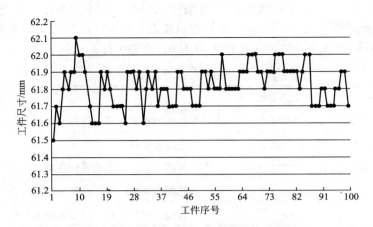

图 4.32　工件加工误差的个值点图

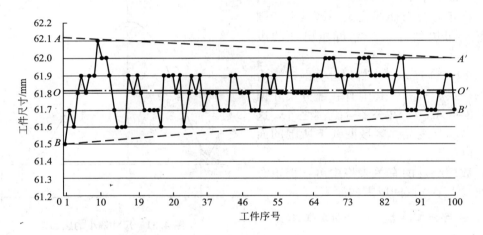

图 4.33　工序加工误差个值点图分析

图进行统计分析。$\overline{X}$ 和 R 的值可由式(4-9)和式(4-10)确定：

$$\overline{X} = \sum_{i=1}^{M} x_i / M \tag{4-9}$$

$$R = x_{\max} - x_{\min} \tag{4-10}$$

式中　$\overline{X}$——同一组内工件尺寸的平均值；

　　　M——同一组内工件数（$M=2\sim15$）；

　　　x_i——工件尺寸；

　　　R——样组极差；

　　　$x_{\max}$，$x_{\min}$——同一组内工件的最大、最小尺寸。

$\overline{X}-R$ 点图是由 $\overline{X}$ 点图和 R 点图联系在一起组成的。按照工件的加工顺序，对工件尺寸依次分组，每组工件数必须相同。以工件组序号为横坐标，分别以 $\overline{X}$ 和 R 为纵坐标，$\overline{X}-R$ 点图如图 4.34 所示。

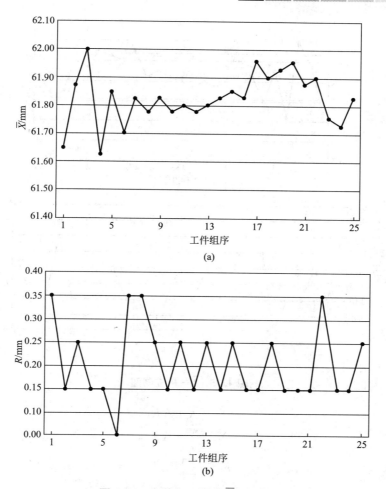

图 4.34 工件加工误差 $\overline{X}$-R 点图

$\overline{X}$ 在一定程度上代表瞬时的分散中心,因此,$\overline{X}$ 点图主要反映系统误差及其变化趋势。R 图在一定程度上代表了尺寸的分散范围,它主要反映随机误差及其变化趋势。单一的 $\overline{X}$ 或 R 点图不能全面反映加工误差的性质,应当结合起来使用。

任何一批零件的加工尺寸都有波动性,若加工误差主要由随机误差引起,则这种波动属于正常波动;若加工中存在着影响较大的系统误差,或随机误差的大小有明显变化,则这种波动属于异常波动。在机械加工过程中,常用 $\overline{X}$-R 点图来判别加工过程的正常波动和异常波动。

根据对零件尺寸的测量结果,作出 $\overline{X}$-R 点图,再作出相关的平均线和控制线,如图 4.35 所示。利用 $\overline{X}$-R 控制图可以判别一批零件的加工尺寸属于正常波动还是异常波动。

在图 4.35 中,$\overline{X}_s$、R_s 称为上控制线,$\overline{X}_x$、R_x 称为下控制线,$\overline{\overline{X}}$、$\overline{R}$ 称为平均线。$\overline{X}_s$、R_s、$\overline{X}_x$、R_x、$\overline{\overline{X}}$、$\overline{R}$ 之值可由下面各式确定:

$$\overline{\overline{X}} = \sum_{j=1}^{k} \overline{X_j}/k \qquad (4-11)$$

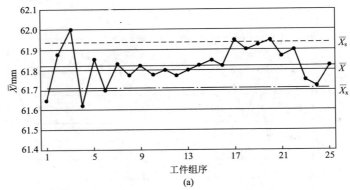

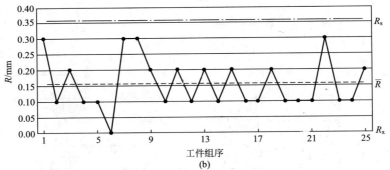

图 4.35 $\overline{X}$ - R 控制图

$$\overline{X}_s = \overline{\overline{X}} + A\overline{R} \tag{4-12}$$

$$\overline{X}_x = \overline{\overline{X}} - A\overline{R} \tag{4-13}$$

$$\overline{R} = \sum_{j=1}^{k} R_j / k \tag{4-14}$$

$$R_s = D_1 \overline{R} \tag{4-15}$$

$$R_x = D_2 \overline{R} \tag{4-16}$$

式中　　$\overline{\overline{X}}$——样组平均值的平均值；

　　　　k——抽样组数；

　　　　$\overline{X}_j$——各样组平均值；

　　　　R_j——各样组极差；

　　　　$\overline{R}$——样组极差的平均值；

A、D_1、D_2——系数，取值见表 4-4。

表 4-4　系数 A、D_1、D_2 数值

M(组内工件数)	2	3	4	5	6	7	8	9	10
A	1.8806	1.0231	0.7285	0.5768	0.4833	0.4193	0.3726	0.3367	0.3082
D_1	3.2681	2.5742	2.2819	2.1145	2.0039	1.9242	1.8641	1.8162	1.7768
D_2	0.0000	0.0000	0.0000	0.0000	0.0000	0.0758	0.1359	0.1838	0.2232

(1) 正常波动的分布特征。

① 在 $\overline{X}$-R 图中，没有数据点超过控制线。

② 大部分数据点在平均线上下波动，小部分在控制线附近。

③ 数据点没有明显的规律性。

(2) 异常波动的分布特征

① 数据点有上升或下降倾向。一般是由缓慢作用的原因造成的，如工艺系统中元件的磨损或温度等因素的影响。

② 数据点呈周期性波动。一般是由呈周期性的外因所致，如机床的几个主轴头的交替使用、不同量具或几个夹具交替使用等。

③ 数据点超越控制线。这些现象主要由偶然因素所致，如机床零部件损坏、刀具磨损、测量错误等。

④ 数据点密集在控制线附近。这种现象反映有系统误差存在，如刀具的微量崩刃等。

⑤ 数据点密集在平均线附近。一般出现在多头机床或多机床操作，这时控制线的范围会因不同分布的分散叠加而变得更宽，数据点就相对密集在中心线附近。

⑥ 数据点连续出现在平均线上方或下方。这种现象主要由系统误差所致，如机床调整、切削用量突然改变等。

6. 加工误差统计分析中分布图和点图的评价

(1) 实际分布图（直方图）绘制简单，它可以直观地反映出统计数据的分布特征。

(2) 理论分布图可以全面反映加工误差的性质。例如，常值系统误差、变值系统误差和随机误差的大小，判断工序的工艺能力，估计有可能出现的废品率。

(3) 个值点图绘制简单，它可以清楚地反映加工过程中系统误差及随机误差随时间的变化规律和发展趋势。

(4) $\overline{X}$-R 图主要用来判断加工过程中工件加工精度的波动是否正常。波动正常，表示加工精度稳定，而工艺能力则是指加工所能达到的精度。因此，正常波动和工艺能力是两个问题。加工精度是否稳定，靠判断波动是否正常来确定，工艺能力是否能满足加工精度的要求，则以公差大小及尺寸离散程度 σ 来判断。

4.3 零件机械加工表面质量

4.3.1 表面质量与汽车零件性能

零件表面质量虽然只反映表面的几何特征和表面层特征，但它对零件的耐磨性、疲劳强度、耐腐蚀性、配合性质等使用性能都有不同程度的影响。

1. 表面质量对零件耐磨性的影响

机器上相配合的零件相对运动时要产生摩擦。摩擦一方面消耗能量，另一方面会引起零件的磨损。

汽车很大一部分零件工作时都在做相对运动，为保证汽车的使用寿命，零件要具有一定程度的耐磨性。零件的耐磨性与润滑、摩擦副的材料及热处理等有关,但在上述条件确定的情况下,起主导作用的就是表面质量。

加工后的表面是粗糙不平的,两配合表面只是在凸峰顶部接触,实际接触面积比名义接触面积小得多。较小的表面粗糙度可提高零件的耐磨性,延长零件的使用寿命。但表面粗糙度值太小,由于表面间接触紧密,不易形成润滑油膜,而且两表面分子间的亲和力增加,反而使磨损剧烈增加。零件表面需要有一个最合适的表面粗糙度值(一般由试验确定)。

表面加工纹理方向对磨损也有影响,它随摩擦形式、摩擦条件和表面粗糙度的不同而不同,为了提高耐磨性,必须使摩擦副表面具有符合摩擦条件的加工纹理方向。对于机器零件的主要表面,除规定表面粗糙度参数值外,还应规定最后工序的加工方法及加工纹理方向。

零件表面层的强化程度和强化深度也对耐磨性有影响。表面层显微硬度的提高,增强了表面层的接触刚度,减少了摩擦表面变形及咬合的现象。但硬度也不能过高,否则会降低金属组织的稳定性,使金属表面变脆。在摩擦过程中,有较小的颗粒脱落就会使磨损增大。

2. 表面质量对零件疲劳强度的影响

零件在长期承受交变载荷的工作条件下,其疲劳强度除了与零件材料的物理力学性能有关,与表面质量的关系也很大。

在循环交变载荷下工作的零件,当表面上有微观不平度时便形成应力集中。应力集中主要发生在不平度的谷底,谷底越深,谷尖半径越小,则应力集中越严重。在谷底出现的应力数值可能超过金属的疲劳极限,促使裂纹逐渐扩展。当裂纹扩展到一定程度时,在偶然的超载冲击下,零件就会遭受破坏。因此,承受循环载荷的零件表面粗糙度值大时,就容易发生疲劳破坏。相反,减小表面粗糙度值将有助于提高疲劳强度。

3. 表面质量对零件耐腐蚀性的影响

腐蚀性介质凝聚在金属表面,会对金属表层产生腐蚀作用。例如,燃料在发动机中燃烧后的废气中含有酸性物质,它凝结在气缸壁上,使气缸壁发生腐蚀,加速了气缸的磨损。腐蚀的程度和速度与零件表面粗糙度有很大关系,表面粗糙度值越大,则越容易发生腐蚀。

在零件表面层造成压缩残余应力和一定程度的强化,将有助于提高零件的耐腐蚀性。有些零件按其在机器中的作用,并不要求小的表面粗糙度值,但由于工作环境的原因,要求它有较高的耐腐蚀能力,此时,零件的表面必须经过抛光等精整、光整加工。

4. 表面质量对零件配合性质的影响

在间隙配合中,如果零件的配合表面很粗糙,则在工作过程中将会很快磨损,使配合间隙增大,从而改变了所要求的间隙配合性质。

在过盈配合中,如果零件的配合表面很粗糙,则在配合时,表面的凸峰被压平,使有效过盈量减少,从而降低了过盈配合的连接强度。此外,在过盈配合中,如果表面强化现象严重,则强化层的金属在配合压力下很可能与内部金属脱离,从而破坏了配合性质。

4.3.2 加工工艺系统对零件表面粗糙度的影响与控制

这里主要对切削加工过程中,加工工艺诸因素对零件表面粗糙度的影响与控制进行讨论。

用金属切削刀具对零件表面进行加工时,影响加工表面粗糙度的因素有工艺系统几何因素、物理因素和振动三个方面。

1. 工艺系统几何因素的影响

若车削加工主要是以切削刃的直线部分形成表面粗糙度(不考虑刀尖圆弧半径的影响),如图 4.36(a)所示,则可以通过几何关系导出

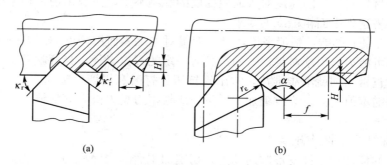

图 4.36 车削加工时影响表面粗糙度的几何因素
(a) 不考虑刀尖圆弧半径的影响;(b) 背吃刀量和进给量较小的影响

$$H = \frac{f}{\cot k_r + \cot k_r'} \tag{4-17}$$

式中　f——刀具的进给量(mm/r);
k_r、k_r'——刀具的主偏角和副偏角。

若加工时的背吃刀量和进给量均较小,则加工后表面粗糙度主要由刀尖的圆弧部分影响,其关系可由如图 4.36(b)所示的几何关系导出

$$H = r_\varepsilon \left(1 - \cos\frac{\alpha}{2}\right) = 2r_\varepsilon \sin^2\frac{\alpha}{4} \tag{4-18}$$

当中心角 α 很小时,可用 $\frac{1}{2}\sin\frac{\alpha}{2}$ 代替 $\sin\frac{\alpha}{4}$,且 $\sin\frac{\alpha}{2} \approx \frac{f}{2r_\varepsilon}$,故得

$$H \approx 2r_\varepsilon \left(\frac{f}{4r_\varepsilon}\right)^2 = \frac{f^2}{8r_\varepsilon} \tag{4-19}$$

对铣削、钻削等加工,也可以按几何关系导出类似的关系式,找出影响表面粗糙度的几何因素。但对铰孔加工来说,则同用宽刃车刀精车加工一样,刀具的进给量对加工表面粗糙度的影响不大。

为减少或消除几何因素对加工表面粗糙度的影响,可以选用合理的刀具几何角度、减少进给量和选用具有直线过渡刃的刀具。

2. 工艺系统物理因素的影响

物理因素对加工表面粗糙度的影响一般比较复杂,它与切削原理中所述的加工表面形成过程有关。

切削过程中刀具的刃口圆角及后面的挤压与摩擦,使金属材料发生塑性变形而使理想残留面积挤歪或沟纹加深,因而增大了表面粗糙度值。

1) 切削用量的影响

(1) 进给量 f 的影响：在粗加工和半精加工中，当 $f>0.15$mm/r 时，对表面粗糙度 Rz 的影响很大。当 $f<0.15$mm/r 时，则 f 的进一步减小就不能引起 Rz 值明显的降低。当 $f<0.02$mm/r 时，就不再使 Rz 值降低，这时加工表面粗糙度主要取决于被加工表面的金属塑性变形程度。

(2) 切削速度的影响：加工塑性材料时，切削速度对表面粗糙度的影响很大。切削速度越高，切削过程中切削和加工表面层的塑性变形程度越轻，加工后表面粗糙度值也就越小。加工脆性材料时，切削速度对表面粗糙度的影响不大。一般来说，切削脆性材料比切削塑性材料容易达到表面粗糙度的要求。

(3) 背吃刀量的影响：一般来说，背吃刀量对加工表面粗糙度的影响是不明显的。但由于切削刃不可能刃磨得绝对尖锐，而是具有一定的刃口半径，当背吃刀量小到一定数值以下时，这时正常切削就不能维持，常出现挤压、打滑和周期性地切入加工表面等现象，从而使表面粗糙度值提高。为改善加工质量，应根据刀具刃口刃磨的锋利情况选取相应的背吃刀量。

2) 工件材料性能的影响

工件材料的韧性和塑性变形倾向越大，切削加工后的表面粗糙度值越大。例如，低碳钢工件加工后的表面粗糙度值就高于中碳钢工件。由于黑色金属材料中铁素体的韧性好，塑性变形大，若能将铁素体—珠光体组织转变为索氏体或托式体—马氏体组织，就可以减小加工后的表面粗糙度值。

工件材料金相组织的晶粒越均匀、颗粒越细，加工时越能获得较小的表面粗糙度值。为此，对工件进行正火或回火处理后再加工，能使加工表面粗糙度值明显减小。

3. 工艺系统振动的影响

工艺系统的低频振动，一般在工件的已加工表面上产生表面波度，而工艺系统的高频振动将对已加工表面的粗糙度产生影响。为降低加工表面的粗糙度，必须采取相应措施防止加工过程中高频振动的产生。

4.3.3 加工工艺系统对零件表面层物理力学性能的影响与控制

1. 表面层的冷作硬化

1) 表面层冷作硬化现象

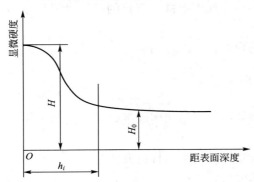

图 4.37 加工表面层的冷作硬化指标

在机械加工过程中，若加工表面层产生的塑性变形使晶体间产生剪切滑移，晶格严重扭曲，并产生晶粒的拉长、破碎和纤维化，引起表面层的强度和硬度都提高的现象，就是冷作硬化现象。加工表面层的冷作硬化指标主要以硬化层深度 h、表面层的显微镜硬度 H 及硬化程度 $N=(H-H_0)/H_0$ 表示，如图 4.37 所示。一般硬化程度越大，硬化层的深度也越大。

表面层的硬化程度取决于产生塑性变形

的力、变形速度及变形时的温度。力越大,塑性变形越大,产生的硬化程度也越大。变形速度越大,塑性变形越不充分,产生的硬化程度也就相应减小。变形时的温度 θ 不仅影响塑性变形程度,还会影响变形后的金相组织的恢复程度。当变形时温度超过 $(0.25\sim0.3)$ $\theta_{熔}$(金属的熔化温度)时,即会产生金相组织的恢复,也就是会部分甚至全部地消除冷作硬化现象。各种机械加工方法加工钢件表面层的冷作硬化情况见表 4-5。

表 4-5 各种机械加工方法加工钢件表面层的冷作硬化情况

加工方法	硬度程度 N/(%)		硬化层深度 h/μm	
	平均值	最大值	平均值	最大值
车削	20~50	100	30~50	200
精细车削	40~80	120	20~60	
端铣	40~60	100	40~100	200
圆周铣	20~40	80	40~80	110
钻、扩孔	60~70		180~200	250
拉孔	50~100		20~75	
滚、插齿	60~100		120~150	
外圆磨低碳钢	60~100	150	30~60	
外圆磨未淬硬中碳钢	40~60	100	30~60	
平面磨	50		16~25	
研磨	12~17		3~7	

2) 影响表面层冷作硬化的因素

(1) 刀具:刀具的刃口圆角和后刀面的磨损对表面层的冷作硬化有很大影响,刃口圆角和后刀面的磨损量越大,冷作硬化程度和深度也越大。

(2) 切削用量:在切削用量中,影响较大的是切削速度 v 和进给量 f。切削速度 v 增大,则表面层的硬化程度和深度都有所减小。这是由于一方面切削速度增大会使温度增高,有助于冷作硬化的恢复;另一方面由于切削速度的增大,刀具与工件接触时间短,也会使塑性变形程度减小。进给量 f 增大时,切削力增大,塑性变形程度也增大,因此表面层的冷作硬化程度也增大。但当进给量 f 较小时,由于刀具的刃口圆角在加工表面上的挤压次数增多,因此表面层的冷作硬化程度也会在增大。切削用量对表面层冷作硬化程度的影响如图 4.38 所示。

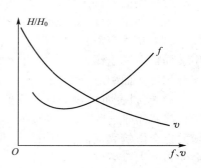

图 4.38 切削用量对表面层冷作硬化程度的影响

(3) 被加工材料:被加工材料的硬度越低、塑性越大,则切削加工后其表面层的冷作硬化现象越严重。

3) 控制表面层冷作硬化的措施

（1）合理选择刀具的几何形状，采用较大的前角和后角，并在刃磨时尽量减小其切削刃口半径。

（2）使用刀具时，应合理限制其后刀面的磨损程度。

（3）合理选择切削用量，采用较高的切削速度和较小的进给量。

（4）加工时采用有效的冷却润滑液。

2. 表面层的金相组织变化

机械加工过程中，在加工区由于加工时所消耗的能量绝大部分转化为热能，使加工表面出现温度的升高。当温度升高到超过金相组织变化的临界点时，就会产生金相组织变化。对一般的切削加工来说，不一定严重到如此程度，但对单位切削截面消耗功率特别大的磨削加工，就可能出现表面层的金相组织变化。

影响磨削加工时金相组织变化的因素有工件材料、磨削温度、温度梯度及冷却速度等。当磨削淬火钢时，若磨削区温度超过马氏体转变温度而未超过其相变临界温度，则工件表面原来的马氏体组织将产生回火现象，转化成硬度降低的回火组织（索氏体或屈氏体），称之为回火烧伤。若磨削区温度超过相变临界温度，由于冷却液的急冷作用，工件表面的最外层会出现二次淬火的马氏体组织，硬度较原来的回火马氏体高，而其下层因冷却速度较慢仍为硬度降低的回火组织，称之为淬火烧伤。若不用冷却液进行干磨时超过相变的临界温度，由于工件冷却速度较慢，使磨削后表面硬度急剧下降，则产生退火烧伤。

此外，对一些高合金钢，如轴承钢、高速钢、镍铬钢等，由于其传热性能特别差，在不能得到充分冷却时，常易出现相当深度的金相组织变化，并伴随出现极大的表面残余拉应力，甚至产生裂纹。加工表面层的烧伤和裂纹将使零件的使用性能大幅度下降。

3. 表面层的残余应力

1）零件表面层残余应力的产生原因

切削或磨削过程中，加工表面层相对基体材料发生形状、体积或金相组织变化时，工件表面层与基体材料的交界处产生相互平衡的应力，称为表面层残余应力。各种机械加工方法所得到的零件表面层，都存在或大或小、或拉或压的残余应力。

机械加工表面层残余应力产生的原因主要是在加工过程中表面层曾出现过高温，引起局部高温塑性变形；加工过程中表面层曾发生过局部冷态塑性变形；加工过程中表面层产生了局部金相组织变化；以及在加工过程中，表面层经冷态塑性变形后，金属密度下降，比容积增大而引起表面层受力状况变化等。

2）控制表面层残余应力的工艺措施

（1）合理选择磨削用量。磨削深度的增大会使表面温度升高，工件速度和砂轮速度的增大也会影响表面温度的升高，但影响的程度不如磨削深度大。横向进给量的增大，反而会使表面温度下降。

在生产中，磨削加工产生的烧伤层如果很薄，常常在本工序中通过最后几次无进给磨削，或通过精磨、研磨、抛光等工序把烧伤层除去，甚至在使用时的初期磨损也能把它除去。所以，问题不在于有没有表面烧伤，而在于烧伤层有多厚。

提高工件速度能减轻磨损表面的烧伤，所以提高工件速度是一项既能减轻磨削烧伤又能提高生产率的有效措施。但是提高工件速度会导致表面粗糙度增高，为了弥补这个缺陷，可以相应提高砂轮速度。

(2) 提高冷却效果。在磨削加工过程中，通常的喷射冷却液的冷却方法往往效果很差。由于高速旋转的砂轮表面上产生强大气流层，以致没有多少冷却液能进入磨削区，而常常是将冷却液大量地喷注在已经离开磨削区的工件表面上。此时磨削热量已进入工件的加工表面，造成表面烧伤或裂纹，为此改进冷却方法、提高冷却效果是非常必要的，具体的改进措施如下。

① 采用高压大流量冷却。这样不但能加强冷却作用，而且还可以对砂轮表面进行冲洗，使其空隙不易被切屑堵塞。例如，有的磨床就是使用流量 200L/min 和压力为 8～12 大气压的冷却液。为防止冷却液飞溅，机床需安装有防护罩。

② 在砂轮上安装带有空气挡板的冷却液喷嘴。为减轻高速旋转砂轮表面的高压附着气流作用，可加装如图 4.39 所示的带有空气挡板的冷却液喷嘴，以使冷却液能顺利地喷注到磨削区。

③ 利用砂轮的孔隙实现内冷却。由于砂轮上的孔隙均能渗水，因此可采用如图 4.40 所示的内冷却方式。冷却液由锥形盖 1 经主轴法兰套 2 的通道孔，引入到砂轮的中心腔 3 内。由于离心力作用，冷却液即会通过砂轮内部有径向小孔的薄壁套 4 的孔隙，向砂轮四周的边缘喷出。这样，冷却液就有可能直接与处在磨削区内正在加工的工件表面接触，从而起到有效冷却的作用。

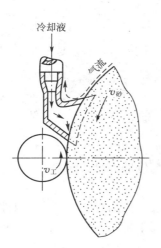

图 4.39　带有空气挡板的
　　　　　冷却液喷嘴

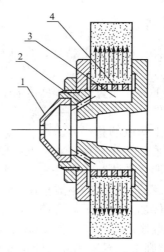

图 4.40　内冷却砂轮轴结构
1—锥形盖；2—主轴法兰套；
3—砂轮中心腔；4—薄壁套

(3) 提高砂轮的磨削性能。磨料硬度和强度的提高是提高砂轮磨削性能的一个重要方向。

金刚石砂轮磨削硬质合金不产生烧伤和裂纹的主要原因是磨粒的强度、硬度大，刃尖锋利，改善了切除薄切屑的条件，从而使磨削力及磨削区温度下降。另一个原因是金刚石与金属在无润滑液情况下的摩擦因数极低，只有 0.05。

立方氮化硼的应用也提高了加工硬质合金的效率。虽然立方氮化硼在硬度和强度上略逊于金刚石，但它能在高达 1360℃（金刚石是 920℃）的高温下工作。

为了提高磨削性能，可采用如图 4.41 所示的开槽砂轮。由于砂轮的工作部位上开有一定宽度、一定深度和一定数量等距或不等距的斜沟槽，当其高速旋转时，不仅易于将冷却液带入磨削区，改善散热条件，而且提高了砂轮的自励性，使整个磨削过程都有锋利的磨粒在工作，从而降低了磨削区温度。

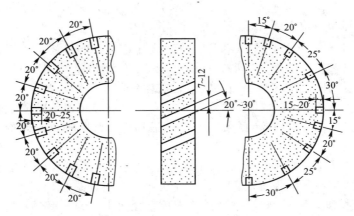

图 4.41　开槽砂轮

思考题

1．名词解释：机械加工精度、尺寸精度、形状精度、位置精度、加工误差、经济加工精度。
2．机械加工表面质量包括哪些内容？
3．分析零件对加工精度的要求。
4．说明加工精度的获得方法。
5．论述工艺系统误差对尺寸精度的影响因素及如何控制。
6．采用成形运动法获得零件表面形状，影响其精度的因素有哪些？
7．说明提高回转精度的主要措施。
8．根据零件加工表面间位置精度的不同获得方法，指出影响其精度的主要因素。
9．如何采取措施控制工艺系统受力变形对零件加工精度的影响？
10．论述控制工艺系统热变形的主要措施。
11．工艺系统内应力对零件加工精度的影响因素有哪些？
12．论述表面质量对汽车零件性能的影响。
13．分析加工工艺系统对零件表面粗糙度的影响与控制。
14．分析加工工艺系统对零件表面层物理力学性能的影响与控制。

第 5 章 尺 寸 链

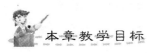 本章教学目标

掌握尺寸链的定义、组成、分类及计算内容；
掌握尺寸链计算的基本公式；
掌握利用极限法、统计法计算尺寸链；
掌握基准重合及不重合时的工序尺寸计算；
掌握装配精度的概念；
了解保证装配精度的装配方法。

 本章教学要点

知识要点	掌握程度	相关知识
尺寸链的基本概念	掌握尺寸链的定义、组成、分类 掌握尺寸链的计算内容	尺寸链的定义、组成、分类 尺寸链的计算内容
尺寸链计算的基本公式	掌握封闭环基本尺寸的计算 掌握利用极限法计算尺寸链 掌握利用统计法计算尺寸链	封闭环基本尺寸的计算 尺寸链计算的极限法 尺寸链计算的统计法
工艺尺寸链	掌握基准重合时的工序尺寸计算 掌握基准不重合时的工序尺寸计算	基准重合时的工序尺寸计算 基准不重合时的工序尺寸计算
装配尺寸链	掌握装配精度的概念 了解保证装配精度的装配方法	装配精度的概念 互换装配法、选择装配法、调整装配法、修配装配法

车辆制造工艺

导入案例

机械设计包括结构设计、参数设计、尺寸链计算(公差设计)三大部分。统计资料表明，虽然产品的设计开发在产品总成本中只占5%，但是产品总成本的70%却是在设计开发阶段内确定的，这里面65%以上成本是由公差决定的。机械产品质量差很大程度上直接反映为产品制造精度或配合精度的低下，同时产品精度设计的好坏也直接影响产品的性能价格比。

为了提高产品精度，许多企业冒着巨大的投资风险，以高额资金引进高精设备，结果却利用率不高，成本大幅增长，甚至被巨额债务拖垮。而反观发达国家企业，设备并不一定比我们先进，但生产出来的产品往往比我们的产品精度要高、质量要好。因此，低投入高效益的解决之道才是我国优先发展和推广的明智之举。我国机械产品精度低的根源除了加工工艺与设备落后之外，精度设计与控制技术的落后也是重要原因。精度设计与控制技术归根结底就是利用尺寸链计算原理，合理、经济、高效地分配各个零件的制造、装配公差，真正实现产品的高质量、低成本、大批量生产。

图5.1所示是不同企业的两款车型，从图片即可看出产品质量完全不一样(价格当然也相差很大)。可以直观看出图5.1(a)所示车型的间隙、面差大且不均匀，给人的感觉是质量差，究其原因，公差设计和控制存在严重的不足，缺少必要的尺寸链的计算和分析。

图5.1 两款轿车的车身结构件间隙及面差比较

在美国，尺寸链计算(公差设计、分析)已上升到国家层面，在1999年编制的《2010年及其后的美国国防制造工业》报告中明确指出："许多国防系统都需要精密的公差，如采用模块化设计的系统(如现代喷气式发动机、潜艇、舰艇、航空电子元器件与装置、飞机、枪炮和地面车辆)，模块化开发比非模块化开发更需要严格的配合和公差控制，必须明确、准确地定义制造工艺过程能力和装配顺序，以决定与模块化开发有关的累积尺寸公差。通过预计变化的详细设计，必须在设计阶段早期对模块或装配零部件之间的累积公差做出评估。"同时，该报告中还明确地将"尺寸链计算"列入国防制造工业能力的需求，作为今后制造业发展的核心内容。

据统计分析，进行尺寸链计算会降低产品成本10%左右，产品质量会提升7%以上。因此，我们有必要对尺寸链计算问题加以重视，把尺寸链计算真正应用到产品设计过程中，使尺寸链计算成为产品设计过程中的一个必要环节。

5.1 尺寸链的基本概念

在车辆及机械产品设计、制造过程中，尺寸链的应用非常普遍。首先，产品设计工程师根据产品、部件或总成的使用性能及特殊要求，规定必需的装配精度，确定零件的基本尺寸及公差(或极限偏差)。其次，机械加工工艺设计人员通过尺寸链换算，确定各工序尺寸及其偏差。最后，装配工艺工程师根据装配要求确定合适的装配方法。因此，对产品设计工程师及工艺工程师来说，尺寸链计算是必须掌握的重要理论之一。

5.1.1 尺寸链的定义

在加工车辆零件过程中，当改变零件的某一尺寸大小，会引起其他有关尺寸的变化。同样，在整车或零部件的装配时，零件与零件之间在部件中的有关尺寸，同样是密切联系、相互依赖的。因此，在机器设计、装配及零件加工过程中，将一组相互联系且按一定顺序排列的封闭尺寸组合称为尺寸链。

以图 5.2 所示发动机气门零件的轴向尺寸为例，轴向尺寸是相互有联系的，将其中有些尺寸构成零件尺寸链，如图 5.3 所示。若将气门零件与其他零件装配，如图 5.4 所示，则有关尺寸又可构成装配尺寸链，如图 5.5 所示。

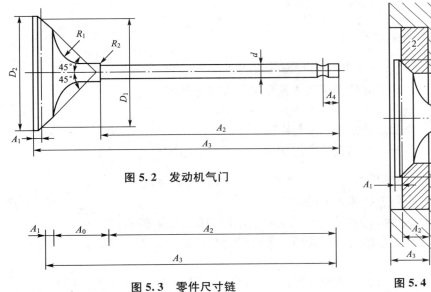

图 5.2 发动机气门

图 5.3 零件尺寸链

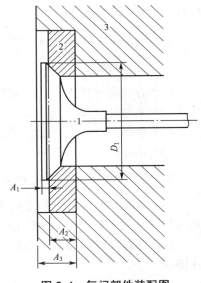

图 5.4 气门部件装配图
1—气门；2—气门座；3—气缸体

尺寸链与尺寸标注的不同之处在于，尺寸链中的各尺寸必须构成封闭形式，并且按照一定顺序首尾相接。尺寸链的特征表现为尺寸是封闭的且具有关联性。

5.1.2 尺寸链的组成

尺寸链是由若干个尺寸组成的，构成尺寸链的每一尺寸称为环。

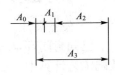

图 5.5 装配尺寸链

根据每个环在尺寸链中位置和性质的不同，尺寸链的环可分为封闭环和组成环。

1. 封闭环

封闭环是在零件加工或机器装配过程中，最后形成（即间接获得或间接保证）的环。因此，每个尺寸链只有一个也必有一个封闭环。如图5.2和图5.4中的A_0，是在加工或装配完成后自然形成的一个环，是封闭环。

2. 组成环

一个尺寸链中，除封闭环以外的所有其他各环都是组成环。它们是在加工或装配过程中，直接得到或直接保证的尺寸，如图5.2和图5.4中的A_1、A_2和A_3。

此外，按对封闭环影响性质的不同，组成环又分为增环和减环。

(1) 增环：在尺寸链中，当其余组成环不变，将某一组成环增大，封闭环也随之增大，该组成环即为增环，如图5.2和图5.4中的A_3。

(2) 减环：在尺寸链中，当其余组成环不变，将某一组成环增大，封闭环却随之减小，该组成环即为减环，如图5.2和图5.4中的A_1、A_2。

在不同的尺寸链中，组成环中增环和减环的分配个数不是相同的，必须按它们的定义来确定哪些组成环是增环，哪些是减环。因此，任何尺寸链都是由一个封闭环和若干个组成环构成的。

5.1.3 尺寸链的分类

对尺寸链可以按几种不同的方式进行分类。

1. 按各环所处的空间位置分类

(1) 直线尺寸链：全部尺寸位于两根或几根平行直线上的尺寸链。

(2) 平面尺寸链：全部尺寸位于一个或几个平行平面上的尺寸链。

(3) 空间尺寸链：全部尺寸位于不平行平面上的尺寸链。

(4) 角度尺寸链：全部尺寸均有角度构成的尺寸链。

2. 按尺寸链的应用范围分类

(1) 装配尺寸链：全部组成环为不同零件设计尺寸所形成的尺寸链。装配尺寸链的特点为封闭环是不同零件表面间的尺寸，该尺寸在装配后间接（或自然）得到。

(2) 零件设计尺寸链：全部组成环为同一零件设计尺寸所形成的尺寸链，简称零件尺寸链。

(3) 工艺尺寸链：全部组成环为同一零件工艺尺寸所形成的尺寸链。工艺尺寸链的特点为封闭环是在零件加工后间接（或自然）得到的，制造中直接获得的工序尺寸是组成环。

5.1.4 尺寸链的计算内容

1) 公差设计计算

已知封闭环，求解各组成环。这种情况也称反计算，主要用于产品设计、零件加工和装配工艺计算中。在计算过程中，将已知的封闭环公差合理地分配给各组成环。因为已知一个封闭环公差，需分配给多个组成环，属于不定解，因此在分配时要考虑多个因素合理地进行分配。

在公差设计计算中也常遇到已知封闭环和部分组成环的公差,求解其余组成环公差,一般称为中间计算。

2) 公差校核计算

已知组成环,求解封闭环。这种情况也称正计算,主要用于校核封闭环的公差和极限偏差,其计算所得的解是唯一的。工艺人员经常利用公差校核计算,来验证产品设计人员确定的相关零件设计尺寸、公差及极限偏差的正确性,以及装配方法选择的合理性。

5.2 尺寸链计算的基本公式

无论在工艺尺寸链中还是在装配尺寸链中,都需要利用尺寸链计算的基本公式来进行尺寸换算。

利用尺寸链计算的基本公式,可以在已知各组成环基本尺寸及公差(或偏差)的情况下,求出封闭环的基本尺寸及公差(或偏差);也可以在已知封闭环的基本尺寸及公差(或偏差)的情况下,确定某一组成环或各个组成环的基本尺寸及公差(或偏差)。

在尺寸链计算中,通常是以各环的基本尺寸及上、下偏差来表达的,也可用极限尺寸或平均尺寸和平均偏差来表达。为了计算的方便和统一,将尺寸链计算公式中所用的符号列于表 5-1。

表 5-1 尺寸链计算所用符号

环名	个数	代表量符号							
		基本尺寸	最大极限尺寸	最小极限尺寸	上偏差	下偏差	公差	平均尺寸	平均偏差
所有环	$N(1+m+n)$	A	A_{max}	A_{min}	ES_A	EI_A	δ	A_M	Δ
封闭环	1	A_0	A_{0max}	A_{0min}	ES_{A0}	EI_{A0}	δ_0	A_{M0}	Δ_0
增环	m	A_Z	A_{Zmax}	A_{Zmin}	ES_{AZ}	EI_{AZ}	δ_Z	A_{MZ}	Δ_Z
减环	n	A_J	A_{Jmax}	A_{Jmin}	ES_{AJ}	EI_{AJ}	δ_J	A_{MJ}	Δ_J

5.2.1 封闭环基本尺寸的计算

封闭环的基本尺寸等于各增环尺寸之和减去各减环尺寸之和,

$$A_0 = \sum_{Z=1}^{m} A_Z - \sum_{J=1}^{n} A_J \tag{5-1}$$

式中　m——增环数;
　　　n——减环数。

该式对用极限法和概率法进行工艺尺寸链和装配尺寸链的计算都适用。

在图 5.2 中,设 $A_1=(2.5\pm0.13)$mm,$A_2=(101+0.20)$mm,$A_3=(131.2\pm0.03)$mm,求封闭环 A_0 的尺寸。

由式(5-1)得

$$A_0 = A_3 - (A_1 + A_2) = 131.2 - (2.5 + 101)\text{mm} = 27.7\text{mm}$$

5.2.2 极值法

1. 极限尺寸的计算

极限尺寸计算包括封闭环的最大值和最小值计算。封闭环的最大值等于各增环最大值之和减去各减环最小值之和;封闭环的最小值等于各增环最小值之和减去各减环最大值之和。

$$\begin{cases} A_{0\max} = \sum_{Z=1}^{m} A_{Z\max} - \sum_{J=1}^{n} A_{J\min} \\ A_{0\min} = \sum_{Z=1}^{m} A_{Z\min} - \sum_{J=1}^{n} A_{J\max} \end{cases} \quad (5-2)$$

对于图 5.2 中 A_0 的极限尺寸计算如下。

$$A_{0\max} = A_{3\max} - (A_{1\min} + A_{2\min}) = 131.2 + 0.03 - (2.5 - 0.13 + 101) = 27.86(\text{mm})$$

$$A_{0\min} = A_{3\min} - (A_{1\max} + A_{2\max}) = 131.2 - 0.03 - (2.5 + 0.13 + 101 + 0.20) = 27.34(\text{mm})$$

2. 上、下偏差的计算

将式(5-2)减去式(5-1),可得上、下偏差计算公式。

$$\begin{cases} \text{ES}_{A0} = \sum_{Z=1}^{m} \text{ES}_{AZ} - \sum_{J=1}^{n} \text{EI}_{AJ} \\ \text{EI}_{A0} = \sum_{Z=1}^{m} \text{EI}_{AZ} - \sum_{J=1}^{n} \text{ES}_{AJ} \end{cases} \quad (5-3)$$

式(5-3)说明封闭环的上偏差等于各增环上偏差之和减去各减环下偏差之和,封闭环的下偏差等于各增环下偏差之和减去各减环上偏差之和。

由于零件的尺寸通常以基本尺寸加上上、下偏差的形式标注,因此,用式(5-3)计算比用式(5-2)计算更加方便、简捷。

3. 公差计算

将式(5-2)中的上式减去下式,则公差计算公式为

$$\begin{aligned} \delta_0 &= A_{0\max} - A_{0\min} \\ &= \sum_{Z=1}^{m} A_{Z\max} - \sum_{J=1}^{n} A_{J\min} - \left(\sum_{Z=1}^{m} A_{Z\min} - \sum_{J=1}^{n} A_{J\max} \right) \\ &= \sum_{Z=1}^{m} A_{Z\max} - \sum_{Z=1}^{m} A_{Z\min} + \left(\sum_{J=1}^{n} A_{J\max} - \sum_{J=1}^{n} A_{J\min} \right) \\ &= \sum_{Z=1}^{m} \delta_Z + \sum_{J=1}^{n} \delta_J \end{aligned}$$

即

$$\delta_0 = \sum_{i=1}^{N-1} \delta_i \quad (5-4)$$

式中 i ——组成环数。

式(5-4)说明封闭环的公差等于各组成环公差之和。该式可用作极值法计算各环尺寸后的验算式。

在图 5.2 中，A_0 的公差按式(5-4)计算
$$\delta_0 = 2\times 0.13 + 0.2 + 0.06 = 0.52(\text{mm})$$

由式(5-4)可知，用极值法计算的封闭环公差比任何组成环公差都大。因此，在设计时应选择最不重要的环作为封闭环。反之，当封闭环公差确定之后，组成环数越多，则每一环的公差就越小，对加工要求越高，加工成本越高。

5.2.3 统计法

用极值法解封闭环精度要求高、组成环数多的尺寸链时，所带来的加工、成本问题，可用统计法来解决。

统计法是利用正态分布曲线的原理来进行尺寸链的计算。用统计法解尺寸链，基本尺寸仍按式(5-1)计算，公差及上、下偏差须按各环尺寸的分布规律确定。

1. 各环公差计算

根据概率理论，当各组成环的尺寸都按正态分布时，封闭环尺寸也一定按正态分布。再由概率论关于各变量的标准差关系间的理论，可得出封闭环与各组成环公差的关系为

$$\delta_0 = \sqrt{\sum_{i=1}^{N-1} \delta_i^2} \qquad (5-5)$$

式中 i——组成环数。

式(5-5)说明，当各组成环尺寸均按正态分布时，封闭环公差等于各组成环公差平方和的平方根。

2. 平均偏差的计算

式(5-1)和式(5-5)给出了基本尺寸 A 和公差大小 δ 的计算式，要完全确定一个尺寸，还必须求出它的上偏差和下偏差。

若各环尺寸的分布曲线为对称分布曲线(正态分布曲线属于对称分布的一种)，且曲线分布中心 μ 与公差带中心(平均偏差)重合，则平均尺寸 A_M 与平均偏差 Δ 也重合，如图 5.6 所示。要确定尺寸的上、下偏差必须先求出平均偏差 Δ 的值。从图 5.6 中可知，平均偏差与平均尺寸和基本尺寸的关系如下。

$$\Delta = A_M - A \qquad (5-6)$$

A_M 为某一环的平均尺寸，它可由该环的极限尺寸确定

$$A_M = (A_{\max} + A_{\min})/2 \qquad (5-7)$$

若要求某一未知环的平均尺寸，可先按式(5-7)求出其他各已知环的平均尺寸，再按式(5-8)求出该环的平均尺寸。

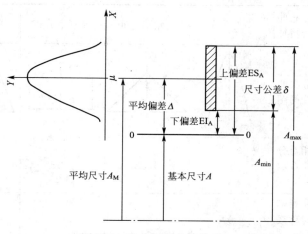

图 5.6 尺寸与偏差的关系

$$A_{M0} = \sum_{Z=1}^{m} A_{MZ} - \sum_{J=1}^{n} A_{MJ} \qquad (5-8)$$

可见，封闭环的平均尺寸等于所有增环平均尺寸之和减去所有减环平均尺寸之和，它是利用概率论原理对尺寸链进行换算的又一基本公式。利用该式求出未知环的平均尺寸 A_M 后，再用式(5-6)换算，即可求得未知环的平均偏差 Δ 值。

Δ 值也可通过另一途径求出。将式(5-8)中各环减去基本尺寸，可得如下关系式。

$$\Delta_0 = \sum_{Z=1}^{m} \Delta_Z - \sum_{J=1}^{n} \Delta_J \qquad (5-9)$$

可见，封闭环的平均偏差等于所有增环平均偏差之和减去所有减环平均偏差之和。可以先用下式求出各已知环的平均偏差。

$$\Delta = (ES_A + EI_A)/2 \qquad (5-10)$$

再将各已知的 Δ 值代入式(5-9)中，即可求出未知环的平均偏差 Δ 值。

3. 上、下偏差的计算

利用平均偏差，可得某环上、下偏差计算式如下。

$$\begin{cases} ES_A = \Delta + \delta/2 \\ EI_A = \Delta - \delta/2 \end{cases} \qquad (5-11)$$

必须注意，上述计算方法用于明确各环尺寸均为正态分布的场合。

4. 统计法的估算

当尺寸不为正态分布时，在求各环公差时，必须对式(5-5)加以修改，则封闭环与各组成环公差的关系式为

$$\delta_0 = \sqrt{\sum_{i=1}^{N-1} k_i^2 \delta_i^2} \qquad (5-12)$$

式中　k——相对分布系数。

相对分布系数用来说明各种分布曲线相对于正态分布曲线的差异程度，不同分布曲线所对应的 k 值见表5-2。

表5-2　常见分布曲线的相对分布系数 k 和相对不对称系数 e

分布曲线特征	正态分布	三角形分布	等概率分布	平顶分布	偏态分布	
分布曲线简图	(−3σ ~ +3σ)	△	▭	平顶	$e\cdot\delta/2$	$e\cdot\delta/2$
相对分布系数 k	1	1.22	1.73	1.1~1.5	1.17	1.17
相对不对称系数 e	0	0	0	0	+0.26	−0.26

当尺寸不为对称分布时，则平均尺寸相对于平均偏差就会有偏移，偏距为 $e \cdot \delta/2$，如图 5.7 所示。e 称为相对不对称系数，它表示尺寸分布的不对称程度。不同分布曲线所对应的 e 值见表 5-2。此时，式(5-8)、(5-9)分别修正为，

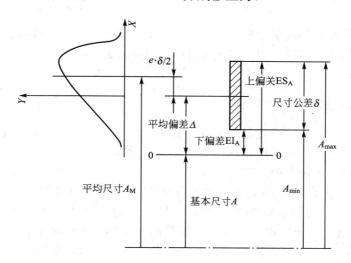

图 5.7　非正态分布时尺寸与偏差的关系

$$A_{M0} = \sum_{Z=1}^{m}(A_{MZ} + e_Z \cdot \delta_Z/2) - \sum_{J=1}^{n}(A_{MJ} + e_J \cdot \delta_J/2) \tag{5-13}$$

$$\Delta_0 = \sum_{Z=1}^{m}(\Delta_Z + e_Z \cdot \delta_Z/2) - \sum_{J=1}^{n}(\Delta_J + e_J \cdot \delta_J/2) \tag{5-14}$$

式中　e_Z——增环的相对不对称系数；

　　　e_J——减环的相对不对称系数。

显然，当利用上述公式解尺寸不对称分布的尺寸链时，首先必须知道各尺寸分布的确切规律，这样才能选取 k 值和 e 值。而要明确各尺寸分布的确切规律，必须经过大量的数据统计与处理。

为了简化统计法的计算过程，也为了能在各环尺寸分布规律不明的情况下进行尺寸链的计算，此时，可用估算式进行计算。

各环公差的估算可按式(5-15)进行。

$$\delta_0 = k_M \sqrt{\sum_{i=1}^{N-1} \delta_i^2} \tag{5-15}$$

式中　k_M——平均相对分布系数，其值可在 1.2～1.7 内选取。

各环平均尺寸和平均偏差仍按式(5-8)和式(5-9)计算，式(5-6)也仍适用。这说明，在用估算法确定上、下偏差时，将各环尺寸分布都视为对称分布，且分布中心与公差带中心重合。

必须指出，统计估算法的应用对象是组成环数目较多的尺寸链，尺寸链环数越多，估算法实用性越强。当组成环数目不多时，则要求各环的误差值不能相差太大。

5.3 工艺尺寸链

在汽车零件从毛坯到成品的整个工艺过程中,正确地绘制、分析和计算工艺尺寸链,是编制工艺规程的重要步骤。对于基准重合时、基准不重合时、工序间工艺尺寸等,都要利用尺寸链进行计算。

5.3.1 基准重合时的工序尺寸计算

定位基准、工序基准、测量基准及设计基准重合,是工序尺寸确定最简单的情况。这种情况下,工序尺寸的计算是以最终工序开始,反算到第一工序的。工序尺寸是组成环,加工余量是封闭环。下面举例加以说明。

图 5.8(a)所示为活塞零件工序尺寸图,尺寸 C_1、C_2 为设计尺寸,其中 C_1 为活塞顶面到底面的距离,C_2 为顶面到销孔轴线间的尺寸。为了保证设计尺寸 C_1,顶面加工顺序为粗车顶面→精车顶面。粗车顶面时,以底面为定位基准;精车顶面时,也以底面为定位基准。因此,在加工活塞顶面过程中,工艺基准与设计基准重合,各工序的工序尺寸为

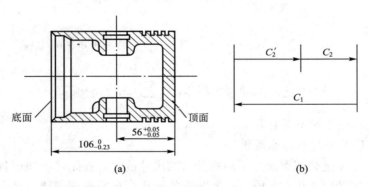

图 5.8 基准重合原则的应用

精车顶面　$C_1' = C_1$　　（与设计尺寸相同）

粗车顶面　$C_1'' = C_1 + z_1$　（设计尺寸加上精车余量,精度为粗车精度）

式中　C_1'——精车工序尺寸;
　　　C_1''——粗车工序尺寸;
　　　z_1——精车余量。

图 5.9 所示为某汽车机械式有级变速器中间轴第三速齿轮简图,其中 $D = 58^{+0.03}_{0}$ mm,$L = 62.6^{+0.25}_{0}$ mm,加工工艺过程:扩孔→拉孔→磨孔。因为工艺基准与设计基准重合,各工序的工序尺寸计算见表 5-3。

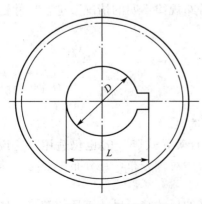

图 5.9 汽车变速器中间轴第三速齿轮简图

表 5 - 3　工序尺寸及公差的计算　　　　　　　　　　（单位：mm）

工序名称	工序余量	工序尺寸	工序公差	工序尺寸公差
磨孔	0.25	58	0.03	$\phi 58^{+0.03}_{\ 0}$
拉孔	1.05	58－0.25＝57.75	0.025	$\phi 57.75^{+0.025}_{\ \ \ \ 0}$
扩孔	6.7	57.75－1.05＝56.7	0.12	
毛坯孔		50	3	

通常情况下，外圆、内孔、盘及套类零件加工，其工艺基准与设计基准基本上是重合的。由以上实例可以看出，只有基准重合，可通过下述步骤确定工序尺寸。

（1）确定各加工工序的加工余量。

（2）从终加工工序开始，即从设计尺寸开始，到第一道加工工序，逐次加上每道加工工序余量，可分别得到各工序基本尺寸。

（3）除终加工工序以外，其他各加工工序按各自所用加工方法的加工经济精度确定工序尺寸公差(终加工工序的公差按设计要求确定)。

5.3.2　基准不重合时的工序尺寸计算

当工艺基准与设计基准不重合时，加工过程中往往不能直接保证设计尺寸，而只能间接地保证，因此在进行加工工艺设计时，相关的工序尺寸，必须经过尺寸链换算来获得。

1. 定位基准与设计基准不重合时工序尺寸的计算

在工艺设计过程中，所选择的定位基准与设计基准不重合，则零件的设计尺寸就不能由加工直接获得，而是由几个工序尺寸予以间接保证，此时应用尺寸链原理计算有关的工序尺寸，以保证设计尺寸的精度要求。

如图 5.8(a)所示，在精镗活塞销孔工序，选活塞底面作为定位基准，但销孔的设计基准为活塞顶面，因此工序基准与设计基准不重合。为保证尺寸 C_2，工序尺寸按选定的工序基准调整确定为 C'_2，如图 5.8(b)所示。现在要确定工序尺寸 C'_2 的大小，以及公差应控制在什么范围内才能保证设计尺寸 C_2。为此，首先确定封闭环。由于 C_2 为间接保证的设计尺寸，所以，C_2 为封闭环，C'_2 与 C_1 为组成环。

计算工序尺寸 C'_2，由式(5-1)有
$$C'_2 = C_1 - C_2 = 106 - 56 = 50 \text{(mm)}$$

工序尺寸 C'_2 公差计算。因为 $T_{C1}=0.23\text{mm}$，$T_{C2}=0.1\text{mm}$，而 C'_2 为封闭环。由式(5-2)知，T_{C2} 必须大于或等于 T_{C1} 加 T_{C2}。但尺寸链中，组成环 C_1 的公差已大于封闭环的公差，即使 C'_2 的公差为零也不能保证 C'_2 的尺寸公差。为此，必须调整 C_1 的公差。假如取 $T_{C1}=0.06\text{mm}$，则可求出 $T_{C'2}$ 为 0.04mm，公差调整之后 $C_1 = 106^{\ \ 0}_{-0.06}\text{mm}$，该尺寸加工精度明显提高，加工难度增大。

计算 C'_2 的上、下偏差，由式(5-3)有
$$\text{EI}_{C'2} = \text{ES}_{C1} - \text{ES}_{C2} = 0 - 0.05 = -0.05 \text{(mm)}$$
$$\text{ES}_{C'2} = \text{EI}_{C1} - \text{EI}_{C2} = -0.06 - (-0.05) = -0.01 \text{(mm)}$$

则 $C'_2 = 50^{-0.01}_{-0.05}\text{mm}$。

2. 测量基准与设计基准不重合时工序尺寸的计算

在零件加工中，有时会遇到一些表面加工之后，按设计尺寸不便直接测量的情况，此时就要另选一合适的表面作为测量基准进行加工，以间接保证设计尺寸的要求，这时必须进行工序尺寸的计算。

图 5.10(a)所示为套筒零件，端面 A 为尺寸 $10_{-0.36}^{0}$ mm 及尺寸 $50_{-0.17}^{0}$ mm 的设计基准，在加工过程中，端面 A 及 C 已加工完毕达到设计尺寸，本工序加工孔及端面 B。因为加工时设计尺寸 $10_{-0.36}^{0}$ mm 不便直接测量，而改用游标深度尺以 B 面为基准直接测量大孔的深度，来间接保证设计尺寸 $10_{-0.36}^{0}$ mm。由于设计基准面为 A 面，而测量基准为 B 面，基准不重合，这就需要采用尺寸链原理对工序尺寸 C_2 进行计算。如图 5.10(b)所示，对大孔深度进行计算，为此应建立工艺尺寸链。

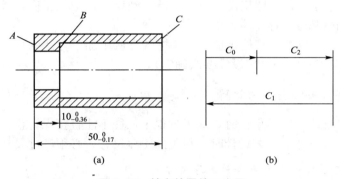

图 5.10　某套筒零件工序图

(1) 确定封闭环，封闭环应为间接保证的设计尺寸 $10_{-0.36}^{0}$ mm，用 C_0 表示。

(2) 查明与大孔深度尺寸 C_2 有关的尺寸。

(3) 画出尺寸链图，尺寸链中 C_0 为封闭环，C_1 为增环，C_2 为减环。于是，$C_1 = 50_{-0.17}^{0}$ mm，$C_0 = 10_{-0.36}^{0}$ mm，C_2 待求。

计算 C_2 基本尺寸，由式(5-1)有
$$C_2 = C_1 - C_0 = 50 - 10 = 40 \text{(mm)}$$

计算 C_2 尺寸上、下偏差，由式(5-3)有
$$EI_{C_2} = ES_{C_1} - ES_{C_0} = 0 - 0 = 0$$
$$ES_{C_2} = EI_{C_1} - EI_{C_0} = -0.17 - (-0.36) = 0.19 \text{(mm)}$$

则 $C_2 = 40_{0}^{+0.19}$ mm。

因为 $T_{C0} > T_{C1}$，所以可以按上述步骤进行计算。若 $T_{C0} \leq T_{C1}$，则不能按上述步骤进行计算。因为封闭环的公差小于等于尺寸链中某一组成环的公差，那么其余组成环公差之和应小于或等于零。由于机械制造中零件公差等于零或是负公差是不可能的，因此必须根据工艺可能性重新决定各组成环的公差，即缩小它们的制造公差，提高其加工精度。解决这类问题一般有以下几种方法。

方法 1：按等公差值的原则分配封闭环公差，即
$$T_{Ci} = \frac{T_{C0}}{n-1}$$

这种方法在计算上比较简单，但从工艺上讲不够合理，可以根据实际情况判断是否使

用此方法。

方法 2：按等公差等级的原则分配封闭环的公差，即首先确定公差等级，然后按各组成环的基本尺寸在公差表中查到相应尺寸的公差等级，确定各组成环的公差，使各组成环的公差之和小于或等于封闭环公差，即

$$T_{C0} \geqslant \sum_{i=0}^{n-1} T_{Ci}$$

这种方法相对来说比较合理，但是所选用的各种加工方法所能达到的加工经济精度，并不一定是相同的公差等级，这是这种方法的缺陷。

方法 3：各组成环的公差根据具体情况来分配。采用此法与工艺设计人员的工作经验及技术水平有关，但实质上仍是从工艺观点出发。

必须指出的是，无论采用何种方法确定组成环公差，都应遵循各组成环的公差之和小于或等于封闭环公差的原则。

由上述内容可看出，通过尺寸链换算来间接保证封闭环的精度，必须要提高组成环的尺寸精度。当封闭环的公差较大时，只需要提高本工序尺寸的加工精度；当封闭环的公差等于甚至小于一个组成环的公差时，不仅要提高本工序的工序尺寸的加工精度，而且还要提高前工序（或工步）的工序尺寸的加工精度。提高了加工精度，制造成本增加，制造难度加大。因此，工艺上应尽量选择设计基准作为定位基准或测量基准，以便消除基准不重合误差。

5.4　装配尺寸链

5.4.1　装配精度

在车辆制造过程中，按照规定的技术要求，将若干个零件结合成组件，并进一步结合成部件以至整车的装配过程，分别称为组装、部装和总装。制造车辆不仅要保证每个零件的加工精度，还要使零件能正确地进行装配，达到规定的装配精度。

装配精度是指零件经装配后在尺寸、相对位置及运动等方面所获得的精度。装配精度也是为满足机械产品及部件的使用性能、在设计过程中规定的技术要求。因此，装配精度不但影响机械产品或部件的工作性能，而且影响其使用寿命。合理地确定装配精度，是产品设计的重要环节之一，它不仅关系到产品质量，也关系到产品的制造难易程度和经济性。装配精度既是制定装配工艺规程的主要依据，也是确定零件加工精度的依据。

机械产品由零件组成，所以它的装配精度与相关零部件的加工精度直接相关。零件的加工精度是保证装配精度的基础，在一般情况下，零件的精度越高，装配精度也越高。但是，装配精度并非完全取决于零件加工精度，装配中可以采用不同的装配方法来实现产品装配精度要求。因此，装配精度可由零件的加工精度与装配方法来同时保证。

车辆的装配精度包括：零件或部件间的尺寸精度，如间隙或过盈等；位置精度，如平行度、垂直度和同轴度等；相对运动精度，即在相对运动中保证有关零件或部件相对位置的准确度及各个配合表面的接触精度等。为了达到车辆的装配精度，在产品设计阶段，就要正确地分析和计算装配尺寸链，以便正确地标注零件尺寸，合理地确定公差和技术条

件。同时，在装配时，要根据零件的加工精度和装配方法，验算装配精度。

总之，在产品设计时，应尽可能使对装配精度有影响的零件数目减到最小。因为，在装配精度既定的条件下，装配尺寸链中组成环数目越少，组成环分配到的公差就越大，各零件的加工就越容易、越经济。

5.4.2 装配方法

零件都有规定的公差，即允许有一定的加工误差，装配时零件误差的累积就会影响装配精度。如果这种积累误差不超出装配精度指标所规定的允许范围，则装配工作只是简单的连接过程，很容易保证装配精度。但事实上，零件的加工精度不但受到现实制造技术的限制，而且还受到经济性的制约。因此，用尽可能提高加工精度以降低累积误差的方法来保证装配精度，有时是行不通的，所以还必须依赖装配工艺技术。

车辆制造中常用的保证装配精度的装配方法有以下四种，即互换装配法、选择装配法、调整装配法和修配装配法。在各种装配方法中，互换法是首选的方法，只有在封闭环公差太小，公差分摊到组成环后，组成环加工精度无法保证的情况下，才考虑选用其他方法。

1. 互换装配法

互换装配法是在装配时各配合零件不经修理、选择或调整即可达到装配精度的方法。互换装配法的实质就是用控制零件加工误差来保证装配精度的一种方法。采用互换装配法，有关零件的公差按下述两种原则来确定。

(1) 各有关零件公差之和应小于或等于装配公差，用公式表示如下。

$$T_0 \geqslant \sum_{i=1}^{n} T_i = T_1 + T_2 + \cdots + T_n \tag{5-16}$$

式中 T_0——装配公差；

T_i——各有关零件的制造公差；

n——组成尺寸链各有关零件数。

显然，在这种装配中，零件是可以完全互换的，因此互换装配法又称完全互换法。

(2) 各有关零件公差值平方和的平方根小于或等于装配公差，用公式表示如下。

$$T_0 \geqslant \sqrt{\sum_{i=1}^{n} T_i^2} = \sqrt{T_1^2 + T_2^2 + \cdots + T_n^2} \tag{5-17}$$

显然，按式(5-17)计算时，与式(5-16)相比零件的公差可以放大一些，从而使加工变得容易而经济，同时仍能保证装配精度。但式(5-17)的应用是有条件的，由于其原理基于概率理论，所以只适用于大批量生产类型。当符合一定条件时，能够达到完全互换法的效果，否则，会使一部分装配产品达不到装配精度的要求，此时称为不完全互换法。

完全互换装配法的优点是可保证零部件的互换性，便于组织专业化生产，备件供应方便；装配工作简单、经济，生产率高；便于组织流水装配及自动化装配；对装配工人的技术水平要求不高，易于扩大再生产。由于有这些优点，完全互换法成为保证装配精度的先进装配方法，被广泛用于车辆装配。下面，结合实例来介绍尺寸链在互换装配法中的应用。

图 5.11 为某发动机曲轴轴向间隙装配示意图。根据产品使用调整说明书规定，装配

精度即装配后的轴向间隙要求为 $A_0=0.05\sim 0.25\text{mm}=0^{+0.25}_{+0.05}\text{mm}$。已知,曲轴第一主轴颈宽度 $A_1=43.5\text{mm}$,前止推垫片厚度 $A_2=2.5\text{mm}$,缸体轴承座宽度 $A_3=38.5\text{mm}$,后止推垫片厚度 $A_4=2.5\text{mm}$。试确定各环公差及上、下偏差。

采用互换装配法,有关零件的公差可按极值法和统计法两种原则来确定。

1) 极值法

(1) 建立尺寸链,检验各环基本尺寸,尺寸链如图 5.12 所示。其中,A_0 为封闭环,A_1 为增环,A_2、A_3 和 A_4 为减环。所以基本尺寸 $A_0=43.5-2.5-38.5-2.5=0$。

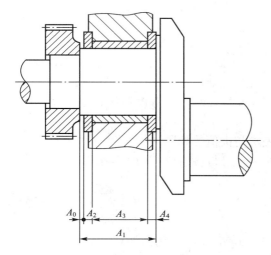

图 5.11 曲轴轴向间隙装配简图   图 5.12 曲轴轴向间隙装配尺寸链图

可见,各环基本尺寸的给定数值正确。

(2) 确定各组成环的平均公差。为了满足封闭环公差的要求,各组成环公差之和不得超过封闭环公差之值,即

$$\sum_{i=1}^{N-1}\delta_i\leqslant \delta_0$$

取 $\qquad\delta_1+\delta_2+\delta_3+\delta_4=\delta_0=0.20(\text{mm})$

这样,可分配到每一组成环的平均公差值为

$$\delta_M=\delta_0/(N-1)=0.20/(5-1)=0.05(\text{mm})$$

由此可知,组成环平均精度不是很高,零件可以加工,故用完全互换的极值法是可行的。

(3) 选择协调环。在组成环中,选择一个环作为协调环,它是用来协调各组成环上、下偏差和封闭环上、下偏差间关系的环,它的公差及上、下偏差最后确定。一般,选非标准件、容易制造并可用通用量具测量的零件作为协调环。

本例选 A_1 为协调环。

(4) 确定除协调环以外其余组成环的公差大小及上、下偏差。根据各环基本尺寸不同及加工的难易程度不同,调整各组成环公差。再根据"入体原则"确定它们的上、下偏差,即包容件取正公差,被包容件取负公差,中心距取对称公差。

本例题中,A_2、A_4 尺寸较小,且容易加工,故取 $\delta_2=\delta_4=0.04\text{mm}$;$A_3$ 尺寸较大,故取 $\delta_3=0.07\text{mm}$。按"入体原则"确定上、下偏差:$A_2=A_4=2.5^{\ 0}_{-0.04}\text{mm}$,

$A_3 = 38.5_{-0.07}^{0}$ mm

(5) 计算协调环的公差和上、下偏差。计算协调环的公差和上、下偏差仍按式(5-4)和式(5-3)进行。在本例中，有

$$\delta_1 = \delta_0 - \delta_2 - \delta_3 - \delta_4 = 0.2 - 0.04 - 0.07 - 0.04 = 0.05 \text{(mm)}$$
$$ES_{A0} = ES_{A1} - (EI_{A2} + EI_{A3} + EI_{A4})$$
$$ES_{A1} = 0.25 + (-0.04 - 0.07 - 0.04) = 0.1 \text{(mm)}$$
$$EI_{A0} = EI_{A1} - (ES_{A2} + ES_{A3} + ES_{A4})$$
$$EI_{A1} = 0.05 + 0 = 0.05 \text{(mm)}$$

(6) 验算。
$$\delta_0 = 0.05 + 0.04 + 0.07 + 0.04 = 0.20 \text{(mm)}$$

可见，计算结果符合装配精度要求。

2) 统计法

一般，装配精度要求较高、而环数又较多($N>4$)时，可考虑用统计法。现仍以上例来说明统计法在互换装配法中的应用。

(1) 建立尺寸链，检验各环基本尺寸，做法与极值法相同。

(2) 确定各组成环的平均公差。由式(5-5)，可得各组成环的平均公差。

$$\delta_M = \delta_0 / \sqrt{N-1} = 0.2 / \sqrt{5-1} = 0.1 \text{(mm)}$$

显然，用统计法计算与按极值法计算相比，组成环的公差可以放大一些，从而使加工变得容易而经济，同时仍能保证装配精度。

(3) 选择协调环。选择原则与极值法相同。本例仍选 A_1 为协调环。

(4) 确定除协调环以外其余组成环的公差大小及上、下偏差，确定原则与极值法相同。

令 $\delta_2 = \delta_4 = 0.08$ mm，$\delta_3 = 0.12$ mm，则 $A_2 = A_4 = 2.5_{-0.08}^{0}$ mm，$A_3 = 38.5_{-0.12}^{0}$ mm。

(5) 计算协调环的公差和上、下偏差，按式(5-5)有

$$\delta_1^2 = \delta_0^2 - (\delta_2^2 + \delta_3^2 + \delta_4^2)$$
$$= 0.2^2 - (0.08^2 + 0.12^2 + 0.08^2)$$
$$= 0.04 - 0.0272 = 0.0128 \text{(mm)}$$

则 $\delta_1 = 0.11$ mm。

协调环的上、下偏差必须从平均尺寸或平均偏差入手，即先求出平均尺寸 A_M 或先求出平均偏差 Δ。本例按式(5-9)计算如下。

$$\Delta_0 = \sum_{Z=1}^{m} \Delta_Z - \sum_{J=1}^{n} \Delta_J$$

$$(0.25 + 0.05)/2 = \Delta_1 - (-0.08 + 0)/2 - (-0.12 + 0)/2 - (-0.08 + 0)/2$$
$$\Delta_1 = 0.15 - 0.04 - 0.06 - 0.04 = 0.01 \text{(mm)}$$

按式(5-11)，则有

$$ES_{A1} = \Delta_1 + \delta_1/2$$
$$= 0.01 + 0.11/2 = 0.065 \text{(mm)}$$
$$EI_{A1} = \Delta_1 - \delta_1/2$$
$$= 0.01 - 0.11/2 = -0.045 \text{(mm)}$$

得 $A_1 = 43.5_{-0.045}^{+0.065}$ mm。

在车辆制造业中，许多零部件的生产都是大批量生产，且装配精度也不高，因此大量

采用互换法装配。在封闭环精度要求很高，用互换法解装配尺寸链时，组成环公差非常小，使加工十分困难而又不经济时，可考虑采用其他装配方法。

2. 选择装配法

选择装配法是在成批或大量生产中，将产品配合副经过选择进行装配，以达到装配精度的方法。

在成批或大量生产条件下，若组成零件不多而装配精度很高时，如果采用完全互换法，将会使零件的公差值过小，不仅会造成加工困难，甚至会超过加工的现实可能性。在这种情况下，就不能只依靠零件的加工精度来保证装配精度。这时可以采用选择装配法，将配合副中各零件的公差放大，然后通过选择合适的零件进行装配，以保证规定的装配精度。

选择装配法按其形式不同可分为直接选配法、分组装配法和复合选配法。

1) 直接选配法

直接选配法即在装配时，由装配工人直接从待装配的零件中选择合适的零件进行装配，以满足装配精度的方法。

这种装配方法的优点是简单，但装配质量在很大程度上取决于装配工人的技术水平，而且工时也不稳定，不适用于节拍要求严格的流水装配线。

2) 分组装配法

分组装配法是在成批或大量生产中，将产品各配合副的零件按实测尺寸分组，装配时按组进行互换装配以达到装配精度的方法。

例如，某发动机活塞销和销孔的配合，如图 5.13 所示，技术要求规定，活塞销与活塞销孔的配合最大过盈为 0.0075mm，最小过盈为 0.0025mm，若按互换法的极值法装配，则活塞销外径为 $\phi28_{-0.0100}^{-0.0075}$ mm，活塞销孔的孔径为 $\phi28_{-0.0150}^{-0.0125}$ mm，销和销孔所分配到的公差仅为 0.0025mm，而这样高的精度，加工极难。于是，生产上采用分组选配法装配，将它们公差均放大四倍，即活塞销为 $\phi28_{-0.0100}^{0}$ mm，活塞销孔为 $\phi28_{-0.0150}^{-0.0050}$ mm。由于公差放大，加工变得容易。按该公差进行加工后，对这些零件进行测量，并按尺寸大小分为四组，用不同颜色进行区别，按分组顺序，对应组的零件进行装配，保证装配精度的要求。活塞销和活塞销孔的分组尺寸见表 5-4。

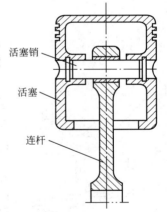

图 5.13 活塞销与活塞孔装配简图

表 5-4 活塞销与活塞孔的分组尺寸 （单位：mm）

组别	标志颜色	活塞销直径	活塞销孔直径	配合情况	
				最小过盈	最大过盈
Ⅰ	白	$28_{-0.0025}^{0}$	$28_{-0.0075}^{-0.0050}$	0.0025	0.0075
Ⅱ	绿	$28_{-0.0050}^{-0.0025}$	$28_{-0.0100}^{-0.0075}$		
Ⅲ	黄	$28_{-0.0075}^{-0.0050}$	$28_{-0.0125}^{-0.0100}$		
Ⅳ	红	$28_{-0.0100}^{-0.0075}$	$28_{-0.0150}^{-0.0125}$		

用分组选配法装配，需利用尺寸链极值法计算分组尺寸，以便保证各对应组内零件在装配时能够互换，并满足装配精度的要求。表 5-4 即为按尺寸链极值法求得的分组尺寸。

采用分组装配法时应注意：配合件的公差应相等，公差增大应朝同一方向，增大的倍数就是分组组数；配合件的表面粗糙度、几何公差必须保持原设计要求，不应随着配合件公差的放大而降低要求。

分组装配法的优点是降低了零件加工精度的要求，仍能获得很高的装配精度；同组内的零件可以互换，具有完全互换法的优点。它的缺点是增加了零件的测量、分组工作，增加了零件存储量，并使零件的储存、运输工作复杂化。

分组装配法只适用于大批量生产中的组成件数少而装配精度要求高的场合。柴油机中的精密耦合件都采用分组装配法，大量生产滚动轴承的工厂也采用此种装配法。

3) 复合选配法

复合选配法是上述两种方法的复合，即先把零件测量分组，装配时再在对应组零件中直接选择装配。它吸取了上述两种选择装配法的优点，既能较快地选择合适的零件进行装配，又能达到理想的装配质量。发动机气缸孔与活塞的装配大都采用这种装配方法。

3. 调整装配法

调整装配法是用改变可调整零件的相对位置或选用合适的调整件来达到装配精度的方法。根据调整件的不同，调整装配法又分为可动调整装配法和固定调整装配法。对于组成件数比较多，而装配精度要求又高的场合，宜采用调整装配法。

调整装配法的优点是能获得很高的装配精度，在采用可动调整时，可达到理想的精度，而且可以随时调整由于磨损、热变形或弹性变形等原因所引起的误差；零件可按加工经济精度确定公差。

调整装配法的缺点是应用可动调整装配法时，往往要增大机构体积，当机构复杂时，计算烦琐，不易准确；应用固定调整装配法时，调整件需要准备几种不同的规格，增加了零件的数量，增加了制造费用；调整工作繁杂，费工费时，装配精度在一定程度上依赖工人的技术水平。

1) 可动调整装配法

可动调整装配法是用改变预先选定的可调整零件（一般为螺钉、螺母等）在产品中的相对位置来达到装配精度要求的方法。例如，发动机的气门间隙就是通过调整螺钉来保证装配要求的。

某车前轮毂部分装配图如图 5.14 所示，图中两端轴承的装配间隙就是靠可动

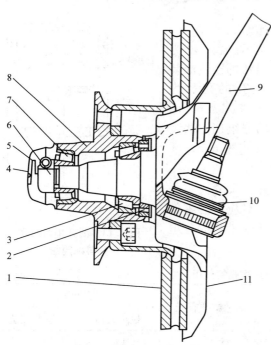

图 5.14 前轮毂部分装配图

1—制动盘；2—油封；3—内轴承；4—润滑盖；
5—触点弹簧；6—轮毂螺母（夹毂螺母）；
7—外轴承；8—前轮毂；9—转向节；
10—球头节；11—后板

调整法保证的。前轮毂两端轴承的装配间隙是一项重要的装配技术要求，如果轴承间隙过小，会导致车轮不能在轴承上灵活地旋转而出现卡滞现象，如果轴承间隙过大，则会使车轮轴承过松而容易磨损。在图 5.14 所示结构中，轴承间隙量的保证是通过下述过程实现的：先从制动盘上撬下制动器的摩擦片，以便制动盘能自由转动；当制动盘在转动时，用手使劲拧紧夹箍螺母到制动盘不能制动为止，再把螺母拧松 1/3 圈，以保证两端轴承有 0.15mm 左右的间隙。此时，用手转动制动盘，制动盘应能灵活旋转而无明显轴向窜动。然后用内六方扳手拧紧夹箍螺栓将夹箍螺母锁紧。

可动调整法的优点是：零件都可按照加工经济精度确定公差，并能获得很高的装配精度，而且可以随时调整由于磨损、热变形或弹性形变等原因所引起的误差。它的缺点是：应用可动调整法装配时，往往要增大机构体积。

2）固定调整装配法

固定调整装配法是预先设置几种定尺寸调整件，在装配时根据需要选择相应尺寸的调整件装入，以达到所要求的装配精度。例如，汽车主减速器中主动锥齿轮轴承预紧度的调整，就是通过选用不同厚度的调整垫片来保证装配要求的。

在固定调整法中，需利用尺寸链的极值法来确定调整环的分组数和各组零件的尺寸范围，还需计算各组零件分别所对应的留给调整环的空位尺寸范围。

图 5.15 所示为某车驱动桥与半轴的装配图，驱动桥主动齿轮装在两个锥形滚动轴承中，两个轴承的预紧度是装配要满足的一个技术要求。装配后轴承要有一定的预紧度，即表明，装配后封闭环的基本尺寸为零，上、下偏差均为负值。补偿垫片（12 号零件）即为调整环。补偿垫片的选取，根据在轴向留给它的空位尺寸而定。按尺寸链计算的结果，空位大，取对应的大尺寸组内的垫片；空位小，取对应的小尺寸组内的垫片。以保证在装上补偿片后，两个锥形轴承间有一定的预紧力，产生一定的过盈量。

应用固定调整装配法时，零件都可按加工经济精度制造，加工容易。但调整件需要准备几挡不同的规格，增加了调整件的测量和分组工件量，调整工作复杂。

调整装配法主要用于成批或大量生产中，装配精度要求高、组成环数比较多的场合。

调整装配法在汽车制造中应用非常广泛。在各类汽车喷油器、喷油泵和调速器中，发电机调节器、点火系中、灯光系统中、发动机和喇叭中，离合器中，变速器和分动器中，传动轴中，前、后桥中，转向系中，制动系中，都可以找到许多调整装配法的实例。

4. 修配装配法

修配装配法是在装配时修去指定零件上预留修配量以达到装配精度的方法。修配装配法和调整装配法在原则上是相似的，都是用一个调整件来补偿累积误差，仅仅是具体的方法不同。

修配装配法一般适用于产品产量小的场合，如单件小批生产或产品的试制。当组成件数不多但装配精度要求很高，或组成件数多而装配精度要求也很高时，各组成件按该生产条件下的加工经济精度制造，装配时修去指定零件上预留修配量或就地配制，从而保证装配精度。

例如，将主减速器中的主、从动锥齿轮进行直接选配后送去研磨，打上记号，然后成对送去装配。选配后的研磨，实质就是修配装配法的应用。对于柴油机中的精密耦合件也是用分组选配再研磨，来保证装配精度，其选配后的研磨实质上也是修配装配法的应用。

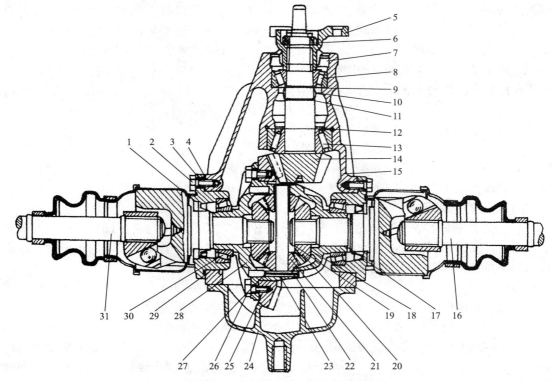

图 5.15 某车驱动桥与半轴的装配图

1—径向密封圈；2—六角螺栓；3—轴承盖；4—补偿垫片；5—万向法兰；6—锁紧螺母；7—径向密封圈；8,13,30—锥形滚子轴承；9—外挡圈；10—隔套；11—内挡圈；12—补偿垫片；14—主动齿轮；15—后桥支座；16—后桥半轴总成；17—补偿垫圈；18—止推垫片；19—锁紧圈；20—半轴齿轮；21—差速器行星齿轮；22—球形垫片；23—差速器行星齿轮轴；24—后桥端盖；25—齿轮圈；26—六角螺栓；27—夹紧衬套；28—差速器支座；29—密封圈；31—后桥半轴总成

1. 名词解释：尺寸链、封闭环、组成环、增环、减环、直线尺寸链、平面尺寸链、空间尺寸链、角度尺寸链、装配尺寸链、零件尺寸链、工艺尺寸链。

2. 简述基准重合时，确定工序尺寸的步骤。

3. 什么是装配精度？它包括哪些内容？

4. 简述保证装配精度的装配方法有哪些。

5. 齿轮传动装置如图 5.16 所示，其轴向装配间隙要求 $A_0=0.082\sim0.430$ mm。若设计图样规定：双联齿轮 3 轮毂宽度 $A_3=48_{-0.119}^{-0.080}$ mm，垫片 2、4 的厚度 $A_2=A_4=1.5_{-0.04}^{0}$ mm。试分别用极值法和统计法（假设各组成环尺寸均按正态分布），计算箱体 1 两内平面间的基本尺寸、公差和极限偏差。

6. 在镗床上镗削活塞销孔，如图 5.17 所示，要求保证尺寸 (41 ± 0.02) mm 和 (50 ± 0.05) mm，主要定位平面为下平面 1 和内孔 2，试确定尺寸 B 及其上、下偏差。

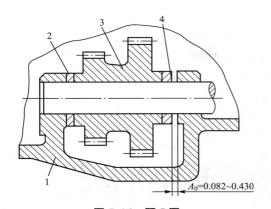

图 5.16 题 5 图
1—箱体；2、4—垫片；3—双联齿轮

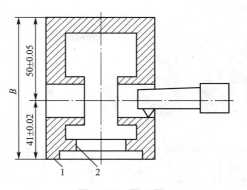

图 5.17 题 6 图
1—下平面；2—内孔

7. 汽车发动机曲轴第一主轴颈与缸体轴承装配简图如图 5.18 所示，设计要求装配间隙 $A_0=0.05\sim0.25$ mm。若两个止推垫片厚度 $A_2=A_4=25_{-0.04}^{0}$ mm，缸体轴承座宽度 $A_3=38.5_{-0.07}^{0}$。试分别用极值法和统计法（假设各组成环尺寸均按正态分布），计算第一主轴颈长度 A_1 的基本尺寸、公差及极限偏差。

8. 有汽车驱动桥主减速器如图 5.19 所示，设计规定大、小锥齿轮锥顶应分别与小、大锥齿轮回转轴线重合，其锥顶位移分别要求为 A_0、B_0，试建立保证装配精度的尺寸链。

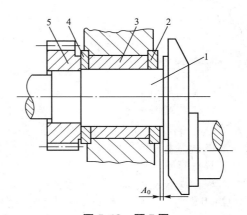

图 5.18 题 7 图
1—第一主轴颈；2、4—止推垫片；
3—缸体轴承；5—正时齿轮

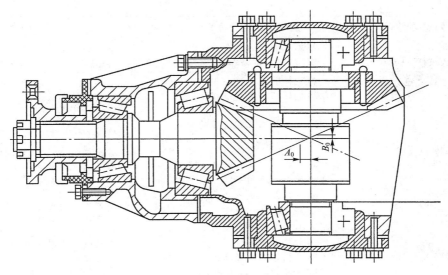

图 5.19 题 8 图

第 6 章
机械加工工艺规程的制订

 本章教学目标

掌握工艺规程的概念；
了解工艺规程的格式、制定步骤和内容；
了解零件的工艺性分析与评价，掌握毛坯的种类及选择；
掌握机械加工工艺过程的组成，粗基准、精基准的选择方法，加工顺序的安排；
了解机床和工艺装备的选择；
掌握加工余量的确定、工序尺寸及公差的确定；
掌握工艺成本的概念，了解工艺方案的经济性评价方法及降低加工成本的措施。

 本章教学要点

知识要点	掌握程度	相关知识
机械加工工艺规程的概念、格式、制定步骤和内容	掌握工艺规程的概念 了解工艺规程的格式、制定步骤和内容	机械加工工艺规程的概念 工艺规程的格式、制定步骤和内容
零件的工艺性分析及毛坯的选择	了解零件的工艺性分析与评价 掌握毛坯的种类及选择	零件的工艺性分析与评价 毛坯的种类及选择
加工工艺过程	掌握机械加工工艺过程的组成	工艺系统误差对尺寸精度、形状精度和位置精度的影响与控制
定位基准的选择 加工方法的选择 加工顺序的安排	掌握粗基准、精基准的选择方法 了解加工方法选择时考虑的因素 掌握加工顺序的安排	粗基准、精基准的选择 加工方法的选择方法 加工顺序的制定
工序设计	了解机床和工艺装备的选择 掌握加工余量的确定 掌握工序尺寸及公差的确定	加工余量的确定 工序尺寸及公差的确定
工艺方案的经济性分析	掌握工艺成本的概念及构成 了解工艺方案的经济性评价方法 了解降低加工成本的措施	工艺成本的概念及构成 工艺方案的经济性评价方法 降低加工成本的措施

导入案例

2010 年，大众已成为世界第三大汽车制造商，其全球年销量为 714 万辆，仅落后于丰田(842 万辆)和通用(839 万辆)。大众汽车研发部门表示，大众制订了到 2018 年成为世界头号汽车制造商的宏伟目标，该目标的实现取决于大众通过对不同品牌进行标准化零部件的设计、系统模块化制造加工和简化制造工艺流程，以降低生产成本。

大众通过引进 MQB(横置发动机模块化平台)和 MLB(纵置发动机模块化平台)制造加工工艺，预计采用 MQB 标准化平台能够全方位节约开支，生产成本将削减 20%；同时还可减少制造时间，最多可省时 30%；一次性开支也将减少 20%。如图 6.1 所示，MQB 平台是在一个核心部件基础上，可以按需装上其他各种不同系统部件。作为 MQB 模块化平台的核心要素，发动机模块的位置是统一不变的，即油门踏板距离前轮中心的距离是相同的，发动机安装倾角也是相同的，因此，发动机悬置位置是固定的。通过汽车平台战略的实施，可以整合产品系列，在开发过程中用差不多的底盘和车身结构，可以同时承载不同车型的开发及生产制造，生产出外形、功能都不尽相同的产品，大大降低成本，同时提高产品的竞争力，加快新产品推出的速度。

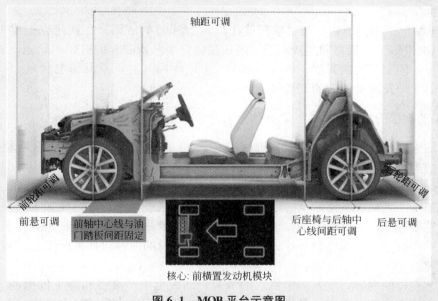

图 6.1　MQB 平台示意图

6.1　概　　述

6.1.1　工艺规程的概念及作用

机械加工工艺规程是规定零件制造工艺过程和操作方法的工艺文件。在工厂，工艺设计师根据制造工艺理论，结合生产实际，从而制订出零件的加工工艺规程。工艺规程是一种技术性文件，工厂的生产、工艺管理及工人的操作等都必须按照工艺规程所规定的内容和方法去做。

机械加工工艺规程应满足技术和经济两方面的要求。在技术方面，能可靠地保证零件设计图样所规定的全部加工要求；在经济方面，要以最小的经济成本、最高的设备利用率、最短的时间来完成加工工艺过程。

工艺规程的制订一般包括工件加工工艺路线的拟订和各工序内容的确定两大部分。具体包括生产所经过的车间或工段、各工序的具体内容及所采用的机床和工艺装备、工件的检验项目及检验方法、切削用量、工件定额等。

机械加工工艺规程是机械制造企业最重要的技术文件之一，其作用主要体现在以下几点。

(1) 机械加工工艺规程是指导生产的重要技术文件。合理的工艺规程是结合企业具体情况，依据工艺理论和必要的工艺试验而制订的，是保证产品质量与经济效益的指导性文件。

工艺规程是生产加工、检验验收、工时考核、生产调度的主要依据，对产品的生产周期、质量、生产率都有直接影响。

(2) 机械加工工艺规程是生产组织和计划管理工作的基本依据。在生产管理中，产品投产前原材料及毛坯的供应、通用工艺装备的准备、机械负荷的调整、专用工艺装备的设计与制造、作业计划的编排、劳动力的组织，以及生产成本的核算等，都是以工艺规程作为基本依据的。

(3) 机械加工工艺规程是新建或扩建工厂(或车间)的依据。在新建或扩建工厂(或车间)时，只有依据工艺规程和生产纲领才能正确确定生产所需要的机床和其他设备的种类、规格及数量；确定车间的面积、机床的布置、动力用量(主要考虑用电量)、劳动力的配置、需要的工种及辅助部门的安排等。

6.1.2 工艺规程的格式

为了加强科学管理和技术交流，机械标准 JB/T 9165.2—1998《工艺规程格式》要求各机械制造类企业按统一的规定格式编写工艺规程。按此标准规定，工艺规程的格式主要包括机械加工工艺规程和装配工艺规程。

机械加工工艺规程具体涉及的内容有机械加工工艺过程卡片、机械加工工序卡片、标准零件或典型零件工艺过程卡片、单轴自动车床调整卡片、多轴自动车床调整卡片、机械加工工序操作指导卡片和检验卡片。装配工艺规程涉及的内容包括装配工艺过程卡片和装配工序卡片。

将工艺规程的内容，填入一定格式的卡片，即成为生产准备和施工依据的工艺文件。下面以机械加工工艺过程卡片及机械加工工序卡片的编写格式和填写内容为例进行简介。

汽车后桥主动锥齿轮机加工的机械加工工艺过程卡片见表6-1。这种卡片是以工序为单位简要说明零件机械加工过程的一种工艺文件，也称工艺路线卡，其内容包括工序号、工序内容、工艺过程所经过的各车间和工段，每个工序所使用的工艺装备及时间定额等。主要用于单件小批量生产和中批量生产的零件，大批量生产可酌情自定。

工艺过程卡片是制订其他工艺文件的基础，也是生产技术准备、编制作业计划和组织生产的依据。在这种卡片中，各工序的说明不够具体，故一般不能直接指导工人操作，而多作为生产管理方面使用。

汽车后桥主动锥齿轮机械加工工序卡片见表6-2。它是在工艺过程卡片的基础上，为

表 6-1 汽车后桥主动锥齿轮机械加工工艺过程卡片

(工厂)		机械加工工艺过程卡片		产品型号		零(部)件图号			共 4 页	第 1 页
				产品名称	中型载货汽车	零(部)件名称	后桥主动锥齿轮			
材料牌号	20CrMnTi	毛坯种类	模锻	毛坯外形尺寸		每种毛坯可制件数		每台件数	1	备注
工序号	工序名称	工序内容			工段	设备		工艺装备		工时/min
										准终 | 单件
1	铣	铣两端面、钻中心孔				铣-钻专用机床		双工位夹具		6.5
2	车	车轴颈外圆和前、背锥及端面				液压仿形车床(或数控车床)		随机夹具		14.5
3	铣	铣花键				花键铣床		顶尖、卡头		7.5
4	磨	粗磨轴颈外圆、花键外圆及端面				半自动端面外圆磨床		顶尖、卡头		15.0
5	钻	钻十字开口销孔				立式钻床		专用夹具		5.5
6	钻	锪开口销孔,孔口 90°				立式钻床		专用夹具		5.0
7	车(铣)	车(或铣)螺纹				车床或螺纹铣床		顶尖、卡头		7.5
8	铣	粗切齿				弧齿锥齿轮铣齿机		顶尖、卡头		12.5
9	铣	精切齿凸面				弧齿锥齿轮铣齿机		顶尖、卡头		6.5
10	铣	精切齿凹面				弧齿锥齿轮铣齿机		顶尖、卡头		6.5
11	铣	齿端倒角				齿轮倒角机		专用夹具		6.5
12		清洗				清洗机				
12J		中间检验								
								设计(日期)	审核(日期)	标准化(日期)	会签(日期)
标记	处数	更改文件号	签字	日期	标记	处数	更改文件号	签字	日期	

表 6-2 汽车后桥主动锥齿轮机械加工工序卡片

(工厂)	机械加工工序卡片	产品型号		零(部)件图号			共页	第页
		产品名称	中型载货汽车	零(部)件名称	后桥主动锥齿轮		材料牌号	20CrMnTi
		车间		工序号	1	工序名称	铣端面钻中心孔	每台件数 1
		毛坯种类	模锻	毛坯外形尺寸		每种毛坯可制件数 1	同时加工件数 1	
		设备名称	双面铣钻专用机床	设备型号		设备编号	切削液	
		夹具编号		夹具名称		工位器具名称	乳化液	
		工位器具编号					工序工时	
							准终	单件/min 6.5

（附工序简图）

Ra 12.5
300
47
Ra 12.5

工步号	工步内容	工艺装备	主轴转速 /(r/min)	切削速度 /(m/min)	进给量 /(mm/r)	背吃刀量 /mm	进给次数	工步工时 机动 / 辅助
1	铣两端面，保证尺寸 300mm 和 47mm；表面粗糙度 Ra=12.5μm	卡规、卡尺	300	117	0.4			
2	两端面钻带有护锥的 B4/12.5 中心孔，保护锥直径 φ12.5mm，表面粗糙度 Ra=6.3μm	中心孔量规	895	33	0.1			

		设计（日期）	审核（日期）	标准化（日期）	会签（日期）
标记	处数	更改文件号	签字	日期	
标记	处数	更改文件号	签字	日期	

描图
描校
底图号
装订号

每道工序所编制的一种工艺文件。在卡片中要画出工序简图,图上应标明定位基准、工序尺寸及公差、几何公差和表面粗糙度要求,并用粗实线表示加工部位等,还要详细说明该工序中每个工步的加工内容、工艺参数、操作要求,以及所用设备和工艺装备等。工序卡片主要用于大批量生产中所有的零件,中批量生产中的复杂产品的关键零件及单件小批量生产中的关键工序。

6.1.3 工艺规程制订的步骤和内容

制订机械加工工艺规程时,应具备以下原始资料:产品或部件(总成)的装配图样及零件工作图;产品验收的质量标准;产品的生产纲领;工厂(车间)现有场地、设备和生产条件;毛坯的生产条件或协作关系;现有的生产条件和资料(包括工艺装备及专业设备的制造能力、有关机械加工车间的设备和工艺装备的条件、技术工人的水平以及各种工艺资料和技术标准等;国内、外同类产品的有关工艺资料等;现行的有关文件和法规)。

在掌握上述原始资料的基础上,按以下步骤制订机械加工工艺规程。

(1) 分析研究产品(总成)装配图样和审查零件图样,对零件进行结构工艺性分析。零件结构工艺性是指所涉及的零件在满足使用要求的前提下制造的可行性和经济性。制订工艺规程时,首先应分析零件在部件(总成)中的位置、功能及其技术要求,并根据零件结构形状和技术要求等,找出零件的机械加工工艺特点。

(2) 确定毛坯。包括选择毛坯类型及其制造方法。

(3) 拟定工艺路线。工艺路线是指零件在生产过程中由毛坯到成品所经过的工序的先后顺序。拟定工艺路线主要包括:选择零件定位基准、定位方式与夹紧方案、各表面加工方法及其过程,安排各加工工序的顺序等内容。

(4) 确定各工序需用的设备及工艺装备。

(5) 确定各工序的加工余量,计算工序尺寸及公差。

(6) 确定各工序的切削用量和时间定额。

(7) 确定各主要工序的技术要求及检验方法。

(8) 编制并填写工艺文件。

6.2 零件的工艺性分析及毛坯的选择

6.2.1 零件的工艺性分析与评价

在制订零件的机械加工工艺规程之前,首先应对该零件的工艺性进行分析。零件的工艺性分析包括以下内容。

1. 了解零件的各项技术要求并提出必要的改进意见

分析产品的装配图和零件的工作图,其目的是熟悉该产品的用途、性能及工作条件,明确被加工零件在产品中的位置和作用,进而了解零件上各项技术要求制订的依据,找出主要技术要求的加工关键,以便在拟定工艺规程时采用适当的工艺措施加以保证。在此基础上,还可对图纸的完整性、技术要求的合理性,以及材料选择是否恰当等方面问题提出必要的改进意见。如图 6.2(a)所示的汽车板弹簧和弹簧吊耳内侧面的表面粗糙度,可由原设计的 $Ra3.2\mu m$ 改为 $Ra25\mu m$,这样就可以在铣削加工时增大进给量,以提高生产效率。又如图 6.2(b)所示的方头销零件,其方头部分要求淬硬到 55~60HRC,其销轴上有一个小孔,是在装配时配作,零件材料为 T8A,小孔因是配作,不能预先加工好,若采用 T8A 材料淬火,由于零件长度仅 15mm,淬硬头部时势必全部被淬硬,造成小孔很难加工。若将该零件材料改为 20Cr,可局部渗碳,在小孔处镀铜保护,则零件的加工就没有什么困难了。

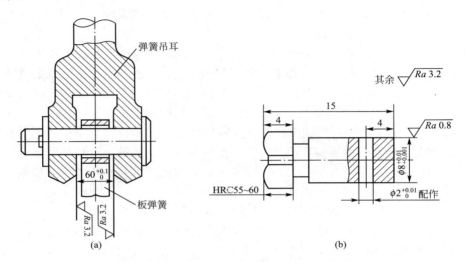

图 6.2 零件加工要求和零件材料选择不当的示例

2. 审查零件结构的工艺性

零件结构的工艺性是指所设计的零件在能满足使用要求的前提下制造的可行性和经济性。

零件的结构对其机械加工工艺过程的影响很大。使用性能完全相同而结构不同的两个零件,其加工难易程度和制造成本可能有很大差别。所谓良好的工艺性,首先是这种机构便于机械加工,即在同样的生产条件下能够采用简便和经济的方法加工出来。此外,零件结构还应适应生产类型和具体生产条件的要求。

图 6.3 所示为零件局部结构能否进行加工或是否便于加工的一些实例。每个实例的左边是不合理结构,右边为合理的正确结构。

3. 零件结构工艺性的评定指标

零件结构工艺性涉及面很广,具有综合性,必须全面综合地分析。为满足不同的生产类型和生产条件,使零件结构工艺性更合理,在对零件结构工艺性进行定性分析的基础上,也可采用定量指标进行评价。零件结构工艺性评价的主要指标如下。

1) 加工精度参数 K_{ac}

$$K_{ac}=\frac{产品(或零件)图样中标注有公差要求的尺寸数}{产品(或零件)图样中的尺寸总数}$$

2) 结构继承性系数 K_s

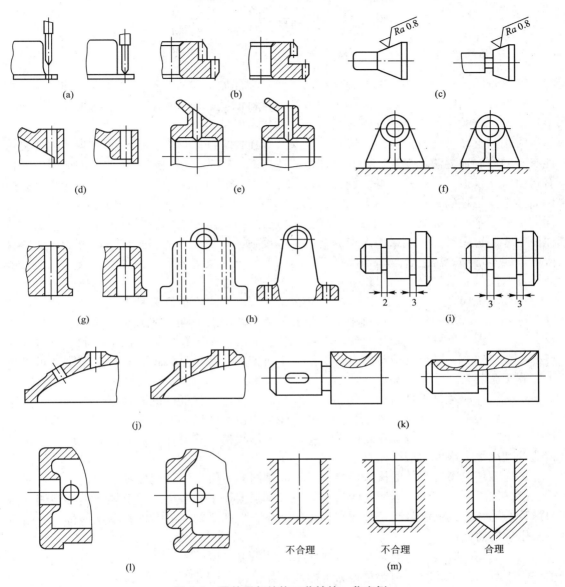

图 6.3 零件局部结构工艺性的一些实例

$$K_s = \frac{产品中借用件数 + 通用件数}{产品零件总数}$$

3) 结构标准化系数 K_{st}

$$K_{st} = \frac{产品中标准件数}{产品零件总数}$$

4) 结构要素统一化系数 K_e

$$K_e = \frac{产品中各零件所用同一结构要素数}{该结构要素的尺寸数}$$

5) 材料利用系数 K_m

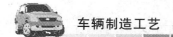

$$K_m = \frac{产品净重}{该产品的材料消耗工艺定额}$$

6.2.2 毛坯的选择

在制订零件机械加工工艺规程之前,还要对零件加工前的毛坯种类及其不同的制造方法进行选择。由于零件机械加工的工序数量、材料消耗、加工劳动量等都在很大程度上与毛坯的选择有关,故正确选择毛坯具有重大的技术经济意义。

常用的毛坯种类有:铸件、锻件、型材、焊接件、冲压件等,而相同种类的毛坯又可能有不同的制造方法。例如,铸件有砂型铸造、离心铸造、压力铸造和精密铸造等,锻件有自由锻、模锻、精密锻造等。因此,影响毛坯选择的因素很多,必须全面考虑后确定。例如,选择毛坯的种类及制造方法时,总希望毛坯的形状和尺寸尽量与成品零件接近,从而减少加工余量,提高材料利用率,减少机械加工劳动量和降低机械加工费用。但这样往往使毛坯制造困难,需要采用昂贵的毛坯制造设备,增加毛坯的制造成本,可能导致零件生产总成本增加。反之,若适当降低毛坯的精度要求,虽增加了机械加工的成本,但可能使零件生产的总成本降低。

选择毛坯应考虑生产规模的大小,它在很大程度上决定采用某种毛坯制造方法的经济性。例如,生产规模较大,便可采用高精度和高生产率的毛坯制造方法,这样,虽然一次投资较高,但均分到每个毛坯上的成本就较少。而且,由于精度较高的毛坯制造方法的生产率一般也较高,既节约原材料又可明显减少机械加工劳动量,再者,毛坯精度还可简化工艺和工艺装备,降低产品的总成本。

选择毛坯应考虑工件结构形状和尺寸大小。例如,形状复杂的和薄壁的毛坯,一般不能采用金属铸造;尺寸较大的毛坯,往往不能采用模锻、压铸和精铸。再如,某些外形较特殊的小零件,由于机械加工很困难,则往往采用较精密的毛坯制造方法,如压铸、熔模铸造等,以最大限度地减少机械加工量。

选择毛坯应考虑零件的机械性能的要求。相同的材料采用不同的毛坯制造方法,其机械性能往往不同。例如,金属型浇铸的毛坯,其强度高于砂型浇铸的毛坯,离心浇铸和压力浇铸的毛坯,其强度又高于金属型浇铸的毛坯。强度要求高的零件多采用锻件,有时也可采用球墨铸铁件。

选择毛坯,应从本厂的现有设备和技术水平出发考虑可能性和经济性。选择毛坯还应考虑利用新工艺、新技术和新材料的可能性,如精铸、精锻、冷轧、冷挤压、粉末冶金和工程塑料等。应用这些毛坯制造方法后,可大大减少机械加工量,有时甚至可不再进行机械加工,其经济效果非常显著。

6.3 工艺过程设计

在对零件的工艺性进行分析和选定毛坯之后,即可制订机械加工工艺过程,一般可分两步进行。第一步是设计零件从毛坯到成品零件所经过的整个工艺过程,这一步是零件加工的总体方案设计;第二步是拟定各个工序的具体内容,即工序设计。这两步内容是紧密联系的,在设计工艺过程时应考虑有关工序设计的问题,在进行工序设计时,又有可能修改已设计的工艺过程。

设计工艺过程时所涉及的问题主要是划分工艺过程的组成、选择定位基准、选择零件表面加工方法、安排加工顺序和组合工序等。

6.3.1 工艺过程的组成

零件的机械加工工艺过程是按一定的顺序逐步进行的。为了便于组织生产，合理使用设备和劳力，以确保加工质量和提高生产效率，机械加工工艺过程由一系列工序、安装、工位和工步等组成。

1. 工序

一个或一组工人在一个工作地对同一个或同时对几个工件所连续完成的一部分工艺过程称为工序。

图 6.4 所示为阶梯小轴，其工艺过程可分为表 6-3 所列的 5 个工序。因为在车完一批工件的大端外圆和倒角后，再进行车小端外圆和倒角，故分为两个工序。工序 2 和 3 可先后在同一台机床上完成，也可分别在两台机床上完成，如果车完一个工件的大端外圆及倒角后，立即掉头车小端外圆及倒角，这样就可以在一台机床上连续完成大、小端外圆加工，工序 2 和 3 即可合并成一个工序。

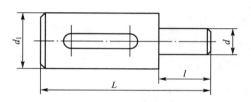

图 6.4 阶梯小轴

表 6-3 阶梯小轴的工序

工序号	工序名称	加工设备
1	备料	锯床
2	车端面、车大端外圆及倒角	车床
3	车端面、车小端外圆及倒角	车床
4	铣键槽	铣床
5	去毛刺	钳工台

2. 安装

在某一工序中，有时需要对零件进行多次装夹加工，工件经一次装夹后所完成的一部分工序称为安装。如表 6-3 所示，若工序 2 和工序 3 合并成一个工序，则需要进行两次装夹：先装夹工件一端，车端面、大端外圆及倒角，称为安装 1；再调头装夹工件，车另一端面、小端外圆及倒角，称为安装 2。

3. 工位

为了完成一定的工序部分，一次装夹工件后，工件与夹具或设备的可动部分一起相对刀具或设备的固定部分所占据的每一个位置，称为工位。

在某一工序中，有时为了减少由于多次装夹而带来的误差及时间损失，往往采用转位（或移位）工作台或夹具，不需重新装夹工件而能改变工件位置，以加工不同表面。

如图 6.5(a)所示，在具有回转工作台的多轴立式钻床上，由工位②、③、④分别对工件进行钻、扩、铰孔加工，工位①装卸工件，此工序是一次安装 4 个工位。如图 6.5(b)所示，在具有可转位的夹具上对车床下部刀架的燕尾导轨面进行刨削加工，工位①刨削加工燕尾导轨左侧，工位②则刨削加工燕尾导轨(1∶60)右侧。

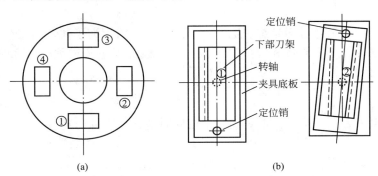

图 6.5　四工位转位工作台及两工位刨床夹具

4. 工步

一道工序(一次安装或一个工位)中，可能需要加工若干个表面，但只用一把刀具，也可能虽然只加工一个表面，但却要用若干把不同的刀具。在加工表面和加工工具不变的情况下，所连续完成的一部分工序，称为一个工步。如果上述二项中有一项改变，就称为另一工步。

表 6-3 中的工序 2，一次安装后要进行 3 个工步：车端面，称为工步 1；车大端外圆，称为工步 2；倒角，称为工步 3。

图 6.6 所示为在六角车床上加工套类零件，其工序包括 6 个工步。当几个相同的工步连续进行时，为了简化工艺，通常算作一个工步。

为了提高生产效率，采用几把刀具或一把复合刀具同时加工一个或几个表面，可算作一个工步，称为复合工步。图 6.6 中工步 3 和工步 4 就是复合工步。

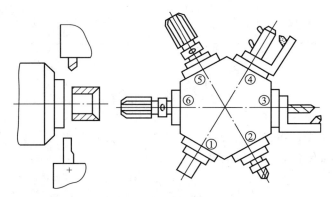

图 6.6　具有 6 个工步的工序

5. 行程

有些工步，由于余量较大或其他原因，需要用同一刀具，对同一表面进行多次切削，这样，刀具对工件每切削一次就称为一次行程。如图 6.7 所示，将棒料加工成阶梯轴，第二工步车右端外圆分两次行程。此外，螺纹表面的车削和磨削加工，也属多次行程。

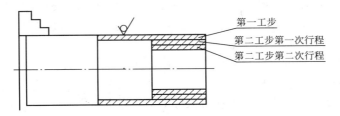

图 6.7　棒料车削加工成阶梯轴的多次行程

6.3.2　定位基准的选择

定位基准选择合理与否，不仅影响零件的尺寸精度和位置精度，而且对于零件各表面的加工顺序也有很大影响。

定位基准可分为粗基准和精基准。当零件从毛坯开始进行机械加工时，第一道工序只能用毛坯上未经加工的表面作为定位基准，这种定位基准称为粗基准。在随后的工序中，应以加工过的表面作定位基准，此定位基准称为精基准。

1. 粗基准的选择

粗基准的选择应能保证加工面与非加工面之间的位置要求及合理分配各加工面的余量，同时要为后续工序提供精基准。具体选择原则如下。

(1) 应选工件不加工面作为粗基准。这样能保证加工面与不加工面之间的位置要求。如图 6.8(a)所示的毛坯，铸造时，孔 B 与外圆 A 有偏心。只有采用不加工面(外圆 A)为粗基准加工孔 B，才能保证加工后的孔 B 与外圆 A 的轴线是同轴的，即壁厚是均匀的，但孔 B 的加工余量不均匀；对图 6.8(b)所示的发动机活塞加工时，必须保证其裙部壁厚均匀，故应选活塞不加工的内壁及顶面作为粗基准才能达到要求。

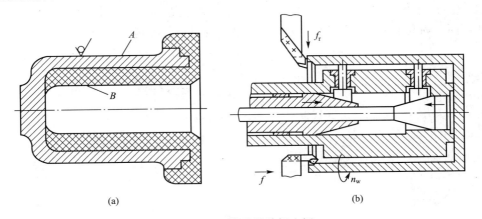

图 6.8　粗基准的选择实例

当工件上有多个不加工面与加工面之间有位置要求时，则应以其中要求最高的加工面为粗基准。

(2) 合理分配各加工面的加工余量。为了保证各加工面都有足够的加工余量，应选择毛坯余量最小的面为粗基准。

对于如图 6.9 所示的阶梯轴，因 $\phi55mm$ 外圆的余量较小，故应选择 $\phi55mm$ 外圆为粗基准。如果选择 $\phi108mm$ 外圆为粗基准加工 $\phi55mm$ 时，当两外圆有 3mm 的偏心时，则可能因 $\phi50mm$ 的余量不足而使工件报废。

(3) 应选择重要或精度要求高的加工面为粗基准。如图 6.10 所示的机床床身零件，要求导轨面应有较好的耐磨性，以保持其导向精度。由于铸造时浇注位置（床身导轨面朝下）决定了导轨面处的金属组织均匀而致密，在机械加工中，为了保留这样良好的金属组织，应使导轨面上的加工余量尽量小且均匀。为此，应选择导轨面作为粗基准，先加工床腿底面，然后再以床腿底面为精基准加工导轨面，这样就能确保导轨面的加工余量小且均匀。当零件上有多个重要加工表面时，应选择加工余量要求最严格的那个表面作为粗基准。

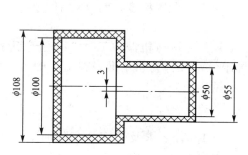

图 6.9 阶梯轴加工的粗基准选择

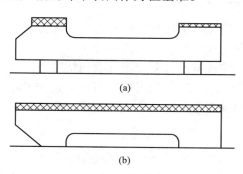

图 6.10 床身加工的粗基准选择
(a) 导轨面为粗基准加工床腿底面；
(b) 床腿底面为精基准加工导轨面

如图 6.11(a)所示，对于汽车变速器箱体加工，选用精度要求高的轴承座孔作为定位粗基准，加工与箱盖接合的上平面。然后再以该平面和两端的轴承座孔定位，加工接合面上的两个定位销孔(工艺孔)，如图 6.11(b)所示。这样在后续的轴承座孔镗削时，以加工过的接合面和该面上的两个定位工艺孔作为精基准，就能保证座孔有足够均匀的加工余量。

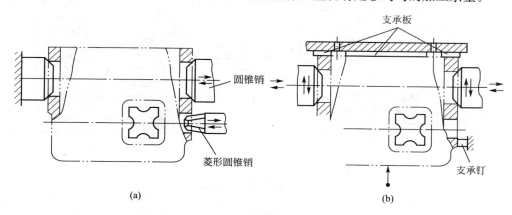

图 6.11 粗基准选择的实例
(a) 铣削接合面时的定位；(b) 钻铰接合面上两定位销孔时的定位

(4) 粗基准在同一尺寸方向上应尽量避免重复使用。粗基准是毛面，一般来说表面比较粗糙，形状误差也大，如重复使用就会造成较大的定位误差，因此，粗基准应避免重复使用。应以粗基准定位首先把精基准加工好，为后续工序准备好精基准。对于如图6.12所示的小轴，如重复使用毛坯 B 面定位去加工表面 A 和 C，则必然会使 A 和 C 表面的轴线产生较大的同轴度误差。

(5) 选作粗基准的表面应尽可能平整。粗基准表面不能有飞边、浇冒口或其他缺陷，以保证定位准确，夹紧可靠。

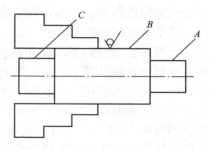

图 6.12 重复使用粗基准实例
A、C—加工面；B—毛坯面

2. 精基准的选择

选择精基准时，应重点考虑如何减小工件的定位误差，保证工件的加工精度。同时也要考虑装夹工件要方便，夹具结构要简单。具体选择原则如下。

(1) 基准重合原则：即选用设计基准或工序基准作为定位基准，以避免定位基准与设计基准(或工序基准)不重合而引起的加工尺寸误差。

图6.13(a)所示是工序简图，用调整法在工件上铣缺口，加工尺寸为 A 和 B。图6.13(b)所示是加工示意图，工件以底面和 E 面定位。C 是确定夹具与刀具相互位置的对刀尺寸，在一批工件加工过程中，C 的大小是不变的。

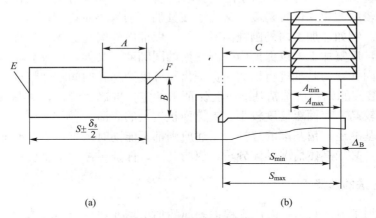

图 6.13 基准不重合误差

加工尺寸 A 的工序基准是 F，定位基准是 E，两者不重合。当一批工件逐个在夹具上定位时，受尺寸 S 变化的影响，工序基准 F 的位置将随 S 的变化而变化，而 F 的变化直接影响工序尺寸 A 的大小，造成加工尺寸 A 的误差，这个误差就是基准不重合误差。

应用本规律时需要注意，定位过程中的基准不重合误差是在采用调整法加工一批工件时产生的。若用试切法加工，每个工件都可直接保证尺寸 A，就不存在基准不重合误差。

(2) 基准统一原则：即应尽可能采用同一个定位基准加工工件的各个表面。采用基准统一原则，可以简化工艺规程的制定，减少夹具数量，节约了夹具设计和制造费用，缩短生产准备周期。同时，由于减少了基准的转换，更有利于保证各个表面间的相互位置精度。利用两中心孔加工轴类零件的各外圆表面，即符合基准统一原则。箱体类零件采用一面两孔定位进行加工也符合基准统一原则。

基准重合原则和基准统一原则是选择精基准的两个重要原则。但有时两者互相矛盾，必须处理好。当遇到要求尺寸精度较高的表面，应以基准重合为主，以免给加工带来困难，这时不易做到基准统一。除此之外，均应考虑基准统一原则。

（3）自为基准原则：即某些加工表面加工余量小而均匀时，可选择加工表面本身作为定位基准。遵循自为基准原则时，不能提高加工面的位置精度，只是提高加工面本身的精度。如图 6.14 所示，在导轨磨床上以自为基准原则磨削床身导轨。方法是用百分表找正工件的导轨面，然后加工导轨面，保证对导轨的质量要求。发动机气缸的修理也常采用此原则进行镗孔和珩磨，只考虑保证缸径尺寸和气缸轴线与主轴承座孔轴线的垂直度。

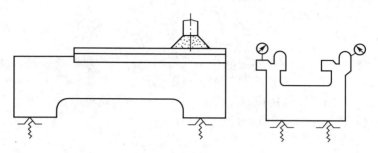

图 6.14　磨削床身导轨面自为基准

（4）互为基准原则：两个有相互位置要求的表面，可以认为是互为设计基准的。为了使加工面间有较高的相互位置精度，又为了使其加工余量小而均匀，可采用反复加工、互为基准的原则。例如，加工内外圆柱面时，为了保证内外圆柱面的同轴度，就得以内外圆柱面互为基准，反复加工，以保证内外圆柱面的同轴度。又如，精度要求高的齿轮，也采用了以齿面和内孔互为基准进行精磨，保证齿轮分度圆与孔的同轴度精度。

（5）便于装夹原则：所选精基准应能保证工件定位准确、稳定，夹紧方便可靠。精基准应该是精度较高、表面粗糙度较小、支撑面积较大的表面。

无论是粗基准还是精基准的选择，上述原则都不能同时满足，有时甚至互相矛盾，因此选择基准时，必须具体情况具体分析，权衡利弊，保证零件的主要设计要求。

6.3.3　加工方法的选择

选择表面加工方法时，一般应先根据表面的加工精度和表面粗糙度要求，选定最终加工方法，然后再确定精加工前的准备工序的加工方法，即确定加工方案。由于获得同一精度和同一粗糙度的方案有好几种，选择时还要考虑生产率和经济性，考虑零件的结构形状、尺寸大小、材料和热处理要求及工厂的生产条件等。表面加工方法选择时主要考虑以下几个因素。

1. 经济精度与经济粗糙度

任何一种加工方法可以获得的加工精度和表面粗糙度均有一个较大的范围。例如，精细的操作、选择低的切削用量，可以获得较高的精度，但又会降低生产率，提高成本；反之，如通过增大切削用量来提高生产率，虽然成本降低了，但精度也降低了。所以，对一种加工方法，只有在一定的精度范围内才是经济的，这一定范围的精度就是指在正常加工条件下(采用符合标准的设备、工艺装备和标准技术等级的工人、合理的加工时间)所能达到的精度,这一定范围内的精度称为经济精度,相应的粗糙度称为经济粗糙度。

表6-4、表6-5、表6-6所列分别为外圆柱面、内孔和平面等典型加工方法和加工方案能达到的经济精度和经济粗糙度(经济精度以公差等级表示)。表6-7为各种加工方法加工轴线平行的孔系的位置精度(用距离误差表示)。各种加工方法所能达到的经济精度和经济粗糙度等级,在机械加工的各种手册中均能查到。

表6-4 外圆柱面加工方法

序号	加工方法	经济精度 (公差等级表示)	经济粗糙度值 $Ra/\mu m$	适用范围
1	粗车	IT11～IT13	50～12.5	适用于淬火钢以外的各种金属
2	粗车—半精车	IT8～IT10	6.3～3.2	
3	粗车—半精车—精车	IT7～IT8	1.6～0.8	
4	粗车—半精车—精车—滚压(或抛光)	IT7～IT8	0.2～0.025	
5	粗车—半精车—磨削	IT7～IT8	0.8～0.4	主要适用于淬火钢,也可用于未淬火钢,但不宜加工有色金属
6	粗车—半精车—粗磨—精磨	IT6～IT7	0.4～0.1	
7	粗车—半精车—粗磨—精磨—超精加工(或轮式超精磨)	IT5	0.1～0.012 (或$Rz0.1$)	
8	粗车—半精车—精车—精细车(金刚车)	IT6～IT7	0.4～0.025 (或$Rz0.1$)	主要用于要求较高的有色金属
9	粗车—半精车—粗磨—精磨—超精磨(或镜面磨)	IT5以上	0.025～0.006 (或$Rz0.05$)	主要用于极高精度的外圆面加工
10	粗车—半精车—粗磨—精磨—研磨	IT5以上	0.1～0.006 (或$Rz0.05$)	

表6-5 内孔加工方法

序号	加工方法	经济精度 (公差等级表示)	经济粗糙度值 $Ra/\mu m$	适用范围
1	钻	IT11～IT13	12.5	加工未淬火钢及铸铁的实心毛坯,也可用于加工有色金属。孔径小于15～20mm
2	钻—铰	IT8～IT10	6.3～1.6	
3	钻—粗铰—精铰	IT7～IT8	1.6～0.8	
4	钻—扩	IT10～IT11	12.5～6.3	加工未淬火钢及铸铁的实心毛坯,也可用于加工有色金属。孔径小于15～20mm
5	钻—扩—铰	IT8～IT9	3.2～1.6	
6	钻—扩—粗铰—精铰	IT7	1.6～0.8	
7	钻—扩—机铰—手铰	IT6～IT7	0.4～0.2	

(续)

序号	加工方法	经济精度 （公差等级表示）	经济粗糙度值 $Ra/\mu m$	适用范围
8	钻—扩—拉	IT7～IT9	1.6～0.1	大批量生产（精度视拉刀的精度而定）
9	粗镗（或扩孔）	IT11～IT13	12.5～6.3	除淬火钢外的各种材料，毛坯有铸出孔或锻出孔
10	粗镗（粗扩）—半精镗（精扩）	IT9～IT10	3.2～1.6	
11	粗镗（粗扩）—半精镗（精扩）—精镗（铰）	IT7～IT8	1.6～0.8	
12	粗镗（粗扩）—半精镗（精扩）—精镗—浮动镗刀精镗	IT6～IT7	0.8～0.4	
13	粗镗（扩）—半精镗—磨孔	IT7～IT8	0.8～0.2	主要适用于淬火钢，也可用于未淬火钢，但不宜加工有色金属
14	粗镗（扩）—半精镗—粗镗—精镗	IT6～IT7	0.2～0.1	
15	粗镗（扩）—半精镗—精镗—精细镗（金刚镗）	IT6～IT7	0.4～0.05	主要用于精度要求高的有色金属加工
16	钻—(扩)—粗铰—精铰—珩磨； 钻—(扩)—拉—珩磨； 粗镗—半精镗—精镗—珩磨	IT6～IT7	0.2～0.025	主要用于精度要求很高的孔加工
17	以研磨代替16中的珩磨	IT5～IT6	0.1～0.006	

表6-6 平面加工方法

序号	加工方法	经济精度 （公差等级表示）	经济粗糙度值 $Ra/\mu m$	适用范围
1	粗车	IT11～IT13	50～12.5	端面
2	粗车—半精车	IT8～IT10	6.3～3.2	
3	粗车—半精车—精车	IT7～IT8	1.6～0.8	
4	粗车—半精车—磨削	IT6～IT8	0.8～0.2	
5	粗刨（或粗铣）	IT11～IT13	25～6.3	一般不淬硬平面（端铣表面粗糙度Ra值较小）
6	粗刨（或粗铣）—精刨（或精铣）	IT8～IT10	6.3～1.6	
7	粗刨（或粗铣）—精刨（或精铣）—刮研	IT6～IT7	0.8～0.1	精度要求较高的不淬硬平面，批量较大时宜采用宽刃精刨方案
8	以宽刃精刨代替7中的刮研	IT7	0.8～0.2	

(续)

序号	加工方法	经济精度（公差等级表示）	经济粗糙度值 $Ra/\mu m$	适用范围
9	粗刨（或粗铣）—精刨（或精铣）—磨削	IT7	0.8～0.2	精度要求高的淬硬平面或不淬硬平面
10	粗刨（或粗铣）—精刨（或精铣）—粗磨—精磨	IT6～IT7	0.4～0.025	
11	粗铣—拉	IT7～IT9	0.8～0.2	大量生产，较小的平面（精度视拉刀精度而定）
12	粗铣—精铣—磨削—研磨	IT5 以上	0.1～0.006（或 Rz0.05）	高精度平面

表 6-7 轴线平行的孔系的位置精度（经济精度）　　　　　（单位：μm）

加工方法	工具的定位	两孔轴线间的距离误差或从孔轴线到平面的距离误差	加工方法	工具的定位	两孔轴线间的距离误差或从孔轴线到平面的距离误差
立钻或摇臂钻上钻孔	用钻模	0.1～0.2	卧式镗床上镗孔	用镗模	0.05～0.08
	按划线	1.0～3.0		按定位样板	0.08～0.2
立钻或摇臂钻上镗孔	用镗模	0.03～0.05		按定位器的指示读数	0.04～0.06
车床上镗孔	按划线	1.0～2.0		用块规	0.05～0.1
	用带有滑磨的角尺	0.1～0.3		用内径规或塞尺	0.05～0.25
坐标镗床上镗孔	用光学仪器	0.004～0.015		用程度控制的坐标装置	0.04～0.05
金刚镗床上镗孔		0.008～0.02			
多轴组合机床上镗孔	用镗模	0.03～0.05		用游标卡尺	0.2～0.4
				按划线	0.4～0.6

2. 零件结构形状和尺寸大小

零件的形状和尺寸影响加工方法的选择。例如，小孔一般用铰削加工，较大的孔用镗削加工；箱体上的孔一般难于拉削而采用镗削或铰削；对于非圆的通孔，应优先考虑用拉削，批量较小时用插削加工；对于难磨削的小孔，则可采用研磨加工。

3. 零件的材料及热处理要求

经淬火后的表面，一般应采用磨削加工；材料未淬硬的精密零件的配合表面，可采用刮研加工；对硬度低而韧性较大的金属，如铜、铝、镁合金等有色金属，为了避免磨削时砂轮的嵌塞，一般不采用磨削加工，而采用高速精车、精镗、精铣等加工方法。

4. 生产率和经济性

对于较大的平面，铣削加工生产率较高，而窄、长的工件宜用刨削加工；对于大量生产的低精度孔系，宜采用多轴钻；对批量较大的曲面加工，可采用机械靠模加工、数控加工和特种加工等加工方法。

6.3.4 加工顺序的安排

1. 加工阶段的划分

当零件的加工质量要求较高时，通常将零件及其部门加工的工艺过程划分为粗加工、半精加工和精加工三个阶段。如果零件的加工精度要求特别高，尤其表面粗糙度值要求特别小，还需要安排精整、光整加工阶段。

零件加工需划分加工阶段的原因如下。

(1) 可以更好地保证加工质量。粗加工时由于加工余量大，切削力及切削热都较大，因而工艺系统的受力变形、受热变形及内应力都很大，粗加工后的加工质量不会很好，要通过后续工序进一步加工，逐渐减小加工误差，最终达到零件的加工质量要求。此外，一些存在内应力的毛坯在粗加工之后，会由于内应力重新分布而产生变形，这种变形过程也需要一定的时间。划分了加工阶段后，就可以避免内应力变形对精加工的影响，使内应力在后续加工中予以消除。

(2) 粗加工阶段中切除较大的加工余量，可以及早发现毛坯缺陷，以便及时报废或修补，避免继续加工而造成浪费。

(3) 可合理使用机床设备。粗加工时可使用功率大、刚度高、普通精度的高效机床；精加工则使用高精度的机床。这样，就充分发挥了不同机床各自的性能，也延长了高精度机床的使用寿命。

加工过程各加工阶段的主要任务如下。

(1) 粗加工阶段。粗加工是从毛坯上切除较大的加工余量的加工阶段，因此，在这个加工阶段，需要高效率地切除零件主要表面及一些加工余量较大表面上的大部分加工余量。

(2) 半精加工阶段。半精加工的任务是切除主要表面粗加工后留下的误差，为主要表面的精加工做好准备，并完成一些精度要求不高表面的终加工。在这个阶段中，一般是先进行零件主要表面的半精加工，然后加工次要表面(如键槽、紧固用的螺栓孔及螺纹孔等)。另外，对一些有装合要求的零件(如连杆体与连杆盖)，装合面的加工及装合工序也在这一阶段完成。

(3) 精加工阶段。精加工阶段的任务是保证各主要表面达到零件图样规定的加工质量和技术要求。

(4) 精整、光整加工阶段。对于加工质量要求很高(尺寸精度 IT5 以上、表面粗糙度 $Ra \leqslant 0.2 \mu m$)的零件，需要安排精整、光整加工阶段。精整、光整加工是精加工后从工件表面上不切除或切除极薄金属层，用以提高加工表面的尺寸及形状精度，减小表面粗糙度值或用以强化表面的方法。例如，发动机凸轮轴轴颈及凸轮表面、曲面轴颈、制动盘端面等均需要经过精整、光整加工。但精整、光整加工一般不能用来提高位置精度。

需要指出是，上述加工阶段的划分并不是绝对的。当零件的加工质量要求不高，工件刚性足够，毛坯质量高、加工余量小时，也可以不划分加工阶段。

2. 机械加工工序的安排

对于零件的机械加工工序安排有以下注意事项。

（1）为了为后续的工序提供合适的定位基准，往往在加工过程的开始，首先加工出精基准。例如，轴类零件（如发动机曲轴，进排气凸轮轴等）加工，加工工序的前两道工序中就是以轴的外径为粗基准，铣端面和打中心孔，确定零件在以后加工中定位用的精基准。箱体零件（如发动机缸体，变速器箱壳体等）的加工，一般先加工出定位平面及与定位平面垂直的每个工艺孔，作为加工箱体零件上其他尺寸的精基准。

（2）首先安排加工表面的粗加工，然后安排半精加工，最后安排精加工、光整加工。一般精度要求高的表面安排在加工过程的最后，避免受其他表面加工的影响。

（3）根据零件功能和技术要求，一般将零件加工表面分为主要表面和次要表面，以主要表面的加工顺序安排为重点，将次要表面加工穿插于主要表面的加工工序中间。

（4）遵循先面后孔原则。对于支架、底座支承、箱体、连杆类零件，先加工平面，后加工孔，这样可借助于平面接触面积较大、平整、安装定位可靠的特点，以平面作精基准加工孔的尺寸，从而得到好的平面与孔的位置精度。

（5）对于单件、小批量生产的零件，当工厂（车间）的设备按机床功能归类布置时，为了避免零件的往返搬运费时、碰伤、碰坏的可能，应考虑加工工序集中安排。例如，前面工序均为车削加工，中间工序为铣削或钻削加工，最后为磨削加工等。

3. 热处理工序的安排

零件在加工过程中的热处理按其目的不同，一般分为预备热处理和最终热处理两种。

（1）预备热处理是以改善零件毛坯材料组织性能、切削性为目的的热处理。通常低碳钢采用正火，中碳钢采用退火，高碳钢采用球化退火，而综合力学性能要求高的零件则采用调质处理。预备热处理一般安排在机械加工前进行。

（2）最终热处理是以获得所需的组织结构与性能为目的而对零件进行的热处理，最终热处理一般安排在零件精加工前进行，主要方式有淬火、调质、表面处理等。

一些结构复杂的铸件，由于各部分的厚薄分布不均匀，因此各部分冷却速度不同，结果造成铸件中产生内应力。为了减少因加工后内应力的重新分布而引起变形，故在粗加工之后、精加工之前安排人工时效处理。而对于高精度的零件，甚至安排两次时效，即铸造→粗加工→第一次人工时效→半精加工→第二次人工时效→精加工。有时在粗加工之前，还常常将铸件毛坯长时间存放于自然环境之中，先进行自然时效，然后再进行加工制造。

整体淬火的目的是提高零件材料整体的硬度和强度。在车辆生产中，常见于某些受大负荷、冲击、相对运动速度较高的摩擦副处的轴类零件的热处理。例如，柴油机喷油器中针阀偶件中的针阀，燃油泵中出油阀偶件的出油阀等零件的热处理。整体淬火变形大，一般安排在精加工之前进行。

表面处理的目的是提高零件表面的硬度和耐磨性，主要方式有：表面淬火、渗碳淬火、渗氮、碳氮共渗等。在车辆生产中，常用于齿轮、连接轴、转动零件的轴颈、有相对运动的零件配合表面等。其中，低碳钢零件常用渗碳淬火，中碳钢、铸铁件常用表面淬火。热处理工序安排在精加工前进行。而渗氮等热处理工艺主要用于一些重要零件，如柴油机柱塞偶件的柱塞套筒。零件经渗氮后变形小，因此渗氮工序可以安排在精加工后、最终加工工序前进行。

4. 辅助工序的安排

零件的检验工序是加工过程中的辅助工序。为了保证产品零件的质量，除了在加工过程中设置操作者的自检、操作者之间的互检外，各关键、重要工序、零件从一个车间（工段）转向另一个车间（工段）前后（特别是热处理前后）、粗精加工之间，以及零件全部加工完成后，还必须设立由检验人员进行的专检工序。

在车辆生产过程中，有时需要对零件基体内部质量进行检查，如发动机曲轴、凸轮轴、连杆的磁力探伤；缸体、缸盖的超声波探伤等。这类特种检验根据各检验手段特点不同，其工序安排的顺序也不同。例如，磁力探伤和荧光检验通常安排在精加工阶段，超声波探伤一般安排在粗加工后进行，而密封性、平衡性等检测则视加工过程的需要和方便灵活安排。例如，发动机缸盖的水道、柴油机泵体的高压油道的密封性检查，应安排在水道、油道加工完毕后即刻进行，以便于发现问题。但是汽车油箱的密封性，则常常安排在油箱的终检中进行。

零件的终检是非常重要的，但终检的内容却不是对每个零件按设计图样要求从头到尾进行一次彻底的检验。在大批量生产情况下，一般按规定要求，只抽取一定比例的零件，并只对部分主要尺寸进行检查。

在加工过程中，应适时安排零件去飞边、毛刺工序。主要尺寸加工和精加工、光整加工前，必须安排去除飞边、毛刺工序，为后续工序作准备。一些结构复杂的零件加工完毕后，入库之前，还常常专门设置去飞边、毛刺工序，对零件的飞边和毛刺进行最后一次彻底清理。

表面保护，如表面涂镀、发蓝等表面处理工序，一般安排在加工过程的最后进行；清洗、防锈工序，根据需要，布置在各道工序之间、检验结束后或零件装配之前进行。

6.3.5　工序的分散与集中

选定了一个零件的加工工艺方案，并划分了加工阶段之后，在一定条件下，可以根据零件加工的工艺特点和生产加工过程组织方式，使零件加工工序的数目不同。这种不同，正是应用工序分散与工序集中两种不同的原则，对工序进行不同的组合来实现的。

工序分散就是将零件的加工分散在较多的工序内完成。其工艺特点为：每道工序所包含的加工内容较少，工序数目较多，工艺路线长；每道工序的工装夹具比较简单，调整、维护方便，生产准备工作量少；涉及的设备数量、种类较多，操作人员需求量大，生产占用面积大。

工序集中就是将零件的加工集中在少数几道工序里完成。其工艺特点为：每道工序所包含的加工内容较多，工序数目少，工艺路线短；减少了零件装夹次数，一次装夹即可完成多个表面的加工，全面提高了零件生产加工的劳动生产率；减少了工序间的运输，减少了生产设备数量。有利于使用高生产率的先进技术和专用设备，从而减少了生产工人的数量和生产占用的面积。但工序集中，使设备、工艺装备更加复杂，投资可能更大。

拟定工艺规程时，应根据零件的生产量、零件的结构特点、技术要求、现有机床设备等生产条件予以综合考虑。从现代生产的发展趋势来看，更强调工序集中。例如，小批量生产时，为简化生产管理工作，让普通通用设备能尽可能多地完成加工内容，减少工序数目。多品种、中小批量生产时，更多采用数控机床、加工中心等高效、自动化设备，从而使一台生产设备也尽可能多地完成加工内容，从而达到工序集中的目的。但是，对一些精度要求高且形状复杂的零件来说，应根据零件结构特点，对加工工序合理分散，以便使用通用设备和结构简单的工装夹具组成流水生产线，生产出高质量的产品。

6.4 工序设计

6.4.1 机床和工艺装备的选择

机床和工艺装备的选择是工艺规程制订中的重要环节之一，它是保证工件加工质量和达到一定生产率的基础条件，对零件加工的经济性也有重要影响。为了合理地选择机床和工艺装备，必须对各种机床的规格、性能和工艺装备（尤其是刀具、量具和夹具）的种类、规格等有较详细的了解，并准备必要的技术资料。

1. 机床的选择

在拟定工艺路线时，当工件加工表面的加工方法确定以后，各工序所用机床类型就已基本确定。但每一类型的机床都有不同的形式，其工艺范围、技术规格、加工精度、表面粗糙度、生产率及自动化程度等都各不相同。在合理选用机床时，除应对机床的技术性能有充分了解之外，还要考虑以下几点。

（1）机床的精度应与工件要求的加工精度相适应。机床的精度过低，满足不了加工质量要求；机床的精度过高，又会增加零件的制造成本。单件小批生产时，如果没有高精度的设备来加工高精度的零件时，为了充分利用现有机床，可以选用精度低一些的机床，而在工艺上采用措施来满足加工精度的要求。

（2）机床的技术规格应与工件的尺寸相适应。小工件选用小机床加工，大工件选用大机床加工，做到设备合理利用，避免盲目增大或减小机床规格。

（3）机床的生产率和自动化程度应与零件的生产纲领相适应。单件小批生产应选择工艺范围较广的通用机床，大批大量生产尽量选用生产率和自动化程度较高的专门化或专用机床。

（4）机床的选择应与现有生产条件相适应。应尽量充分利用现有机床，如果没有合适的机床可供使用，应合理地提出专用设备设计或旧机床改装的任务书，或提供购置新设备的具体型号。

（5）合理选用数控机床、加工中心等先进设备。下列情况需考虑数控机床或加工中心的选用。

① 采用普通机床，需要设计制造复杂的专用机床夹具，或加工效率低、手工操作劳动强度大的加工。

② 轮廓形状复杂、加工精度要求较高的复杂曲线或曲面的加工。

③ 准备以后多次改型设计的零件加工。

④ 当工序集中程度较高，如需在一次装夹中完成钻、镗、铰、锪、攻螺纹、铣削平面等加工内容的箱体类零件的加工时，可采用加工中心。

2. 工艺装备的选择

工艺装备选择的合理与否，将直接影响工件的加工精度、生产效率和经济效益。应根据生产类型、具体加工条件、工件结构特点和技术要求等选择工艺装备。

(1) 夹具的选择。夹具的选择主要考虑生产类型。单件、小批生产应尽量采用通用夹具和机床附件，如卡盘、机用平口虎钳、分度头等。

车辆生产属于成批、大量生产，各工序所使用的机床夹具，除车床、外圆磨床等少数机床使用通用机床夹具外，大多数采用高效专用机床夹具。为了满足多品种、小批量的柔性化生产要求，应采用可调夹具或成组夹具。

(2) 刀具的选择。刀具的选择(种类、规格、材料、精度)主要取决于表面的加工方法、加工表面的尺寸、工件材料、切削用量及工序的加工要求等。在选择时尽量采用标准刀具。在组合机床及其自动线上加工时，由于需要工序集中，可采用专用复合刀具，如相同工艺的复合刀具(复合扩孔钻等)和不同工艺的复合刀具(钻-扩-铰复合刀具等)。不仅可以提高加工精度和生产率，而且经济效果也很明显。

(3) 量具的选择。量具的选择应根据生产类型和要求的检验项目及其精度而定。单件、小批生产应广泛采用通用量具，如游标卡尺、百分表和千分尺等。大批、大量生产时应尽量选用效率较高的专用量具，如各种极限量块、专用检验夹具和测量仪器等。

6.4.2 加工余量的确定

1. 加工余量的概念

加工余量是指在加工中从加工表面切除的材料层厚度。加工余量分为工序余量和加工总余量。

(1) 工序余量是指同一被加工表面相邻两工序尺寸之差。

① 平面的加工余量是单边余量，它等于实际切除的材料层厚度。

对于外平面，如图 6.15(a)所示。

$$Z = a - b \quad (6-1)$$

对于内平面，如图 6.15(b)所示。

$$Z = b - a \quad (6-2)$$

式中　Z——本工序的加工余量；
　　　a——前工序的工序尺寸；
　　　b——本工序的工序尺寸。

② 回转表面(外圆和内孔)的加工余量是在直径方向上对称分布的，称为双边余量，其实际切除的材料层厚度是加工余量的一半。

对于外圆表面，如图 6.15(c)所示。

$$Z = d_a - d_b \quad (6-3)$$

对于内圆表面，如图 6.15(d)所示。

$$Z = d_b - d_a \quad (6-4)$$

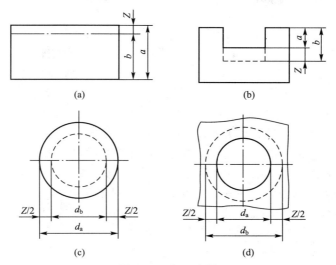

图 6.15 加工余量

式中　Z——本工序直径上的加工余量；
　　　d_a——前工序的加工直径；
　　　d_b——本工序的加工直径。

由于毛坯制造和各工序尺寸都有误差，故各工序实际切除的余量值是变化的。所以加工余量又分为公称余量(或基本余量)、最大余量和最小余量。相邻两工序的公称尺寸之差即公称余量。最小余量是保证该工序加工表面的精度和质量所需切除的最小金属厚度。该工序余量的最大值则称为最大余量。余量公差即加工余量的变动范围，即最大余量与最小余量之差值。工序余量与工序尺寸的关系如图 6.16 所示。

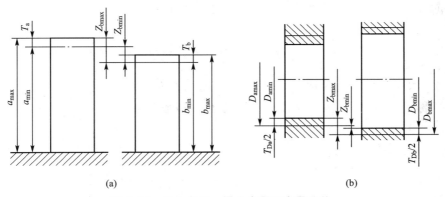

图 6.16　最大余量、最小余量和余量公差

对于轴类等外表面尺寸，公称余量是前工序和本工序公称尺寸之差，最小余量是前工序最小工序尺寸和本工序最大工序尺寸之差，最大余量是前工序最大工序尺寸和本工序最小工序之差，对于孔类等内表面尺寸来说则相反。余量公差等于前工序与本工序两工序尺寸公差之和。它们可由下式表示：

最大余量

$$Z_{max} = a_{max} - b_{min}$$

(6-5)

最小余量

$$Z_{\min} = a_{\min} - b_{\max} \quad (6-6)$$

余量公差

$$T_Z = Z_{\max} - Z_{\min} = (a_{\max} - b_{\min}) - (a_{\min} - b_{\max}) = T_a + T_b \quad (6-7)$$

式中　T_Z——本工序余量公差；

　　　T_a——前工序的工序尺寸公差；

　　　T_b——本工序的工序尺寸公差。

为便于加工，工序尺寸极限偏差一般规定为"注向体内"方向（又称"入体原则"）标注。对于轴类等外表面尺寸，工序尺寸取单向负偏差（按 h 标注），即工序尺寸公差取上极限偏差为零，工序尺寸的公称尺寸等于上极限尺寸；对于孔类等内表面尺寸，工序尺寸极限偏差取单向正偏差（按 H 标注），即工序尺寸公差取下极限偏差为零；而毛坯尺寸公差按双向标注，即上、下极限偏差均不为零。

（2）加工总余量是指工件由毛坯到成品的整个加工过程中，某一表面被切除金属层的总厚度，即

$$Z_1 + Z_2 + \cdots + Z_n = \sum_{i=1}^{n} Z_i \quad (6-8)$$

式中　Z_i——第 i 道工序的工序余量；

　　　n——该表面总加工的工序数。

2. 影响加工余量的因素

加工余量的大小对于零件的加工质量、生产率和生产成本均有较大的影响。余量过大，会造成浪费工时，增加生产成本；余量过小，会造成废品。

影响加工余量的因素主要有以下几个方面。

（1）前工序的表面质量：本工序必须把前工序留下的表面粗糙度和缺陷层全部切除。

（2）前工序的尺寸公差：本工序的加工余量值应比前工序的尺寸公差值大。

（3）前工序的几何公差：本工序应纠正前工序留下的几何误差，这里的几何误差是指不由尺寸公差所控制的几何误差。

（4）本工序加工时的装夹误差：包括定位误差、夹紧误差和夹具在机床上的装夹误差。这些误差会使工件在加工时位置发生偏移，所以加工余量还必须考虑装夹误差的影响。

3. 加工余量的确定方法

确定加工余量的原则是在保证加工质量的前提下，越小越好。实际工作中，确定加工余量的方法有以下三种。

（1）查表法：根据有关手册提供的加工余量数据，再结合生产实际情况加以修正后确定加工余量。

（2）经验估计法：根据工艺人员本身积累的经验确定加工余量。一般为了防止余量过小而产生废品，所估计的余量总是偏大。常用于单件、小批量生产。

（3）分析计算法：根据理论公式和一定的试验资料，对影响加工余量的各因素进行分析、计算来确定加工余量。这种方法较合理，但需要全面可靠的试验资料，计算也较复杂。一般只在材料十分贵重或少数大批、大量生产的工厂中采用。

6.4.3 工序尺寸及公差的确定

工序尺寸是指某一工序加工应达到的尺寸，其公差即为工序尺寸公差，各工序的加工余量确定后，即可确定工序尺寸及其公差。

在确定工序尺寸及其公差时，存在工序基准与设计基准重合和不重合两种情况。

1. 基准重合时工序尺寸及其公差的计算

当加工某一表面的各道工序都采用同一个工序基准或定位基准，并与设计基准重合时，其计算顺序是：先确定各工序的加工方法，然后确定该加工方法所要求的加工余量及其所能达到的精度，再由最后一道工序逐个向前推算，即由零件图上的设计尺寸开始，一直推算到毛坯图上的尺寸。工序尺寸的公差都按各工序的经济精度确定，并按"入体原则"确定上、下极限偏差。

例如，某主轴箱体主轴孔的设计要求为 $\phi100H7$，$Ra=0.8\mu m$。其加工工艺路线为：毛坯→粗镗→半精镗→精镗→浮动镗。试确定各工序尺寸及其公差。

从机械工艺手册查得各工序的加工余量和所能达到的精度，具体数值见表6-8中的第二三列，计算结果见表6-8中的第四五列。

表6-8 主轴孔工序尺寸及公差的计算

工序名称	工序余量/mm	工序的经济精度	工序公差尺寸/mm	工序尺寸及公差
浮动镗	0.1	$H7(^{+0.035}_{0})$	100	$\phi100^{+0.025}_{0}$，$Ra=0.8\mu m$
精镗	0.5	$H9(^{+0.087}_{0})$	100-0.1=99.9	$\phi99.9^{+0.087}_{0}$，$Ra=1.6\mu m$
半精镗	2.4	$H11(^{+0.22}_{0})$	99.9-0.5=99.4	$\phi99.4^{+0.22}_{0}$，$Ra=6.3\mu m$
粗镗	5	$H13(^{+0.54}_{0})$	99.4-2.4=97	$\phi97^{+0.54}_{0}$，$Ra=12.5\mu m$
毛坯孔	8	(±1.2)	97-5=92	$\phi92\pm1.2$

2. 基准不重合时工序尺寸及其公差的计算

加工过程中，工件的尺寸是不断变化的，由毛坯尺寸到工序尺寸，最后达到零件性能要求的设计尺寸。一方面，由于加工的需要，在工序图及工艺卡上标注一些专供加工用的工艺尺寸，工艺尺寸往往不直接采用零件图上的尺寸，而是需要另行计算；另一方面，当零件加工时，有时需要多次转换基准，因而引起工序基准、定位基准或测量基准与设计基准不重合。这时，需要利用工艺尺寸链原理来进行工序尺寸及其公差的计算，计算过程相对比较复杂。

6.4.4 时间定额的确定

时间定额是在一定生产条件下，规定完成一道工序所需的时间消耗量，它是安排生产计划、计算零件成本和企业经济核算的重要依据之一。合理确定时间定额能促进工人生产技能和技术熟练程度的不断提高，发挥他们的积极性和创造性，进而推动生产的发展。

时间定额包括下列组成部分。

（1）基本时间：直接用于改变工件的尺寸、形状或表面质量等消耗的时间。对机械加工来说，就是切除加工余量所耗费的时间（包括刀具的切入和切出时间在内），也称机动时间。一般可用计算方法确定。

（2）辅助时间：在一道工序中为实现工艺过程所必须进行的各种辅助动作（如装卸工件、开停机床、改变切削用量、进退刀具、测量工件等）所消耗的时间。基本时间和辅助时间之和称为工序作业时间。辅助时间的确定方法随生产类型的不同而异。例如，在大量生产时，为使辅助时间确定得合理，需将辅助动作分解，再分别查表求得分解动作的时间，或按分解动作实际测时，最后综合得到。在成批生产中，可以按基本时间的百分比进行估算。

（3）布置工作地时间：为使加工正常进行，工人用于照管工作地（更换刀具、润滑机床、清理切屑、收拾工具等）所消耗的时间。

（4）休息与生理需要时间：工人在工作班内为恢复体力和满足生理上的需要所消耗的时间。

上述四部分的时间之和称为单件工时定额，即大量生产时的单件工时定额。成批生产还要考虑准备与终结时间。

（5）准备与终结时间：成批生产中，工人为了生产一批工件而进行的准备和结束工作所消耗的时间。例如，开始加工一批工件时，需要熟悉工艺文件，领取毛坯材料，安装刀具、机床夹具和调整机床等。加工一批工件结束时，需要拆卸和归还工艺装备，发送成品等。准备与终结时间对一批工件只消耗一次，工件批量越大，分摊到每个工件上的准备与终结时间就越少，所以成批生产的单件计算定额为单件工时定额和准备与终结时间之和。

6.5　工艺方案的经济性分析

对于任何产品的工艺过程，通常应制订出几套不同的、能够满足加工质量和生产率要求的工艺方案，最后，以经济性评价来决定最终工艺方案。经济性评价可以对整个工艺过程来进行，也可以针对某个或几个工序进行。如果两个工艺过程截然不同，则应进行全面的分析比较。如果只是个别工序不同，则对不同的工序进行分析比较，最后选择较为经济的方案。

6.5.1　工艺成本

制造一个零件所必需的一切费用的总和，称为零件的生产成本。生产成本中有一部分是与工艺过程有关的，称为工艺成本；另一部分则与工艺过程无关，例如行政总务人员的工资及办公费用、厂房折旧和维持费用等。在工艺方案的经济性评价中，只考虑生产成本中的工艺成本这一部分。工艺成本由以下两种费用组成。

1. 可变费用

可变费用 V（元/件）是指与零件产量直接有关的费用。例如，毛坯材料和制造的费用，操作工人的工资和奖金，通用机床和通用夹具的折旧费和维修费，通用刀具的折旧费及维持费，加工消耗的电费等。

2. 不变费用

不变费用 S（元）是指与零件年产量无直接关系的费用。例如，专用机床和专用夹具的折旧和维修费，专用刀具折旧费，机床调整工人的工资等。

若零件的全年产量为 N(件)，则全年工艺成本 C 可由式(6-9)确定。

$$C = VN + S \tag{6-9}$$

单个零件的工艺成本 C_d 为

$$C_d = V + S/N \tag{6-10}$$

6.5.2 工艺方案的经济性评价

设有两套可行的工艺方案，方案 1 的全年工艺成本为 C_1，方案 2 的全年工艺成本为 C_2，那么

$$C_1 = V_1 N + S_1 \qquad C_2 = V_2 N + S_2$$

以下对两套不同的工艺方案进行经济性评价。

1. 两套工艺方案的基本投资基本接近

设 k 为工艺方案的基本投资费用，若两套工艺方案的基本投资接近，即 $k_1 \approx k_2$，则可直接以工艺成本进行比较。

如图 6.17 所示为两套工艺方案与年产量的关系。在图中，两直线交于 C_k 点，此处所对应的年产量为 N_k，当年产量 $N < N_k$ 时，应选方案 2；当年产量 $N > N_k$ 时，应选方案 1。

2. 两套工艺方案的基本投资差额较大

当两套工艺方案的基本投资差额较大时，必须考虑两套方案的基本投资差额及工艺成本差额的大小。

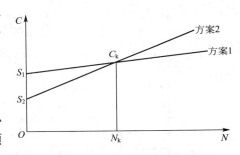

图 6.17 工艺成本与年产量的关系

例如，方案 1 采用较为昂贵的高效机床及工艺装备，基本投资 k_1 大，但工艺成本 C_1 较低；方案 2 采用便宜的设备，基本投资 k_2 小，但工艺成本 C_2 高，即 $k_1 > k_2$，$C_1 < C_2$，在这种情况下进行经济性评价，就不能只考虑工艺成本，而要同时考虑基本投资差额。这时，可通过回收期来进行判别。

回收期是指采用基本投资大的工艺方案时，由于其工艺成本的降低，而将多投资的费用收回来的时间。回收期计算公式如下。

$$T = \frac{k_1 - k_2}{C_1 - C_2} \tag{6-11}$$

当回收期 T 满足下列 3 个条件时，可采用方案 1(基本投资大，工艺成本低的方案)。

（1）T 应小于基本投资设备的使用年限。

（2）T 应小于该产品预定生产的年限。

（3）T 应小于国家规定的标准。例如，新夹具的回收期限为 2~3 年，新机床的回收期限为 4~6 年。

若不满足上述条件，则应选择方案 2(基本投资少，工艺成本高的方案)。

6.5.3 降低加工成本的措施

提高劳动生产率是每个企业降低生产成本、获得高额利润的有效手段，它涉及企业的方方面面，包括产品的设计、企业的管理、生产的组织等。

1. 缩短单件时间定额

单件时间定额的压缩是使整批零件加工时间缩短的基础，可以从单件时间定额的组成进行分析。

1）压缩基本时间

（1）提高切削用量，即提高切削速度、进给量和背吃刀量，达到缩短单件时间定额的目的。随着加工技术的发展，硬质合金车、铣普通钢件的切削速度可达 8.3～11.7m/s，陶瓷刀具车削灰铸铁的速度可达到 16.7～25m/s，高速磨削速度超过 120m/s。切削速度的大幅提高，使基本时间的压缩成为现实。另外，使用精铸、精锻毛坯，减少了加工余量，也为缩短基本时间提供了保证。

（2）采用多刀切削、多件加工、合并工步等方法，同时加工一个表面或多个表面，缩短刀具工作行程，从而缩短基本时间。

图 6.18(a)和(b)所示分别为多刀车削零件外圆和多刀镗孔加工，在这种情况下，原本需要多次进给才能完成的加工，现在只要一次进给即可完成，从而大大缩短了加工时间，提高了生产效率。

图 6.19 所示为多件加工，如汽车变速齿轮的加工。在刀具进给方向将待加工的齿轮坯一个接一个有顺序地叠放装夹。加工时，可减少刀具的切入和切出时间。

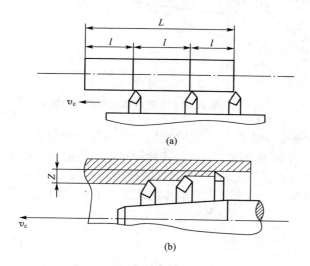

图 6.18　多刀切削加工
（a）多刀车削零件外圆；（b）多刀镗孔

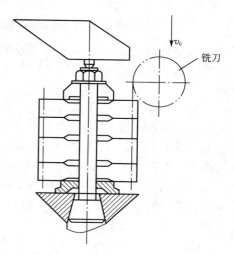

图 6.19　多件顺序加工

2）缩短辅助时间

辅助时间主要受加工设备、工艺装备的影响。通过使用高度自动化的设备及工艺设备，使辅助时间与基本时间部分重合或全部重合，是压缩辅助时间的最有力措施。

（1）在大批量生产中，采用气动、液压、电磁等快速、高效自动化专用夹具，在中、小批生产中，特别是多品种小批量生产条件下，采用成组工艺、成组夹具、组合夹具等工艺装备来缩短零件加工的辅助时间。

（2）使辅助时间与基本时间重合。例如，发动机连杆大、小头两端的粗铣加工，如

图 6.20 所示。由于连杆在回转工作台上连续进给,连杆毛坯装夹、粗铣加工顺序进行,使辅助时间与基本时间重叠,在连杆加工过程中无需停机,从而极大地减少了作业时间,使生产效率得以大大提高。

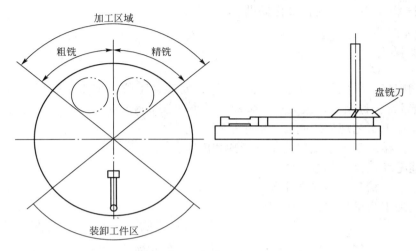

图 6.20 发动机连杆大、小头两端面加工

(3) 加工机床上装备在线自动检测装置,在加工过程中,自动检测、自动调整加工设备的切削用量,及时显示具体的尺寸数据,节省停机调整、测量所花费的辅助时间。

3) 减少布置工作地时间

使用耐磨刀具和各种快速换刀、自动换刀装置,实行刀具安装尺寸线(机)外调整是缩短布置工作地时间的有效措施。

4) 减少准备与终结时间

对于大批量的零件生产,扩大零件的生产数量,使平均分摊到每个零件上的准备与终结时间减少,缩短准备与终结时间,从而获得高的生产效率。而对于中、小批量的零件生产来讲,首先加强零件的标准化设计,在保证使用前提下,按相似性成组原理对同类零件进行设计,使中、小批量的零件生产也能采用大批大量生产的先进工艺,实现产品设计、制造工艺和生产管理的合理化、科学化,最终实现减少每个零件所占用的准备与终结时间的目的。

2. 采用先进制造工艺

在生产过程中采用先进的制造工艺方法,不仅可以降低加工成本,而且可以在提高效率的前提下提高产品的质量。对于批量较大的产品生产来讲,常用的方法有以下几种。

1) 采用效率高的自动化生产技术和装备

大批量、少品种的车辆生产,一直以来都是采用生产效率较高的自动化流水线生产方式进行生产。但是随着科学技术的飞跃发展,社会需求的多样性,以及车辆市场竞争的日益白热化,迫使车辆生产日趋个性化,就需要采用更为灵活并更具有竞争能力的自动化生产技术和装备。成组技术(GT)、计算机辅助制造(CAM)、数控加工(NC)、柔性制造系统(FMS)与计算机集成制造系统(CIMS)等现代制造技术,给车辆制造带来新的变革。

2) 使用先进的毛坯制造技术

精度好、强度高的毛坯，不仅使零件加工更加精密，而且使机械加工技术更趋简化，并大大提高了材料的利用率。粉末冶金、精密铸造、精密锻造、快速成形、热挤压等新型毛坯加工制造方法，已广泛应用于车辆零件的加工制造，特别是非金属材料成型技术的应用（如注塑技术），为车辆的轻量化提供了新途径。

1. 名词解释：机械加工工艺规程、工序、安装、工位、工步、行程、精基准、粗基准、加工余量、公称余量、最大加工余量、最小加工余量、时间定额、工艺成本。
2. 机械加工工艺规程的制订一般包括哪些内容？
3. 说明机械加工工艺规程的制订步骤和内容。
4. 简述毛坯选择的基本方法。
5. 粗基准、精基准的选择原则是什么？
6. 影响加工余量的因素有哪些？
7. 分析降低加工成本的主要措施。
8. 一直径为 $\phi30f6mm$、长度为 240mm 的光轴，在成批生产的条件下，试求：加工外圆表面各道工序的工序尺寸及其公差。光轴的加工顺序为：毛坯（棒料）→粗车→半精车→粗磨→精磨。各工序的加工余量分别为：粗车 3mm；半精车 1.1mm；粗磨 0.3mm；精磨 0.1mm。公差分别为 0.39mm、0.16mm、0.062mm。
9. 图 6.21 所示为一液压缸筒，材料为 HT250，请按下述要求制订工艺路线：
（1）单件小批量生产；
（2）成批生产。

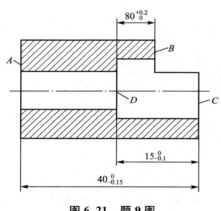

图 6.21　题 9 图

第 7 章
车辆零件制造工艺实例

本章教学目标

  掌握齿轮的结构工艺性分析、齿轮的机械加工工艺过程，熟悉齿轮主要表面的机械加工方法；
  掌握发动机连杆的结构工艺性分析、连杆机械加工工艺过程，熟悉连杆主要表面的机械加工方法；
  掌握发动机曲轴的结构工艺性分析、曲轴的机械加工工艺过程，熟悉曲轴主要表面的机械加工方法；
  掌握高速客车空心车轴的加工工艺，熟悉车轴加工专用设备；
  了解轨道车辆车轮的技术要求，掌握车轮轮毂孔的加工工艺。

本章教学要点

知识要点	掌握程度	相关知识
齿轮制造工艺	了解齿轮的结构特点 掌握齿轮的结构工艺性分析 掌握齿轮的机械加工工艺过程 熟悉齿轮主要表面的机械加工方法	齿轮的结构特点 齿轮的结构工艺性分析 齿轮的机械加工工艺 齿轮主要表面的机械加工
发动机连杆制造工艺	了解连杆的结构特点 掌握连杆的结构工艺性分析 掌握连杆机械加工工艺过程 熟悉连杆主要表面的机械加工方法	连杆的结构特点 连杆的结构工艺性分析 连杆的机械加工工艺 连杆主要表面的机械加工
发动机曲轴制造工艺	了解曲轴的结构特点 掌握曲轴的结构工艺性分析 掌握曲轴的机械加工工艺过程 熟悉曲轴主要表面的机械加工方法	曲轴的结构特点 曲轴的结构工艺性分析 曲轴的机械加工工艺 曲轴主要表面的机械加工
高速客车空心车轴制造工艺	了解空心车轴的技术要求 掌握空心车轴的加工工艺 熟悉车轴加工专用设备	空心车轴的技术要求 空心车轴的加工工艺 车轴加工设备
轨道车辆车轮制造工艺	了解车轮的技术要求 掌握车轮轮毂孔的加工工艺	车轮的技术要求 车轮轮毂孔的加工工艺

车辆制造工艺

导入案例

随着全球能源及原材料价格的不断上涨,汽车销售价格的下降,要求汽车变速器向着体积小、质量轻、承载能力大、结构紧凑方向发展。这就要求零件向着小巧紧凑,高强度、高刚性方向改进,进而也要求有新技术、新工艺来保证能够制造出来。

变速器壳是承重零件,一般采用压铸铝合金经专用模具压铸而成,外形不规则、较复杂,结构如图7.1所示。例如,变速器壳的箱体类工件具有以下几个特点:一是加工内容多,需频繁更换机床、刀具;二是加工精度要求高,采用普通机床加工质量难以保证,且由于工艺流程长,周转次数多,生产效率难以提高;三是形状复杂,且大部分为薄壁壳体,工件刚度差,较难装夹。

壳体类零件的加工设备主要分为两大类:组合机床和加工中心。传统的壳体加工生产线往往由组合机床构成,为了加工一个零件需要20多道工序,大量的加工设备只是为了保证有限的产品种类,这种情况适合于单一品种大批量的壳体生产。针对目前汽车市场需求的逐渐多样化和产品更新换代加快的特点,组合机床生产线已经不能满足要求,取而代之的将是以加工中心为主的柔性生产线。

图7.1 自动变速器壳体结构图

7.1 齿轮制造工艺

齿轮在车辆传动系统中应用较多,通过齿轮副改变传动比,增加传动终端的转矩和速度范围,以使车辆适应经常变化的行驶条件。齿轮结构形式多样,加工、装配、传动要求高,因此,对齿轮的结构工艺性有较高的要求。

7.1.1 齿轮的结构特点

在车辆的结构中,变速器结构涉及齿轮种类较多,根据齿轮结构特点,车辆齿轮可分为五大类,如图7.2所示。

(1)单联齿轮和多联齿轮:如图7.2(a)、图7.2(b)所示,孔的长径比$L/D>1$,又称桶形齿轮,内孔一般为光孔、花键孔或键槽孔。

(2)盘形齿轮:如图7.2(c)所示,孔的长径比$L/D<1$,结构分为平板式和轮毂式,内孔为光孔或键槽孔。当齿轮较小时,一般制成平板式,当齿轮较大时,为减轻质量和减少机械加工量,一般将端面制成凹槽(槽较宽时还在辐板上制有穿孔)的轮毂式。

(3)齿圈:如图7.2(d)所示,孔的长径比$L/D<1$,无轮毂,内孔多为光孔。常用过盈配合或螺栓或铆钉与其他零件连接。

(4)轴齿轮:如图7.2(e)所示,其轴上具有一个或多个齿轮,是轴和齿轮的组合体。

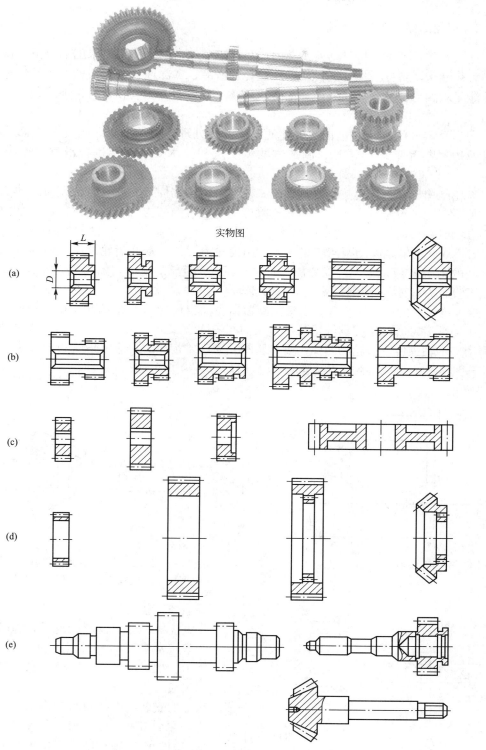

图 7.2 车辆常用齿轮

(a) 单联齿轮；(b) 多联齿轮；(c) 盘形齿轮；(d) 齿圈；(e) 轴齿轮

7.1.2 齿轮的结构工艺性分析

产品及零件的工艺性是指所设计的产品、零部件在满足使用要求的前提下，制造、维修的可行性和经济性。换句话说，即所设计的产品、零部件，在一定的生产条件和保证使用性能要求的前提下，如何以最高的生产效率、最少的劳动量和材料消耗、最低的成本制造出来。

产品及零件的工艺性包括：毛坯的制造、热处理、机械加工、装配和维修的结构工艺性及原材料和毛坯的选择、制造方法、质量和技术要求、选用标准、生产类型和批量等。

齿轮结构形状直接影响齿轮的加工工艺性，齿轮结构工艺性和齿轮齿面的加工方法有直接关系。对齿轮零件机械加工工艺，除应进行通常的结构工艺性分析外，在采用传统的加工方法时，还需考虑以下问题。

（1）双联齿轮之间的距离应足够大。用齿轮滚刀加工双联齿轮的小齿轮时，大、小齿轮之间的距离 B 应足够大，以免加工时滚刀碰到大齿轮的端面。如图7.3所示，B 的大小和滚刀直径 D_0、滚刀切削行程及滚刀安装角等有关。

（2）锥齿轮的锥度应合理。汽车主减速器主动锥齿轮结构有悬臂式和骑马式两种。悬臂式主动锥齿轮的两个支承轴颈位于齿轮的同一侧，如图7.4(a)所示。骑马式主动锥齿轮的两个支承轴颈位于齿轮的两侧。设计骑马式主动锥齿轮时，应考虑铣齿或刨齿时切削刃不应碰到小头一侧的轴颈部分，如图7.4(b)所示。

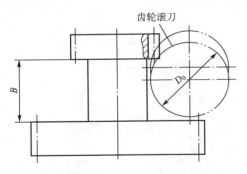

图 7.3 用齿轮滚刀加工双联齿轮

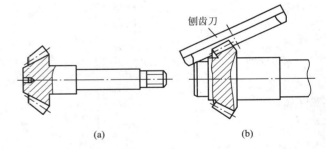

图 7.4 主减速器主动锥齿轮结构工艺性
(a)悬臂式工艺性较好；(b)骑马式工艺性较差

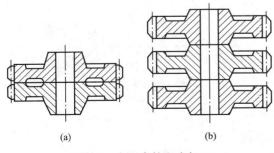

图 7.5 盘形齿轮顺序加工

（3）盘形齿轮多采用多件顺序加工。在滚齿机上加工盘形齿轮时，为了提高生产率，常常采用多件顺序加工，如图7.5所示。如采用图7.5(a)所示的齿轮结构，不仅滚齿生产率高，而且增强了工件在机床上的安装刚度。而图7.5(b)所示齿轮结构，在加工时工件支承刚度较差，并增加了滚刀的空行程长度，影响生产率的提高和齿轮加工质量。

7.1.3 齿轮的机械加工工艺

1. 齿轮的主要技术要求

齿轮传动精度的高低，直接影响到整车的工作性能、承载能力和使用寿命。为了保证齿轮正常工作和便于加工，齿轮主要表面的尺寸公差、位置公差和表面粗糙度均应达到国家标准。

1) 齿轮的精度和齿面粗糙度

一般中、重型货车及越野车变速器齿轮精度为7～9级，表面粗糙度 $Ra=3.2\mu m$；轿车、微型车变速器齿轮精度为6～8级，表面粗糙度 $Ra=1.6\mu m$；驱动桥主减速器中的主动锥（圆柱）齿轮、从动锥（圆柱）齿轮的精度为8～9级，表面粗糙度 $Ra=3.2\mu m$。

2) 齿轮孔或齿轮轴颈尺寸公差和表面粗糙度

齿轮孔或齿轮轴颈是加工、测量和装配时的基准面，故要求有较高的加工精度和较小的表面粗糙度。一般6级精度的齿轮，其内孔尺寸公差等级为IT6，轴颈为IT5；7级精度的齿轮，其内孔尺寸公差等级为IT7，轴颈为IT6；表面粗糙度 $Ra=0.4\sim0.8\mu m$。

3) 端面圆跳动

带孔齿轮的端面是齿廓加工的定位基准，端面对内孔在分度圆上的跳动对齿轮加工精度影响很大。一般6～7级精度的齿轮，规定端面圆跳动量为0.011～0.022mm，基准端面的表面粗糙度 $Ra=0.4\sim0.8\mu m$，次要表面的表面粗糙度 $Ra=6.3\sim25\mu m$。

4) 齿轮外圆尺寸公差

当齿顶圆作为加工、测量基准时，其尺寸公差等级为IT8，否则一般为IT11。

5) 齿轮热处理要求

对低碳合金钢材料的齿轮，其齿面必须进行一定深度的表面渗碳和淬火热处理，硬度为56～64HRC，心部淬火硬度为32～45HRC；对中碳钢或中碳合金钢齿面淬火硬度不低于53HRC。

2. 齿轮的材料和毛坯

在车辆传动系统中，齿轮常用的材料是20CrMnTi、20CrNiMo、20CrMo、20MnVB、40Cr、40MnB和45钢等。

在中、小批量生产中，齿轮毛坯可以在空气锤上用胎膜锻造。产量大时，齿轮毛坯一般采用模锻。当孔径大于25mm、长度不大于孔径的两倍时，内孔也可锻出（在卧式锻造机上，还可以锻出孔的长径比大于5的深孔）。图7.6所示为汽车变速器1挡及倒车挡齿轮毛坯的锻件图。钢材经模锻后，内部纤维对称于轴线，可以提高材料的强度，如图7.7所示。

为了减少被加工齿轮在渗碳和淬火时的变形，要求毛坯的金相组织和晶粒大小均匀。所以，锻件毛坯一定要经初步热处理（正火或退火），以消除锻件的内应力和提高材料的切削性能。

齿轮精密锻造成形后齿面不需机械加工，只是内孔和端面留有适当精加工余量，这不仅大大提高了劳动生产率，降低了生产成本，也节约了大量钢材。

粉末冶金锻造齿轮，是少或无切削先进工艺之一。若采用粉末冶金锻造生产行星齿轮的毛坯，只要模具有足够的精度（不低于IT11公差）。除了油孔、精磨内孔和球形端面之

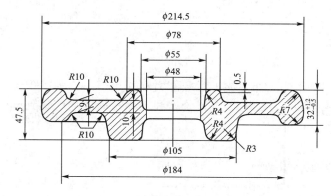

图 7.6 汽车 1 挡及倒挡齿轮毛坯锻件

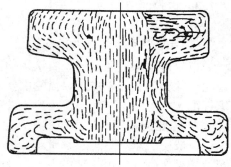

图 7.7 镦锻齿轮毛坯材料纤维的排列

外,齿面不需加工就能满足公差和表面粗糙度的要求。为了满足内孔、球面和齿面的耐磨性,齿轮在精磨前须经热处理。粉末冶金锻造齿轮能大大缩短机械加工工时、节省原材料和降低成本。但由于粉末材料成本较高、设备投资较大等问题,使推广应用受到一定限制。

3. 齿轮机械加工定位基准的选择

齿轮加工时,定位基准与设计基准应尽量遵循"基准重合"原则,以避免产生基准不重合误差。

1) 加工带孔齿轮时定位基准的选择

常采用齿坯已加工出的内孔(光孔或花键孔)及端面定位。因为以这些表面作为定位基准(基面)符合基准(基面)重合原则;如齿坯和齿面加工等许多工序都采用内孔和端面定位,也符合基准统一原则。以孔和端面中哪一个作为主要定位基准,要根据定位的稳定性来决定。

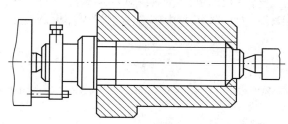

图 7.8 孔长径比 $L/D>1$ 的筒形齿轮的定位

(1) 当加工孔长径比 $L/D>1$ 的单联或多联齿轮时,应以加工后的内孔作为主要定位基面,装在心轴上限制四个自由度,端面只限制一个自由度,如图 7.8 所示。此时孔和心轴间的间隙是引起加工误差的主要因素,故作为定位基面的孔尺寸公差要求较严格,一般按 H7 加工。

为了清除孔和心轴间的间隙的影响,精车齿坯时,常采用过盈心轴或小锥度心轴(锥度为 1/6000~1/4000);预加工齿面时,可采用能自动定心的可胀心轴或分组的小间隙心轴装夹。

(2) 当加工孔长径比 $L/D<1$ 的齿圈或盘形齿轮时,应以加工后的端面和内孔作为定位基准(基面),如图 7.9(a)所示。为使作为定位基面的孔和端面具有较高的垂直度,在加工这两个表面时,应以外圆和另一端面定位,在一次装夹中加工完成,如图 7.9(b)所示。在数控车床上加工齿坯时,也可以采用外圆及端面作为定位基准(基面),使用自定心卡盘定位夹紧,加工外圆、端面、内孔及沟槽等表面。而加工齿面时采用内孔及端面定位。

2) 加工轴齿轮时定位基准的选择

当加工轴齿轮中轴的外圆表面、外螺纹、圆柱齿轮齿面和花键时,常选择轴两端的中心孔作为定位基准，把工件安装在机床的前、后（或上、下）两顶尖之间进行加工。如以工件两端中心孔定位不方便或安装刚度不足时，有的工序可采用磨削过的两端轴颈定位。例如，汽车主动锥齿轮，加工轴端锥齿轮齿面时，常用两轴颈定位，装夹在精密的弹性夹头中进行加工。若在轴上钻径向孔、铣键槽等，则常以两轴颈在两个V形块上定位夹紧进行加工。

用中心孔在机床两顶尖定位时，定心精度高；用两轴颈在弹性夹头内定位时，受夹头结构精度的影响，定心精度比用中心孔在机床两顶尖间定位低些，但夹紧力较大，安装刚度高。

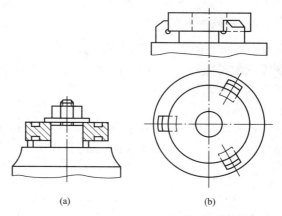

图 7.9　孔长径比 $L/D<1$ 的盘形齿轮的定位

4. 齿轮主要加工表面工序的安排

在大批大量生产条件下生产齿轮，可分为粗加工和精加工两个阶段。齿轮机械加工工序安排为：齿坯加工→齿形加工→齿面热处理→热处理后的精加工。

1）齿坯加工

齿坯加工主要为齿轮齿面加工准备好定位基准（基面），如齿轮的内孔和端面、轴齿轮的中心孔、轴颈外圆和端面，以及外圆和一些次要的表面，如沟槽、倒角、螺纹及其他非定位用的端面等。因此，确定齿坯的加工方案，主要是确定内孔、外圆、端面等表面的加工方法及其加工顺序。

成批大量生产中，加工中等尺寸的盘形齿轮齿坯时，常采用"车（或钻）→拉→多刀车削"工艺方案。首先以毛坯外圆及端面作为粗基准定位进行车（钻）孔、扩孔，再在拉床上以端面定位拉孔，然后以内孔定位在多刀半自动车床上粗、精加工外圆、端面、车槽及倒角。该工艺方案适合生产效率高的流水线或自动线生产。

2）齿形加工

齿形加工是整个齿轮加工的关键工序。虽然齿轮加工工序很多，但都是为最终获得符合精度要求的齿形加工服务的。齿形加工方案的选择，主要取决于齿轮精度等级、结构特点、生产类型及热处理方案等。常用的齿形加工方案如下。

(1) 对于8级精度以下的软齿面传动齿轮（多采用调质），只需用插齿或滚齿成形就能直接满足使用要求；而硬齿面传动齿轮，则采用滚（或插）齿→剃齿或冷挤→齿端加工→淬火→校正孔的加工方案。

(2) 对6～7级精度的硬齿面传动齿轮，可采用滚（或插）齿→齿端加工→表面淬火→校正基准→磨齿（蜗杆砂轮磨齿）的加工方案。也可采用滚（或插）齿→剃齿或冷挤→表面淬火→校正基准→内啮合珩齿的加工方案。

(3) 对于5级以上精度的齿轮，一般采用粗滚齿→精滚齿→表面淬火→校正基准→粗磨齿→精磨齿的加工方案。在大批量生产时也可采用滚齿→粗磨齿→精磨齿→表面淬火→校正基准→磨削珩齿的加工方案。

5. 齿形加工方法的选择

（1）对于齿圈或盘形圆柱齿轮的齿形加工，采用展成法在滚齿机或插齿机上利用齿轮滚刀或齿轮插刀的相对运动进行切削加工。

（2）对于多联齿轮，当齿轮间距足够大时，采用在滚齿机上滚切加工；当两齿轮间距较小或为内齿时，在插齿机上进行插削加工。

（3）齿端加工，包括倒圆、倒棱和去飞边等，其目的是使齿轮沿轴向移动时容易进入啮合状态，一般在齿轮倒角机上进行加工。

6. 齿轮的热处理

齿轮局部淬火主要采用中频或高频感应加热淬火，这种热处理齿轮变形小。淬火后的齿轮应进行回火，以消除内应力。齿面的热处理应安排在轮齿初加工之后、精磨之前进行。

由于热处理工艺会产生变形，所以齿轮热处理后还需对定位基面和装配基准（内孔、基准端面、轴齿轮的中心孔、轴颈等）进行修整。内孔和端面一般使用内圆磨床磨削，花键孔的大径和侧面如需修整，可根据情况用推刀加工，或用电镀金刚石（或立方氮化硼）拉刀加工，或用电解成形等方法修整。轴齿轮中心孔的修整，需采用硬质合金顶尖加上磨料进行研磨，或用60°锥形砂轮磨削。中心孔修整后，再精磨轴颈外圆、支承端面、花键轴的外圆（大径）、小径和侧面。

7. 汽车齿轮机械加工工艺过程

1) 大量生产倒车齿轮的加工工艺过程

倒车齿轮零件简图如图7.10所示，其工艺过程见表7-1。齿轮坯所有表面的加工可在

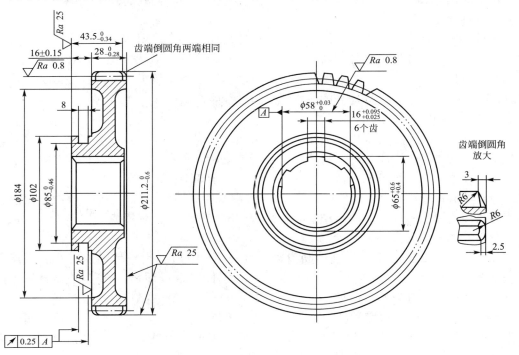

图7.10　倒车齿轮零件简图

两台立式六轴半自动车床上,分两个工序多个工位加工完成。第一工位是将工件以毛坯外圆及端面定位夹装在自定心卡盘中,先粗、精加工内孔、端面及倒角;然后以加工过的内孔和端面做定位精基准装夹在心轴上,再粗、精加工外圆以及另一端面、切槽和倒角等。

表 7-1 大量生产倒车齿轮的工艺过程

工序号	工序内容	设备	工序号	工序内容	设备
1	扩孔	立式钻床	10	剃齿或冷挤齿	剃齿机或挤齿机
2	车轮毂及端面	六轴半自动车床	11	修花键槽宽	压床
3	精车另一端面	六轴半自动车床	12	清洗	清洗机
4	车齿坯	六轴半自动车床	12J	中间检验	
5	拉花键孔	拉床	13	热处理	
5J	中间检验		14	对滚	专用对滚机
6	去飞边		15	磨内孔	内圆磨床
7	滚齿	双轴滚齿机	16	珩磨齿	蜗杆式珩齿机
8	倒齿端圆角	齿轮倒角机	17	清洗	清洗机
9	清洗	清洗机	18	修理齿面	
9J	中间检验		19	最终检验	

2) 大量生产汽车后桥主减速器主动锥齿轮的加工工艺过程

汽车主动锥齿轮零件简图如图 7.11 所示,其加工工艺过程见表 7-2。

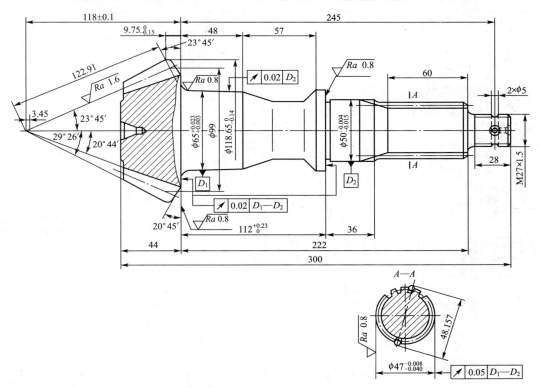

图 7.11 汽车主减速器主动锥齿轮零件简图

表 7-2　大量生产汽车主减速器主动锥齿轮的工艺过程

工序号	工序内容	设备
1	铣两端面、钻两端中心孔	双面铣、钻专用机床和夹具
2	粗、精车轴颈外圆和前、背锥及端面	液压仿形车床（或数控车床）
3	铣花键	花键铣床
4	粗磨轴颈外圆、花键外圆及端面	端面外圆磨床
5	钻十字孔 $\phi 5mm$	台钻
6	锪孔 $\phi 5mm$、孔口 $90°$	台钻
7	车（或铣）螺纹	车床或螺纹铣床
7J	中间检查	
8	粗切齿	弧齿锥齿轮铣齿机
9	精切齿凸面	弧齿锥齿轮铣齿机
10	精切齿凹面	弧齿锥齿轮铣齿机
11	齿端倒角	齿轮倒角机
12	清洗	清洗机
12J	中间检验	
13	热处理（渗碳、淬火）	
14	修复中心孔	
15	精磨轴颈、花键外圆及端面	端面外圆磨床
16	校正螺纹	螺纹样板
16J	最终检验	

（1）两端面及定位基准中心孔的加工：采用双工位专用机床夹具在专用机床上先加工好，如图 7.12 所示。

（2）主动锥齿轮外圆表面的车削加工：常采用液压仿形车床进行加工，如图 7.13 所示。采用数控或程控车床加工可显著缩短基本时间和辅助时间，提高生产效率。

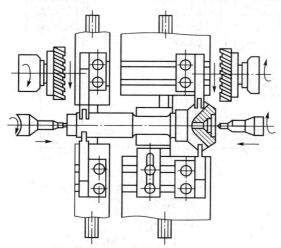

图 7.12　双面铣端面、钻中心孔

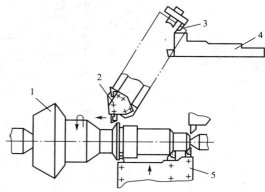

图 7.13　液压仿形车床加工汽车主动锥齿轮
1—工件；2—液压仿形刀架；
3—触销；4—样板；5—下刀架

7.1.4 齿轮主要表面的机械加工

1. 带孔齿轮的机械加工

1) 齿坯的加工

齿坯的加工精度直接影响齿轮的加工精度，如内孔尺寸误差、端面的形位误差等直接影响工件的定位、夹紧和切齿精度。

按照生产类型和工件尺寸不同，齿坯加工一般有以下三种方案。

（1）在普通车床或六角车床上加工。单件小批生产时，一般是在普通车床上逐一地将内孔、端面和外圆车出来。产量稍大时，可在六角车床上加工。

在六角车床上加工时，以齿轮毛坯外圆或轮毂外圆及端面定位，夹在三爪卡盘内，加工出内孔（钻、扩、镗、铰、倒角等）和外端面，还有尽量加工那些在这次安装中所能加工的其他表面。图7.14所示为在六角车床上加工齿坯的情况。下一工序是在普通车床或六角车床上，用加工好的孔和端面定位，加工另一端面、外圆及倒角等。

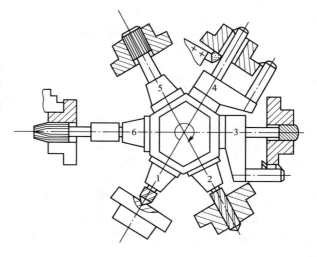

图7.14 在六角车床上加工齿坯
工位1—钻孔窝；工位2—钻孔；工位3—扩孔，粗车外圆，倒角；工位4—镗孔，车外圆，横刀架车端面；工位5—粗铰孔；工位6—精铰孔

这种方案的特点，在于设备简单、通用，使用简单的刀具、辅具和万能夹具，而且适合于加工余量大而不均匀的毛坯。当产品更换时，机床易于重新调整。但这种方案的生产率较低，只在中批以下的生产中采用。

（2）在钻床、拉床及多刀车床上加工。用钻床钻孔（或扩孔），拉床拉孔，卡盘多刀车床车外圆及端面，简称钻—拉—多刀方案。这种方案适用于大批生产内孔长径比$L/D>1$的中等尺寸的毛坯。采用这种方案时，首先齿坯以毛坯外圆定心夹紧，在钻床上将内孔预加工（钻或扩）出来；其次进行拉孔，如孔内有花键，常同时拉出。拉削时，齿坯以端面靠在拉床的表面支承上，使预加工孔的轴线能自动对正拉刀轴线，避免拉刀折断。最后进行粗、精车齿坯时，用孔作为主要的定位基准，定位比较稳定。

可以把工件装在心轴上，分别以两台卡盘多刀半自动车床进行粗、精加工外圆与端面。

（3）在多轴半自动车床上加工。多轴半自动车床为多工位同时加工的机床。各工位可按工件加工工艺分别进行不同表面的加工。这类机床自动化程度较高，占地面积小，生产率高，适用于大批大量生产。

如果大量生产形状较复杂的齿坯，根据加工面的数量，可以选用适当主轴数目的立式或卧式多轴半自动车床。立式多轴半自动车床装卸工件较方便，允许工件质量可大些；在卧式多轴半自动车床上加工的工件质量应小些。

2)齿端倒角加工

齿面加工完之后,有时还要进行齿端倒角。齿端倒角有两种:一种是去掉直齿轮或斜齿轮齿端的锐角;另一种是加工变速器滑动变速齿轮的齿端圆角。

(1)去掉齿轮齿端锐角。特别是斜齿轮的齿端锐角部分 g 的强度很低,如图7.15所示,齿面经过淬火很脆,工作中锐角容易折断,断片会破坏齿轮箱内的零件,故必须预先把锐角去除。去除锐角的方法很多,如可以在滚齿机上用齿轮滚刀倒角,但生产率低,成本高。

图7.15所示为半自动齿轮倒角机。这种机床结构简单,使用方便,生产率高。在两个刀具主轴上各装一个刀头,同时切削齿轮两个端面上的斜齿锐角。工件连续旋转,两刀头便连续地切去所有的齿轮锐角。两刀具轴与被切齿轮间的传动比可由挂轮调整。

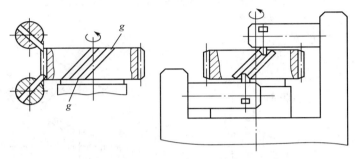

图7.15 斜齿轮倒锐角

(2)变速齿轮齿端倒圆角。变速器齿轮换挡时,为了容易啮合,其齿端要有圆角,常见的齿轮圆角形状如图7.16(a)所示。其加工方法如图7.16(b)所示,指状铣刀在旋转的同时,还做上下运动,工件做匀速旋转运动,两者符合一定的传动比关系。这样,刀具相对于工件的运动轨迹是与工件的齿数相协调的波浪形,如图7.16(c)所示,铣刀便在齿端铣出圆角。

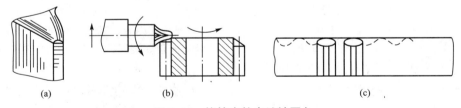

图7.16 换挡齿轮齿端铣圆角

3)修磨基准孔和端面

作为齿轮定位基准的内孔和端面,淬火后其形状和尺寸都有一定变化,齿轮的相对位置也有了新的误差。为了保证齿面最后精加工(如珩齿或磨齿等)和装配基准的精度,热处理后要修磨这些基准孔和端面。

为了保证内孔对齿面的位置公差(齿圈的径向跳动),磨基准孔和端面时,应以齿面定位进行加工。圆柱齿轮用滚柱在齿面上定位,锥齿轮用钢球在齿面上定位。要正确选择滚柱或钢球的尺寸,以保证它和齿面的接触部位是在齿高的中部。

2. 轴齿轮的机械加工

1)两端定位基准中心孔的加工

车辆轴类零件常用 A 型及 B 型（带 120°保护锥）两种中心孔。钻中心孔前，一般先加工轴的两端面，以防止因锻件的端面不平整使中心孔钻偏或折断中心钻头。

加工轴的端面和钻中心孔的方法，依生产类型和工厂的具体条件而异。单件小批生产时，一般是在车床上用三爪卡盘夹住外圆，先车出端面，然后钻出中心孔。成批生产时，为了提高生产率，可在卧式铣床上用端面铣刀铣端面，然后在卧式双面中心孔钻床上，同时钻出两端中心孔。产量大时，可在双面铣端面打中心孔钻床上加工，如图 7.17 所示。这种机床是双面的，两面各有铣端面和钻中心孔的切削头。工件以外圆在双 V 形块上定位并夹紧后，装有夹具的工作台带着工件横向进给，先同时铣削两个端面；铣完端面后工作台停住，此时两中心钻的轴线对准工件轴线，两边的切削头同时进给钻出两端的中心孔。在大量生产时，为进一步提高生产率，也可以采用鼓轮式的，可两边同时铣端面和钻中心孔的组合机床，这种机床把装卸工件的辅助时间和加工的基本时间重合，从而提高了生产率。

2）轴齿轮坯外圆表面的切削加工

根据生产类型和工厂具体条件，车削外圆可以在普通车床、液压仿形车床或其他高生产率的机床上加工。在普通车床上加工主要用于单件小批生产，通常是用硬质合金车刀单刀加工。根据对外圆技术要求的不同，车削加工可能是外圆加工的最终工序；对于轴颈等要求精度高和表面粗糙度小的外圆，车削则是磨前的预加工。

在普通车床上车削多阶梯的阶梯轴外圆时，由于需要经常测量尺寸和进退刀具等的辅助时间，所以生产率低，工人频繁操纵手柄，劳动强度也大。为了提高生产率，小批量生产时，可以在普通车床上安装液压仿形刀架进行仿形车削，使普通车床加工过程半自动化。

大批生产阶梯轴时，可采用高生产率的液压仿形车床。液压仿形车床上有一个液压仿形上刀架，一个或两个下刀架。更换加工零件时，只需改换一个样件或样板，机床容易实现各种工作循环及自动控制，适用于成批或大量生产。

图 7.18 所示为在液压仿形车床上车削主动锥齿轮小端外圆、沟槽和倒角。用液压仿形刀架上的车刀车削各阶梯外圆，用下刀架的三把车刀车槽和倒角。车好后，在另一台液压仿形车床上调头装夹，车削大端外圆、锥面和端面等。

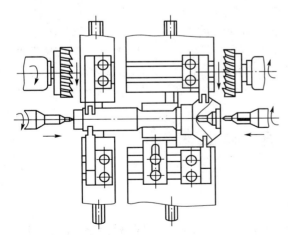

图 7.17 双面铣端面钻中心孔

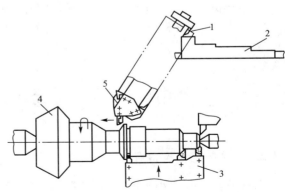

图 7.18 液压仿形车削主动锥齿轮
1—触销；2—样板；3—下刀架；
4—工件；5—液压仿形刀架

由于数控车床加工的零件改变时，除更换刀具外，只需更换控制介质，就可以自动地加工出新零件，不需对机床本身作任何更大的调整。因此，这种机床停机调整时间短，提高了机床利用率。由于全部加工过程实现了自动化，显著地缩短了基本时间和辅助时间，提高了生产率。数控车床不仅适用于中、小批量生产，也适用于大批量生产。

7.1.5 齿轮的检验

在齿轮的加工过程中，一般要进行齿坯加工后的检验、热处理后的检验和最终检验。前两次是针对各项加工项目进行的中间检验，最终检验是对加工完成的齿轮做全面的检验。

齿轮的检验还可以分为齿坯检验和切齿后的齿轮轮齿检验。

齿轮齿坯的精度主要是指齿轮基准面的精度，它对齿轮后续加工的加工精度影响很大，齿坯的检验项目主要有齿轮定位基准孔径或轴颈直径的尺寸精度、基准面的径向圆跳动、基准面的端面圆跳动等。

齿轮的轮齿检验可根据齿轮副的使用要求和生产规模，按国家标准 GB/T 10095.1—2008《圆柱齿轮 精度制 第 1 部分：轮齿同侧齿面偏差的定义和允许值》及 GB/T 10095.2—2008《圆柱齿轮 精度制 第 2 部分：径向综合偏差与径向跳动的定义和允许值》中的规定，在 3 个公差组中的公差和极限偏差项目中选取其中的一个项目或一组项目来检验。例如，可检验齿形误差、齿向误差、齿圈径向圆跳动和公法线长度。比较普遍采用的检验方法是单项检验，常用的检验仪器有万能齿轮测量机、螺旋线检查仪、齿圈径向圆跳动检查仪、齿轮噪声检查仪等。

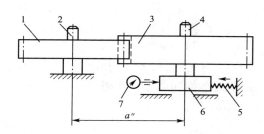

图 7.19 双面啮合综合检查仪工作原理图
1—被测齿轮；2—固定轴；3—精密测量齿轮；
4—滑动轴；5—弹簧；6—径向滑座；7—指示表

上述单项检验的缺点是效率低。在大批大量生产中，在生产线上广泛采用综合检验。图 7.19 所示为齿轮双面啮合综合检查仪的工作原理图。被测齿轮 1 安装在固定轴 2 上，精密测量齿轮 3 安装在径向滑座 6 的滑动轴 4 上，弹簧 5 使齿轮 1、3 做双面啮合。此时两齿轮中心距称为双面啮合中心距 a''。若被测齿轮在一齿或一周的转动中有误差（主要是径向误差），则此中心距会变动，该变动量可由指示表 7 读出，或由记录器记录。其测量误差综合反映了齿圈径向圆跳动误差、基节偏差和齿形误差。

7.2 发动机连杆制造工艺

7.2.1 连杆的结构特点

连杆由大头、小头和杆身等部分组成。大头为分开式结构，连杆体与连杆盖用螺栓连接。大头孔和小头孔内分别安装轴瓦和衬套。为了减轻质量，且使连杆具有足够的强度和刚度，连杆杆身的截面多为工字形，其外表面不进行机械加工。

发动机连杆结构如图 7.20 所示。大多数发动机连杆都是以垂直于杆身轴线的平面作为连杆体和连杆盖的接合面。有些发动机的曲轴,由于提高强度、刚度和减小轴承比压的需要,增大了连杆轴颈。因此,连杆大头的外部尺寸略大于气缸直径,致使连杆大头不能从气缸孔中抽出。为了便于装卸,将连杆大头的接合面做成与连杆杆身轴线成45°或30°斜面,如图7.21(b)~图7.21(d)所示。

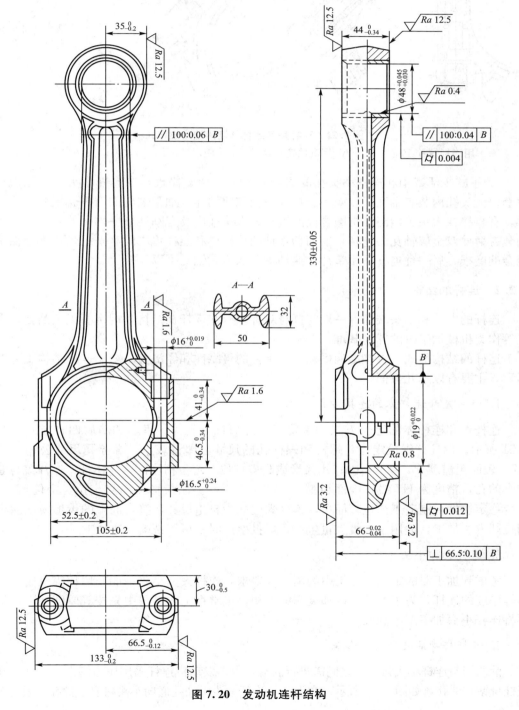

图7.20 发动机连杆结构

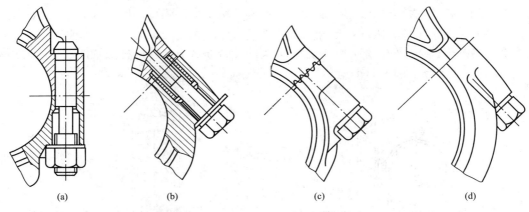

图 7.21 连杆盖和连杆体连接的定位方式

(a) 用连杆螺栓定位连接；(b) 用套筒定位连接；(c) 用齿形定位连接；(d) 用凸肩定位连接

为了减少活塞销和连杆小头孔的磨损及磨损后便于修理，在连杆小头孔中压入青铜衬套。大头孔内装有轴瓦，以减小连杆大头孔和曲轴连杆轴颈之间的摩擦。按照轴瓦的种类，有直接在大头孔内浇注抗磨合金的连杆、大头孔内装有刚性厚壁轴瓦的连杆和大头孔内装有薄壁双金属轴瓦的连杆。前两种连杆的连杆体和连杆盖之间有一组垫片来补偿抗磨合金的磨损，后一种连杆不用垫片，这种薄壁双金属轴瓦可以互换。

7.2.2 连杆的结构工艺性分析

连杆的大头和小头端面，一般与杆身对称。有些连杆在结构上规定有工艺凸台、中心孔等作为机械加工时的辅助基准。

连杆的结构形式，直接影响机械加工工艺的可靠性和经济性。影响连杆结构工艺性的因素，主要有以下几方面。

1. 连杆盖和连杆体的连接方式

连杆盖和连杆体的定位方式，主要有连杆螺栓、套筒、齿形和凸肩四种方式，如图 7.21 所示。用连杆螺栓定位，螺栓和螺栓孔的尺寸公差都较小，螺栓孔尺寸公差一般为 H7，表面粗糙度 Ra 为 $1.6\mu m$；用齿形或凸肩定位，定位精度高，连体杆、连杆盖与套筒配合的孔，精度为 H7 级，表面粗糙度 Ra 为 $1.6\mu m$。用齿形或凸肩定位，定位精度高，接合稳定性好，制造工艺也较简单，连杆螺栓孔为自由尺寸，接合面上的齿形或凸肩可采用拉削方法加工，适用于大批大量生产；成批生产时，可用铣削方法加工。

2. 连杆大、小头厚度

考虑到加工时的定位、加工中的输送等要求，连杆大、小头一般采用相等厚度。对于不等厚度的连杆，为了加工定位和夹紧的方便，也常在工艺过程中先按等厚度加工，最后再将连杆小头加工至所需尺寸。

3. 连杆杆身油孔的大小和深度

活塞销与连杆小头衬套孔之间需进行润滑，很多发动机连杆采用压力润滑。为此，在连杆杆身钻有油孔，如图 7.20 所示。润滑油从连杆大头沿油孔通向小头衬套，油孔一般为 $\phi 4 \sim$

$\phi 8mm$ 的深孔。由于深孔加工困难，有些连杆以阶梯孔代替小直径通孔，从而改善了工艺性。也可以改变润滑方式，以避免深孔加工。例如，发动机连杆采用压力润滑，要在连杆杆身钻有深油孔，如果改为飞溅润滑，则只在连杆小头铣槽或钻孔，因而避免了深孔加工。当发动机工作时，飞溅在活塞内腔顶部上的润滑油，由于自重落到连杆小头油孔或开口内，再经衬套上的小孔流到活塞销的摩擦表面，这种结构不需深油孔，所以便于加工。

7.2.3 连杆的机械加工工艺

1. 连杆的主要技术要求

（1）连杆小头孔的尺寸公差不低于 IT7，表面粗糙度 Ra 值不大于 $0.8\mu m$，圆柱度公差等级不低于 7 级；小头衬套孔的尺寸公差不低于 IT6，表面粗糙度 Ra 值不大于 $0.4\mu m$，圆柱度的公差等级不低于 6 级。

（2）连杆大头孔的尺寸公差与所用轴瓦的种类有关。当直接浇铸巴氏合金时，大头底孔为 IT9；当采用厚壁轴瓦时，大头底孔为 IT8；当采用薄壁轴瓦时，大头底孔为 IT6，表面粗糙度 Ra 值不大于 $0.8\mu m$，圆柱度公差等级不低于 6 级。

（3）连杆小头孔及小头衬套孔轴线对连杆大头孔轴线的平行度：在大、小头孔轴线所决定的平面的平行方向上，平行度公差值应不大于 100∶0.03；垂直于上述平面的方向上，平行度公差值应不大于 100∶0.06。

连杆大、小头孔中心距的极限偏差通常为 $\pm 0.05mm$。

连杆大头两端面对连杆大头孔轴线的垂直度公差不应低于 8 级。两端面表面粗糙度 Ra 值不大于 $0.4\mu m$。

（4）为了保证发动机运转平稳，对于连杆的质量及装在同一台发动机中的连杆质量差都有要求。有些对运转平稳性要求高的发动机，对连杆小头质量和大头质量也分别给出规定。

2. 连杆的材料和毛坯

发动机连杆的材料一般采用 45 钢或 40Cr、35CrMo，并经调质处理，以提高其强度及抗冲击能力。

钢制连杆一般采用锻造，在单件小批生产时，采用自由锻造或用简单的胎模进行锻造；在大批大量生产中采用模锻。模锻一般分为两个工序进行，即初锻和终锻，通常在切边后进行热校正。中、小型的连杆，其大、小头的端面常进行精压，以提高毛坯精度。模锻生产率高，但需要较大的锻造设备。

锻坯形式有连杆体与连杆盖合在一起的整体锻件和连杆体、连杆盖分开的分开锻件两种形式。整体锻件较分开锻件减小了毛坯制造的劳动量，并节约金属材料。整体锻造的毛坯，需要在以后的机械加工过程中将其分开。为保证切开后粗镗孔余量的均匀，通常将大头孔锻成椭圆形。分开锻造的连杆盖，金属纤维是连续的，在强度方面优于整体锻造的连杆盖。整体锻造的连杆，增加了切开连杆盖的工序，但减小了毛坯制造的劳动量且降低了材料的损耗，又可使与连杆体的端面同时加工，减少工序数目，所以采用整体锻造的毛坯较多。

采用辊锻毛坯，在连杆结构设计时，锻造圆角和抽模角不能过小，要尽量避免截面突然变化，否则在锻造时不易充满成形。

3. 连杆机械加工定位基准的选择

由于连杆的结构工艺特殊，如外形复杂，不易定位；大小头是由细长的杆身连接，刚度差，容易变形；尺寸公差、形状和位置公差要求很严，表面粗糙度小。这些都给连杆机械加工带来了许多困难。定位基准的正确选择对保证加工精度是很重要的。例如，为保证大头孔与端面垂直，在加工大小头孔时，应以一端面为定位基准。为区分作为定位基准的端面，通常在非定位一端的杆身和连杆盖上各锻造出一凸点（小凸台）。为保证两孔位置公差要求，加工一孔时，常以另一孔作为定位基准，即互为定位基准。连杆加工中，大多数工序是以大、小头端面，大头孔或小头孔以及零件图中规定的工艺凸台为精基准的。

根据连杆加工工艺要求，可设置工艺凸台，如图 7.22 所示。图 7.22（a）和图 7.22（b）为大、小头侧面都有工艺凸台的连杆，图示是用端面、小头孔和大头工艺凸台为基准加工结合面的。图 7.22（c）为大、小头侧面和小头顶面有工艺凸台的连杆，图示是用端面和工艺凸台为定位基准加工大头孔或小头孔，也可以同时加工大、小头孔。这是适用于产量较大时的结构形式，可使加工时的定位基准不变，不仅用于加工时的定位，也便于在自动化生产中作为输送基面。

此外，有的连杆在大、小头侧面有 3 个或 4 个中心孔作为辅助基准，如图 7.23 所示。采用 3 个或 4 个中心孔的定位方法，不仅可以使加工过程中基准不变，而且还可以实现大、小头孔同时加工。

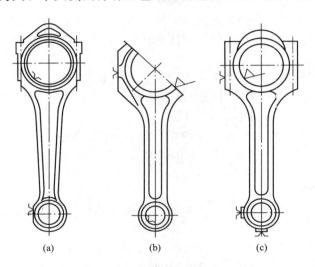

图 7.22　不同工艺凸台的连杆结构

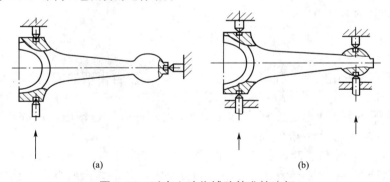

图 7.23　以中心孔作辅助基准的连杆

4. 连杆主要加工表面工序的安排

连杆的主要加工表面为大、小头孔、端面、连杆盖与连杆体的接合面和连杆螺栓孔；次要加工表面为油孔、锁口槽等。辅助基准为工艺凸台或中心孔。非机械加工的技术要求有探伤和称重。此外，还有检验、清洗、去毛刺等工序。

连杆小头孔压入青铜衬套后，多以金刚镗孔作为最后加工，连杆大头孔多以珩磨作为最后加工。

大头孔的加工顺序一般为：粗镗→半精镗→金刚镗→珩磨。为了保证主要表面的加工精度和表面粗糙度的要求,连杆在机械加工时,粗加工、精加工和光整加工工序分阶段进行。

由于连杆刚度较差,在确定夹紧力的作用点时,应使连杆在夹紧力与切削力的作用下产生的变形最小。有时,为了减小变形和消除应力对加工精度的影响,增加了一些辅助工序,如在金刚镗大头孔之前,将连接连杆盖与连杆体的螺栓松开,使大头孔在粗加工后产生的变形,而在精镗工序中消除。在连续式拉床组成的连杆拉削自动线上,也采取松开连杆的方法,使其变形后再在下一工序中得到修正。

根据连杆的结构特点及机械加工的要求,各表面的加工顺序大致可归纳为:加工大、小头端面;加工基准孔(小头孔)和工艺凸台;粗、半精加工主要表面(包括大头孔、接合面及螺栓孔等);把连杆盖和连杆体装配在一起;精加工连杆总成;校正连杆总质量;对大、小头孔进行精加工和光整加工。

在合装连杆盖和连杆体时,有些用螺栓定位连接的连杆采用了工艺螺栓(工艺螺栓只在连杆加工中使用)。工艺螺栓比产品中使用的连杆螺栓尺寸公差小,并对定位的外圆表面规定磨损公差,超过允许范围应进行更换。合装连杆盖和连杆体时,应按规定的扭矩旋紧螺栓。为防止由于螺纹卡住而并未旋紧螺栓的现象发生,装螺栓时规定了旋紧、松开、再旋紧三个动作,这对于自动装配机上装配连杆盖和连杆体尤其重要。

5. 发动机连杆机械加工工艺过程

在发动机的制造中,连杆的加工多属于大批大量生产,广泛采用了先进工艺和高生产率专用机床,实现机械加工、连杆盖和连杆体装配、称重、检验、清洗和包装等工序自动化。

表 7-3 和表 7-4 所列为大量生产和成批生产连杆机械加工工艺过程(主要工序)。

表 7-3 大量生产分开锻造的连杆机械加工工艺过程

工序号	工序内容	设备	工序号	工序内容	设备
1	粗磨两端面	立式双轴平面磨床	12	装配连杆盖和连杆体	钳工台
2	钻小头孔	立式钻床	13	扩大头孔	八轴钻床
3	拉小头孔	立式拉床	14	精磨两端面	立式双轴平面磨床
4	拉接合面、侧面及半圆孔	连续式拉床	15	精镗大头孔	金刚镗床
5	拉螺栓头贴合面	立式拉床	16	称重、去重	特种秤、立式钻床
6	铣小头油槽	卧式铣床	17	珩磨大头孔	珩磨机
7	铣锁口槽	卧式铣床	18	清洗	清洗机
8	钻阶梯油孔	组合机床	18J	中间检验	
9	去毛刺	钳工台	19	小头孔两端压衬套	气动压床
10	精磨接合面	立式双轴平面磨床	20	挤压衬套	压床
10J	中间检验		21	精镗小头衬套孔	金刚镗床
11	钻、铰连杆盖和连杆体螺栓孔	组合机床	22	去毛刺、清洗	
			22J	最终检验	

表 7-4 成批生产整体锻造的连杆机械加工工艺过程

工序号	工序内容	设备	工序号	工序内容	设备
1	粗、精铣大小头端面	立式铣床	15	磨连杆大头两端面	平面磨床
2	钻、扩小头孔	立式钻床	16	半精镗大头孔	专用镗床
3	半精镗小头孔	专用镗床	17	车连杆大头侧面	普通车床
4	铣定位凸台	立式铣床	18	拆开和装配连杆盖	钳工台
5	自连杆上切下连杆盖	卧式铣床	19	精镗大头孔	专用镗床
6	锪连杆盖螺栓头贴合面	立式钻床	20	精镗小头孔	专用镗床
7	精铣接合面	立式铣床	21	小头孔压入衬套	油压机
8	精镗大头孔	专用镗床	22	精镗小头衬套孔	专用镗床
9	磨接合面	平面磨床	23	拆开连杆盖	钳工台
10	钻、扩、铰螺栓孔	立式钻床	24	铣锁口槽	卧式铣床
11	锪连杆体螺栓头贴合面	立式钻床	25	清洗、去毛刺	钳工台
12	钻阶梯油孔	立式钻床	26	装配连杆盖和连杆体	钳工台
13	去毛刺、清洗	钳工台	27	称重、去重	钳工台
13J	中间检验		27J	最终检验	
14	装配连杆盖和连杆体、打字头	钳工台			

7.2.4 连杆主要表面的机械加工

1. 连杆大、小头端面的加工

连杆大、小头端面是连杆机械加工中的主要定位基准,应首先加工出该平面。根据连杆毛坯的尺寸精度和加工余量大小,可采用铣削或磨削加工方法。

1) 成批生产时的加工

由于毛坯精度较低及加工余量较大,一般采用铣削加工方法,可在立式组合铣床或立式圆工作台平面铣床上使用硬质合金可转位面铣刀进行铣削加工。在立式圆工作台平面铣床上加工时,因为连续转动的圆形工作台上可安装多套铣床夹具,铣削是连续的,装夹工件和铣削加工又是同时进行的,所以生产率较高。但是铣削时铣刀切削是间断的,易发生振动,对加工质量有一定的影响。

2) 大批量生产时的加工

由于连杆毛坯精度高,加工余量较小,所以多采用端面磨削方法直接磨削连杆大、小头端面。连杆大、小头端面的磨削加工方式有两种。

(1) 在立轴多砂轮圆形工作台平面磨床上磨削。这种平面磨床具有双砂轮或三砂轮或五砂轮布置形式,其圆形工作台上可以安装多套磨床夹具。图 7.24 所示为立式五轴圆形工作台平面磨床磨削连杆大、小头端面的示意图。砂轮 1、2、3 磨削连杆大头端面,砂轮

4 和 5 磨削小头端面。这种方法可磨削等厚和不等厚大、小头端面。

分两个工步进行磨削。第一工步是以无凸点标记的一侧端面（非定位基准面）作为定位基准，加工有凸点标记的一侧端面；第二工步将连杆翻转 180°，以有凸点标记一侧端面定位，加工无凸点标记的一侧端面。磨削时圆形工作台连续回转，被加工连杆随工作台回转两周，经一次翻转，完成大、小头两端面的磨削。因圆形工作台上装有多套磨床夹具，并且磨削加工与装卸工件时间重合，所以生产率很高。

（2）在卧式对置双砂轮平面磨床上同时磨削。图 7.25 所示为卧式对置双砂轮同时磨削连杆大、小头两端面的示意图。在这种平面磨床上，中间有一个大直径的轮毂转盘，在轮毂转盘上装有多套磨床夹具。由于被加工连杆在一次装夹中由两边对置的砂轮同时磨削连杆大、小头两端面，而且磨削端面与装卸工件时间重合，因此这种磨削具有更高的生产率和两端面间的平行度精度。为保证大、小头两端面对杆身对称中心平面的对称，在磨削端面之前，以连杆杆身定位，加工出中心孔；在磨削大、小头端面时，将已加工中心孔的连杆安装在转盘的磨床夹具上，在接近砂轮时自动夹紧，在接近卸件位置时自动松开。

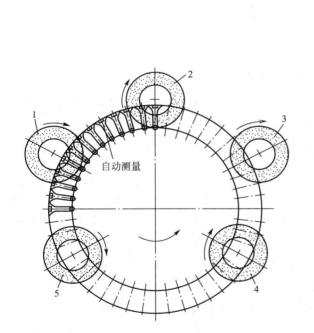

图 7.24 立式五轴圆形工作台平面磨床磨削
连杆大、小头端面的示意图
1、2、3、4、5—砂轮

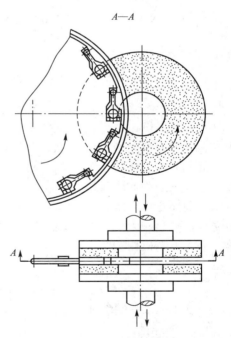

图 7.25 卧式对置双砂轮同时磨削连
杆大、小头两端面的示意图

2. 连杆辅助基准及其他平面的加工

辅助基准主要指连杆上的工艺凸台和连杆侧面。其他平面指的是连杆盖和连杆体的接合面和连杆盖、连杆体与螺栓头、螺母的支承面等。虽然这些表面的加工面积不大，但其加工部位分散、数量多，影响生产效率。这些表面常用铣削或拉削加工，接合面的精加工一般用磨削。

在拉削中，有在双滑枕立式外拉床和卧式连续式拉床上拉削两种方式。

（1）在双滑枕立式外拉床上拉削时，为提高生产率和保证各加工表面的位置精度，常将几个表面组合起来同时进行拉削。根据连杆结构的不同，有不同的组合加工方式。图7.26所示为分开锻造的毛坯，对连杆大头侧面、半圆孔和接合面等表面的组合拉削方式。连杆体侧面、半圆孔、接合面和螺栓头支承面有两种组合的拉削方式，如图7.26(a)、图7.26(b)所示，每种方式都由两个工步完成。加工上述表面时，是以小头孔、连杆体大、小头端面和大头外形表面定位的。

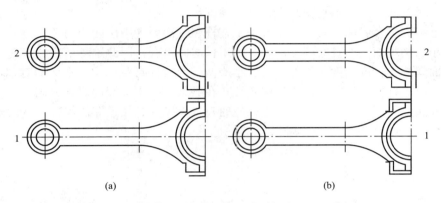

图7.26　同时拉削连杆体各表面的组合方式

（2）卧式连续拉床示意图如图7.27所示。电动机9通过传动带使主传动链轮11旋转、刀具6连接在链条8上，组合式拉刀安装在刀具盖板7内。当链条带动装有工件的夹具在床身和拉刀刀齿间通过时，就逐渐地对工件进行拉削。加工时，被拉削的连杆放在夹具上，首先通过工件校正装置3，校正连杆的位置；然后经过毛坯检验装置4，如果连杆安装的位置不正确或余量过大，连杆外表面就会碰到毛坯检验装置4，作用于微动开关，使机床运动停止，以防止拉刀和拉床损坏；夹具通过时，夹紧用撞块5使连杆得到夹紧。拉削完毕，夹具碰到松开用撞块10，将连杆松开；当夹具在翻转状态时，连杆从夹具中脱落，进入下料机构12。

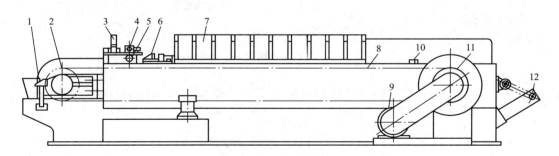

图7.27　卧式连续拉床示意图

1—电器按钮站；2—张紧链轮；3—工件校正装置；4—毛坯检验装置；5—夹紧用撞块；
6—刀具；7—刀具盖板；8—链条；9—电动机；10—松开用撞块；11—主传动链轮；12—下料机构

用连续式拉床加工，装卸工件的时间与拉削时间重合，并能实现多工件顺序拉削，所以生产率高。但连续式拉床的机床导轨容易磨损，传动链条容易松动，使机床的可靠性受到影响。

3. 连杆大、小头孔的加工

连杆大、小头孔是连杆加工中对精度和表面粗糙度要求最高的,也是连杆机械加工的重要工序。连杆大、小头孔的加工可分为粗加工、半精加工和精整加工三个阶段。

1) 连杆大、小头孔的粗加工和半精加工

在连杆端面加工后,接着进行小头孔的粗加工和精加工,使孔的精度达到 H7,以满足作为定位基准的需要。如果毛坯已冲出孔,则以扩孔作为粗加工。尺寸小的连杆毛坯没有预制孔,需要先钻孔、扩孔,然后铰孔或拉孔。

成批生产时,用转台式多工位组合机床完成小头孔的钻孔或扩孔、铰孔或镗孔及孔口倒角。小批生产时,用立式钻床在一个工序中完成钻、扩、铰孔。加工时,用小头非加工外圆定位以保证孔的壁厚均匀。大量生产时,用钻(或扩)、拉完成小头孔的粗加工和半精加工。生产率高,且精度易保证。

对整体式连杆毛坯,大头孔的粗加工,可在切开连杆盖前或在切开连杆盖后进行。若在切断前进行加工,要通过偏心扩孔或偏心镗孔加工出椭圆孔。多数情况下,大头孔是在切断连杆盖后,并和连杆体合并在一起加工的。生产量较大时,用多轴镗头和多工位夹具或多工位机床进行加工。

2) 连杆大、小头孔的精加工和精整、光整加工

连杆大头孔半精加工、精加工和精整加工、光整加工是在连杆体和连杆盖组装后进行的;而小头孔因为在组装前已加工到一定的尺寸精度,所以组装后直接进行精加工。

一般小头底孔和衬套孔采用金刚镗(细镗),大头孔多采用金刚镗(细镗)及珩磨加工。此外,有的连杆小头底孔拉削后,不再进行金刚镗孔,仅金刚镗大头孔;有的连杆小头底孔、大头孔均经珩磨;有的则以脉冲式滚压代替珩磨;有的连杆直接利用双轴精密镗床对大、小头孔进行精加工。此类设备带有自动检测、自动补偿系统,可在一次加工中保证各项精度,比珩磨效率高、废品率低。

连杆大、小头孔的精加工一般有两种方案。

(1) 大、小头孔同时加工:大、小头孔同时加工可在专用的卧式双轴金刚镗床或高精度镗床上进行。加工时连杆以大、小头端面、小头孔和大头侧面定位,小头孔的定位销在工件夹紧后抽出,即可同时对大、小头孔进行加工。这种加工依靠机床和镗床夹具来保证大、小头孔的中心距要求和提高生产率,但对机床镗头的调整有较高的要求。

(2) 大、小头孔分别加工:这种方法的加工质量在很大程度上取决于镗床夹具的制造精度和定位的准确性。与大、小头孔同时加工相比,机床和夹具的调整较容易。由于是单孔加工,产生的切削力小,引起的工艺系统的振动较小。但由于工件多次定位及工件夹紧变形造成的误差较大。

7.2.5 发动机连杆的检验

连杆的检验主要分为连杆盖、连杆体和连杆总成的检验。

在连杆体的检验中,对连杆小头孔的孔径尺寸用气动量规检验,对小头孔轴线与端面的垂直度、接合面到小头孔的中心距及对端面的垂直度均采用专用检具检验。在连杆总成的检验中,主要检查各主要表面的尺寸及位置精度,如大、小头孔的直径尺寸(使用气动

量规进行检验,并对小头衬套孔尺寸进行分组),大、小头孔的中心距和大、小头孔轴线在两个相互垂直方向的平行度(使用专用检具进行检验)等。图 7.28 所示为连杆大、小头孔轴心线在两个相互垂直方向平行度的常规检验方法。检验前,先在连杆大、小头孔内插入检验心轴,然后将插入检验心轴的连杆总成放在高精度的两等高 V 形块上,用如图 7.28 所示方法检验大、小头孔中心距和大、小头孔轴线在两个相互垂直方向上的平行度误差。

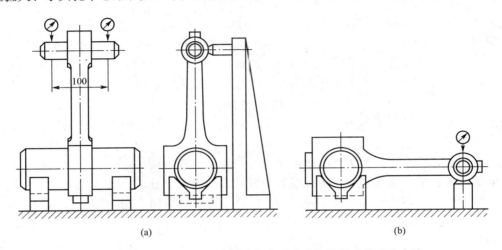

图 7.28 连杆大、小头孔在两个相互垂直方向平行度的检验方法

除了上述传统的生产线外检验方法外,在大量生产的自动化生产过程中,在自动线上也设有切削加工的检验工位,在工件加工前对其测量,按测量的数值不同,采用不同的加工参数进行加工。在关键设备(如连杆精镗、珩磨和平面磨削等)上采用主动测量、自动补偿装置对加工尺寸进行实时修正,使实际尺寸持久地保持在公差带中心附近。

在大量生产的条件下,连杆在加工完成时采用连杆综合自动检测仪进行检测,对连杆关键部位尺寸和形状、位置精度需要进行 100% 的检测。

7.3 发动机曲轴制造工艺

7.3.1 曲轴的结构特点

曲轴是发动机的重要零件之一,活塞的往复直线运动通过连杆传递给曲轴而转变为旋转运动。在工作时,曲轴在发动机工况中既承受着周期变化的气压冲击力,活塞连杆往复运动和自身旋转运动的惯性力、离心力,有时还承受着扭转振动而引起的附加应力,承担着输出发动机全部功率的作用。因此,曲轴需要承受交变的扭矩和弯矩载荷,这就要求其应具有足够的强度、刚度和较高的加工精度,否则就会影响发动机的正常工作与寿命。曲轴的结构如图 7.28 所示,它由若干个单位曲柄和自由端及飞轮端所组成。单位曲柄是曲轴的基本组成部分,它由主轴颈、曲柄销和曲柄所组成。曲轴的强度和刚度主要由单位曲柄的构造所决定。在曲柄的下部,有时装有平衡重块,用以平衡发动机旋转质量所产生的惯性力和力矩。

根据单位曲柄的构造特点，发动机的曲轴有整体式、组合式、圆盘式几种。其中，整体式曲轴最常见，其特点是主轴颈、曲柄销和曲柄三者是一个整体，如图 7.29 所示。大多数高速和中速发动机采用整体式曲轴。组合式曲轴又分为半组合和全组合式两种，如图 7.30(a)、图 7.30(b) 所示。半组合式曲轴的曲柄销和曲柄浇注成一整体，主轴颈单独制造，然后用套合的方法组合成整体。而全组合式曲轴则主轴颈、曲柄销、曲柄都是分开制造，而后用套合的方法装成一体。组合式曲轴多用于大型低速发动机，其特点是消除了大件锻造的困难，降低了锻造成本。圆盘式的曲轴是将主轴颈及其两侧的两个曲臂合并成一个圆盘，圆盘式曲轴主要用于结构要求紧凑的某些高速发动机。

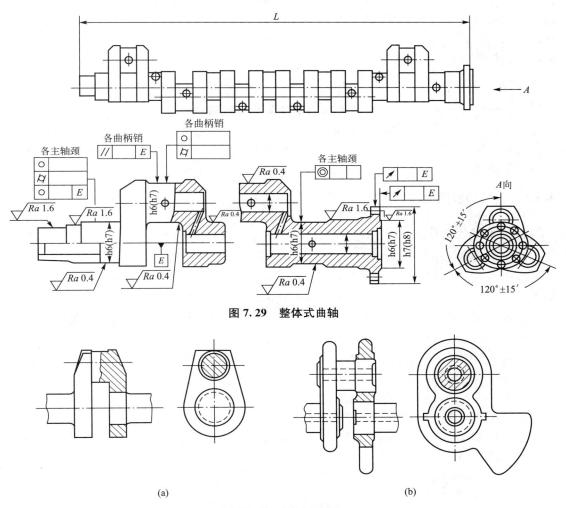

图 7.29 整体式曲轴

(a)　　　　　　　　　　　　(b)

图 7.30 组合式曲轴

7.3.2 曲轴的结构工艺性分析

1. 曲轴形状复杂

多曲柄、曲柄销和主轴颈不在同一轴线上，各曲柄又不在同一平面内，而是在空间呈某一夹角分布,如互成120°等。因此,加工曲柄销时往往都存在不平衡回转,所以必须采取平衡措施,这样一来便造成了工艺过程的复杂化。在加工大型整体曲轴的曲柄销时,因不让曲轴回转,而采用回转刀架机床加工,由刀具旋转来完成切削运动,避免了出现不平衡回转。

2. 曲轴刚度差

曲轴类似细长轴,其长度与直径之比很大,一般 $L/D=10\sim20$,所以刚度很差。在自重和切削力的作用下会产生较严重的弯曲和扭曲变形,因此,在工艺过程中必须采取相应的工艺措施。在车外圆时,特别是粗加工工序中,应采用具有大刚度的工艺系统。例如,尽量使曲轴的夹紧表面或支承表面与加工面相接近,为此需安放一些必要的辅助支承(如中心架),以增强工件在切削过程中的刚性和改善其受力情况;应采用双边(床头和尾座)同时传递扭矩的机床,以减小工件的扭曲变形。

3. 技术要求高

曲轴的尺寸精度、形状和位置精度及表面粗糙度都有较高的要求,必须采取一系列措施才能达到加工要求。例如,为了达到轴颈的高精度和低粗糙度的要求,必须严格划分加工阶段和采用必要的光整加工工序。在不影响精加工的前提下,热处理后的精加工工序余量应尽量减小,以免在精加工时由于切削力的影响而造成曲轴的变形等。

7.3.3 曲轴的机械加工工艺

1. 曲轴的主要技术要求

1) 尺寸精度和形状精度要求

由于曲轴是旋转体零件,各主轴颈和曲柄销与轴瓦要在高单位面积压力和高速滑动摩擦条件下工作,为了减少磨损,对各轴颈的尺寸和形状精度均有较高的要求。

主轴颈和曲柄销的直径尺寸:低速发动机按 IT7 级公差加工;中速发动机按 IT6 级公差加工;高速发动机按 IT6 级或更高一级的公差加工。

各轴颈长度尺寸和曲柄臂厚度:均按 IT9 级公差加工。

曲柄半径的偏差:每 100mm 长不超过 ±0.15mm。

凸缘外圆直径:(与飞轮或联轴节连接)按 IT7 级公差加工。

其余自由尺寸均按 IT14 级公差加工。

轴颈的形状公差(圆度和圆柱度)要求,根据不同的情况而定。低速发动机的形状公差约为尺寸精度 IT9 级公差的 1/4;中、高速发动机则为 IT7 级公差的 1/4。其具体数值不得超过表 7-5 的规定。

表 7-5 曲轴各轴颈圆度和圆柱度公差值 (单位:mm)

形状公差值	轴颈直径 ϕ						
	~75	>75~100	>100~150	>150~250	>250~350	>350~500	>500~600
主轴径	0.005	0.0075	0.01	0.013	0.015	0.02	0.025
曲柄销	0.005	0.01	0.0125	0.015	0.02	0.025	0.03

2)位置精度要求

为使活塞连杆运动部件运行正常,减少曲轴的附加应力。避免轴颈与轴瓦产生不均匀磨损,发动机正时准确、运动平衡和工作可靠,对曲轴位置公差提出下列几方面的要求。

(1)主轴颈对曲轴轴线的径向圆跳动量,一般高速发动机为0.02~0.04mm,中、大型发动机为0.04~0.08mm。主轴颈对曲轴轴线的径向圆跳动公差,在每个主轴颈两端(即首、尾两端),每转动45°,用千分表测量一次,其值不得超过表7-6的规定。

表7-6　主轴颈径向圆跳动公差值　　　　　　　　　　　(单位:mm)

曲柄数目	轴颈支承数目	主轴径直径 ϕ						
		~75	>75~100	>100~150	>150~250	>250~350	>350~500	>500~600
3	1	0.015	0.02	0.025	0.03	0.04		
4	2~3	0.02	0.025	0.030	0.04	0.05		
5~8	3~4	0.025	0.03	0.035	0.05	0.06	0.07	0.08
9~12	5~6		0.04	0.055	0.065	0.075	0.085	

(2)曲柄销轴线与主轴颈轴线的平行度误差,在每100mm长度上不大于0.01mm;对于手工修刮的曲柄销,每100mm长度上不大于0.015mm。

(3)曲轴各曲柄间的夹角误差应不大于±15′。

(4)曲轴凸缘端面应与曲轴轴线垂直,其端面圆跳动公差,对凸缘直径在300mm以下的应不大于0.03mm;对凸缘直径在300mm以上的应不大于0.05mm。

(5)曲轴凸缘外圆对曲轴轴线的径向圆跳动误差,不得超过表7-7的规定要求。

表7-7　凸缘外圆对曲轴轴线的径向圆跳动公差值　　　　　(单位:mm)

曲轴凸缘直径	~100	>100~250	>250~500	>500
径向圆跳动公差	0.02	0.03	0.04	0.05

(6)曲轴的臂距差,曲轴的臂距是指相邻两曲柄臂间的距离,测量点取距曲柄销中心线 $S+D/2$(S为活塞行程,D为主轴颈直径)处,分别测量曲柄销位于上、下止点时的臂距,取其差值即为曲轴的臂距差。每米活塞行程的曲轴臂距差不大于0.3mm。

3)表面粗糙度要求

主轴颈和曲柄销的表面粗糙度为:低速发动机 Ra 应小于 $0.8\mu m$;中速发动机 Ra 应小于 $0.4\mu m$;高速发动机 Ra 应为 $0.2\sim 0.1\mu m$。

油孔孔口和轴颈过渡圆弧表面粗糙度 $Ra<0.8\mu m$;曲轴凸缘外圆和端面的粗糙度 $Ra<1.6\mu m$;曲柄臂侧面的粗糙度 Ra 应为 $3.2\sim 12.5\mu m$;曲轴减轻孔(钢曲轴)的表面粗糙度 Ra 应为 $1.6\sim 6.3\mu m$。如果曲轴材料是合金钢,因它对应力集中非常敏感,故表面粗糙度值要求需相应减小一级,即使是非配合表面,其表面粗糙度也应满足 $Ra<0.8\mu m$。

4)其他方面的要求

曲轴所有加工表面不允许有裂纹、麻点、凹陷、毛刺和碰伤等缺陷;非加工表面不允许有氧化皮、分层、裂纹、折叠及过烧等缺陷。

2. 曲轴的材料和毛坯

1) 曲轴的材料选用

在曲轴材料的选择过程中除考虑机械性能、疲劳强度外，还要考虑耐磨性、抗冲击韧性，以及制造加工的工艺性、设备能力和热处理性能等。曲轴主要采用的材料有优质碳素钢、合金钢、球墨铸铁等。

目前大量生产的小型车用发动机，其曲轴材料一般采用球墨铸铁和优质碳素钢，如QT700-2球墨铸铁和35钢、40钢和45钢等。

2) 曲轴毛坯的制造

曲轴毛坯的制造方法，常取决于所选用的材料、生产批量和工厂具体情况。当选用钢材时，常用锻造法制造毛坯。小型曲轴、生产批量又大时采用模锻，中、大型整体曲轴采用自由锻或镦锻，大型半组合曲轴的曲柄用铸钢件。当选用球墨铸铁时，则以铸造方法获得曲轴毛坯。

钢曲轴毛坯一般在锻成后，预先做正火或退火热处理，以消除锻造应力，改善坯件材料组织的均匀性，并有利于机械加工及为最终热处理做好准备。

对于性能要求不高的碳素钢曲轴，即可通过锻件的正火或退火作为最终热处理，在机械加工中不再进行热处理。大型或中型碳钢曲轴，在加工过程中进行的中间热处理（650℃回火），用于消除大量金属切削后产生的内应力，不改变金相组织。

对于性能要求高的碳钢或合金钢曲轴，除了毛坯作预先正火处理或退火处理外，在机械加工过程中，常常还要进行调质处理作为最终热处理。调质可以提高曲轴的疲劳强度、韧性和耐磨性，但往往引起淬火不均匀而造成曲轴的变形。热处理变形可以通过校直的方法来消除。

对球墨铸铁曲轴一般采用正火处理，正火后硬度为240~320HB。精加工前，应进行退火处理，硬度为220~290HB。

对铸钢曲柄应经过两次正火和回火处理，或高温扩散退火、正火及回火处理，粗加工后应进行退火处理。

对工件表面要求硬化处理的合金钢曲轴，轴颈表面可采用表面淬火或氮化处理，硬度达50HRC以上，淬硬深度大于2~3mm，氮化层深度大于0.3mm。

3. 曲轴机械加工定位基准的选择

正确的选择定位基准，对保证曲轴加工精度是很重要的，尤其是主轴颈和曲柄销的位置精度。曲轴加工时，由于各主要表面多数是旋转体表面和端平面，故通常是以顶针孔和主轴颈外圆面为定位基准，但对不同结构和不同毛坯的曲轴，其定位基准的选择和使用是有差异的。

对于小型模锻整体曲轴，其主轴颈、凸缘外圆和端面的粗加工是以顶针孔初定位，然后采用找正安装工件的。在以后的工序中，则是以主轴颈和凸缘外圆及端面（或止口外圆和凸缘端面）为定位基准，这时如果继续选用顶针孔为定位基准，则顶针孔必须经过修正后才能使用。凸缘外圆和端面的加工及修正顶针孔时，是以自由端主轴颈和靠近凸缘端的主轴颈外圆作为定位基准的。

对于铸造整体曲轴，主轴颈的粗加工是以顶针孔作为定位基准的，有时也可选用凸缘外圆和自由端顶针孔为定位基准，对各主轴颈和相应的其他表面进行粗加工，这是因为铸造曲轴毛坯的凸缘外圆比较精确。

曲柄销的粗、精加工，无论是何种毛坯，都是以主轴颈、凸缘外圆和端面及曲柄销的轴线为定位基准安装在夹具中的，以保证达到曲柄销与主轴颈之间的尺寸和位置精度；而曲柄夹角的角度公差，则是以曲柄销加工专用夹具上的分度装置的分度孔定位来达到要求的。对于大型组合式曲轴，主轴颈的精加工和曲柄销修正加工是以主轴颈和凸缘外圆为定位基准的。

4. 曲轴机械加工工艺过程

曲轴加工通常是从定位基准或划线开始的，然后对各主要表面进行粗加工，接着进行中间热处理。精加工前，应修正精加工的定位基准，次要表面的加工（如减轻孔、斜油孔、键槽等）可安排在主要表面加工工序之间，但应以不影响主要表面加工精度和粗糙度的获得为前提。如果轴颈必须光整加工，则应安排在工艺过程的最后，以免在进行其他工序时破坏轴颈的表面粗糙度。

根据上述分析，中小型整体曲轴的主要加工顺序如下。

划线及加工定位基准（打顶针孔等）→粗加工主轴颈→曲柄成形（自由锻曲轴）或凸缘螺孔加工→加工曲柄销和曲柄臂→粗加工曲轴减轻孔（锻造曲轴）→中间热处理→修正精加工定位基准→精加工主轴颈→精加工曲柄销和曲柄臂→精加工曲轴减轻孔（锻造曲轴）→斜油孔和键槽加工→主轴颈和曲柄销光整加工。

由于生产规模不同、毛坯不同，曲轴加工的工艺顺序是有所不同的。例如，对于中、大型整体曲轴，不论是自由锻造毛坯还是铸造毛坯，在拟定工艺路线时，均应按工序集中的原则使工序尽量集中，以减少工件在工序间的吊运次数和机床设备的台数。此外，应尽量采用专用夹具和专用机床，以提高曲轴加工的精度和生产率。对于小批量生产条件下整体曲轴机械加工，材料选用 35 钢，曲轴毛坯是自由锻件，经正火处理，其工艺过程见表 7-8。

表 7-8 整体六曲柄曲轴加工工艺过程

工序号	工序主要内容	定位基准	机床或工作地点
10	毛坯检验、划轴线和加工线	毛坯表面	划线平台
20	打曲轴两端顶针孔	按划线痕	专用机床
30	粗车各主轴颈、曲柄外侧面及凸缘外圆和端面（两次装夹）	顶针孔	车床
40	划凸缘螺孔线、各轴颈减轻孔轴线及安装曲柄销加工夹具的找正线	主轴颈	划线平台
50	钻凸缘螺孔	划线痕、主轴颈	钻床或专用机床
60	粗加工曲柄销（曲柄成形）和曲柄内侧面、曲柄臂外形	主轴颈、凸缘外圆和端面、划线痕	车床或专用铣床、回转刀架车床
70	钻、镗轴颈减轻孔	划线痕或主轴颈	镗床或专用机床
80	热处理		热处理车间
90	修正定位基准：两端及中间主轴颈、凸缘外圆	主轴颈或凸缘外圆	车床

（续）

工序号	工序主要内容	定位基准	机床或工作地点
100	半精车曲柄销及曲柄内侧面	同工序60	车床
110	车曲柄臂外形至要求尺寸	同工序60	车床
120	半精车主轴颈及曲柄外侧面、凸缘外圆和端面（两次装夹）	主轴颈及凸缘外圆	车床
130	精镗减轻孔至要求尺寸	主轴颈	专用机床
140	修正精加工定位基准	同工序90	车床
150	精车曲柄销及曲柄内侧面至要求尺寸	同工序90	车床
160	精车主轴颈及曲柄外侧面、凸缘外圆和端面至要求尺寸（两次装夹）	同工序120	车床
170	精镗凸缘螺孔至要求尺寸	主轴颈	专用机床
180	铣键槽		铣床或专用机床
190	钻所有斜油孔和直油孔	主轴颈、划线痕	专用机床或镗床
200	主轴颈光整加工	主轴颈	专用机床
210	钳工修整：油孔口倒角抛光，去飞边锐角	主轴颈	钳工
220	成品检验		

在表7-8中，工序60若缺乏大型铣床和回转刀架机床，则可将其分成两个工序，即曲柄成形和曲柄销粗加工；工序90修正定位基准，在必要时才修正顶针孔，通常是以顶针孔为基准修正主轴颈的圆度误差；工序120可以安排在工序100以前完成，这时也可考虑将工序120与工序90合并，即在同一工序中先修正定位基准，然后半精车各主轴颈等；若钻凸缘孔和钻、镗减轻孔工序采用了专用机床，则工序40（划线工序）可取消。

为了提高曲柄销和主轴颈间的位置精度，且保证各主轴颈的径向圆跳动要求，生产实践表明工序160安排在工序150之后，即使主轴颈后有光整加工工序，但主轴颈加工安排在曲柄销精加工之后为好。工序200可以同工序160合并。

7.3.4 曲轴主要表面的机械加工

1. 曲轴中心孔的加工

铣端面钻中心孔是曲轴加工的第一道工序。中心孔是后续加工工序的主要工艺基准，它的精度对后续工序影响很大，特别是对动平衡和各加工表面余量分布影响更大。

曲轴有几何中心和质量中心两根轴线，如在普通铣端面钻中心孔机床上以曲轴两端主轴颈外圆定位，钻出的中心孔是几何中心孔，所形成的轴线是几何中心轴线，被广泛采用。而曲轴的质量中心轴线是自然存在的。例如，在动平衡钻中心孔机床上钻出的孔称为质量中心孔，所形成的轴线称为质量中心轴线，但目前使用较少，原因是机床价格太高。

小批量生产中，曲轴的中心孔一般在卧式车床上加工。在大批量生产中，曲轴几何中心孔一般在专用的铣端面钻中心孔机床上进行。

2. 曲轴主轴颈的粗、精加工

(1) 主轴颈的粗加工：小批量生产时，一般在卧式车床上粗加工主轴颈；大批量生产时，在多刀半自动车床上采用成形车刀车削。由于这种车削属于多刀车削，切削条件较差。为了提高主轴颈的相对位置精度，常采用两次车削工艺。第二次车削时，主要保证轴颈宽度和轴颈相对位置。

为了减小曲轴加工时的扭曲，机床采用两端传动或中间驱动。为了减少切削时径向切削力引起的曲轴变形，车削主轴颈时，采用较窄的刀具。也可采用大直径盘铣刀或立铣刀铣削曲轴主轴颈，并在专门设计的铣床上进行。当曲轴很长时，需将中间主轴颈事先加工好，用以安放中心架，以提高曲轴的刚度。

(2) 主轴颈的精加工：曲轴主轴颈及其曲柄端面的精加工可在普通外圆磨床上完成。

3. 曲柄销的粗、精加工

曲柄销的粗加工可采用多种工艺方法，主要有车削、铣削、车—拉削等方法。

1) 小批量生产时曲柄销的粗加工

一般采用车削法，即在卧式车床上安装专用偏心卡盘分度夹具(实际为改装的曲轴车床)，利用已粗加工过的主轴颈在偏心卡盘分度夹具中定位，使曲柄销的轴线与机床主轴转动轴线重合并进行加工。

曲柄销之间的角度位置精度靠夹具上的分度装置保证，加工多拐曲轴时，依次加工同一轴线上的曲柄销及曲柄端面，工件通过在夹具体上的分度板与分度定位销分度，如图 7.31 所示。

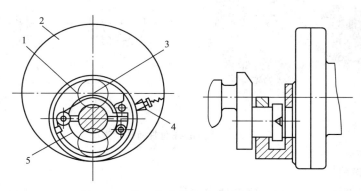

图 7.31　偏心卡盘分度夹具车削曲柄销
1—工件；2—夹具体；3—转动轴线；4—分度定位销；5—分度板

曲轴偏心装夹，卡盘上装有平衡块，以避免产生振动，车床主轴转速应适当减小。此加工方法的优点是设备投资不大，缺点是无法同时加工多个曲柄销，生产率低。

2) 大批量生产时曲柄销的粗加工

成批大量生产时曲柄销的粗加工有车削和铣削两种方法。

(1) 车削法加工。为了提高生产效率，常采用专用半自动曲轴车床，工件能在一次装夹下(仍以主轴颈定位)同时车削所有曲柄销，该车床的刀架数与被加工的曲柄销数相等。这种机床生产率很高，适用于单一品种的大批量生产。因切削力很大，车削时应将曲轴的主轴颈支承在机床的中心架上；为减小曲轴扭转变形，机床采用两端驱动。

（2）铣削法加工。曲柄销的铣削加工分为内铣和外铣，两种都用于多品种大批量生产。曲柄销内铣有曲轴旋转和曲轴不旋转两种。曲轴旋转时，定位夹紧与外铣大致相同，其加工原理如图 7.32 所示。高速旋转的内铣刀径向进给到曲柄销规定的尺寸后，曲轴低速绕主轴颈轴线旋转一周，铣刀跟踪曲柄销作切向进给运动，完成一个曲柄销的加工。

曲轴不旋转时，内铣加工所用铣刀不仅绕自身轴线自转，还绕曲柄销公转一周。

曲柄销外铣法是以曲轴两端主轴颈径向定位，轴向定位用止推面。高速旋转的铣刀径向进给到曲柄销规定的直径尺寸后，曲轴低速绕主轴颈轴线旋转一周，铣刀跟踪曲柄销铣削，即可完成曲柄销的加工，其加工原理如图 7.33 所示。

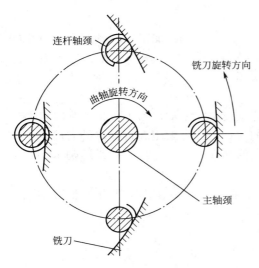

图 7.32 内铣法铣削曲柄销示意图

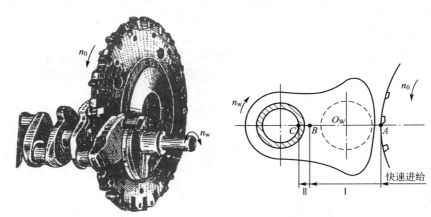

图 7.33 外铣法铣削曲柄销示意图

3）曲柄销的精加工

曲柄销的精加工可在专用曲轴磨床上完成。对于大批量生产，为了提高生产效率，常采用专用自动曲轴磨床，能同时完成所有曲柄销的磨削加工。

7.4 高速客车空心车轴制造工艺

在高速轨道客车转向架中，为减轻簧下质量，抑制高速列车运行时对钢轨的冲击，所以采用空心车轴，如图 7.34 所示。图中两个 $\phi 200^{+1}_{\ 0}$ mm 圆台为轮座，两个 $\phi 202^{+1}_{\ 0}$ mm 圆台为安装盘形制动器的制动盘用。

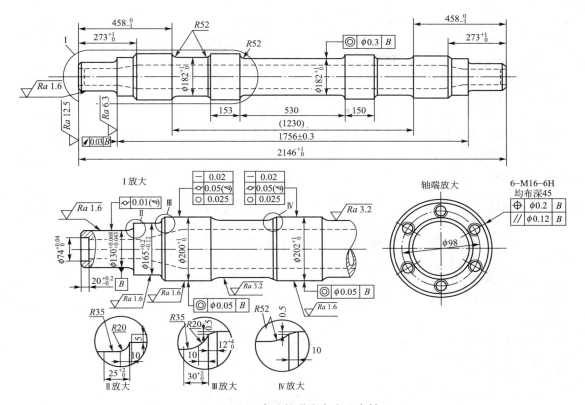

图 7.34 高速轨道客车空心车轴

7.4.1 空心车轴的技术要求

(1) 采用壁厚 45mm 无缝管状钢坯加工,其机械性能为抗拉强度 $\sigma_b \geq 569\text{N}/\text{mm}^2$;冲击韧性 $\alpha_k \leq 49\text{J}/\text{cm}^2$。

(2) 精加工后,车轴内外表面不得有缩孔、斑疤、黑皮、裂纹和夹杂等缺陷。

(3) 轴身上各部 R52mm 圆弧处平直部分,精加工后进行滚压处理,轮座、制动盘座、轴颈、防尘板座表面、轴颈根部和防尘板座根部的 R20mm 和 R35mm 圆弧部分滚压处理后进行磨削加工。

(4) 车轴内孔壁及外表面应进行全面超声波探伤和磁粉探伤,达到 TB/T 1618—2001 和 TB/T 1619—2010 标准的要求。轴身端面至厚壁筒部分经穿透性超声波探伤检查,内部不得有缩孔、疏松、夹杂、裂纹,轴身表面不得有纵向裂纹和横向发纹。

(5) 车轴内孔壁应全部加工,表面粗糙度为 $Ra \leq 12.5\mu\text{m}$。

(6) 车轴精加工后,壁厚差为 1mm。

(7) 精加工后,全部涂油防锈,运输时应防止碰撞。

7.4.2 空心车轴的加工工艺

1. 空心车轴毛坯的制造

日本对变孔径的空心车轴(轴身孔径大于轴颈处)采用三段焊法——中部用钢管,两端轴头为锻件,用摩擦焊将三段在轮座处焊成一体。车轴在半精加工后(留 1mm 精加工余量),进行高频淬火(轮座部位沿轴端方向 170mm 范围及两轮座之间),然后(200±10)℃回火。

法国 TGV 高速车轴使用寿命最长达 $7×10^6$ km,采取措施是对车轴用 3kHz 感应高频淬火加喷丸强化;用镗削工艺加工变孔径空心车轴。

英国地铁空心车轴有两种结构形式,一为内嵌式结构,即将空心轴头嵌入到空心轴身端部的结构;另一种为用摩擦焊将轴头和空心轴身焊到一起的结构,焊缝宽 1mm,轴头与轴身的同轴度为 0.25mm 以内。

2. 空心车轴机械加工工艺

国内各厂因条件不同,工艺差别也较大。一般车辆厂不进行毛坯制造,均由外厂供应内孔已加工好的车轴毛坯。空心车轴毛坯进厂后机械加工的主要工艺过程如下。

(1) 毛坯以外圆定位,在双面铣床上粗铣两端面。

(2) 以内孔定位,在卧式镗床上粗、精镗两 $\phi 74^{+0.04}_{0}$ 堵头孔,刮两端面。

(3) 在压床上压入两端专用堵头。

(4) 以两堵头上的中心孔定位,在车轴仿形车床上半精车轴颈、防尘座、轮座、制动盘座和轴身。

(5) 以轮座面定位,精铣两端面、保证 2146^{+1}_{0} mm 尺寸。

(6) 以轮座面定位,在组合机床上对 6 个 M16-6H 孔加工,分别经钻孔、扩孔、攻螺纹 3 个工位。

(7) 修研中心孔,以中心孔定位,精车轴颈、防尘座、轮座、制动盘座及轴肩圆弧角。

(8) 磨轮座、制动盘座。

(9) 滚压轮座、制动盘座、轴身及 R52mm 圆弧。

(10) 精磨防尘座、轴颈。

(11) 交验。

7.4.3 车轴加工专用设备

1. 车轴仿形车床

车轴仿形车床是为生产车轴而专门设计的,其主要组成如图 7.35 所示,其主要部件介绍如下。

床头箱 1 内主电动机经齿轮与传动轴带动车床主轴工作,一般有几级转速可选用,内有电磁离合器,可实现不停主电动机而变速或主轴停转。

卡盘是一种液压自动定心卡爪。

尾座 6 内有尾座套筒,它的进退是靠液压驱动的,用脚踏板控制,它与主轴的起动有电器连锁,以防误动作而发生危险。顶尖的压力可经液压系统调节。

仿形刀架 5 的纵向运动是由一个纵向移动液压缸专门驱动的。仿形刀架左侧装有控制滑阀,右侧装有伺服工作液压缸,下端装有回转刀架 4。控制阀上有一根钢丝与仿形触头相连接。当触头在样件表面上移动时,通过杠杆的摆动,带动控制阀运动改变液压缸两侧压力,使伺服工作液压缸作斜向运动,它与上述单独纵向运动合成之后,就可使刀具按样

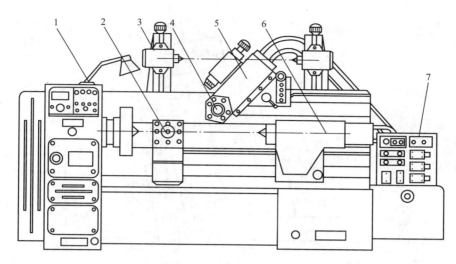

图 7.35 车轴仿形车床
1—床头箱；2—横刀架；3—样件架；4—回转刀架；5—仿形刀架；
6—尾座；7—液压站

件的表面运动，即仿形运动。

仿形刀架右边装有行程转鼓，它与电气控制配合，用以实现自动循环中的动作转换。

回转刀架上可装 3 把车刀，利用液压缸可进行自动转位，每次转 120°，并自动锁紧刀架。转位是每当仿形刀架行程终了和纵向移动退回原位时，回转液压缸正向旋转一次。

横刀架 2 用来切端面、倒角，也可做短距离纵向移动，用于车外圆。样件是装在样件架 3 的两顶尖之间，供仿形作靠模用。

在设计样件和使用仿形刀架时，应注意以下几点。

(1) 样件的径向尺寸按零件半径差设计；轴向尺寸应与零件一样，但在起始和终结部分，应比工件尺寸长 20～30mm，以便引导和退出刀具之用。

(2) 样杆形状要与成形磨床的砂轮形状完全一致，以保证轴颈、防尘板座及两圆弧角的磨削量一致。样杆表面粗糙度 $Ra \leqslant 1.6\mu m$，做表面淬火处理。

(3) 车床刀具的尖角与样杆触角一致。

(4) 对工件毛坯尺寸精度要求应高一些，特别是轴向尺寸偏差要小，以减小刀具负荷。

2. 车轴成形磨床

在大批生产车轴时，为保证轴颈、防尘座、过渡圆角的尺寸精度及表面质量，一些工厂已采用国外 4RH-20°A 型成形磨床进行生产，效果显著。此类磨床采用计算机进行控制，编有专用的控制、检测程序，可按照设定程序自动调整进给速度，砂轮可自动进行修整，修整后可自行补偿进给量。由于采用宽砂轮，并且砂轮主轴与工件轴线有 20°夹角，使砂轮工作面加宽，以实现对车轴轴颈、防尘座及过渡圆弧一次磨削同时成形。采用步进电机控制砂轮进给，使进给的精度非常高，一个脉冲进给量为 0.0005mm。

车轴成形磨床的工作原理如图 7.36 所示。

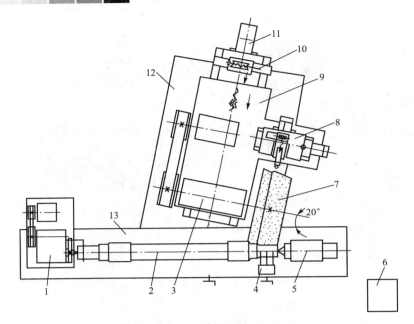

图 7.36 成形磨削磨床工作原理

1—工件头架；2—工件；3—磨头；4—自动量仪；5—顶尖；6—计算机控制台及数显板；7—砂轮；8—砂轮自动修整器；9—砂轮座滑动台；10—进给步进电动机；11—进给液压油缸；12—床身；13—工作台

工件以中心孔定位，由两端顶尖顶紧，头架上的拨盘和拨销使工件旋转。砂轮先在油缸推动下做快速切入，当距工件 0.01～9.99mm 时(可选定)，由步进电动机开始驱动改为较精确的进给。例如，以 0.01～0.99mm/s 的速度快速进给；以 0.001～0.099mm/s 中速进给；还可以 0.0001～0.0099mm/s 的速度微量进给，在工件前 0.01～0.99mm 处开始微量进给，以上选择均可通过拨码开关设定。结束磨削前的进给停顿时间(即无火花磨削)可在 0.2～10s 内选定。

砂轮进给方式有两种选择，一种是量规方式磨削，另一种是计时器方式磨削。

(1) 量规方式磨削：当砂轮进入到距工件 0～0.9mm 时(用量规前进位拨码开关设定)，自动测量仪(量规)自动进入工作位置，其触头压在工件直径方向，进行测量，三个测头同时进行，并与设定值进行比较。砂轮进给步进电机不断按脉冲数前进，显示器显示出每一时刻的加工余量变化值单位为 μm。当测量值与设定值相等，即加工余量为零时，发出信号，砂轮快速返回。

(2) 计时器方式磨削：它不用量规检测，而由控制台上的拨码开关来设定砂轮的进给量，然后完全按已编好的软件程序自动进给，经过快速、中速、微量进给，微量进给停顿之后，当显示为零时，磨削完成，砂轮快速退回。这种磨削在以砂轮架定位时采用。

砂轮自动修整装置工作原理如图 7.37 所示。它装在砂轮后面，和砂轮座在同一滑台上。由图中可看到纵滑板 2 与仿形触头 7 相连接，在纵向油缸 5 作用下，触头 7 与仿形样板紧贴。在横向油缸 6 作用下，仿形触头 7 沿仿形样板移动，使金刚石尖 1 按样板轨道运动，修整砂轮外形。液压马达和变速箱、丝杆装在纵向滑板上，丝杆可使金刚石微量移动进行砂轮修整。

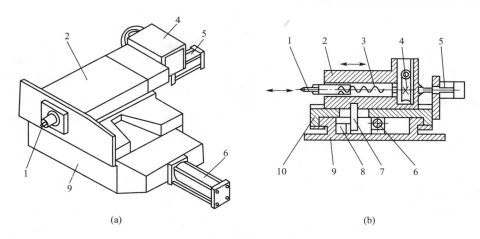

图 7.37 砂轮自动修整器工作原理
(a) 外形图；(b) 工作原理图
1—金刚石；2—纵滑板；3—丝杆；4—液压马达减速箱；5—纵向油缸；6—横向油缸；7—仿形触头(刀刃)；8—仿形样板；9—底座；10—横向滑板

7.5 轨道车辆车轮制造工艺

我国轨道客、货车长期采用辗钢车轮，它具有强度高、质量轻、使用寿命长等优点，但加工工序复杂，成形后须经热处理才能达到要求的性能指标。然后按规定，加工为半成品，供应给有关部门，通过再加工才可使用。

随着我国轨道车辆的快速发展，所需车轮迅速增加，原有专业生产厂的生产远远不能适应运输的要求。近年我国引进了国外先进的石墨型铸钢车轮及其生产方法。

7.5.1 车轮的技术要求

铸钢车轮的使用在美国已超过车轮总量的80%，在德、法、印度、巴西、加拿大均有使用。由于技术上不断改进，石墨型铸钢车轮已成为辗钢车轮的有力竞争对手，质量上可以和辗钢车轮媲美，并具有一系列优点。例如，建厂投资约辗钢厂的1/3～1/2；日产规模灵活性大；毛坯不需再次加热成形，节省能源；生产自动化程度高；用石墨造型铸造后，对环境污染大为减少；力学性能与辗钢轮相近，使用寿命相同，生产成本比辗钢轮低等。

车辆制造用的车轮毛坯均为半成品供应，只需加工轮毂孔及内侧端面即可与车轴组装为轮对。轮毂孔的精加工要求如图7.38所示。

目前多采用轮毂孔与车轴轮座选配，保证有0.1～0.25mm过盈量，以满足轮对压装技术要求。各厂因条件不同有所差别，其公

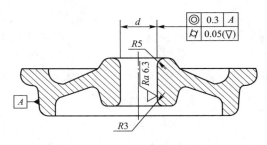

图 7.38 车轮轮毂孔精加工

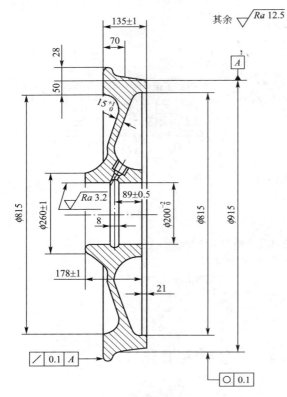

图 7.39　高速车用轻型车轮

差带为 +0.1mm。

对于高速车用轻型车轮，如图7.39所示，要求较为严格。踏面及辐板均应进行仿形加工，用样板检查圆弧角，局部间隙<0.5mm。车轮加工后，应做静平衡试验，许用静不平衡量不大于 50g·m；车轮精加工质量为 315kg，轮毂孔内表面粗糙度 $Ra \leqslant 3.2\mu m$，圆柱度不超过 0.020mm，圆度不超过 0.025mm。

7.5.2　车轮轮毂孔的加工工艺

轮毂孔的加工工艺因各厂设备不同而异，常用加工方法有以下三种。

1. 采用通用立式车床加工

目前常用的方法是用 C512A 立式车床精加工轮毂孔，其工艺流程如下。

轮径分类→粗车轮毂孔及轮辋内侧面→半精车轮毂孔及外侧圆角→精车轮毂孔及内侧圆角→检测。

这种加工方法，均使用 C512A 型立式车床，用内径百分表或千分表测量孔径，加工精度为 H7～H8，表面粗糙度 $Ra \leqslant 6.3\mu m$，公差带一般在 0.1mm 以内。

2. 采用专用的内圆磨头精加工轮毂孔

前几道工序均用 C512A 立式车床进行，只在精加孔时采用磨削工序。其优点是提高孔的精度，公差带可控制在 0.02mm，故可实现轮、轴组装互换。内表面粗糙度 Ra 可达到 $3.2\mu m$。

改造 C512A 立式车床为立式内圆磨床，以专用内圆磨头取代原 C512A 立车的刀台，这样磨头具有旋转、纵向、横向 3 种运动便于磨削轮毂孔。又为了适应轮轴压装需要，轮毂孔表面粗糙度不宜过小。因此，把原纵向机械丝杆走刀装置换为液压走刀装置，适当加快走刀速度即可磨出适合压装的粗糙度。

磨削时的定位基准选择经过半精车的轮毂孔和轮辋内侧面。在机床工作台上用三块等高平铁为定位支承，车轮落在其上。同时将轮毂孔套入定位圆柱销上，此销与套筒式油缸固定在一起，可以一同缩回，圆柱销长度为孔深的 1/3，为短圆柱销定位，限制两个自由度。定位之后，用 3 块压板在轮辋外侧压紧即可磨削加工。

3. 采用自适应控制的数控机床加工

自适应控制是一种较为先进的自动控制技术。一般的数控机床只能根据事先编好的程序进行工作，即工件与刀具间的相对位置和进给速度均已在控制介质上明确规定了的，是按编好的程序指令工作的，数据反馈值只是与指令值比较。当它们的差值为零时，即达到实际值与规定值相等，至于执行的实际过程，如工件材料硬度变化、刀具磨损、发热等因素的变化和在工件上得到的实际位移值是不考虑的，如图7.40(a)所示。

自适应控制则是在数控系统中引入一个附加的反馈回路，如图7.40(b)所示。这个反馈回路对另一些随机性的过程变量，如毛坯余量的不均匀、工件及刀具材料性质的变化、刀具磨损引起的几何参数的变化、切深的变化、刀具的变形等提供检测信息。这些信息可通过各种传感器取得，所取得的过程变量数据经自适应控制装置处理，转换为反馈数据，以修正机床控制装置的输出，从而达到适应加工过程中加工参数变化，而实时进行加工过程变量的调整。

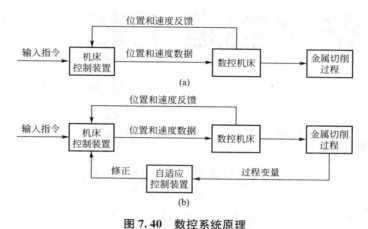

图 7.40 数控系统原理
(a) 普通数控系统；(b) 自适应数控系统

在车轮轮毂精车的加工中，采用自适应控制的立式数控机床，它与车轴轮座磨床上安装的自动测量系统相连。这样每一车轴的轮座实际加工尺寸自动输入到轮毂孔加工的自适应控制系统中，然后根据软件规定的过盈量及加工过程的变量，控制机床自动完成轮毂孔精加工，从而保证加工的车轮与车轴压装质量要求。

1. 根据齿轮的结构特点，试分析齿轮的结构工艺性。
2. 说明齿轮主要加工表面工序安排。
3. 齿轮主要表面的机械加工采用哪些方法？
4. 根据连杆的结构特点，试分析连杆的结构工艺性。
5. 简述发动机连杆机械加工工艺过程。
6. 连杆主要表面的机械加工采用哪些方法？加工工序顺序如何安排？
7. 试分析曲轴的结构工艺性。
8. 根据曲轴的结构特点，简述曲轴的主要技术要求。
9. 分析中小型整体曲轴的主要加工顺序。
10. 简述曲轴主要表面的机械加工方法。
11. 简述高速客车空心车轴的加工工艺。
12. 车轮轮毂孔的加工方法有哪些？

第 8 章
汽车整车制造工艺

 本章教学目标

熟悉汽车冲压工艺特点，掌握冲压材料的成形性能、汽车冲压工艺方法和覆盖件冲压工艺；
了解汽车焊装工艺特点，掌握车身焊装工艺方法和车身焊装工艺流程；
了解汽车涂装工艺特点，掌握汽车涂装主要工序和车身涂装工艺体系；
了解汽车总装工艺特点，掌握汽车总装工艺，熟悉汽车总检和验收内容。

 本章教学要点

知识要点	掌握程度	相关知识
汽车冲压工艺	熟悉汽车冲压工艺特点 掌握冲压材料的成形性能 掌握汽车冲压工艺方法 掌握汽车覆盖件冲压工艺设计内容 了解冲压模具和冲压设备的种类	汽车冲压工艺特点 冲压材料的成形性能 汽车冲压工艺方法 汽车覆盖件冲压工艺 冲压模具和冲压设备
汽车焊装工艺	了解汽车焊装工艺特点 掌握车身焊装工艺方法 掌握车身焊装工艺流程 了解常用焊装设备的种类	汽车焊装工艺特点 车身焊装工艺方法（点焊、凸焊、钎焊和激光焊） 车身焊装工艺 焊装设备
汽车涂装工艺	了解汽车涂装工艺特点 掌握汽车涂装主要工序 掌握汽车车身涂装工艺体系 了解涂装设备的种类	汽车涂装工艺特点 汽车涂装主要工序 汽车车身涂装工艺 涂装设备
汽车总装工艺	了解汽车总装工艺特点 掌握汽车总装工艺过程 熟悉汽车总检和验收内容 了解汽车总装设备种类	汽车总装工艺特点 汽车总装工艺 汽车总检和验收 总装设备

导入案例

汽车车身外形是由许多轮廓尺寸较大且具有空间曲面形状的覆盖件焊接而成,因此对覆盖件的尺寸精度和表面质量有较高要求。车身覆盖件要求表面平滑、棱线清晰,不允许有皱纹、划伤、拉毛等表面缺陷,此外还要求具有足够的刚性和尺寸稳定性。车身表面质量的好坏取决于覆盖件拉深的结果,而拉深模是拉出合格覆盖件的关键。车身冲压模具如图8.1所示。

由于影响拉深件质量的因素主要是起皱、开裂、拉毛和回弹,所以从编制冲压工艺到模具设计都必须认真考虑。模具制造完毕,在拉深模调试过程中,还必须对拉深件的起皱和开裂现象进行仔细分析与研究,并采取相应的措施。

图 8.1 车身冲压模具

8.1 汽车冲压工艺

冲压是利用冲模使板料产生分离或变形的加工方法。冲压成形有冷、热之分,当被加工冲压件的板材较薄时,通常在常温下完成冲压成形,称为冷冲压成形。当冲压件的板材较厚时,冷态成形所需的设备功率特别大,且冲压成形易产生开裂和裂纹,这时常将板材加温后再冲压成形,称为热冲压成形。汽车冲压件的板材厚度较小,几乎都采用冷冲压成形工艺,因此常将其简称为冲压工艺。

8.1.1 汽车冲压工艺特点

冲压工艺在汽车产业中的应用十分广泛,其主要特点表现为以下几个方面。

(1) 在模具的作用下,可以批量获得精度高度一致的产品,提高零件制造的互换性,易于组织后续制造工艺。

(2) 材料利用率高,可冲压形状复杂的零件。

(3) 冲压产品具有足够高的精度和较低的表面粗糙度。

(4) 能够在结构和工艺条件允许情况下,获得较高强度和刚度的零件。

(5) 冲压操作简单,工艺过程便于机械化和自动化,生产率高,零件成本低。

但是,由于模具制造复杂、成本较高,只有在中、大批量生产的条件下,冲压工艺的优越性才能显现出来。同时,冲压所用的原材料,必须具有足够的塑性,如低碳钢和高塑性的合金钢、铜、铝及镁合金等。冲压工艺对零件结构也有较高的要求,不同的冲压工艺方法只能对满足该方法的具体结构和形状的零件进行加工。

以数量计,在汽车车身上有60%~70%的零件是用冲压工艺生产出来的,其中典型的冲压件有车身的内、外覆盖件和骨架件；车架的纵梁、横梁和保险杠；车轮的轮辐、轮辋和挡圈；散热器的散热片、冷却液管和储液室；发动机的气缸垫、油底壳和滤清器；底盘上的制动器零件、减振器零件；座椅的骨架、滑轨和调角器；车厢的侧板和底板等。

因此，冲压工艺在汽车制造工艺中占有很大的比例，它直接影响着汽车的产品质量、生产效率和生产成本。

截至 2010 年底，我国汽车销量已经跃居世界首位，汽车工业已经成为国民经济的重要支柱产业之一。汽车产业规模和制造技术的快速发展，推动和促进了包括冲压工艺技术在内的制造技术的提高和发展。首先，加快了冲压材料的快速发展，深拉深钢、汽车大梁用钢、低合金高强度钢、型钢、轻量化超高强度钢等钢种在质量、品种等方面得到了明显的进步。其次，促进了冲压设备——大吨位压力机、双动压力机、多工位压力机、活动台面压力机以及智能化冲压自动线的发展。第三，促进了冲压工艺的发展，双动拉深和精密冲裁技术等得到了广泛应用。在模具方面，汽车工业的发展，促进了实型铸造、刃口堆焊和 CAD/CAM 技术的应用和发展。模具加工技术的需要也加快了多种联动的高精度数控机床、模具表面高能束强化装备和技术水平的提升。总之，快速发展的汽车工业已经成为了推动冲压技术发展的强大动力。

8.1.2　冲压材料

汽车冲压件大都是形状复杂、尺寸和形状精度要求高的部件，而且其冲压加工都是在常温状态下完成，因此冲压用材料必须具有良好的塑性和形状保持性。

1. 汽车冲压用钢板的性能要求

汽车冲压用钢板由于涉及汽车的制造工艺性能、力学性能、安全性能及观感等多个方面，因此应具有较高的性能要求。

（1）较高的强度和刚度指标。汽车冲压件形状复杂，一般均需承受一定的动、静载荷，所以，要求汽车冲压用钢板具有较高的强度和刚度。

（2）严格的几何尺寸精度。冲压钢板需要严格控制的是厚度尺寸精度，厚度尺寸的变动直接影响钢板的冲压性能和零件形状的稳定性。

（3）优良的工艺性能。工艺性能主要体现在汽车冲压成形过程中的深冲性能上，它是保证冲压件特别是车身覆盖件能否顺利成形的基础，也是制约零件冲压成败的一个因素。

（4）良好的表面外观质量。特别是轿车的外部覆盖件，应为无缺陷的钢板或允许表面有不影响其深冲性、涂装性和外观质量的表面缺陷，也不允许零件成形后的表面出现滑移线、划伤等。

除此之外，汽车冷冲压用钢板还应具有良好的焊接性能，这是因为众多的冲压件经焊接才能组成各种汽车部件。良好的涂装性能也是获得美观的车身外观质量和提高其耐蚀性能的重要基础和条件。

2. 汽车冲压钢板分类

汽车冲压工艺包括深拉深、胀形、弯曲、翻边等，而冲压件又有强度结构件和刚性结构件之分，这就要求钢板应具有不同的冲压工艺性能和不同的强度级别。因此，汽车冲压用钢板的品种很多，具有不同的分类方法。

按轧制方法分，汽车冷冲压用钢板可分为冷轧钢板和热轧钢板。

按冲压级别分,则可分为普通冲压级、深冲级和超深冲级。热轧钢板可分为深拉深级(S)、普通拉深级(P)和冷弯成形级(W);冷轧钢板可分为超深冲拉深级(IF)、最复杂拉深级(ZF)、很复杂拉深级(HF)、复杂拉深级(Z)、深拉深级(S)和普通拉深级(P)。

按强度级别分,可分为普通强度、高强度和超高强度钢板。

汽车冲压用钢板全系列构成如图 8.2 所示。从图中可以看出,对于深冲级和超深冲级钢板,多用超低碳 IF 钢板或以 IF 钢(Interstital Free Steel)为基板的表面镀层钢板。所谓超低碳 IF 钢,即在超低碳钢(C≤0.005%,N≤0.004%)中,加入足够量的强碳、氮化合物形成元素钛和铌,使钢中的碳、氮原子完全被固定成碳、氮化合物,以无间隙固溶原子形式存在于钢中,这种钢称为超低碳无间隙原子钢,简称超低碳 IF 钢。若需要提高钢板的强度,则加磷强化。因此,可以认为,IF 钢和含磷钢均为基础钢种。这是由于汽车冷冲压用钢板,一是向深冲性和超深冲性方向发展,以满足汽车车身高质量、流线型(风阻系数小)、冲压工艺简化和提高生产效率(零件合并和提高冲压速度)的要求;二是向高强度方向发展,以减轻汽车自重,节约能源。另外,为提高汽车的耐腐性,大量应用镀层钢板生产车身件也是一种新的趋势。同时,采用激光焊接技术,将不同强度级别和不同厚度以及镀层与非镀层钢板拼焊在一起,用于汽车冲压件的生产,更能充分发挥钢板的各种潜力。

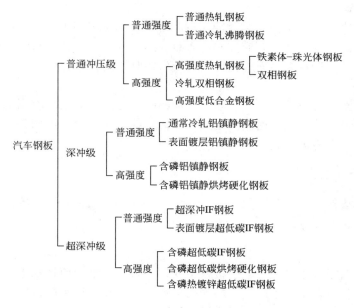

图 8.2 汽车钢板分类

3. 冲压材料的成形性能

成形性能是指钢板在一定条件下,能够成形出具有所需要的合格零件的能力。在汽车上较为复杂的冲压工艺是薄板成形工艺,冲压材料的成形性能直接关系到成形质量和工艺的可实现性。

一般来说,薄板冲压成形过程分为拉深和胀形。拉深是指模具给板料边缘部分所施加的压紧力,仅仅是为了防止零件不产生翘曲,板料可向凹模内自由流动,变形只发生在板料的边缘部分。胀形是指冲压过程中通过上、下模具上的加强筋将板料压紧,使板料不能自由地向冲头部位流动,变形只发生在冲头的周围。在冲压成形过程中,这两种变形方式既独立存在又能复合在一起,而形成具体的成形工艺。根据冲压件的外形特征、应变大小和特点,将冲压成形工艺划分为深拉深、胀形-深拉、浅拉深、弯曲和翻边成形五大类。

1) 深拉深成形

深拉深成形可制成筒形、阶梯形、锥形、方盒形和其他不规则形状的薄壁件。其中,典型的零件有汽车发动机的油底壳和车身的里门板等。当拉深的变形抗力超过筒壁或变薄严重的凸模圆角附近处钢板的抗拉强度时,拉深件将破裂。

2) 胀形-深拉成形

胀形是指板坯的局部胀形,如零件的局部突起、凹坑、加强筋等,很多企业生产的汽车发动机带轮就是采用胀形工艺由板料成形的。胀形-深拉成形时,钢板处于双向拉伸和拉-压双重应力状态。

3) 浅拉深成形

浅拉深是指零件的应变量小于10%或拉深深度小于10mm的冲压件。当钢板有屈服伸长时,零件容易产生滑移线或因应变量小引起零件刚性不足,容易产生凹坑。

4) 弯曲成形

弯曲成形工艺应用广泛,大多数冲压件均需弯曲成形,用以增加零件刚性、连接等,它是汽车冲压件最常见的冲压成形方式。弯曲成形有两种:一种为直线弯曲,另一种为曲线弯曲。弯曲成形的特点为平面应变,但曲线弯曲时,还存在拉伸和压缩应变。

5) 翻边成形

在毛坯的平面或曲面部分,使毛坯沿一定的曲线翻成竖立边缘的工艺称为翻边。翻边工艺经常用以加强零件刚性、连接其他件或焊接装配,它可分为内凹翻边和外凸翻边。翻边成形时在翻口边缘易被拉裂。

8.1.3 汽车冲压工艺方法

冲压工艺方法的种类很多,汽车冲压工艺中常用的工艺方法主要有开卷与校平、冲裁、弯曲、拉深、胀形等。

1. 开卷和校平

开卷与校平属于汽车冲压工艺前板料预处理工艺,通常与剪切和下料工序一起在生产线上完成。其工艺内容是将钢厂供应的卷筒板料进行开卷,整平后按照冲压工艺要求剪断成一定尺寸规格的料坯。

开卷与校平工序处于冲压工艺流程的首位,通过该工序可将冲压坯料达到预期要求的平整度和尺寸,且不对板料造成任何损伤。

2. 冲裁

冲裁是利用冲裁模使板料产生分离的一种冲压工艺,主要包括落料、冲孔、切口、修边、剖切、切断等多种具体工序内容。在冲裁过程中,板料在模具的作用下被分成两部分,可以直接冲出成品零件,也可以为其他工序制备毛坯。从板料上冲下所需外形的零件或毛坯的冲裁工序称为落料,在工件或板料上冲出所需形状的孔的冲裁工序则称为冲孔。

1) 冲裁件的质量与性能要求

（1）冲裁模的制造精度。冲裁模的制造精度对冲裁件的尺寸精度有直接的影响，冲裁模精度越高，冲裁件的精度越高。

（2）工件材料的力学性能。冲裁过程中材料发生一定的弹性变形，冲裁结束会发生回弹现象，从而使工件尺寸与凹模尺寸不相符。若是冲孔的尺寸与凸模不符，则影响了工件尺寸精度。材料越软，弹性变形量越小，回弹也越小，冲裁件的尺寸精度越高。反之，冲裁件尺寸精度越低。

（3）工件的相对厚度（材料厚度与冲裁件直径之比）。工件相对厚度对冲裁件尺寸精度也有影响。相对厚度越大，弹性变形量越小，冲裁件的尺寸精度越高。

（4）冲裁间隙。凸、凹模之间的间隙对冲裁件的精度影响很大。落料时，如间隙过大，材料除受剪切力外还伴随着拉深弹性变形，冲裁后工件的变形也就越大，同时也影响模具寿命；如果间隙过小，材料除剪切变形外，还会产生压缩弹性变形，由于回弹，工件变形也就越大，冲裁间隙过小还会增大冲裁力。因此，间隙过大或过小时均会使冲裁件尺寸偏差增大。

（5）冲裁件的尺寸形状。冲裁件尺寸越小，形状越简单，其制件尺寸精度越高。

2) 影响冲裁件断面质量的因素

如果冲模间隙选取合理，冲裁时板料在上、下刃口处所产生的裂纹就能重合，冲下的工件虽有一定锥度但比较光滑。

3) 影响冲裁件毛刺的因素

凸模或凹模磨损后变钝，其刃口处形成圆角且凸凹模间的间隙变大，冲裁时工件的边缘就会出现毛刺，从而影响工件的质量。

4) 冲模间隙的确定

冲模间隙直接决定了冲裁的质量、冲模的寿命及冲裁力的大小，所以合理确定冲模间隙是保证冲压工艺达到预期要求的关键因素之一。

在确定冲裁模间隙时，当冲裁件断面质量要求不高时，在合理的间隙范围内，应该尽可能地选择较大的冲模间隙，这样有利于提高模具的使用寿命，减小冲裁力、推料力和卸料力。当冲裁件断面质量要求较高时，相对就要选择较小的冲裁间隙，这样尽管对冲模的使用寿命有一定的影响，但可以得到较好的冲裁质量。

3. 弯曲

弯曲是利用设备或专用工具使金属板料、管料、棒料或型材在模具中弯成一定曲率、一定角度和形状的变形工艺，如图8.3所示。弯曲工艺在冲压生产中占有很大的比例，应用于汽车纵梁、车厢等零件的成形过程。弯曲成形既可以利用模具在压力机上进行，也可以在其他专用设备，如折边机、弯管机、滚弯机上进行。

1) 弯曲工艺的常见质量问题

（1）弯曲回弹。当弯曲变形结束时，工件从模具中取出以后，由于弹性回复，外层将发生收缩，

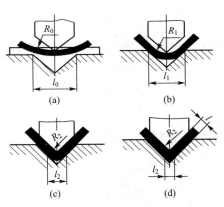

图 8.3 弯曲变形工艺过程

内层发生伸长,使工件的弯曲角和弯曲半径发生改变,导致所得工件与模具的形状尺寸不一致的现象称为弯曲件的回弹。弯曲件的回弹超过一定的限度,就会造成零件的报废,所以必须加以控制。

影响弯曲回弹的因素包括材料的力学性能、变形程度、弯曲角、弯曲方式、工件形状、模具间隙及弯曲线长度等,一般可以在工件结构设计、弯曲工艺及模具设计等方面采取措施,将回弹量控制在一个适当的范围之内。

(2) 弯曲偏移。在弯曲过程中,坯料沿凹模圆角滑动时坯料各边所受的摩擦力不等,在实际弯曲时可能使制件向左或向右偏移(不对称制件尤其显著),从而会造成制件边长不合要求的现象称为弯曲偏移,如图8.4所示。

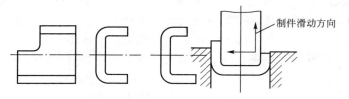

图8.4 弯曲偏移

防止弯曲偏移的方法一般有两种,一种是采用压料装置,弯曲时工件被压在凸模与压料装置之间,并随凸模下行而成形,这样不仅防止偏移而且还保证了制件的质量。另一种是利用制件上的孔(或工艺孔)在模具上设置定位销,弯曲时定位销插入孔内使工件无法移动。

2) 弯曲件的结构工艺性

具有良好工艺性的弯曲件,不仅能够使弯曲工艺过程得以顺利完成,还能简化弯曲工艺过程及提高弯曲件的精度和降低生产成本。弯曲件结构工艺性要求如下。

(1) 弯曲件的形状应对称。弯曲半径左右应一致,如图8.5(a)所示。否则,由于摩擦力不均匀,板料在弯曲过程中会产生滑动,如图8.5(b)、图8.5(c)所示。为了防止板料的偏移,设计模具时应有可靠的定位措施。

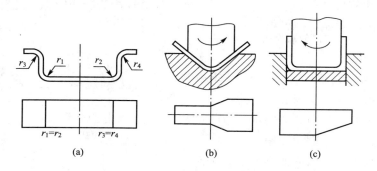

图8.5 弯曲件形状及其偏移现象

(2) 弯曲件的圆角半径应大于板料许可的最小弯曲半径。弯曲半径过小,板料容易被弯裂。当必须弯曲成很小圆角时,可增加工序或中间辅以退火工序。弯曲件的圆角半径也不宜过大,因为过大时,回弹值增大,弯曲件的精度不易保证。

(3) 弯曲件的直边高度不宜过小,其值应为 $h > 2t$ (t 为板料厚度),如图8.6所示。当

h 较小时，弯边在模具上支持的长度过小，不容易形成足够的弯矩，很难得到准确的形状。此时，可以预先压槽（图 8.6）或加高直边，弯曲后再切掉。

（4）弯曲带应避开孔位。在弯曲带孔工件时，如果孔的位置处于弯曲变形区，则孔要发生变形。为避免这种情况，必须使孔避开变形区。

（5）设置工艺槽。在局部弯曲某一段边缘时，为避免角部形成裂纹，可预先切出工艺槽，如图 8.7（a）所示，槽深 k 应大于弯曲半径 r。也可将弯曲线移动一定距离，以离开尺寸突变处，如图 8.7（b）所示，或在弯曲前冲制工艺孔，如图 8.8（a）所示。

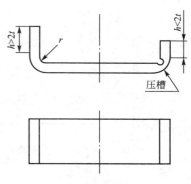

图 8.6　弯曲件直边高度

（6）边缘部分有缺口弯曲件的结构设计。弯曲时必须在缺口处留工艺料，将缺口连住，待弯曲成形后再将工艺料切除，如图 8.8（b）所示，若在毛坯上先冲缺口再弯曲，会出现叉口甚至无法成形。

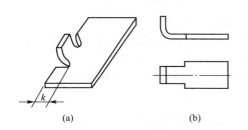

图 8.7　增加工艺槽及转移弯曲线

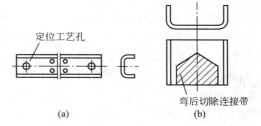

图 8.8　冲工艺孔和切除连接带

4．拉深工艺

拉深（又称拉延）是利用拉深模，将冲裁或剪裁后所得到的平板坯料制成开口空心件的一种冲压方法。拉深是冲压生产中应用最广泛的工序之一，汽车车身覆盖件的主要生产工艺就是拉深。

拉深过程如图 8.9 所示，拉深模的主要零件有凸模、凹模和压边圈。在凸模的作用下，原始直径为 D 的坯料在凹模端面和压边圈之间的缝隙中变形，并被拉进凸模与凹模之间的间隙里形成空心零件。零件高度为 h 的直壁部分是由毛坯的环形部分（外径为 D，内径为 d）转化而成的。所以，拉深时毛坯的环形部分是变形区，而底部通常认为是不参与变形的不变形区。压边圈的作用主要是防止拉深过程中毛坯凸缘部分失稳起皱。拉深时的凸模与凹模和冲裁时不同，它们的工作部分都没有锋利的刃口，而是做成一定的圆角半径，图 8.9 中的 R_d、R_p 及凸、凹模之间的间隙略大于板料厚度。

用拉深工艺可以制造出形状复杂的筒形、阶梯形、锥形、球形、盒形和其他不规则形状的薄壁零件。如果与其他冲压成形工艺配合，还可以制造形状极为复杂的零件。拉深件的可加工尺寸范围相当大，从几毫米的小零件到轮廓尺寸达 2～3m 的大型零件都可用拉深方法制成。因此，拉深工艺在机械、汽车等行业中得到了广泛的应用，在汽车上典型的拉深件包括车身覆盖件和油底壳等。

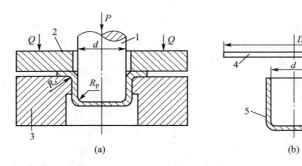

图 8.9 拉深过程示意图
(a) 拉深模结构；(b) 坯料与制件
1—凸模；2—压边圈；3—凹模；4—平板坯料；5—拉深件

1) 拉深工艺的常见质量问题

拉深过程中的起皱、材料厚度变化及材料硬化等现象均易导致工件破裂，是拉深工作不能顺利进行的主要原因，还会致使产品报废，因此必须特别加以关注。

（1）起皱。拉深时凸缘部分受切向压力的作用，如果材料较薄，凸缘部分刚度不够，当切向压力足够大时，凸缘部分材料便会产生受压失稳，在凸缘的整个周围产生波浪形的连续弯曲，这称为起皱，如图 8.10 所示。

起皱时，工件口部材料翘曲成波浪形，从而影响材料的流动。起皱是拉深中产生废品的主要原因之一。防止起皱的主要措施如下。

① 采用压边圈。采用压边圈将坯料压住，坯料被约束在压边圈与凹模平面之间，限制了坯料在厚度方向的自由起伏，提高了坯料在拉深过程中的稳定性，从而可以避免起皱现象的发生。

② 选择合适的变形程度。塑性好的材料其变形程度可大一些；高度大的圆筒件应采用多次拉深，以减少因凸缘部分的变形程度过大而产生起皱和破裂的风险。

③ 采用拉深筋。在汽车覆盖件等一些复杂曲面件的拉深模上增加拉深筋，以适当控制材料的流动，使其径向应力增大，减小切向压应力，以防起皱。采用拉深筋的模具结构如图 8.11 所示。

图 8.10 拉深件起皱

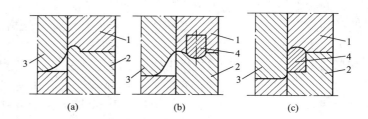

图 8.11 拉深模上拉深筋模具结构
1—压边圈；2—凹模；3—凸模；4—拉深筋

④ 采用反拉深。采用反拉深工艺可增加材料的弯曲和摩擦，从而增大径向拉应力，减少切向压应力，预防起皱。反拉深模具结构如图 8.12 所示。

（2）板料厚度的变化。在拉深过程中，拉深壁厚会随着拉深过程发生变化。筒形件拉深过程中，壁厚沿高度方向的变化情况如图8.13所示。由图中可以看出，拉深件的上部变厚，越靠近口部变厚量越大，拉深件的下部则出现变薄，在凸模圆角附近变薄最为严重，使该处成为危险断面而很容易被拉破。

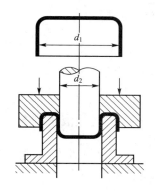

图 8.12　反拉深模具结构

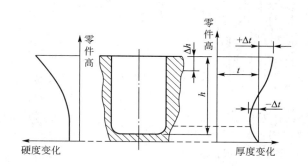

图 8.13　常温下拉深过程中沿高度方向厚度和硬度的变化

拉深件壁厚的均匀性与拉深变形的变形程度有关。变形程度越大，壁厚越不均匀。

（3）拉深时的硬化现象。由于拉深时将产生很大程度的塑性变形，常温下毛坯经过拉深过程将引起加工硬化，强度和硬度显著提高，塑性降低。硬化将导致继续拉深困难。硬度沿拉深件高度的变化情况如图8.13所示。

克服拉深过程中出现硬化现象的主要措施：对于需多次拉深成形的拉深件，采用中间退火工序，以消除拉深过程中产生的加工硬化。

2）拉深件的结构工艺性

为了保证拉深件的工艺质量，提高劳动生产率，降低成本，拉深件的结构工艺性应着重考虑以下几个方面。

（1）拉深件的形状应尽量简单对称。对称件的拉深变形是均匀的，拉深工艺性最好。

（2）拉深件凸缘的外轮廓最好与拉深部分的轮廓形状相似。如果凸缘的宽度不一致，如图8.14（a）所示形状拉深比较困难，这就需要增加工序并适当放宽修边余量。

（3）拉深件的圆角半径要合适。如图8.14（b）所示，一般取 $r_1 \geqslant (2\sim3)t$，$r_2 \geqslant (3\sim4)t$。如果最后一道工序是整形，则拉深件的圆角半径可取 $r_1 \geqslant (0.1\sim0.3)t$，$r_2 \geqslant (0.1\sim0.3)t$。

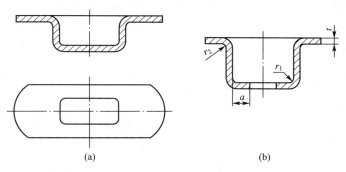

图 8.14　拉深件的结构工艺性

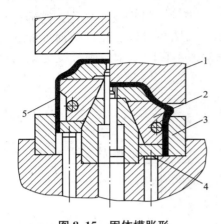

图 8.15 固体模胀形
1—上凹模；2—分块凹模；3—下凹模；4—锥形块；5—坯料

(4) 拉深件底部孔的大小要合适。在拉深件的底部冲孔时，其孔边到侧壁的距离应不小于该处圆角半径加上板料厚度的一半，如图 8.14(b)所示，$a \geqslant r_1 + 0.5t$。

(5) 拉深件的精度要求不宜过高。拉深件的精度包括拉深件内形或外形的直径和高度尺寸公差等，其要求一般不高于 IT11 级。

5. 其他冲压工艺

1) 胀形工艺

利用模具使空心坯料在直径方向上局部扩张的成形工艺称为胀形。胀形可以在压力机或液压机上进行，也可以采用其他的专用胀形装置来完成。

胀形的方法有固体模胀形（图 8.15）、软模胀形（图 8.16）和液压胀形（图 8.17）等。

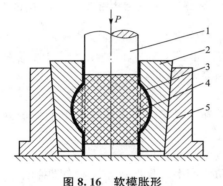

图 8.16 软模胀形
1—凸模；2—凹模；3—制件；4—聚氨酯橡胶；5—外套

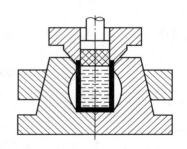

图 8.17 液压胀形

在很多企业，汽车发动机上的带轮采用液压胀形制造而成。

2) 缩口工艺

通过模具使筒形或管形件口部直径缩小的加工工艺称为缩口。如图 8.18 所示，采用锥形面凹模对筒形件口部进行缩口成形。缩口时，缩口端的材料在锥形凹模的压力作用下向凹模内滑动，直径减小，壁厚和高度增加。

3) 翻边工艺

翻边是在预先冲制好孔的制件上（有时也不预冲孔）依靠材料的伸长，利用模具沿孔周边翻成竖直边缘的冲压工序，图 8.19 所示为圆孔的翻边工艺示意图。翻边工艺经常在需要有法兰的结构件加工过程中采用。

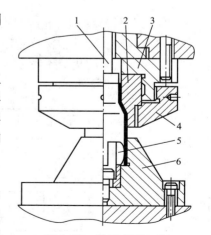

图 8.18 缩口成形工艺
1—推杆；2—凹模；3—凹模固定板；4—紧固套；5—弹性夹套；6—支座

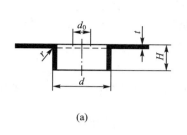 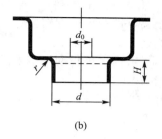 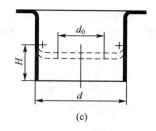

图 8.19 圆孔的翻边工艺
(a) 平板件的翻边；(b)、(c) 拉深件的翻边

8.1.4 汽车覆盖件冲压工艺

汽车覆盖件成形一般由落料(或剪切)、拉深、修边、翻边、整形、冲孔、弯曲、胀形、切口等工序按需要排列组合而成，典型结构的覆盖件一般需要4~6道工序。例如，汽车前地板一般由四道冲压成形工序完成，即拉深→切边与冲孔→冲孔与翻边→冲孔工序。

汽车覆盖件冲压工艺设计通常需要经历设计准备、方案论证与工艺设计、工艺验证等过程。

1. 设计准备

1) 原始资料准备

工艺设计前除需准备常规设计的有关手册，如《冲模设计手册》、《机械制造工艺手册》和技术标准外，还需要查阅的资料及实物如下。

(1) 覆盖件图、主模型或者实物。
(2) 生产批量和交货期。
(3) 生产线有关设备型号、参数和附属装置情况。
(4) 收集、整理的类似覆盖件的成形性能和生产情况。
(5) 原材料的性能、规格及纤维方向等。

2) 覆盖件图和模型或实物的分析

首先，应该了解该覆盖件的作用、强度、表面质量要求及其与相关零件的装配关系等。其次，应分析以下问题。

(1) 覆盖件的工艺性。覆盖件有无成形困难的局部形状(急剧变化、负角面等)。在许可的情况下，尽量满足设计要求，但当成形有困难或不能保证稳定批量生产时，应该与设计部门协商进行修改(从材料的许用变形程度、设备、模具制造及操作等方面考虑)。

(2) 覆盖件工艺质量要点。作为外覆盖件，要求外表面连续，并与相邻表面均匀过渡，如果外表面存在不连续状，表面质量将恶化，经喷涂装饰后尤其明显。作为内覆盖件，一般对表面状况要求不高，但对尺寸精度要求较高，在焊接面上不应有皱折、回弹等。

(3) 局部细节(如孔、孔距、凸凹、凸缘、加强筋等)的精度。修边、压弯、成形的边缘圆角半径是否适当，压弯成形角部分是否多料。

（4）料厚公差应在保证该覆盖件的精度范围内。

（5）有无关于飞边高度及飞边方向的要求。

（6）是否需要考虑材料的纤维方向，板材利用率如何。

（7）可否成对成形。

通过以上分析研究，初步确定覆盖件图及其公差，但在后来的模具设计、模具制造和调试阶段仍有可能改变覆盖件的形状。

2．工艺设计

覆盖件冲压工艺设计内容主要包括以下几个方面。

（1）研究冲压成形性能及加工方法、加工性能。

（2）初步确定模具结构及影响强度、寿命的尺寸。

（3）根据覆盖件的大小计算冲压力，决定各工序所使用的设备。

（4）经济分析，以降低经济成本、提高效率为目的。

冲压工艺设计应遵循的基本原则如下。

（1）外覆盖件的同一表面应尽可能一次成形，如果分两次成形，在交接处会残存不连续的面，这样表面喷涂装饰后外观效果不良。内覆盖件同相邻零件的配合形状尤为重要。

（2）覆盖件上的焊接表面不允许存在皱折、回弹等成形质量问题。对不规则的形状只能考虑用拉深成形制出焊接面，当采用弯曲工序制作焊接面时，应该选择没有变薄的冲压方向为弯曲方向。

（3）覆盖件在主成形工序之后，一般为修边、翻边等工序，在进行主成形工序的坯料形状尺寸和成形工艺设计时，应充分考虑为后续工序提供良好的工艺条件，包括变形条件、模具结构、零件定位及送料和取件等。

（4）覆盖件上的孔一般应在零件成形之后冲出，以防先冲制的孔在成形过程中发生变形。如果孔位于不变形或变形极小的部位时，也可在零件成形前冲出。

（5）要尽量避免制件在工序之间的回转和反转。对制件刚度差或往下道工序传送有困难的工序应放在最后，并设法使每道工序装料、卸件的作业时间均等。

8.1.5　冲压模具和冲压设备

1．冲压模具

冲压模具取决于冲压工艺，对于同一个冲压件，通常可以采用不同的冲压工艺；不同的冲压工艺所对应的模具种类、结构和数量均会各不相同。

冲压模具分为拉深模、弯曲模和冲裁模三类。在模具构造、工序类别和压力机形式等方面，上述三类模具还可以细分，如拉深模可细分为首次拉深模、二次拉深模、三次拉深模，冲裁模可细分为坯料落料模、外形落料模、落料冲孔模、冲孔模、复合冲模，弯曲模可细分为弯曲模、二次弯曲模、复合弯曲模及连续冲模等。

模具构造随零件形状、工艺、模具种类、自动化程度等因素而异，从图8.20所示车门外护板冲压模的断面结构简图中，可以清楚地看出冲压模具结构上的差异。

2．冲压设备

生产规模不同，所用的冲压设备也不一样。一般来说，冲压车间的规模越大、效率越

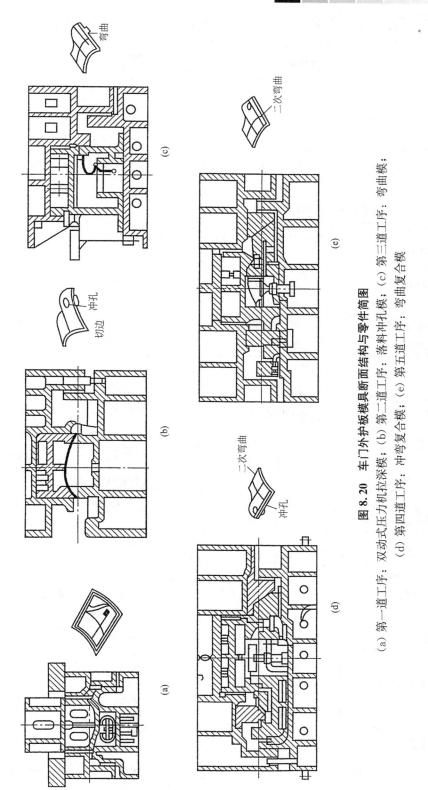

图 8.20 车门外护板模具断面结构与零件简图

(a) 第一道工序：双动式压力机拉深模；(b) 第二道工序：落料冲孔模；(c) 第三道工序：弯曲模；
(d) 第四道工序：冲弯复合模；(e) 第五道工序：弯曲复合模

高，所要求的冲压设备规模越大、自动化程度也就越高。表 8-1 列举了月产 4 万～5 万辆轿车的冲压车间所用设备的情况。

表 8-1　轿车生产冲压车间设备

用途	分类	台数	备注
坯料剪切冲压前处理	落料生产线 剪切生产线 龙门剪切机 多圆剪切机 钢板平整机 钢板清洗机 钢板翻转机	4 3 6 1 2 1 2	包括梯形落料生产线
冲压加工（拉深、冲孔、弯曲等）	大型压力机（吨位：4000～15000kN） 中型压力机（吨位：3000～5000kN） 小型压力机（吨位：500～2500kN） 连续自动压力机 高速自动压力机	80(13) 62(9) 33 2 2	1. 一般由 3～6 台压力机组成生产线 2. "台数"列括号中为双动压力机
模具修理用	模具修理用压力机	2	油压驱动
废料处理	打包机	6	油压驱动

1) 落料剪切生产线

汽车车身冲压件所用钢板大部分都是以卷料进厂，在冲压成形前应在剪切线上剪成所需要的尺寸与形状。卷料剪切线可以按剪切机类型和卷料输送方式区分，其情况见表 8-2。

表 8-2　卷料剪切线分类

按剪床分类	按卷料输送方式分类	按剪床分类	按卷料输送方式分类
高速剪床生产线	定量滚动送料	移动式梯形落料生产线	辊道送料
剪床生产线	长度定程送料	圆盘剪床生产线	凸轮送料
落料压力机生产线	夹持送料		

2) 压力机

拉深、冲弧、弯曲等板料冲压加工是将冲模装在压力机上，高速、大量生产出高质量的零件。压力机可按动力种类、传动机构、床身结构、滑块运动方式分类，具体分类见表 8-3。

表 8-3　压力机分类

动力种类	传动机构	床身结构	滑块运动方式
机械压力机	曲柄压力机 无曲柄压力机 弯板机 特种压力机	C 形(开式) 单柱式 双柱式 拱式 四柱式	单动式 双动式 三动式
油压机	油压机		

（1）C 形可倾式单动压力机。这类压力机便于安装模具，加工后的冲压件可从后面输出，容易组成连续生产线。压力机吨位可从几十千牛（小型）到 1500kN 左右（中型），可用

于大件主要冲压线的辅助设备。由于床身采用 C 形结构，施载时容易变形，造成开口现象，不利于生产高精度的冲压件。

（2）双柱式压力机。双柱式压力机的床面和滑块行程很大，一般为 1000kN 以上弧度大、刚度高的大型、中型压力机，适于加工较高精度的冲压件。

（3）无曲柄压力机。由于结构上的原因，如果要求曲柄压力机同时具有大的冲程和高的压力，则曲柄的尺寸过大，不适合汽车覆盖件的冲压，因此多使用无曲柄压力机。这种压力机的主要驱动部件装在横梁内，由和偏心杆连在一起的主齿轮将动力传至滑块。

（4）双动压力机。浅拉冲压件或几乎无精度要求的拉深件，大都采用缓冲装置来压边。而深拉冲压件或高精度的拉深件，则在双动压力机上成形。当压料圈压住板料后，装在内滑块上的冲模开始拉深。压料圈的负荷虽随滑块的负荷而变化，但可从液压压料装置中得到补偿，以使压边力在冲压成形过程中保持一致。

（5）四柱式油压机。四柱式床身结构主要用在油压机上，由上横梁、工作台和四根立柱装配而成，主柱也是滑块的导轨。

3）冲压自动化

冲压技术的进步，促进冲压加工自动化程度不断提高。

（1）半自动冲压生产线。半自动冲压生产线是指除二次加工件需人工搬运外，生产线上的其他装置与设备（装料器、卸料器）都实现了自动化，如图 8.21 和图 8.22 所示。

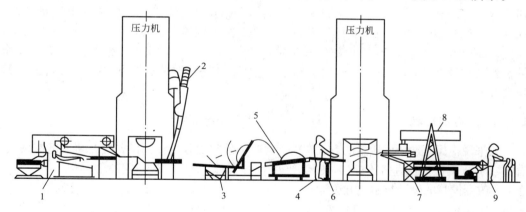

图 8.21　半自动冲压生产线

1—板料送料器；2—摆臂；3—翻转器；4—压力机的送料与操作；5、7—带式输送机；
6—滑板；8—平直卸料器；9—将工件送至下道工序

（2）连续自动压力机。压力机上装有连续自动送料机械手，将工件依次送至下一工位，因而可在一台连续自动压力机上进行多工序高速生产，是一种生产率高、自动化程度高、生产费用低的冲压设备。缺点是由于落料工位和各成形工位都排列在同一台压力机上，无法避免偏心载荷，因此必须充分分析工艺设计要求，慎重确定压力机的规格。自动压力机加工的主要冲压件有：油底壳、油箱、悬架臂、后桥壳、操纵杆保护板、保险杠零件、车门零件等。产量越高，加工工位越多，越能显示出连续自动加工的优势。

（3）全自动冲压生产线。全自动冲压生产线由 4～6 台压力机和工件搬运装置组成，可生产地板、顶盖、发动机罩、保险杠、车门等大型板件。

4）附属设备

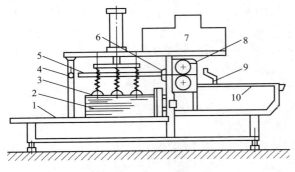

图 8.22 板料送料器

1—支座；2—板料；3—真空吸盘；4—后推进器；
5—电磁托架；6—检测器；7—驱动装置；
8—涂油辊；9—前推进器；10—料架

(1) 可动式模座。由于压力机的生产效率高，其运行时间的 15%～30% 消耗在模具更换上。因此采用既能缩短模具更换时间，又能促进安全生产的快速换模方式。每台压力机备有两个可动式模座，在未使用的空模座上装好下次生产用的模具。生产一结束，就把下阶段使用的带有模具的模座换装好。这样，一条生产线只需停顿 2～5min 就又能开始大量生产。

(2) 废料处理装置。冲压车间的材料利用率为 60%～65%，其余为废料，应预处理。由模具冲出的废料经废料槽落入设在冲压生产线地下室的分支废料输送带上，再集中到主输送带，最后汇集到车间的某一部位，在废料压力机上把废料压成每边长 200mm 或 400mm 的立方体。

(3) 压力机安全装置。安全装置的作用在于保证操作工人的安全和防止机床、模具损坏。安全装置除能提高机床的可靠性外，还装有防止滑块连冲的装置(即使按住滑块起动按钮不放，压力机也只能动作一个冲程)、防止误按起动按钮的踏板护罩和电钮护罩、各种联锁机构和报警装置、防止非操作者发生人身事故的安全栅栏等。此外，也可将安全栅栏与安全部件相结合，当出现不安全情况时，切断主电动机电源或操作回路以确保安全，还可设置滑块紧急停车装置。在这些安全措施中，可以两种或三种同时并用，以提高操作的安全性。

8.1.6 冲压件的检验

一般来说，保证冲压件质量的方法有精度检验和外观检验两种。根据检查结果迅速采取相应措施，如冲压零件的手工修整、模具的修补、改变模具的设计与制造方法等。

精度检验一般在检验夹具(图 8.23)上进行，测定的主要项目有：外形尺寸、表面位置、孔的位置、压肩位置、拉深线位置、各主要断面等，还应检查零件的尺寸重复精度。

外观检验是一种靠手摸、目视的感觉检验，用以发现歪扭、拉长、冲撞线、粘着、折皱、裂纹、滑移线错动、压痕与麻点、弯曲错边、飞边等缺陷。近年来随着测量技术的进步，各类自动测量装置可先将零件各部位设计尺寸的数据储存，然后以传感器读出零件各部位实际尺寸，并计算差异。

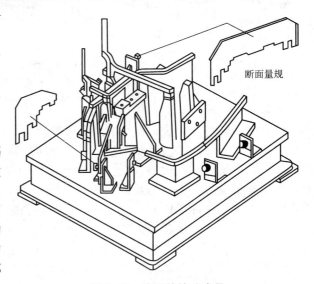

图 8.23 冲压件检验夹具

8.2 汽车焊装工艺

车身是汽车重要组成部分，尤其针对承载式车身应具有承力、保护、美观三项基本功能。这些功能是否能得到最大限度的实现，在很大程度上取决于车身焊接质量。轿车车身是各类汽车车身中结构最复杂、焊点和采用的焊接方式最多、对焊接质量要求最高的，是汽车焊装工艺中的典型代表。

8.2.1 汽车焊装工艺特点

轿车车身是由数以千计薄板冲压成形的板壳构件，通过焊接工艺方法组合在一起的形体复杂的高强度空间板壳结构，其焊装工艺过程十分复杂。

为了便于焊接成形，且获得准确的车身外形尺寸和优良的外观质量，常将由薄板冲压成形的片状冲压件焊装成具有一定强度或功能的分总成，再将分总成焊装成大总成，将大总成焊装在一起组成车身的六大片（车身底板总成、顶盖总成、左/右侧围总成、前围总成、后隔板总成），然后将六大片合焊在一起构成车身焊接总成，装上车门、发动机罩、翼子板、行李箱盖便构成了整体焊接白车身，其焊装流程如图8.24所示。

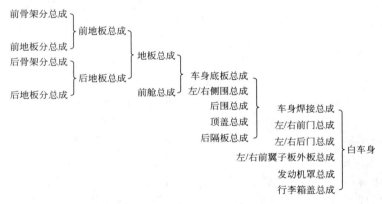

图8.24 车身的焊装流程

轿车车身的所有组成部件都由薄板冲压而成，其中90%以上的冲压件所用的薄板厚度只有0.6～0.8mm，承力最大的冲压结构件所用钢板的厚度也小于3mm。由于车身冲压件的面厚比很大，因此刚度非常小，极易变形，要想将多片极易变形的冲压件组焊成高精度（形状公差和尺寸公差均小）的车身分总成，在组焊的全过程必须保持每一个冲压件的形状不变，且各冲压件的相对位置精度要求很高。因此，车身焊装车间采用了大量与之相适应的焊装夹具。为了提高生产效率，满足生产节拍的要求，汽车车身焊装生产均将满足车身各总成部件及车身合装的焊装夹具，按照一定的要求构成高效的焊装流水线。

轿车车身最重要的特点是，除极少数部件（前翼子板、灯板梁）外，90%以上的车身组件是采用焊接工艺实现车身的组装。因此，车身焊接工艺的内容多而复杂，为了使车身焊装作业能有序高效进行，需合理规划与布局焊装工艺。焊装工艺布局是否合理，有四项重要的评价指标，即车身在焊装线上的流动应顺畅，无效输送和辅助生产时间应尽可能短；

物流配送方便；焊装线两侧有足够的工件摆放空间；便于产能的扩充和信息的导入。

8.2.2 车身焊装工艺方法

车身焊装工艺是指将冲压成形的车身各组件组装成一个完整白车身的全部工艺过程，其内容主要有焊接、滚/折边、涂胶、合装、返修等。由于焊接工艺的比例超过 90%，因此将其统称为焊装。

焊接是通过加热或者加压或者两者并用，添加或不加填充材料，使两分离的工件在其接合表面达到原子间的结合，形成永久性连接的一种工艺方法。常用的焊接工艺有五大类近 20 种不同的焊接工艺方法，如图 8.25 所示。

焊接工艺方法 ｛ 电阻焊：单点焊、多点焊、缝焊
熔化焊：气体焊、电弧焊、TIG/MIG焊(非熔化极/熔化极惰性气体保护焊)
压力焊：摩擦焊、爆炸焊、超声波焊、扩散焊、凸焊
钎　焊：火焰铜钎焊、激光钎焊
特种焊：微弧等离子焊、电子束焊、激光焊

图 8.25　焊接工艺分类

由于电阻点焊、CO_2 气体保护焊、混合气体保护焊、螺柱焊、激光焊等焊接方法具有焊接效率高、焊接质量好、易于实现机械化和自动化等诸多优点，因此在车身焊装工艺中得到了十分广泛的应用。激光焊接具有焊缝平整、焊接变形小、焊缝质量好、能够焊接不同材质的工件、生产效率高等优点，近年来，凡是有密封要求的焊缝几乎全都采用激光焊接。下面介绍车身焊接中常用的几种焊接方法。

1. 点焊

汽车车身是一个典型空间薄壳的点焊结构。根据焊接工艺和车身刚度的需要，一辆轿车车身约有 4000 多个焊点，焊缝长达 40m 以上。点焊非常适用于车身的自动装焊生产，在车身生产中应用最广。

1) 点焊的工作原理

点焊是将车身板件已有的搭接接头夹置于两电极之间，同时压紧、通电，利用电阻热能熔化板材，形成过程是热-机械(力)联合作用的焊接过程。

与熔化方法相比，点焊是在压力作用下通过内部电阻热加热金属而形成焊点，其冶金过程简单，且加热集中，热影响区域小，易于获得品质优良的焊接接头。与铆钉相比，不需要其他金属，结构质量轻，这对高速乘用车十分重要，可以达到轻量化、节省能源的要求。另外，焊接过程中不产生弧光、有害气体及噪声，工人劳动条件好。点焊过程因机械化、自动化程度高，通过点焊机焊接速度达 60 点/分钟，快速点焊机可达 600 点/分钟，可提高生产效率，减轻操作者的劳动强度。适用于自动生产线的要求。

点焊工作原理如图 8.26 所示，点焊过程如图 8.27 所示。

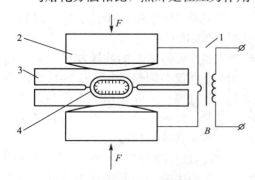

图 8.26　点焊工作原理图
1—变压器；2—电极；
3—板件；4—熔化核心(熔核)

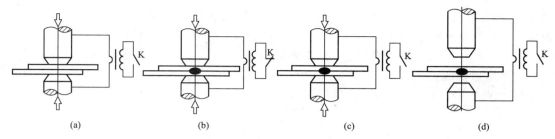

图 8.27 点焊的焊接过程
(a) 预压；(b) 焊接；(c) 锻压；(d) 休止

(1) 预压。点焊时，将待焊接的板件搭接起来，置于上、下电极之间，然后施加一定的电极压力，将板件压紧。预压的目的是使焊接过程中接触紧密，为焊接电流的顺利通过创造条件。如果预压力不足，则会由于接触电阻过大，瞬间产生大量热量，可能导致焊接件被烧穿或将电极的工作表面烧坏。

(2) 焊接。闭合开关 K，接通焊接变压器，变压器次级电流经焊机机臂、电极，流经被焊板件。板件本身的内部电阻是形成焊点的主要热源，产生的电阻热将板件迅速加热。因为与板件接触的电极是由导电、导热性能良好的铜合金（如铬锆铜）制成的，且其内部通有循环的冷却水进行冷却，故与电极直接接触的板件表面散热条件最好，温度不会升高，而板件与板件之间的接触面被加热到熔化温度，并逐渐向四周扩大形成一定大小的熔核。熔核的形成过程是加热和散热相互作用的结果，熔核中心的温度从中心向四周递减，熔核自身被周围的塑性环紧紧包围。但如果控制不好，容易形成飞溅（塑性环被破坏，熔化的金属被挤出塑性环的现象）等缺陷。

(3) 锻压。锻压就是在把焊接电流切断以后，但仍保持足够大的电极压力使电极继续对熔核进行挤压使之变形，形成致密的核心，同时熔核冷却结晶形成焊点的过程。锻压时间的大小与金属种类和板件厚度有关。厚度越大，锻压时间越长。厚度为 1～8mm，锻压时间调节为 0.1～2.5s。锻压时间太短，无锻压作用；锻压时间太长，使熔核冷却速度增大，增加焊点的硬度和脆性，从而影响焊点的力学性能。

(4) 休止。在休止时间内，升起电极，移动板件或电极，准备进行下一个点的焊接。

2) 点焊工艺

(1) 常见的点焊接头形式如图 8.28 所示。接头强度对车身强度影响极大。

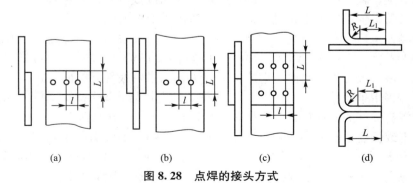

图 8.28 点焊的接头方式
(a) 单剪搭接接头；(b) 双剪搭接接头；(c) 带垫片的对接接头；(d) 弯边搭接接头

(2) 焊点的最小中心距、焊点数目决定点焊板件接头的强度。焊点数目由焊点中心间的距离决定，即单位长度上的焊点数目的多少十分重要，焊点间距小，焊点密，接头强度高。

(3) 焊点直径（也称焊点熔核直径）是影响焊点强度的主要因素。试验证明，焊点直径与焊点强度近似成正比关系。

(4) 焊透率和表面压坑深度。单板焊透率为

$$A = \frac{h}{\delta - c} \times 100\%$$

式中　h——单板上熔核高度（mm）；
　　　δ——单板板厚（mm）；
　　　c——压坑深度（mm）。

按板件的材料、厚度和结构特点决定 A 的取值范围，一般为 20%~80%。试验结果表明，当焊点熔核直径符合要求时，取下限 $A \geq 20\%$ 便可保证焊点强度。A 过大，熔核接近焊件表面，使板件表面金属过热，易造成飞溅，使压坑变深；同时熔化金属量大，结晶后收缩量也大，在熔核内部产生缩孔、裂纹等缺陷，使接头承载能力下降。薄板点焊时，因散热强烈，焊透率应选用较小值（10%~20%），否则易被焊穿。

压坑深度 c 不仅影响接头强度，而且影响覆盖件表面外观质量，这对车身覆盖件的点焊来说特别重要。c 值一般不应超过板厚的 15%~20%。

3) 控制点焊质量的措施

必须采取正确的点焊工艺控制点焊质量，保证达到规定的强度和稳定的焊接质量。汽车车身点焊中的质量问题（如未焊透、飞溅、压痕、缩孔和裂纹等），直接影响汽车的安全性（经可靠焊接的车身具有能够满足国家碰撞法规的刚度，以保证乘客的安全），可靠性和使用寿命，在实际生产中应注意按质检标准抽检。

(1) 焊件表面清理。点焊机工作时因电流大、阻抗小，所以二次电压一般为不大于 10V 的低电压。被焊板件表面的油污及氧化膜等不良导体会增加焊接时的接触电阻，甚至产生局部区域不导电，在电极压力的作用下，电流和热量的分布很容易被破坏，使焊点强度变得不易控制。板件表面氧化物沾污电极，使电极过热，过快消耗了电极材料，缩短了电极寿命，同时影响生产的正常进行，需修锉电极。

焊件表面清理的方法分为机械清理和化学清理两种，机械清理包括喷砂，以及用铜丝刷、砂轮或砂纸抛光等，完工后再用高压空气吹去残留在焊件上的砂粒和灰尘。化学清理的方法包括酸洗、碱洗和钝化等，清理后的板件表面接触电阻稳定性好。板件表面若使用了防锈油而又没有生锈，可以通过电极加压时挤出表面上的油膜，不妨碍点焊。但深拉深覆盖件表面经冲压后存在拉深油，因拉深油黏度较大，承载力大，焊前则必须清理干净。

(2) 板件装配。车身覆盖件装配时，由于板件间曲率不一致引起的间隙过大或板件间位置的错移，造成板件焊后翘曲变形或应力过大。如果两板件间的间隙过大，相当大的一部分电极压力将用于压紧这些间隙，故实际有效的电极压力减小了，增强飞溅的倾向性，熔核尺寸和接头强度的波动加大，焊接区的变形也会增加。由于设计或冲压模具的误差引起翻边不垂直或弧度上的曲率不相符合，造成两制件贴合不好而产生间隙，在装配时间隙过大，如图 8.29 所示。解决的措施是提高板件的冲压精度、装焊夹具的刚度和位置精度。技术要求中规定，一般装配间隙应不大于 0.5~0.8mm。当焊件小且刚度大时，不易压紧，故装配间隙应放大到 0.1~0.2mm。

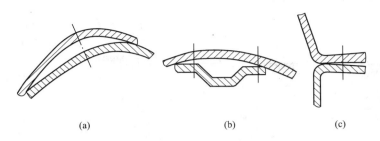

图 8.29 装配间隙
(a) 圆角半径配合不准确;(b) 蒙皮与型材不贴合;(c) 弯曲角度
不垂直且零件有相对转动所致

(3) 点焊分流与焊点间距。点焊时没有经过焊接区,未参加形成焊点的那一部分电流称为分流电流,简称分流。分流使焊接区有效电流密度降低,可能造成焊不透、熔核形状畸变等缺陷。由于分流,穿过焊接区域的电流比例不稳定,使焊点质量也不稳定,故应尽量采取措施,减少分流的影响。影响分流的主要因素有焊点间距、板件材料、表面状态、装配状况、板件的层数和电极压力等。

焊点间距越小,焊点密度自然增多,尽管提高了板件的连接强度,但在能保证连接强度的条件下,焊点间距大一些为好。原因不仅是减少焊点、提高生产率,而且焊点间距越大,电流流经已焊好的焊点的分流电阻也越大,分流减少,有效电流增多,有利于提高焊接质量。

(4) 不同厚度板和多层板的焊接。在车身点焊中,还要解决不同厚度板件的焊接问题。例如,在客车生产中将车身外蒙皮焊在骨架上,一般骨架零件的厚度比蒙皮零件的厚度大,厚度的不同造成两焊件电流场分布不对称,熔核偏向厚件,而不能形成实际有效的熔核。在焊接两个厚度不同的焊件时,焊接规范应由薄的焊件决定,再按厚板或平均厚度修正,然后将电流稍微增大,提高薄板发热量。在实际生产中,如果厚度差别太大(超过 1∶3),这时焊点大约会在两焊件厚度之和的一半位置上形成,

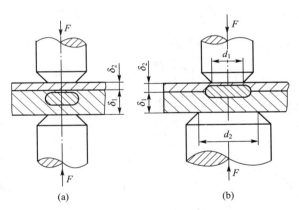

图 8.30 焊接厚度不同的情况

如图 8.30(a)所示,焊点不能把焊件连接起来。为解决这个问题,可在薄板一侧使用小直径电极,同时将与厚板接触的电极直径加大,使向厚板方向的散热大于薄板方向的散热,因此熔核向薄板方向偏移,如图 8.30(b)所示,使两个焊件可靠地连接起来。

汽车车身制造中,有时还会有图 8.31 所示的焊接三层板的情况。图 8.31(a)所示中间为厚件,这时焊接规范由薄板决定,同时应将焊接电流值适当增大;图 8.31(b)所示中间为薄板,厚板将薄板夹在中间,这时的焊接规范由厚板决定,同时应适当减小焊接电流和减少焊接时间。

4) 车身点焊工艺性

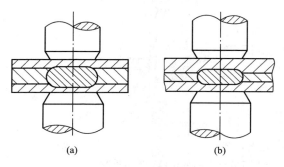

图 8.31 三层不同厚度板件的电阻点焊

在进行车身结构设计时，除了要考虑零件的冲压工艺性外，还要考虑零部件的装焊工艺性。

（1）工艺分块。车身覆盖件的分块，应该在冲压工艺允许的前提下，使零件数越少越好，这样可以减少焊接工作量和装配误差。

车身上有不少的孔洞（如门洞和前后风窗口）是非常重要的装焊部位，要求这些孔洞尽量采取整体结构而无需考虑单个板件的定位。若孔洞部分采用内外两层结构，则至少有一层为整体结构，以减少装焊误差。

（2）点焊工作量应尽量放在分总成的装焊工位上，尽量形成较大的组件、合件和分总成，再置于总装夹具上，简化总装焊夹具，使总装焊线上的装配时间缩短，保证装焊质量。

（3）根据焊件的形状和焊点位置正确选择点焊设备。当组成搭接接头的零件比较小，焊点又布置在靠近零件的边缘时，可以选用固定点焊机焊接。若焊点数多且排序整齐，则最好在多点焊机上焊接以提高工效。图 8.32(a)所示的车身底板和座椅框的焊接可采用多点焊机。当焊点数少、板件尺寸大，焊点又处于合件的中间位置时，适于选择悬挂式点焊机，如图 8.32(b)所示，或选用反作用焊枪，如图 8.32(c)所示。

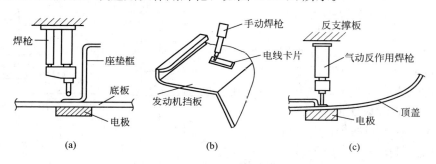

图 8.32 大零件上焊点在中间位置时的焊接情况

（4）对某些外观要求较严格的外覆盖件，点焊表面不允许有凹面，可使用大平面电极，从而使凹面不明显。

（5）应考虑点焊的接近性，主要在板件的结构设计中加以考虑。

（6）焊好的板件应有足够的刚度，满足转运的要求，减少在运输中的变形。

2. 凸焊

凸焊与点焊相比，其不同点是预先在板件上加工出凸点，或利用焊件上能使电流集中的型面、倒角等作为焊接时的相互接触部位。焊接时靠凸点接触，提高了单位面积上的压力与电流密度，有利于将板件表面氧化膜压破，使热量集中，减少分流，减小了点焊中心距，一次可进行多点凸焊，提高了生产率，并减小了接头的翘曲变形。

在车身上，一般是将凸焊螺母（有凸点的螺母）焊在薄板上，这样在装配时只需要拧紧螺栓即可，提高了装配工效。

3. 钎焊

钎焊是利用某些熔点低于被连接材料熔点的金属（即钎料，如车身焊接中常用铜）作连接的媒介物，经加热融化后在连接界面上产生流动润湿作用，待钎料冷却结晶后与被连接金属形成结合面。

对汽车车身上有密封要求的两块板件之间的缝隙，一般应用钎焊进行处理，如德国BMW公司对轿车的后围与侧围缝隙的处理就用了这种方法。

4. 激光焊

20世纪90年代后期美国以提高汽车车身质量为目标而展开了"2mm工程"和"亚毫米冲压"大型研究项目。亚毫米冲压是指将冲压件的精度控制在小于1mm的范围内，并趋近于零，这是以提高汽车车身冲压件的质量和制造技术为目标的研究项目。"亚毫米冲压"为激光焊上线提供了条件，因为激光焊接要求被焊件尺寸较精确。在实际应用中，激光焊常采用对接和搭接的接头形式。"2mm工程"是以提高汽车车身装配质量为目标的研究项目，即将车身尺寸变动量控制在2mm以内。采用激光焊接工艺能显著改善车身抗冲击性能和耐疲劳性能，也是"2mm工程"实施的强有力保证。

激光焊既可焊接连续的缝，也可焊接断续的缝，实际上可以在计算机的控制下沿任意轨迹焊接。例如，梅赛德斯-奔驰公司用激光焊车顶和侧窗，每小时可完成45件。正是由于激光焊接技术的应用，大大提高了车身刚度和强度，减小了车身缝隙（车身装配缝隙降到了3.5mm以内）。一汽大众厂引进的BORA（宝来）同样采用了激光焊接工艺。

经激光焊接形成的接头强度非常牢固。这是因为汽车车身应用的材料是低碳钢薄板，焊后形成的焊缝比母材更硬，称为过渡接头。加上激光焊输入热量低，冷却速度较弧焊快得多，并表现为大熔宽比的指状焊缝，焊缝残余应力小，对接头的影响较弧焊小得多。实践证明，在进行对接接头拉伸试验时，几乎所有接头都是从母材部分断裂的。

8.2.3 车身焊装工艺

为了适应车身焊装高效、高精度、多种车型共线柔性化生产的需要，汽车焊装工艺常根据车身总成部件结构特征的不同，将数百个焊装工序归类后分为若干个作业区，如车身分总成焊装生产作业区、车身主焊装生产作业区、车身门盖生产作业区和白车身总成调整区等。由于各汽车制造公司的具体情况存在一定的差异，因此其作业区的划分会略有不同。图8.33所示是某汽车制造公司的焊装车间焊装作业区划分与工艺流程图。

尽管常将车身焊装工艺分为若干个区，但除白车身总成调整区外，其他各焊装作业区的焊装工艺方法均很接近。对于搭接焊接部位，大多采用电阻定位焊工艺，若搭接焊接部位有密封要求，则采用电阻缝焊焊接方式；对于对接的缝焊，在过去，大多采用CO_2气体保护焊，但现今的轿车焊装生产，大多采用激光焊或激光复合焊，等离子弧焊、电子束焊也有应用；车身焊装工艺中还有大量的螺栓螺母的焊接，大多采用螺柱焊和电阻凸焊。

车身焊装工艺最重要的特征是：先将冲压成形的零件（通常将其称为冲压件）焊装成分总成，再将分总成焊装成大总成，最后将大总成焊装成白车身。

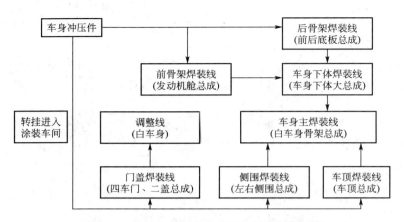

图 8.33　汽车车身焊装作业区与焊装工艺流程

8.2.4　焊装设备

不同的焊接方式对应着不同的焊接设备，常用的焊接方式主要是点焊、激光焊、CO_2 气体保护焊、螺柱焊、凸焊等。为了提高车身焊装质量和焊装效率，轿车生产企业已大量采用自动焊接设备。无论是采用什么类型的焊接方式，自动焊接模式基本相同，几乎都是采用焊接机械手代替人工操作完成焊装工作。

1. 点焊机

点焊机的种类很多，按其安装方式的不同，可分为固定式点焊机、悬挂式点焊机和自动式点焊机三类。点焊机主要由变压器、机架与夹持装置、电流控制电路三部分组成，普通点焊机与自动点焊机的区别在于，自动点焊机多了一套操作点焊机工作的机械手。

汽车车身的有些零部件外形尺寸大，冲压件本身刚度差且易变性，移动不方便，不宜用固定式点焊机焊接，所以在车身制造中，移动式点焊机得到了广泛的应用。汽车车身焊接用点焊机主要是悬挂式和自动式点焊机。

悬挂式点焊机的特点是变压器和焊接工具(焊钳或焊枪)悬挂在空中，有电极加压装置提供电极压力，用微动开关接通电路，移动方便灵活，适用于装焊面积较大的板件。另外，可选配特殊形状的焊钳，这样对焊接点的接近性更好，使用起来更灵活。

按变压器和焊接工具连接的方式，分为有电缆和无电缆的悬挂式点焊机。有电缆悬挂式点焊机如图 8.34(a)所示。焊钳与变压器之间用电缆连接，点焊非常轻便，劳动强度低。但二次回路长，功率损耗较大。无电缆悬挂式点焊机如图 8.34(b)所示，焊钳和变压器直接相连，点焊时对焊接位置适应性较差。但二次回路中没有电缆损耗，可充分利用功率。

为了达到所需的焊接效果，需对点焊电流和焊接时间进行严格准确的控制，为此点焊机都专门配有控制器。点焊控制器具有许多不同的功能，如焊接电流控制、焊接时间控制、电网同步控制、电流递增控制、测量焊机参数、诊断或控制焊接质量等。

2. 电弧螺柱焊机

电弧螺柱焊机简称螺柱焊机，螺柱焊机由焊枪、时间控制器和电源等部分组成。螺柱焊枪有手持式、固定式和自动式 3 种，其工作原理都相同，手持式和自动式在车身焊接中

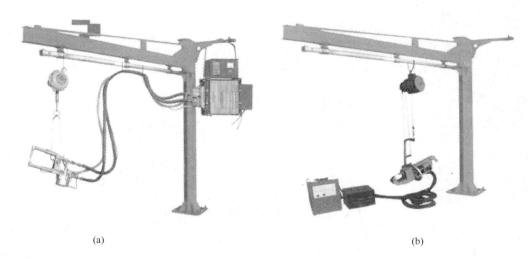

图 8.34 悬挂式点焊机
(a) 有电缆式点焊机；(b) 无电缆式点焊机

应用较普遍。固定式通常是为某特定产品而专门设计的，被固定在支架上，在工位上完成焊接，车身焊接工艺中很少采用固定式焊枪。

为了获得良好的焊接质量，螺柱焊的操作应注意如下问题。

(1) 除去焊接表面的油污、氧化层和杂质，确保焊接表面的清洁。

(2) 焊接操作时，应特别注意保证螺柱与焊接接合面的垂直度，避免焊弧分布不均，影响焊接的牢固度。

(3) 螺柱的提升高度和下沉时间对焊接质量有很大的影响，因此，在焊接操作前，应通过实验确定提升高度和下沉时间。

(4) 螺柱焊常见的质量问题有焊瘤、飞溅、焊偏、错误、高度偏差等，应及时检查及时解决。

3. 气体保护焊机

气体保护焊有 CO_2 气体保护焊、MAG 焊、MIG 焊等多种，在早期的车身焊接工艺中所采用的气体保护焊主要是 CO_2 气体保护焊，为了进一步提高气体保护焊的焊接质量，现阶段保护气体已不再单纯采用 CO_2 气体，而是采用 $80\%Ar+20\%CO_2$ 的混合气体或惰性气体氩(Ar)、氦(He)。单纯采用 CO_2 作为保护气体的焊接称为 CO_2 气体保护焊，采用两种及以上气体混合在一起作为保护气体的焊接称为混合气体保护焊，采用惰性气体氩(Ar)作保护气体的焊接称为氩弧焊，与之对应的焊机分别称为 CO_2 气体保护焊机、混合气体保护焊机和氩弧焊机。尽管焊机有所不同，但此三种焊机的结构原理和焊接方法基本相同，且都有半自动焊机和自动焊机两类。自动焊和半自动焊的唯一区别是：半自动焊的焊枪由人工操作，焊接过程的其他操作均由焊机自动完成；而自动焊的焊枪是由机械手操作的。

CO_2 气体保护焊设备由焊接电源、焊枪、送丝机构、供气系统和控制电路组成，如图 8.35 所示。

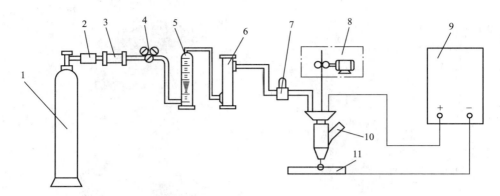

图 8.35 CO_2 气体保护焊接设备示意图

1—CO_2 气瓶；2—预热器；3—高压干燥器；4—减压表；5—流量计；6—低压干燥器；
7—电磁气阀；8—送丝机构；9—电源控制箱；10—焊枪；11—工件

  气体保护焊的焊接过程是：焊丝盘上的焊丝被送丝机构的滚轮送入焊枪的导丝嘴，到达焊接区后与焊接工件间保持一个合适的距离便产生电弧，气管中的保护气体经减压后以一定流量从喷嘴流出，将电弧和熔池与空气隔离开来，防止空气对焊缝金属的侵害，焊丝不断地熔化进入熔池，从而形成连续的焊缝。

  气体保护焊的参数主要有：电弧电压、焊接电流、焊接速度、电感大小、焊丝伸出长度、气体流量等。焊接参数选择的原则是：在保证焊接质量的前提下，尽可能提高劳动效率，并注意对飞溅、气孔、焊缝成形及焊接过程稳定性的影响。

  4. 激光焊机

  激光焊接有无填充料焊接、有填充料焊接、激光复合焊接等多种不同方式，不同的焊接方式有与之对应的激光焊机。无论是哪一种激光焊接方式，激光焊接的原理都是利用激光加热被焊的工件与填充料，使之熔化而实现焊接。由此可见，激光焊接的主体是提供焊接热的激光器。常用的焊接激光器主要有 CO_2 激光器和 YAG(Yttrium Aluminum Garnet，钇铝石榴石)激光器。

  5. 焊装机器人

  汽车车身焊接工艺过程中采用的各种焊接方式，目前均处在人工焊接和机械手（或称工业机器人）自动焊接两种模式共存的阶段。工业机器人（Industrial Robot，IR）是指能够自主动作、多轴联动、可替代工人进行各种操作的机械设备。

  工业机器人通常由基体、驱动系统和控制系统三个基本部分组成。基本包括臂部、腕部和手部，有的机器人还有行走机构。大多数工业机器人有 3～6 个运动自由度，其中腕部通常有 1～3 个运动自由度；驱动系统包括动力装置和传动机构，用以使执行机构产生相应的动作；控制系统是按照输入的程序对驱动系统和执行机构发出指令信号，并进行控制。

  工业机器人按臂部的运动形式分为四种。直角坐标型的臂部可沿三个直角坐标移动，圆柱坐标型的臂部可做升降、回转和伸缩动作，球坐标型的臂部能回转、俯仰和伸缩，关节型的臂部有多个转动关节。

工业机器人按执行机构运动的控制机能的不同，可分为点位型和连续轨迹型两种不同的类型。点位型机器人只控制执行机构由一点到另一点的准确定位，适用于机床上下料、定位焊和一般搬运、装卸等作业；连续轨迹型可控制执行机构按给定轨迹运动，适用于连续焊接和涂装等作业。

工业机器人按程序输入方式的不同，分为编程输入型和示教输入型两类。编程输入型以穿孔卡、穿孔带或磁带等为信息载体，输入已编好的程序。示教输入型的示教方法有两种：一种是由操作者用手动控制器（示教操纵盒），将指令信号传给驱动系统，使执行机构按要求的动作顺序和运动轨迹操演一遍；另一种是由操作者直接领动执行机构，按要求的动作顺序和运动轨迹操演一遍。在示教过程的同时，工作程序的信息即自动存入程序存储器中。在机器人自动工作时，控制系统从程序存储器中检出相应信息，将指令信号传给驱动机构，使执行机构再现示教的各种动作。示教输入程序的工业机器人又称为示教再现型工业机器人。

具有触觉、力觉或简单视觉的工业机器人，能在较为复杂的环境下工作。如具有识别功能或更进一步增加其自适应、自学习功能，即成为智能型工业机器人，它能按照人给的"宏指令"自选或自编程序去适应环境，并自动完成更为复杂的工作。

8.2.5 焊装件的检验

轿车车身上有多个开启件，如发动机机罩、行李舱盖和四个车门等。开启件与周边边框的间隙应有一个合适的数值（如 3.5mm、4.0mm 或 4.5mm），且应均匀一致，开启件与周边边框的高度差应尽可能小，否则就会严重影响视觉效果。车身开启件与周边边框间隙的差值及开启件与周边边框高度的差值统称为间隙面差。尽管车身上开启件装配的间隙面差是利用样架对其进行准确定位来保证的，但由于组成车身的零件不可避免地会存在加工误差，在焊装过程中还会存在焊装工序误差，因此，焊装成形的白车身不可避免地存在间隙面差超差的现象，为此需对其进行调整与返修。

1. 非外观表面缺陷的检修

对零件非外观表面弯曲、凹凸变形的返修，可采用托模返修法，即用垫铁直接置于变形部位底部，用钣金锤在另一面锤击变形部位，直至变形消除，在锤击过程中，垫铁和钣金锤的位置必须一致，垫铁的顶力必须大于锤击力，否则会产生新的变形。

对有弧度的部位，垫铁也必须有一定的弧度（依据缺陷的实际情况进行选择），才能保证返修后的质量；对焊穿、开裂、缺料等缺陷的返修方法，可以采用先在缺陷部位补焊（对开裂缺陷返修时，必须先在开裂处的首末端钻孔后才能进行补焊），再用打磨机将其打磨平整。

2. 外观表面缺陷的检修

白车身总成在总装装配后无法遮盖，用户可以直接看到的部位都是外观面。目前，用户对车身质量的关注不仅仅在于功能，对外观的要求也越来越高。

焊接白车身常见的外观缺陷主要有：凹坑与大面积凹陷、凸点与凸台、划痕、开裂、焊穿等。

1) 凹坑与大面积凹陷的检修

用钣金钩对凹陷部位进行校正，在校正过程中应从缺陷最深的地方开始进行校正，然后向四周扩散；对一些小的凹陷可以直接用多功能焊机进行校正以提高工作效率（多功能焊机不适用于对顶盖和机罩的变形进行校正），但在使用前必须调整好参数，否则会将钢板拉破。对钣金钩无法直接到达的部位，首先选择在合适的非外观面上进行钻孔，以保证钣金钩能够对缺陷进行校正。

缺陷校正完毕后，用钣金锤对高点进行锤击，使其与正常面基本一致。在锤击的过程中要掌握好力度和方法，锤击时一般采用左手掌轻轻按在钢板上，右手握锤依托在左手上进行锤击，这样可以避免锤击部位错误，便于掌握好力度。

用钣金锤校正平整后，再用钣金锉对缺陷部位进行检查与校正。对锉刀无法使用的地方采用打磨机进行校正和检查。在使用打磨机时，转速不能太快，也不能用力在同一个地方打磨。缺陷返修好后用抛光机对锉痕进行抛光处理。抛光时应注意将锉刀痕处理干净，否则会产生新的缺陷。

2）凸点和凸台的返修

用钣金锤对凸点或凸台进行锤击，使其与正常面基本一致，在锤击的过程中要掌握好力度和方法，锤击时一般采用左手掌轻轻按在钢板上，右手握锤依托在左手上进行锤击。对大面积的凸台进行锤击时，钢板另一侧可以用垫铁顶住，以提高返修效率和质量。

用钣金锤校正平整后，用钣金锉或打磨机对缺陷部位进行校正及检查。凸点和凸台缺陷返修好后，用抛光机对锉痕进行抛光处理。

3）划痕的返修

对于较深的划痕，其返修方法与凹坑返修方法基本一致。对于长度及深度都比较小的划痕，可以直接采用抛光的方法进行返修。

4）开裂的返修

在开裂处的头尾部位用钻枪进行钻孔（一般采用 $\varPhi 6mm$ 的钻头）。

首先通过 MAG 焊机对开裂处进行补焊。然后用 $\varPhi 60mm$ 打磨机对补焊处进行打磨，使补焊处基本与正常板面平齐。再用 $\varPhi 178mm$ 打磨机对补焊处进行校正和检查。

5）焊穿的返修

焊穿的返修方法与开裂的返修方法基本相同，只是不需要进行钻孔。

8.3 汽车涂装工艺

8.3.1 汽车涂装工艺特点

涂装是指将涂料涂覆于基材物面上，经干燥成膜的加工工艺。涂装一般包括涂前表面处理（包括表面净化和化学处理）、涂布和干燥等基本工序。涂装一般具有防护、装饰等功能。

为使涂层满足底材和被涂物要求的技术条件和使用环境所需的功能，保证涂装质量，获得最佳的涂层效果，取得最大限度的经济效益，必须精心进行涂装工艺设计，掌握涂装各要素。

涂装工程的关键是涂装材料、涂装工艺和涂装管理，简称涂装三要素。它们是互为依存的关系,忽视哪一方面都不可能达到涂装目的和获得优质的涂装效果。特别是在工业化的汽车涂装工程中,抓好涂装三要素对于稳定和提高涂装质量显得尤为重要。

8.3.2 汽车涂装主要工序

1. 涂前表面预处理

涂前表面预处理的目的是,除去被涂件构成物之外的所有异物,提供适合涂装要求的良好底材,以保证涂层具有良好的防腐蚀性能和装饰性能。对于金属零件而言,涂前表面预处理主要包括脱脂、除锈、除氧化皮及化学转化膜处理(磷化、钝化等),同时也涉及除旧漆和对塑料件的特种化学处理。

2. 涂底漆

涂底漆的方法有电泳涂装、空气喷涂、无气喷涂、静电喷涂等。无论何种底漆,都要求具有极好的耐腐蚀性、耐水性,对经过预处理的工件表面应具有良好的附着力,同时必须考虑与中涂、面漆的配套性。底漆涂层要求膜厚 $20\sim30\mu m$,不能有残缺,应整体均匀、一致,这一点非常重要。

汽车涂装常用的底漆有铁红防锈底漆、锌黄底漆、电泳底漆等。

3. 刮腻子

腻子作为一种涂装材料,除了可以起到对外观的"填平补齐",以改善工件表面平整度和装饰性的作用外,对于涂层本身的内在性能,如耐水性、耐冲击划伤性、耐候性、鲜映性、光泽、丰满度等均有负面作用。不仅如此,腻子的大量使用,还将对涂料的施工造成意想不到的麻烦,出现起泡、炸裂、疏松"麻眼"等缺陷,造成返工。因此,各大汽车企业都把腻子用量作为衡量企业涂装工艺水平,甚至整个设计制造和管理水平的一个重要标准。

腻子的种类有很多,早期多数采用桐油熬制后,加石膏粉调制的油性腻子,由于机械强度差,易开裂、脱落、施工麻烦等,现在已很少使用。目前汽车行业使用的腻子主要有两种:在高温烘烤线上所用的腻子,通常是水性腻子;在没有烘烤设备的情况下,多数使用不饱和聚酯腻子,即原子灰。

水性腻子是由乳胶液、填料和助剂组成的,刮涂以后随着水分的挥发,乳胶的聚合物粒子在助剂的作用下黏结成膜。烘烤温度以 $100\sim140$℃ 为好,温度过高会引起聚合物分解,低于 100℃ 则水分挥发不完全,聚合物粒子不能紧密粘结,故水性腻子不适合用于 100℃ 以下的生产线。

原子灰的学名为不饱和聚酯腻子,它包括 A、B 两个组分。A 组分由不饱和聚酯树脂、促进剂、增韧剂、分散剂和填料组成;B 组分主要由引发剂、颜料和填料组成,通常只占原子灰总量的 $2\%\sim5\%$。使用时,将 A、B 两组分按比例调和均匀后,刮涂在工件表面上,B 组分中的引发剂在 A 组分中的促进剂作用下,分解出氧自由基,并引发 A 组分中的不饱和聚酯树脂的双键形成活性基团,使大分子链迅速增长,树脂从无规则的线性结构逐渐形成体型的网状结构,使原子灰得以干燥固化。

4. 中间涂层

中间涂层涂料主要分二道浆(俗称二道底漆)和中涂。

二道浆的主要作用就是对底涂（腻子层）进行修饰，对于腻子层的一些小缺陷（如麻眼）通过喷涂该涂料后，应得到较好的修整。因此，该底漆一般都属于厚浆型，颜料和填料在涂料中所占的比例比腻子小，比面漆大，填充能力较强。

中涂的目的是在打磨底漆、腻子结束后，最终调整被涂面的平滑度，起到保护底涂层，减缓外来冲击对底涂层的损伤，阻止上涂溶剂的浸渍对底涂层可能造成的溶胀作用，同时它还可以阻止腻子层对上涂涂料中树脂的吸收，以提高面漆的光泽和丰满度。

中涂漆的颜色最好能和面漆的颜色接近或配套，但由于面漆颜色经常调换，为了通用，我国汽车行业常用中涂漆的颜色多为灰色、浅灰色或者浅蓝色。

5. 涂面漆

汽车面漆（含罩光漆）是汽车涂装的最后工序，是汽车涂层外观质量总的体现。从表观上看，其构成因素包括：粗糙度、光泽度、丰满度、鲜映性等多项指标，其内在性能是对车身的保护性能，如耐候性、耐介质腐蚀性、耐石击性等。只有具备良好的施工性能，才能体现上述的保护性和装饰性。好的面漆喷涂效果使人赏心悦目，可以大大提高产品的价值，增强市场竞争力。

6. 涂料的固化

被涂物表面涂层由液态或粉末状态变成固态膜的过程称为涂料的固化（或成膜）过程，俗称干燥。提高物体和空气的温度以加速干燥的速度，即在高温下进行干燥和固化的过程称为烘干。固化是涂装工艺的三大基本工序之一，固化的方法及设备选用是否合理，烘干规范的选用和执行是否正确，会直接影响涂层质量和涂装成本。

涂料主要靠溶剂的挥发、熔融、聚合、缩合等物理和化学作用而成膜。

根据涂料的成膜过程不同，汽车常用涂料分为热塑性和热固性两大类。根据涂料的成膜温度不同，涂料又可划分为自干型和烘干型。自干型是指在常温条件下能自然干燥成膜的涂料。烘干型是指必须在高温烘烤下才能干燥成膜的涂料，俗称烤漆。例如，氨基涂料、丙烯酸树脂涂料等，必须在100℃左右的温度下烘烤一定的时间，才能反应的比较完全。有些涂料（如电泳漆、粉末涂料）必须在160℃以上才能保证其反应顺利进行。

7. 打磨

打磨腻子的作业方式可分为手工打磨和机器打磨。打磨机有电动和气动两种，很多打磨机还配置有吸尘装置，负责吸附灰尘，以改善作业条件。由于打磨机是靠机械运动进行打磨的，所以，其加工面总是有一些粗糙，特别是一些内、外角或圆弧、曲面较难打磨光滑，在打磨时掌握不好，容易产生过磨现象。因此，打磨到一定程度时，就不能再用打磨机，而要用手磨进行精细作业。

8.3.3 汽车车身涂装工艺

汽车涂装属于多层涂装。由于各种汽车的使用条件及外观要求各不相同，故其涂装工艺也各不一样。汽车车身涂装工艺一般可以分为以下三个基本体系。

1. 涂三层烘三次体系

涂三层烘三次体系是指涂层有底漆涂层、中间涂层、面漆涂层三层，且三层先后分别各烘干一次，烘干次数共三次的涂装工艺。该涂装体系一般用于外观装饰性要求高的轿车、旅行车和大客车等乘用车车身。涂层总膜厚为 70～100μm。

其工艺流程为：碱性脱脂→锌盐磷化→干燥(120℃，10min)→底漆涂层(喷涂溶剂型环氧树脂底漆，膜厚 15～25μm，烘干(150℃，30min))→干或湿打磨→晾干→中间涂层(静电自动喷涂溶剂型三聚氰胺醇酸树脂漆，膜厚 20～30μm，烘干(150℃，30min))→湿打磨→晾干→面漆涂层(喷涂三聚氰胺醇酸树脂系面漆(金属闪光色用丙烯酸树脂系)，膜厚 35～45μm，烘干(130～140℃，30min))。

2. 涂三层烘二次体系

涂三层烘二次体系是指涂层仍有三层，但底漆层不单独烘干，待涂完中间层后烘干一次，最后涂面漆层后再烘干一次，烘干次数共为二次的涂装工艺。该涂装体系一般用于外观装饰要求不太高的旅行车和大客车车身及轻型载货汽车的驾驶室等。涂层总膜厚为 70～100μm。

其工艺流程为：碱性脱脂→锌盐磷化→干燥(120℃，10min)→底漆涂层(电泳涂层，膜厚 15～25μm，不烘干(仅晾干水分))→中间涂层(静电自动喷涂与电泳底漆相适应的水性涂料，膜厚 20～30μm，预烘干(100℃，10min)；与底漆一起烘干(160℃，30min))→面漆涂层(喷涂三聚氰胺醇酸树脂系面漆(金属闪光色用丙烯酸树脂系)，膜厚 35～45μm，烘干(130～140℃，30min))。

3. 涂二层烘二次体系

涂二层烘二次体系是指涂层只有底漆涂层和面漆涂层两层，无中间涂层，两层分别先后各烘干一次，烘干次数共二次的涂装工艺。该涂装体系一般用于中型、重型载货汽车的驾驶室。涂层总膜厚为 55～75μm。

其工艺流程为：碱性脱脂→锌盐磷化→干燥(120℃，10min)→底漆涂层(电泳底漆，膜厚 20～30μm，烘干(160℃，30min))→干或湿打磨→晾干→面漆涂层(喷涂三聚氰胺醇酸树脂系面漆(金属闪光色用丙烯酸树脂系)，膜厚 35～45μm，烘干(130～140℃，30min))。

8.3.4 涂装设备

1. 涂前处理设备

对于汽车生产而言，涂装前处理、涂覆和固化是整个涂装生产中的三大主要工艺，涂装前的表面处理是保证涂装内在质量的基础。

钢铁件的涂前表面处理主要包括脱脂、除锈、磷化等工序。在涂装线上通常采用化学处理法来实现。提高钢铁件工件表面的耐腐蚀能力，增加金属工件与有机涂层的附着力是磷化的两大重要作用。因此，磷化是国家在汽车生产行业强制推行的一种标准工艺。

磷化处理方式大体上可分为喷淋式、全浸式和半喷半浸式。不同的处理方式对于处理效果、运作成本、管理方式等都有一定的影响。

1) 喷射式前处理设备

喷射处理方法是涂前处理常用的工艺方法之一。其过程是用水泵将处理槽液加压后,通过管路、喷嘴喷射到工件表面上,借助于机械冲刷,加速化学作用来实现脱脂、水洗、磷化等效果。

根据设备本身结构的不同,喷射式表面处理设备有单室多工序处理设备、通道式前处理设备等。

(1) 单室多工序处理设备。单室多工序处理设备是将2~4道喷淋处理工序共用一套喷淋管、一个喷洗室与淌水板。工件按节拍停在同一工位上,按时间和工序进行多工序工艺处理。由于该设备结构紧凑,占地面积小,在完成设定的处理过程中不需要移动工件,输送设备简单,所以,在我国汽车行业多有应用。但单室多工序处理设备在使用中,由于槽液的润湿性、附着力等理化作用,无法在容许的工序间隔时间内,将各自槽液通过共用的管道与同一淌水板毫无保留地淌入各自的槽体中去,因此,窜液问题不可避免。为了保证处理质量,保持槽液功能,只得频繁地调整槽液或缩短槽液的更新周期,就造成了工艺材料浪费,增加了生产运行成本。

(2) 通道式前处理设备。这是喷射处理方法最常见的设备类型,其形状如封闭的隧道。根据工艺流程及参数,将隧道分隔成若干处理区和若干沥水过渡段,每个处理区仅完成一道工序,其排列顺序应符合工艺流程。工件的运动通过输送设备来实现,每个工位的长度应保证处理的工艺时间,由工艺时间和输送机速度来确定,而输送机速度则由设计生产能力确定。

在通道式前处理设备的每个处理区中,均设置了独立的喷射系统和水槽。每个处理区的基本结构是相同的,但喷嘴形式、设备型号、制造材料、加热方式及配料过滤等辅助设备可以不同,可根据工艺的具体要求确定。

2) 浸渍式前处理设备

浸渍式前处理设备是涂装常用的表面处理工艺方法之一,其过程是将被处理的工件浸没在盛有槽液的表面处理槽中,经过一定时间的化学反应来完成脱脂、磷化等工序。浸渍式前处理设备,按生产性质和工件输送方式可分为通过式和固定式两类浸渍设备。

(1) 通过式浸渍前处理设备,是用悬挂输送机将工件连续地输入浸渍槽进行表面处理,一般根据工艺流程和涂装常见的设备共同组成连续式的生产流水线。特点是生产效率高,易实现生产过程的自动控制。该设备适用于轿车、货车等大批量流水化生产。

(2) 固定式浸渍前处理设备,是利用电葫芦或行车,通过垂直起降运动,将工件间歇地依次浸入槽体进行处理的设备。该生产线虽然生产效率稍低,但布局紧凑,占地面积相对较小,适用于中、小批量的生产。

2. 喷涂设备

汽车喷涂最常用的喷涂方法是空气喷涂法和静电喷涂法。

空气喷涂法是靠压缩空气的气流使涂料雾化,在气流带动下,将涂料喷涂到被涂物表面上的一种方法。

静电喷涂法是利用高压电场的作用,使喷枪喷出的漆雾带电,通过静电引力而沉积在带异电的工件表面上而完成涂装的方法。喷涂时,将工件接地同时接正极,负极高压接在喷枪上,使负电极与工件之间形成一个不均匀的静电场,首先在负极附近激发出大量电子，被雾化的漆粒子一旦进入电场就与电子相结合，呈负电荷粒子，在电场力和喷射力的作用下冲向工件（正极），使油漆微粒均匀地吸附在工件表面上，经烘干后便形成牢固的涂膜。

1) 喷漆室

喷漆室是提供涂装作业环境的设备，在喷漆室中制造的人工环境，能满足涂装作用对环境温度、湿度、光照度等的需求；能给操作者提供安全卫生的保障；能对涂装废弃物进行治理，减轻对环境的污染。

喷漆室的种类和形式较多，按涂装作业的生产性质可分为间歇式生产和连续式生产两大类，我国汽车生产厂家大都采用间歇式喷漆室。

若按对漆雾污染物的处理方式不同，可将喷漆室分为干式喷漆室和湿式喷漆室。干式喷漆室为直接捕集漆雾，它采用过滤材料或设备将漆雾收集处理，具有投资小、风压低、风量小、运行费用低等特点，但漆雾捕集效率不高，设备自身污染严重，易发生火灾。湿式喷漆室为间接捕集，是利用循环水捕集漆雾，再对含漆雾的废水进行处理，其漆雾捕集具有效率高、安全、清洁等特点，但运行费用高，需设置专用的废水处理装置。

客车生产上使用比较多的湿式喷漆室是水旋式喷漆室。水旋式喷漆室是国外20世纪70年代后期出现的技术较完备的一种喷漆室，其结构如图8.36所示。

水旋式喷漆室大体可分为室体、送风系统、漆雾过滤装置、抽风系统和废漆处理系统五部分。

室体一般由镀锌钢板和型钢组成，其形式基本上有两种，一种为弓形顶棚双侧下抽风，另一种为平面顶棚单侧下抽风。

空调送风系统是向喷漆室提供合乎工艺要求的温度、湿度和洁净度的新鲜空气的设备，它通常由进风段、加热段、过渡段、过滤段、淋水段、风机段和送风段等不同作用的功能段组成。

漆雾过滤装置由洗涤板、水旋器、地下水槽及排气装置等组成。

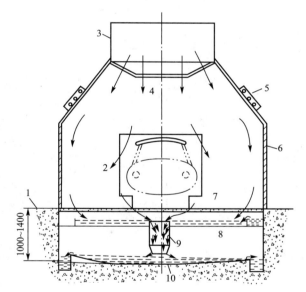

图8.36 水旋式喷漆室结构

1—地面；2—端板；3—供风管；4—空气过滤分散底板；5—照明装置；6—玻璃壁板；7—工作平面；8—溢水辅助底板；9—动力清洗管；10—挡板

由于常用工业涂料都属于非亲水性的有机物，并具有一定的黏性，废漆如不及时清理，将影响设备的正常使用效果和寿命。为此，必须设计废漆清除装置。一般是在喷漆室附近或喷漆室外设置废漆沉淀池，可以一个沉淀池对应于一个喷漆室，也可以对应多个喷漆室，池中循环水通过水泵和管道打向喷漆室，经溢水板和水旋器后，从室体底部流回沉淀池。

2) 龙门移动静电喷涂机

龙门移动静电喷涂机，是针对间歇式生产的中型客车、大型客车、集装箱、铁路机车等行业的自动涂装设备。在车身喷涂过程中车体固定，由静电喷涂机按设定速度边移动、边喷涂来实现喷涂作业。它可完成被涂件顶部和两侧面的自动喷涂作业，由手工进行前后围和内部的喷涂，也可以根据客户需要，提供六面体五个面的自动喷涂工作。而流水线作业的卡车或轿车使用的自动静电喷涂设备通常是固定不动的，有机械化输送设备牵引被涂车体匀速运动来完成喷涂工作。

移动龙门式喷涂机由移动龙门行走机构、顶部喷涂机、供漆供气系统、左右侧喷涂机、控制系统等部分组成。采用积木式结构，机械自动换向，由变频电机驱动。根据不同的工艺要求和现场情况，按照行走系统的承载方式，龙门移动静电喷涂机可分为地轨式和悬臂式（又称桥式）。图 8.37、图 3.38 所示为两种龙门移动静电喷涂机的结构。

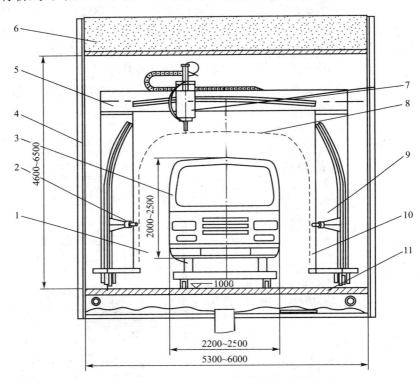

图 8.37　地轨式三面龙门仿形静电喷涂机

1—台车；2—喷枪；3—车身；4—喷房内壁；5—顶喷机；6—静压室；7—移动喷枪；
8—顶部喷枪运动轨迹；9—侧喷机；10—侧部喷枪运动轨迹；11—隔栅板

3. 烘干室

涂层干燥的方法可分为自然干燥和加热固化两种。为适应涂装工艺和平面布置的需要，汽车涂装用烘干室的类型和形式很多。例如，可以按用途分为水分烘干室、底漆烘干室、面漆烘干室等；按热源的种类可分为燃油式、燃气式、电加热式等，不同热源的烘干室加热结构相差比较大；按照烘干加热方式可分为对流烘干、辐射烘干、对流—辐射烘干等。

在汽车涂装领域中，由于汽车零部件和车体外形与结构的复杂性，为使被涂物工件加热均匀以获得良好的涂装质量，以对流式和对流—辐射的形式为机理的热风循环型烘干室应用最为广泛。热风循环烘干室按加热空气的方式可分为直接加热和间接加热两种形式。

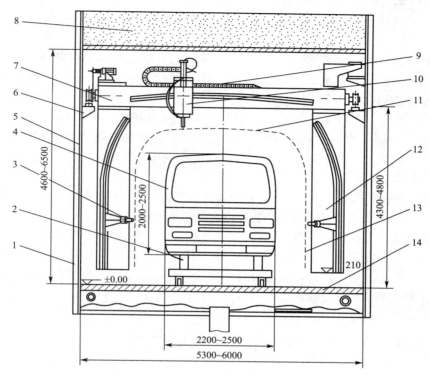

图 8.38 悬臂式三面龙门仿形静电喷涂机
1—方钢管；2—台车；3—喷枪；4—车身；5—喷房内壁；6—导轨支架；7—顶喷机；
8—静压室；9—拖链；10—移动喷枪；11—顶部喷枪运动轨迹；12—侧喷机；
13—侧部喷枪运动轨迹；14—隔栅板

直接加热烘干室是将燃油或燃气在燃烧室燃烧时所生成的高温空气送往混合室，在混合室内高温空气与来自烘干室的循环空气混合，混合空气由循环风机送往烘干室加热工件。直接加热的烘干室结构简单、热损失小、投资少并能获得较高的温度，但燃烧生成的高温空气往往由于燃烧不充分等原因带有灰尘，如除尘不尽将污染工件涂层。

间接加热烘干室是将燃烧室产生的热量，利用换热器与烘干室内的空气进行热交换，换热后的空气通过循环风机在烘干室内进行循环加热工件涂层，而燃烧室产生的气体经过热交换后则排出。间接加热的热风循环烘干室相对直接加热的热风循环烘干室，其热效率较低、设备投资较高，但热空气比较清洁，能够满足质量要求高的涂层固化，是汽车涂装工业应用最为广泛的一种形式。

8.3.5 涂装件的检验

汽车涂装质量标准涉及的内容十分广泛，包括涂装前钢材表面粗糙度等级评定、钢材件涂装前除油程度检验方法、防锈前处理清洁技术条件、涂漆前磷化处理技术条件、漆膜颜色标准、漆膜厚度测定法、漆膜光泽测定法、漆膜附着力测定法、漆膜硬度测定法、漆膜耐磨性测定法、漆膜磨光性测定法、漆膜耐冲击测定法、漆膜柔韧性测定法、漆膜弯曲试验、漆膜耐水性测定法、漆膜耐汽油性测定法、漆膜耐热性测定法、漆膜耐湿热测定法、漆膜耐霉菌性测定法、漆膜耐化学试剂性测定法等许多方面。这只是众多标准中的一部分，其数量之多是其他各类标准中少有的。除此之外，各汽车制造厂家还有自己的涂装质量标准。

尽管标准是判定涂装质量的依据，也是涂装质量控制的重要组成部分，但它却不是涂装质量控制的目的。涂装质量控制的目的在于寻找产生涂装质量问题的原因，最终达到避免涂装质量缺陷的产生。

汽车涂装常见的质量缺陷主要有露底、起泡、漆膜开裂、不平、流挂、针孔、颗粒、橘皮、起皱等，其主要原因是涂料的调配不够准确、涂料的性能不符合相关的技术标准、喷涂操作规程的执行不够严格、涂装工艺参数的控制不够精确、涂装工艺设计不够合理、涂装技术不够先进等。

大量的生产实践表明，人工涂装出现质量问题的几率远远大于机械手自动涂装。正因为如此，为了减少涂装质量问题的产生，汽车制造企业越来越注重涂装设备、涂装工艺和涂装技术的改进。目前，许多汽车制造公司(尤其是轿车制造公司)已采用全自动流水涂装生产线，这样就可能避免人为因素(技术水平、精神状态、工作情绪)对涂装质量的影响。但是为了保证汽车的涂装质量，更应合理地设计汽车涂装工艺，实时监控生产线的技术状况，精确控制涂装全工艺过程的工艺参数，强化涂装工艺过程的管理。

8.4 汽车总装工艺

汽车总装工艺是汽车整车制造四大工艺过程中的最后一个环节，是汽车整车质量的重要保证。

尽管汽车的种类很多，不同类型汽车的结构与总装工艺存在较大差异，但各类汽车总装线的基本构成与工艺原理却大同小异。汽车总装工艺在机械化的流水生产线上完成，其内容包括汽车总成部件的配送、装配、车身的输送及整车下线检测等内容。下面以轿车为例，介绍汽车的总装工艺。

8.4.1 汽车总装工艺特点

汽车总装配是汽车全部制造工艺过程最后的一道工序，汽车总装配就是把经检验合格的各种零件、部件和总成，按规定的技术条件和质量要求连接组合成整车，并经严格的检测程序，确认其是否合格的生产工艺过程。

总装配在汽车生产中具有重要的地位和作用。

(1) 总装配将最终地检验零件的制造质量。一些制造不合格的产品，可以在装配过程中和试验过程中被发现而加以剔除。可见，总装配具有对零件最终检验性，所发现各种零件的不同质量问题，可以通过搜集、整理进行信息反馈，将有利于零件制造质量的提高。

(2) 总装配可以了解全厂的生产情况，发现生产过程中的薄弱环节。总装配作为汽车生产过程的最后一道工序，它对零部件、总成的数量概念较敏感，其供应的数量和质量上出现的问题，将直接影响总装配生产的有序进行。

(3) 总装配是生产过程中的最后阶段，它将最终影响产品质量。如果装配工艺存在缺陷，即使零件的质量再高，也会装配出不合格的产品。所以，总装配工作质量将最终影响产品质量。据统计，整车的质量问题40%是装配的问题，所以装配是保证产品质量的重要环节,在汽车生产过程中具有非常重要的地位和作用。

8.4.2 汽车总装工艺构成

汽车产业实现大规模工业化生产以来,汽车总装配的流程方式已基本确定,即将完成涂装的车身转移到总装线的输送设备上,车身在连续不断移动过程中,操作工将上千种零部件按照严格的工艺要求装配到汽车上,流水线结束时,一台汽车就装配完成。随着技术的不断进步,总装作业方式发生了许多本质性的变化,主要表现在总装作业自动化程度越来越高、多品种共线柔性化生产、总装备件的无库存准时配送、生产过程的信息化等多个方面。

目前,汽车总装配、工艺布局有 S 形、U 形等形式,如图 8.39 和图 8.40 所示。神龙汽车公司、东风本田汽车公司的总装线采用的是 S 形布局,载货汽车及微型车总装线大多采用 U 形布局。

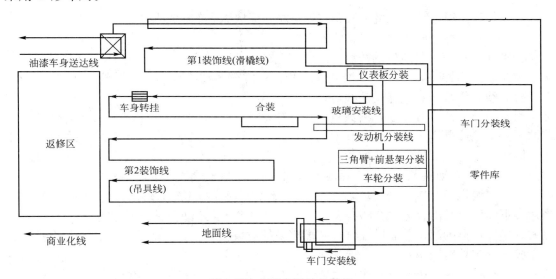

图 8.39　S 形布局的总装线

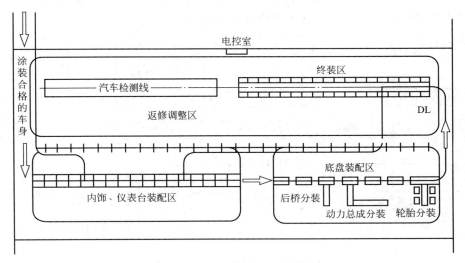

图 8.40　U 形布局的总装线

汽车总装配的工艺过程大致可以分为装配、调整、路试、重修、装箱、入库六个环节。

（1）装配：按一定的技术要求，将各种汽车零件、总成进行组合。同时，对于需润滑的部位加注润滑剂、冷却系加注冷却液，基本达到组合后的汽车可以行驶的过程。

（2）调整：通过调整，消除发动机运转后和汽车装配中暴露的质量问题，使整机、整车处于最佳工作状态。

（3）路试：调整合格的汽车要经过3～5km的路面行驶试验，完成在实际情况下的各种工艺试验，充分暴露质量问题，以便于及时消除。

（4）重修：如调整和路试中暴露出不能在其各自过程内消除的质量问题，要进行重修。重修不是采用特殊工艺对有质量问题的零件或总成进行修复，一般都是换上新的零件或总成。

（5）装箱：经过路试合格的汽车装配车箱，完成汽车的最终装配。

（6）入库：将完成装配的汽车放入库中。

为了便于汽车总装质量的控制与总装工艺的规范化管理，汽车总装工艺常将其分为若干个模块，如内饰装配一线、内饰装配二线、车门分装线、仪表台分装线、车轮分装线、车身合装线、终装线和性能检测线等。

汽车总装工艺十分复杂，由数百个工位组成，图8.41所示是某汽车公司汽车总装工艺的主要工艺流程。为了简化总装工艺、提高总装效率，汽车总装已普遍实现了模块化生产，即将多个总成部件按照装配关系或功能的关联性组合成一个个的装配模块。例如，将动力系统（包括发动机及整个传动系统）、车桥与悬架集成为一个底盘装配模块，将汽车全部仪表与空调机组组成一个模块，将车门及安装在车门上的全部附件组合成一个模块等。当然，不同厂家其组合方式会略有差异，不同年代建成的汽车总装厂，其装配模块的差异更大。建设较早的汽车总装厂，汽车装配模块的数量较少，大量的装配工作都放在总装线上完成，汽车总装线相对较长。近几年建设的汽车总装厂，在总装配线旁便于就近分装的地方设置有各总装模块的分装线，总装线相对较短。这样不仅可大大缩短总装生产的节拍时间，而且由于每一个总装模块就是一个功能相对独立的大系统，模块化集中装配，其系统功能和性能更容易保证，因此汽车的总装质量得以明显提升。

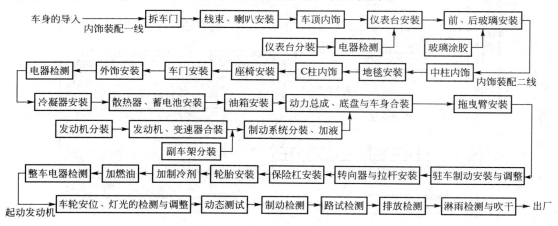

图8.41　汽车总装工艺流程图

8.4.3 汽车总装设备

整车装配线，一般是指由输送设备（空中悬挂和地面）和专用设备（如举升、翻转、压装、加热或冷却、检测、螺栓螺帽的紧固设备等）构成的有机整体。

汽车总装所用的设备主要包括装配线所用输送设备、发动机和前后桥等各大总成上线设备、各种油液加注设备、出厂检测设备及各种专用装配设备。

1. 输送设备

输送设备主要用于总装配线、各总成分装线及大总成上线的输送。完成汽车装配生产过程最重要的设备之一是汽车总装配线。

输送设备有刚性和柔性两类。刚性输送设备主要有板式输送带、普通悬挂输送机等。柔性输送设备分三种：第一种是整车柔性输送设备、积放式悬挂输送机和自行葫芦输送机；第二种是发动机、变速器、前后桥等大总成柔性输送设备（中型非同步输送线）；第三种是空气滤清器、减振器、微电机等零部件柔性输送设备（轻型非同步输送线）。

2. 大总成上线设备

大总成上线设备是指发动机、前桥、后桥、驾驶室、车轮等总成在分装、组装后送至总装配线，并在相应工位上线所采用的输送、吊装设备。车轮上线一般采用普通悬挂输送机和积放式悬挂输送机。发动机、前桥、后桥、驾驶室等大总成上线，传统的方式是采用单轨电动葫芦或起重机。

随着汽车装配的机械化、自动化水平的提高，目前各大总成上线普遍采用自行葫芦输送机和积放式悬挂输送机，也有少数厂家采用带有升降装置的电动导引小车（AGV）自动上线。

3. 各种油液加注设备

随着轿车技术的引进，燃油、润滑油、清洁剂、冷却液、制动液、制冷剂等各种加注设备的水平有了很大的提高，由过去的手工加注发展到采用设备定量加注，直到自动加注。

尤其是在轿车装配中，普遍采用具有抽真空、自动检漏、自动定量加注等功能的加注机，保证加注的质量。

4. 出厂检测设备

整车出厂试验，渐渐由过去采用室外道路试验发展到现在采用室内检测线。出厂检测线一般由前束试验台、侧滑试验台、转向试验台、前照灯检测仪、制动试验台、车速表试验台、排气分析仪等设备组成。

5. 专用装配设备

随着汽车产量的提高和对质量要求的提高，高效专用的装配设备被引进装配线。广泛应用于整车装配的主要专用装配设备有：车架打号机、底盘翻转机、螺纹紧固设备、车轮装配专用设备、自动涂胶机、板簧衬套压装机、液压桥装小车等。

先进的装配工艺需要先进的工艺装备，工艺装备设计制造水平对保证高效率的生产和高质量的产品至关重要，也是汽车装配技术水平的标志。

8.4.4 汽车总检和验收

汽车在总装配线上完成总装配后,要对整车进行最终的检查、调整和修饰。汽车的检查和调试工作是汽车生产过程中的重要环节,是汽车质量控制的重要手段。它的工作质量好坏将直接影响整车出厂质量。凡是在调试、检验过程中发现的缺陷或故障均需返修,经复检合格后,才能完成其产品的最终检验。只有在被检产品的检验结果符合合格检验规程的要求后,质检部门才能出具产品合格证书,进行竣工验收入库。

汽车整车检验分为一般项目检验、检测线检测和路试检验三方面。

1、一般项目检验

整车检验中,首先进行一般项目检验,主要是检验整车的装配调整质量,通常是通过目测或使用量具等手段进行检验。

汽车一般项目检验的主要项目如下。

(1) VIN 代码和汽车铭牌是否完整、正确。
(2) 表面涂装是否有缺陷。
(3) 内、外装饰是否齐全、端正、美观。
(4) 装备是否齐全,安装是否正确。
(5) 运动件、管线有无碰擦、干涉现象。
(6) 紧固件规格是否正确,紧固是否牢靠。
(7) 油水是否按要求加注。
(8) 油、水、气有无渗漏和制动系统的密封性。
(9) 内、外信号指示、照明工作是否正常。
(10) 发动机起动、运转、熄火是否正常。
(11) 离合器踏板自由行程是否符合规定,离合器分离、接合、运转是否正常。
(12) 转向机构安装是否正确、牢固、安全、可靠,转向盘自由行程是否符合要求。
(13) 电压、油压、水温、气压等显示、指示是否正常。
(14) 发动机、离合器、转向系统、制动系统、变速器等的操纵系统是否正常、灵活。
(15) 各车门启、闭是否灵活,锁止是否有效。
(16) 制动系统各装置工作是否正常。

凡是以上所述检验项目的不足部分均应调试、整改。汽车企业在整车检验卡中对一般项目检验都有详尽的规定。

2. 检测线检测

为确保整车的出厂质量,在完成一般项目检验后,应在整车检测线上对其主要性能进行检测,并进行必要的调整。

汽车检测线检测的主要项目如下。

(1) 车轮侧滑量检测:汽车以低速垂直通过侧滑试验台滑板时,以车轮前轮的侧滑位移量来判断前束与车轮外倾的配合是否合适。

(2) 前照灯检测:用自动前照灯检测仪检测前照灯发光强度和光轴方向,可通过调节前照灯的调整螺栓来调整光束照射的位置。

(3) 制动力检测:在制动试验台上检测前、后各车轮的制动力,以确定行车制动及驻车制动的工作是否正常。

（4）前轮定位参数检测：采用前轮定位仪检测前轮定位参数和前轮左、右最大转角，并根据检测标准进行判定。

（5）汽车速度表检测：用速度试验台显示汽车实际车速，可对速度表的指示值进行判定。

（6）废气检测：通过尾气分析仪可检测汽油机在怠速工况下排出废气中的CO、碳氢化合物浓度，通过烟度计可检测柴油机自由加速度时排放废气的烟度。

（7）喇叭声级检测：通过声级计测量被检车辆喇叭声级并判定是否合格。

对检测线上各个项目的检测，将依据国家标准 GB 7258—2012《机动车运行安全技术条件》与有关行业标准和企业标准进行，有些检测数据应按规定自动采集和存储。

3．路试检验

在检测线项目检验后，应进行 20km 以上的道路行驶检验。路试检验的主要内容如下。

（1）在车辆运动状态下，检查汽车传动系统、行驶系统、转向系统、操纵系统的工作情况是否正常。

（2）汽车的制动性能是否良好。

（3）汽车行驶中，是否有异响、擦碰或松动现象。

（4）发动机工作是否正常。

（5）各运动副、轴承、制动鼓、制动蹄有无过紧、过热现象。

（6）在淋雨试验台上进行车身防雨密封性检查等。

在路试检验过程中发现的缺陷或故障均应重新调试、整改。

4．汽车总检

汽车总检是对车辆的完整性进行最终检查，对出现的新问题进行处理解决，以进一步保障新车的出厂质量。全部完好后，提请质检部门发整车合格证。

每辆新车的出厂状态有如下要求。

（1）汽车配备随车文件资料一套。

（2）汽车配备随车工具、设备一套，并安放在固定位置。

（3）汽车的产品合格证。

（4）汽车的备胎固定在规定位置。

（5）散热器中加注冷却液，油箱中加注燃油。

（6）检查蓄电池的电解液是否符合规定。

（7）对于安装制冷剂的汽车应检查制冷剂充填量是否足够。

思考题

1．汽车冲压钢板是如何分类的？
2．根据冲压件的外形特征、应变大小和特点，冲压成形工艺如何分类？
3．简述汽车冲压工艺方法。
4．汽车覆盖件冲压工艺设计内容主要包括哪几个方面？

5. 说明控制点焊质量的措施和方法。
6. 分析车身点焊工艺性。
7. 涂装三要素是什么？汽车涂装主要工序有哪些？
8. 简述汽车车身涂装工艺基本体系。
9. 简述汽车总装配的工艺过程。
10. 汽车检测线检验包括哪些内容？

第 9 章
轨道客车车体制造工艺

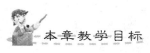
本章教学目标

了解轨道客车制造工艺流程；
掌握轨道客车底架结构工艺分析及制造工艺；
掌握轨道客车侧墙结构工艺分析及制造工艺；
掌握轨道客车车顶结构工艺分析及制造工艺；
掌握轨道客车车体钢结构总装工艺；
了解落车检查和试运转。

本章教学要点

知识要点	掌握程度	相关知识
轨道客车制造工艺流程	了解轨道客车制造工艺流程	轨道客车制造工艺
客车车体组焊工艺	掌握底架组焊工艺 掌握侧墙组焊工艺 掌握车顶组焊工艺	底架结构工艺分析、底架制造工艺 侧墙结构工艺分析、侧墙制造工艺 车顶结构工艺分析、车顶制造工艺
客车的总组装	掌握车体钢结构总装工艺 掌握客车总装内容 了解落车检查和试运转项目	车体钢结构总装工艺 客车总装 落车检查和试运转

车辆制造工艺

导入案例

目前，城市轨道交通已经成为国际大城市公共交通发展公认的首选模式。美国纽约、英国伦敦、法国巴黎、日本东京、俄罗斯莫斯科及中国香港等地的轨道交通都非常发达。同时城市轨道设备制造业在国外的发展也已有百年的历史。目前，全球城市轨道交通设备制造市场的份额已控制在少数几个大跨国公司手中，占有全球市场50%份额的共有三大跨国公司，他们是加拿大庞巴迪公司、法国阿尔斯通公司及德国西门子公司。

我国主要的轨道交通设备制造企业包括长春轨道客车股份有限公司、浦镇车辆有限公司、四方车辆有限公司、株洲电力机车有限公司、大连机车车辆有限公司及唐山轨道客车有限责任公司。由南车株洲电力机车有限公司自主研制，拥有自主知识产权的高端A型地铁车辆，车辆设计时速为80千米，采用全焊接铝合金鼓型车体，设计寿命30年，采用6辆编组时最大载客量超过2500人，地铁车辆如图9.1所示。

图 9.1　南车株洲电力机车有限公司生产的地铁车辆

城轨交通车辆是涉及机械、电气、材料、自控、通信、信息、计算机及声学技术等诸多领域的机电一体化产品。高速列车及新型城市轨道设备将成为今后国家大力发展的16项重大技术设备之一。这些设备包括时速300千米级高速铁路列车及新型地铁车辆。

9.1　概　　述

随着轨道客车制造工业的发展和生产技术水平的提高，我国的主型客车已由25型客车取代了原有的22型客车。25型客车车体钢结构采用高强度的耐候钢及其他型材制造。和22型客车相比较，其主要区别为：车体底架取消了中梁结构，底架金属地板由原来的平地板改为纵向波纹地板，车体侧墙的外墙板采用耐大气腐蚀的薄平板代替了原来的压筋薄板，从而降低了车辆自重，使制造工艺更为简单，结构设计更加合理。

以下以25型客车为例，介绍客车车体钢结构的制造工艺和客车总组装工艺。客车制造的工艺流程如图 9.2 所示。

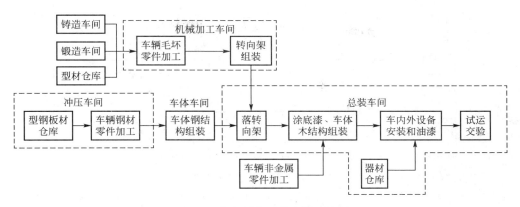

图 9.2　客车制造工艺流程示意图

25 型轨道客车车体钢结构制造工艺，采用部件装配、流水作业法。但在具体制造工艺过程中，不同的工厂所采取的工艺方法、工艺装备，工艺部件划分的细致程度及流水作业的具体组织是不尽相同的，这主要取决于年产量、车间厂房面积、厂房形式、生产技术水平等主要因素。

轨道客车车体钢结构工艺部件一般划分为底架、侧墙（1、2 位）、外端墙（1、2 位）、内端墙（1、2 位）和车顶等八大工艺部件。为了提高劳动生产率，组织流水生产，各大工艺部件根据其具体结构，又划分为若干个小工艺部件。各大工艺部件可单独、平行地进行制造，最后在总组装台位进行车体钢结构的总装，其总装系统如图 9.3 所示。

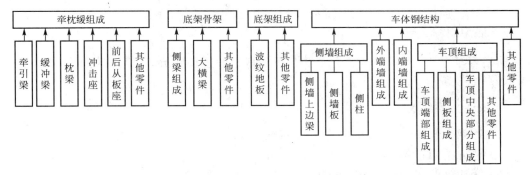

图 9.3　轨道客车车体钢结构总装系统

在车体钢结构制造时，通常是将所划分的各大工艺部件组织成分流水作业生产线，然后形成车体钢结构总装流水作业生产线，完成整个车体钢结构的制造工作。在流水线设计时，首先应根据其年产量确定流水线的节拍，进而确定所需的台位数和所需的厂房面积；或根据现有的厂房面积进行车间流水生产线的台位布置。

在车体钢结构制造中通常采用生产对象移动、工人和工艺装备固定的流水作业生产形式，但对于少数在制造中尚未形成足够的刚度、运送有困难的工艺部件，采取生产对象固定、工人和工艺装备移动的生产形式。

在流水线台位布置时，应尽可能使零部件及材料运送距离最短、场地紧凑。车体钢结构总装布局如图 9.4 所示。

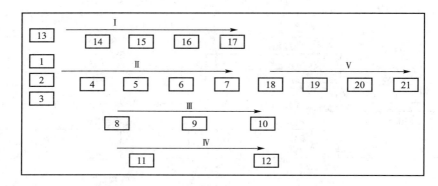

图 9.4 车体钢结构总装布局

Ⅰ—车顶流水线；Ⅱ—底架流水线；Ⅲ—侧墙流水线；Ⅳ—端墙流水线；
Ⅴ—车体钢结构总装配流水线

1—牵引梁组成；2—枕梁组成；3—缓冲梁组成；4—牵枕缓组成；5—底架组对；
6—底架波纹地板；7—底架焊接；8—侧墙板缝焊；9—侧墙组对；10—侧墙开窗口；
11—内端墙组成；12—外端墙组成；13—车顶侧板组成；14—车顶端部组成；
15—车顶组对；16—车顶焊接；17—车顶漏水试验；18—车体钢结构组成；
19—钢结构校平；20—零件安装；21—检查交验

9.2 客车车体组焊工艺

9.2.1 底架组焊工艺

轨道客车底架主要由牵枕缓组成、侧梁组成、波纹地板组成及主横梁等零部件装配而成，如图 9.5 所示。

1. 底架主要技术要求

(1) 底架全长 25496_{-7}^{+5} mm，宽度 (3100 ± 3) mm。

(2) 两枕梁中心距 (18000 ± 5) mm，对角线之差 $\leqslant 6$ mm。

(3) 缓冲梁、枕梁与牵引梁垂直度偏差 $\leqslant 2$ mm。

(4) 枕梁与缓冲梁对角线之差 $\leqslant 4$ mm。

(5) 地板安装牢固，不平度每米内 $\leqslant 8$ mm。

2. 底架结构工艺分析

为了保证车体钢结构组成后落在转向架上不产生车体倾斜现象，心盘的水平度和旁承间隙是非常重要的，必须加以严格控制，因此，底架的组装方法应采用正装法。

底架制造一般工作量较大，在台位布置上，应将底架组对和底架焊接划分为不同的台位，既可以保证组装质量，又可以提高劳动生产率。

由于焊缝多分布在底架地板的下部且位置复杂，给焊接工作带来很大的困难，因此底架的焊接应采用翻转夹具，将焊缝处于最有利的位置上焊接。

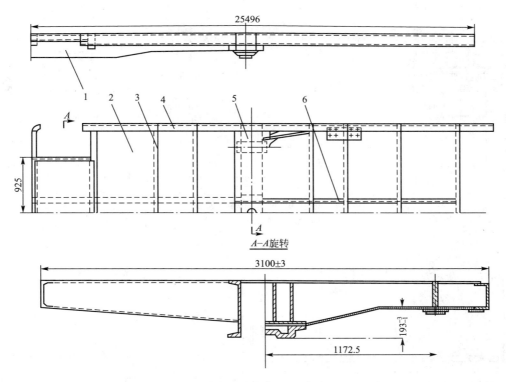

图 9.5 底架组成
1—牵枕缓组成；2—波纹地板；3—枕外横梁组成；
4—侧梁组成；5—枕梁上盖板；6—枕内纵梁

3. 底架制造工艺

1) 枕梁组成制造

根据工艺部件的划分原则，产品的产量越大，工艺部件划分应越细。所以应将其划分为几个工艺部件，而每个工艺部件又可划分为小部件。其优点一是可以实现流水作业，提高生产率；二是可采用专用组焊夹具，提高组焊质量。下面以枕梁制造为例，介绍某厂一种枕梁翻转焊接夹具。

由于枕梁上焊缝较多，位置较复杂，所以枕梁焊接采用专用翻转夹具。根据枕梁组成的结构特点，从焊接变形上分析，枕梁腹板与下盖板焊接后将产生上挠变形。为了解决变形问题，采用预制反变形措施。将两个枕梁组合在一起，安装在专用组焊夹具上，中间加垫板，两侧用螺栓拧紧，使其首先产生下挠度，产生反变形。当枕梁焊接后，变形抵消，满足设计要求。从制造工艺角度分析，两个枕梁组合在一起翻转，使结构重心对称，翻转夹具设计更为合理。枕梁翻转焊接夹具如图9.6所示。

2) 牵枕缓组成制造

牵枕缓组成主要由牵引梁、枕梁、缓冲梁等零部件组成，其结构如图9.7所示。

(1) 牵枕缓组对。牵枕缓的组对工作是在专用夹具上进行的，采用正装法，步骤如下。

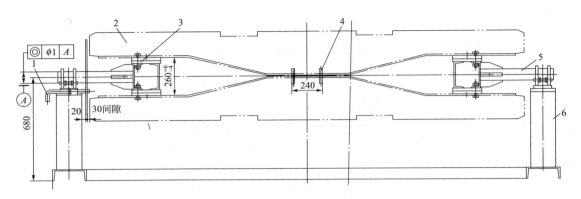

图 9.6 枕梁翻转焊接夹具

1—挡销；2—枕梁；3—拉紧装置；4—销；5—转轴；6—支架

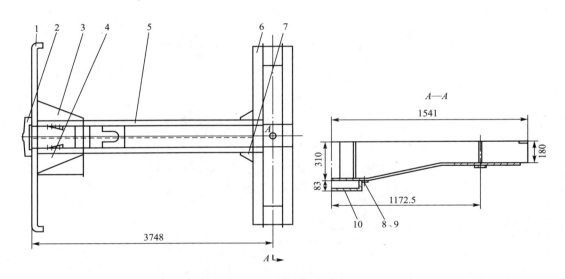

图 9.7 牵枕缓组成

1—缓冲梁组成；2—冲击座；3、4、7—补板；5—牵引梁组成；
6—枕梁组成；8、9—铆钉；10—上心盘

① 将枕梁组成吊放到组焊夹具内，使枕梁中心对准夹具中心位置后夹紧。

② 吊装牵引梁，靠夹具的定位装置和枕梁确定其位置并点固。

③ 将缓冲梁吊放到夹具上，由夹具的定位装置定位并点固。

（2）牵枕缓焊接。牵枕缓组成为纵向对称结构，焊缝分布也基本对称，焊接时应采取从中间向两侧对称施焊的方法，以减少焊后产生的焊接变形量。

牵枕缓的焊接工作是在夹具上进行的。主要的焊接工作有：牵引梁与缓冲梁、枕梁之间的连接焊缝及各梁的焊缝。为了保证焊接质量，正面焊缝焊接结束后，将牵枕缓组成从夹具内吊出，放在翻转胎具上焊接所有侧面和反面焊缝。

将牵枕缓组成翻转到反面位置，组装上心盘、上旁承、磨耗板等零件。

牵枕缓组成所有工作结束后，按技术条件要求进行检查，不符合要求的要进行调修。

3）底架制造

(1) 底架组对。

① 将牵枕缓吊至底架组焊夹具内，由夹具内心盘定位装置和定位元件确定其位置。

② 吊装侧梁组成、端梁组成、大小横梁及各种附属件，相互位置确定后夹紧并点固。组对结束后根据技术条件要求重点检查底架长、宽、对角线等尺寸，使其符合设计要求。

③ 安装波纹地板，与平地板相比，波纹地板具有更好的表面平整度和刚度。

(2) 底架焊接。底架的焊接位置复杂，焊接工作量大，焊接质量要求很高，但焊缝位置的分布却易产生焊后下挠变形。因此，除在夹具上采取措施控制变形外，焊接时要对称地由中央向外侧施焊以减少变形。

(3) 调修与打平。对各梁、柱不直和地板不平处进行调修与打平。

9.2.2 侧墙组焊工艺

25 型客车侧墙外墙板的制造吸取了国外客车制造的先进经验，取消了薄板压筋结构，这不仅增强了外板的平整度，使车体外形更加美观，而且给制造和维修工作带来方便。

轨道客车侧墙由墙板、上边梁、纵向梁、门柱、侧柱等组成，其结构如图 9.8 所示。

1. 侧墙主要技术要求

(1) 上边梁 3m 长度内弯曲≤3mm。

(2) 纵向梁上下弯曲每米内≤2mm。

(3) 侧柱、侧门柱左右弯曲≤2mm。

(4) 各柱、梁与墙板应密贴，以保证焊接质量。

(5) 侧柱根部上挠度 5~12mm。

2. 侧墙结构工艺分析

为了保证侧墙外侧表面的平整度，在侧墙定位时应以其外侧作为定位基准。

侧墙组成的绝大部分焊缝位于侧墙的内侧，因此可以在一个夹具上将部件装配焊接工作完成。

侧柱和上边梁是帽形断面和槽形断面，增强了外墙板的平整度，且在部件组成时，压紧和焊接都较方便。

为了满足车体钢结构总组装的质量要求，侧墙组成后在垂直方向要有一定的上挠度，因此在侧墙制造时要采取措施，以便达到设计要求。

3. 侧墙制造工艺

25 型客车侧墙板对接，各工厂采用的工艺装备不尽相同，下面简介其中的一种，采用箔膜缝焊机对接侧墙板。

首先将一侧侧墙板放置于缝焊机的滚动装置上，然后起动开关，通过缝焊机的焊缝定位装置将侧墙板的一侧滚动至焊缝中心位置，利用电磁平台将定位准确的侧墙板固定，再将准备对接的另一侧墙板与已定位好的侧墙板找准位置，对齐靠严，利用电磁平台固定，当两侧墙板之间的间隙满足规定的设计要求后进行焊接。焊接后按照技术条件的要求进行检查。

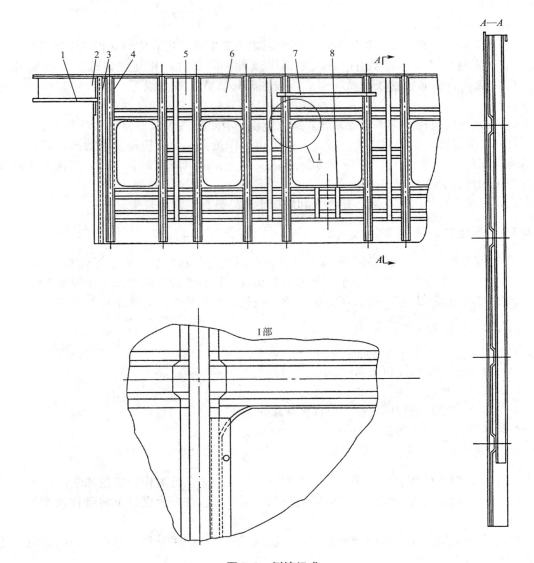

图 9.8　侧墙组成

1—侧门上横梁组成；2—侧门上板；3—侧门柱组成；4—侧墙柱；5—侧墙骨架组成；
6—侧墙板；7—上铺托固定梁；8—茶桌支梁组成

侧墙的装配-焊接工作是在装配-焊接夹具内进行的，如图 9.9 所示。考虑到客车车型的不同要求，为了使侧墙的装配-焊接夹具具有较大的适用性，在夹具设计时将定位器等做成可调节式的。

装配-焊接夹具采用铸铁平台对侧墙板进行定位，铸铁平台具有刚度大，不易变形；铸铁表面不易粘住飞溅的焊渣；表面粗糙度低等优点，可保证平台表面的光洁和平整，能够提高侧墙外墙板的表面质量。装配-焊接顺序如下。

（1）吊装侧墙板：将对接合格的侧墙板吊放到侧墙的装配-焊接夹具内，通过定位装置将其定位，然后用夹具内的预应力拉紧装置将侧墙板纵向拉紧，其目的主要是为了消除

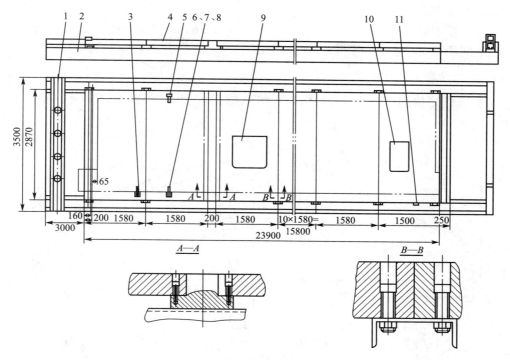

图 9.9 侧墙装配-焊接夹具

1—压紧小车；2—构架；3—上边梁定位器；4—铸铁平台组成；5—立柱下定位器；6—立柱上定位器；7—螺栓；8—螺母；9—大窗口定位器；10—小窗口定位器；11—快速定位器

焊接应力和增强侧墙的平整度。

(2) 安装上边梁：将上边梁吊放到侧墙板上，利用夹具上的定位夹紧装置定位夹紧后点固，上边梁要有 8～12mm 的上挠度。

(3) 纵向梁、侧柱及门柱的安装：为了使 25 型客车具有较好的防寒性能，在侧柱和门柱内均装入防寒材料，然后依次放入侧墙装配-焊接夹具内，通过上边梁和定位装置确定其位置后点固。

(4) 焊接：采用压紧小车将各梁、柱压紧后，检查梁、柱与墙板的间隙，当符合要求时进行焊接。

(5) 开窗口：将组焊后的侧墙吊至开窗口胎具上，利用窗口样板划线、切割，完成此项工作。

(6) 磨平、补漏：将侧墙所有凸起或凹进的焊缝磨平、补漏，最后按技术要求对侧墙进行逐项检查，符合要求后交验。

9.2.3 车顶组焊工艺

1. 车顶主要技术要求

(1) 车顶全长在 1、2 位两侧测量为 25500^{+8}_{-2} mm，在车顶中部上面测量为 25500^{+2}_{-7} mm。

(2) 车顶内宽 3100mm。

(3) 车顶内高(819±5)mm。
(4) 车顶边梁不准有明显硬弯,左右弯曲全长≤6mm,上下弯曲3m内≤2mm。
(5) 侧顶板与小弯梁需密贴,间隙≤1mm。

2. 车顶结构工艺分析

车顶组成结构如图 9.10 所示,侧板组成结构如图 9.11 所示。车顶结构工艺分析如下。

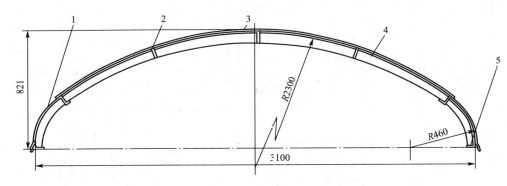

图 9.10 车顶组成

1—车顶侧板；2—车顶纵梁；3—车顶中板；4—车顶弯梁；5—车顶边梁

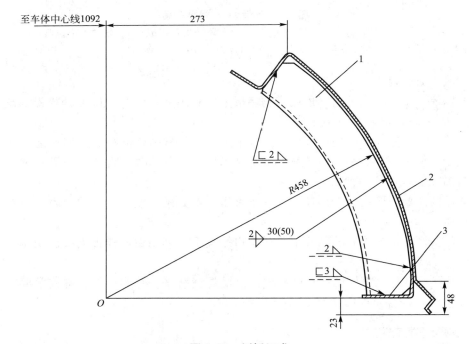

图 9.11 侧板组成

1—车顶弯梁；2—车顶侧板；3—车顶边梁

(1) 车顶的侧板结构由侧顶板、边梁、小弯梁等组成,从制造上可以作为一个小部件单独制造,便于组织流水生产,提高生产效率。

(2) 如果车顶横向弯梁是断开的，会使弯梁的刚度下降，而且弯梁的圆弧很难达到图纸设计要求。现在采用车顶横向弯梁是通长的，纵向梁是断开的，使横向弯梁的制造更加容易，横向弯梁和底架、侧墙形成封闭环，使强度得以提高。

(3) 车顶弯梁采用帽形钢结构，使装配时压紧和焊接的操作都比较方便。

(4) 车顶板之间的连接焊缝采用搭接，使下料和装配工作都更加简单。

(5) 车顶的内纵缝焊接为断焊，简化了加工过程，减少了制造工时。

对车顶而言，装配基准的选择，主要是决定车顶的组装方法是采用正装还是反装。从结构因素上考虑，应使选择的定位基准和部件的设计基准相重合，这样可以满足部件设计规定的技术要求，避免因基准不重合而引起的定位误差。从工艺因素上考虑，应使选择的定位基准在组装和焊接时提供各种方便条件，如改善组装、焊接时的工作条件，使部件在夹具上有较多的水平焊缝，定位稳固，夹紧可靠等。而在实际应用上，这两种因素往往是相互矛盾的，在一般情况下，应以结构因素为主要考虑的内容，以满足产品的设计要求为先决条件，但工艺因素有时也会对产品的组装等带来很大的影响。

车顶边梁的底平面在车体钢结构总装时是车顶的装配基准，车顶的高度尺寸是以车顶边梁的底平面为基准的。车顶边梁底平面的质量，将直接影响到车体钢结构总装的质量，而采取正装法可以保证车顶边梁的底平面平整，因此，从结构因素上考虑车顶组成以采取正装法为宜。

如果车顶组成采取正装法，会给组装工艺带来许多困难。例如，夹具上要设置和车顶弯梁弧度一样的弯梁，弯梁和纵向梁的定位、夹紧装置比较复杂，给夹具的设计和制造造成很大难度。由于车顶组成大部分的焊接工作是车顶弯梁、纵向梁和车顶板之间的焊接，如果采用正装法将各零件点固后直接焊接，由于焊接位置差（主要是仰焊），会给工人的操作带来很大不便，而且焊接时大量的气体不易排出，使工作环境比较恶劣。如果车顶组成点固后从夹具内吊出翻转180°再进行焊接，由于车顶板和车顶骨架的连接强度差，很容易引起骨架的扭曲变形。

从以上分析中可以看出，车顶组成全部采用正装法或反装法均存在一些问题，因此，可以将车顶组成分解为几个小部件，分别制造，最后在车顶组装台位上完成车顶组装工作。

3. 车顶制造工艺

因为各工厂的实际情况不同，因此车顶组装制造工艺也有所差异。

1) 侧板组成制造

侧板组成制造一般是在专用组焊夹具内完成的，其制作过程如下。

(1) 吊装侧顶板：首先将侧顶板吊入专用组焊夹具内，靠夹具上的定位装置定位。

(2) 吊放车顶边梁：侧顶板和车顶边梁定位夹紧装置如图9.12所示。

(3) 安装小弯梁：为了取得良好的隔热效果，25型客车在小弯梁内放入隔热材料，采用压紧定位装置确定小弯梁与侧顶板、车顶边梁的相对位置。小弯梁定位夹紧装置如图9.13所示。

(4) 将侧板组成各零件点固连接。

(5) 焊接所有焊缝。

2) 车顶骨架组成制造

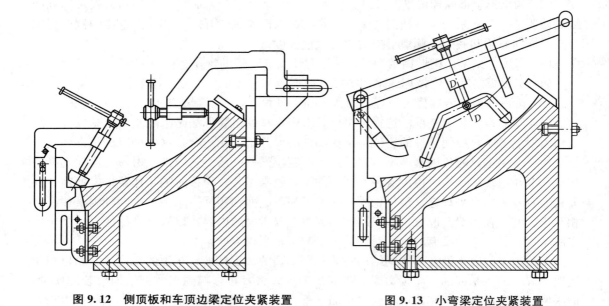

图 9.12　侧顶板和车顶边梁定位夹紧装置　　图 9.13　小弯梁定位夹紧装置

（1）吊装侧板组成：将侧板组成吊至车顶组焊夹具上，依靠夹具上的定位装置定位并夹紧。

（2）安装车顶端部组成：将已组装好的车顶端部吊入夹具内，与侧板组成的相互位置正确后点固。

（3）安装车顶横向弯梁：横向弯梁的纵向位置由夹具上的铰接式定位器定位，横向位置通过样板划线，使所有弯梁的高度均在同一水平面内，多余的伸出部分用气割割除。位置确定后用风动压紧小车压紧并点固，横向弯梁采用帽形结构，槽内装有防寒材料。

（4）安装车顶纵向梁：车顶纵向梁是分段的，在车顶横向弯梁处断开。其横向位置靠样板划线，纵向位置贴靠横向弯梁，位置确定后点固。

（5）铺装中顶板：用专用夹具压紧点固。

（6）焊接中央部分内部全部焊缝。

9.3　客车组装

9.3.1　车体钢结构总装工艺

车体钢结构总装是在总装夹具内完成的。在总装夹具内，依次将底架、侧墙、内外端墙、车顶等八大部件吊入组装。当生产量不大时，可在此夹具内完成从组对、焊接直至全部组装工作。当生产量较大时，可采取流水作业，将全部组装工作分别在不同台位上完成。车体钢结构总装夹具如图 9.14 所示。

1. 车体钢结构主要技术要求

（1）车体钢结构组成后，上挠度为 5～12mm。

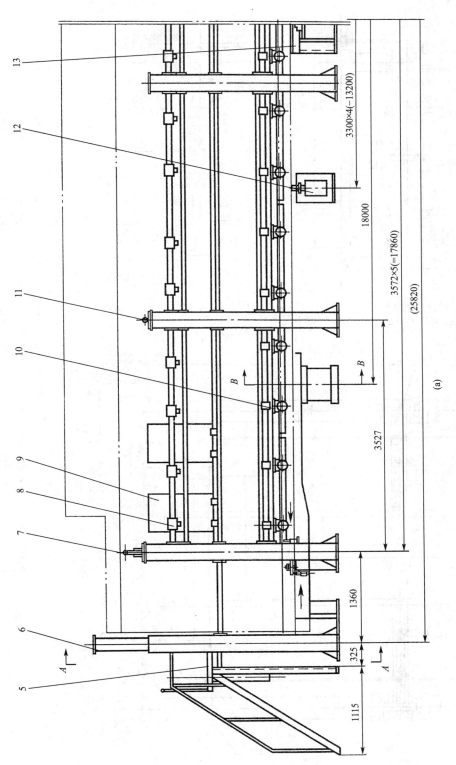

图 9.14 车体钢结构总装夹具

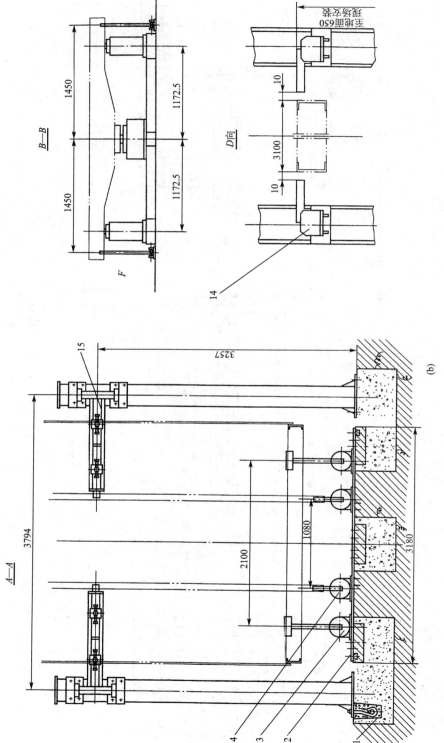

(b)

图 9.14 车体钢结构总装夹具(续)

1—地基；2—夹具端部组成；3—外端下部压紧器；4—折棚柱压紧器；5—端部跳板压紧器；6—构架组成；
7—侧墙定位器；8—侧墙拉紧器；9—小跳板组成；10—侧底板压紧器；11—侧墙定位器；12—底架挠度调整器；
13—中心顶高座；14—底架横向定位器；15—端墙压紧器

(2) 车体左右倾斜≤8mm。

(3) 同一门口上、下宽度差≤2mm，同一门口两侧高度差≤3mm。

(4) 同一窗口两端高度差≤2mm，窗口底边至底架侧梁高度为 915^{+2}_{-1} mm。

2. 车体钢结构总装工艺

为了适应车长不同、车高不同、车窗高度不同的各种车型的生产，车体钢结构总组装夹具的定位和压紧装置采用可移动式的，并且具有调整方便、迅速、定位准确等特点。车体钢结构总组装工艺过程如下。

1) 确定底架在总装夹具上位置

底架在总装夹具上位置的正确与否，直接关系到车体钢结构各大部件的相互位置，而且为了保证车体不产生倾斜，底架必须平直。因此底架的定位是组装质量的关键。

首先将底架组成安放到总装夹具上，底架的位置靠组装夹具内的定位心盘和定位元件确定，然后由枕梁拉紧装置拉紧底架四角旁承与定位装置靠紧。在侧梁下面用风动顶紧器顶起侧梁，侧梁在枕梁间有 10~15mm 均匀的上挠度。

2) 组装侧墙

将侧墙吊放到底架两侧的侧梁上，纵向定位以侧墙、底架中心对齐定位，两端的侧门柱至地板端梁的距离相等来调节，横向定位是使侧墙板和侧柱压紧在侧梁上。定位后，两端用卡兰或压紧器压紧，将侧柱点固在底架上，侧墙与底架侧梁间的定位是依靠侧墙定位器、侧墙拉紧器来完成的。侧墙上的门柱、侧柱、墙板与底架的接合部位必须符合图 9.15 所示的规定，超差时要进行调整。

3) 组装内外端墙

内端墙纵向定位以地板端梁所划出的内端墙安装位置确定，横向应使内端墙中心线与底架中心线对齐。外端墙的纵向定位是将折棚柱压紧在缓冲梁上，横向定位是使两根折棚柱的腹板与缓冲梁上的两个孔眼的距离相等，使外端墙具有正确的位置。检查合格后将各连接部位点固。

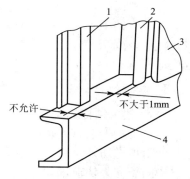

图 9.15 侧墙与底架的接合部位

1—门柱；2—侧柱；3—墙板；4—侧梁

4) 组装车顶

将车顶组成吊装到侧墙的上边梁上，以车顶与侧墙中心对齐定位，检查门柱至车顶端部横梁内翼面距离，使 1~4 位四处测得的距离基本均等，然后夹紧车顶边梁与侧墙上边梁并点固。用拉杆拉紧折棚柱，使其与车顶端部靠严，用定位拉紧器调整门柱与端角柱之间的距离，以控制四个车门的门口宽度，然后点固。

5) 车体焊接

车体各大部件安装、点固后，根据技术条件的要求，检查各部尺寸及各部件相互位置是否正确，符合要求后进行车体焊接。需焊接的焊缝主要有：车顶边梁与侧墙上边梁的段焊缝，侧柱与底架侧梁的角焊缝，折棚柱与缓冲梁的角焊缝，端墙与底架、车顶的连接焊缝等。

6) 车体调平工艺

车体调平工艺主要是调直各梁、柱，调平侧、端墙板等，使之满足技术条件的要求。

调直梁、柱主要采用火焰加热，配合顶拉和水冷。当梁、柱组装后不符合要求需用锤击时需加垫板。

端、侧墙板的校平采用电磁校平工艺。电磁校平装置由龙门架、吸盘、电控箱、加热装置（火焰喷枪）、冷却装置（冷却喷枪）及各种不同尺寸的烤板等组成。在电磁校平前，端、侧墙板要清除电焊熔渣，然后把龙门架移到1、2位始端，校平工作一般是由车体两端向中间进行的。首先将吸盘贴住要校平的墙板，将烤板置于和吸盘对应的墙板另一侧，通过电磁吸盘将墙板吸住，按烤板眼孔用火焰加热墙板，加热顺序为由烤板中间向四周进行，加热后高压水管浇水对烤点急冷。需要注意的是，冷却时只能烤一点冷却一点，不允许对所有烤点同时冷却。校平结束后按技术条件进行检查直至满足要求为止。

9.3.2 客车总装

客车总装工艺过程主要包括车体木结构、车电、给水、采暖、通风、制动装置、车内设备等部分的安装，以及车内外油漆，最后将车体落在转向架上组成车辆，经检查合格后出厂交付使用。

客车总组装具有组装周期长，工种多，工作量大等作业特点，其工种涉及木工、电工、钳工、油工等，其中，木工的工作量为最大，其他工种的工作，按先后工序插入，或平行作业，或交叉进行。在安排生产时，应以木工为主，使整个组装能有计划、有步骤、合理地进行。

1. 木结构的安装

1) 底架木结构的安装

木结构的安装首先从底架开始，由于25型客车地板已采用波纹地板，因此，在波纹地板凹处填充防寒材料，采用聚氨酯现车发泡或玻璃丝绵。底架的木骨架用螺栓固定，各木梁中间填充大块玻璃丝绵，以起到防寒隔热作用。在木梁上安装地板要做到使地板的接缝处位于木梁的中心。地板布的铺装用防火沥青黏结，其接缝采用焊接或粘接的方法，要保证接缝平整严密。

2) 侧墙木结构的安装

侧墙的木骨架用螺栓固定于钢结构上，须保证各木梁位置准确，车窗口部位的木梁与窗框之间的间隙均匀，窗口四周立柱、横梁及侧栏上的木立柱应位于同一平面内。木骨架安装结束后，在其中间填充防寒隔热材料玻璃丝绵。内墙板固定于木骨架上，其表面质量要满足设计要求。

3) 车顶木结构的安装

车顶木结构的安装工序与底架、侧墙木结构的安装基本相同。而车顶板的安装质量将对客车室内的造型、美观等产生很大的影响。因此，要保证安装牢固可靠，表面要平整，间隙要均匀。

2. 车窗的安装

车窗安装是客车总组装工艺过程中较重要的部分。车窗安装的质量，尤其是车窗的密封性能，是检验客车总装质量的主要参数之一。

现在的客车车窗已由生产厂家生产出整体车窗后直接送入总装车间，在装车前要根据技术条件的要求进行各项检查,主要内容包括车窗开闭是否灵活,窗锁作用是否良好等。另外在装车前要对车窗进行淋雨试验。各项指标合格后,进行车窗安装,工艺过程如下。

首先将检查状态良好的车窗吊至车体钢结构车窗位置,采用专用设备使车窗定位准确,不产生倾斜,按车窗位置钻孔。然后将车窗取下,清除掉车窗和钢结构上的钻孔铁屑后,在车窗接触部位和钢结构窗口四周涂密封胶,最后采用拉铆的方法将车窗固定于车体钢结构的窗口上。

车窗安装所有工序结束后,要进行淋雨试验,确保车窗不漏雨。

3. 其他装置的安装

其他装置的安装,包括制动装置的安装、车电装置的安装、给水和采暖及卫生设备的安装等。

制动装置的安装主要包括管路系统、阀类、杠杆、拉杆及各种风缸的安装,落车后要进行各种试验,其结果必须满足设计要求。

车电装置的安装包括发动机、蓄电池、控制箱、电气配线、照明灯具及其他电气装置的安装。电气配线分为车体内部与车体下部两大部分,车电配线安装后,要进行耐压和绝缘试验。

在卫生设备上,25型客车厕所采用玻璃钢。玻璃钢材料具有自重轻、比强度高、耐腐蚀性能优异的特点。

4. 车体钢结构油漆

为了提高车体钢结构的耐腐蚀性能,除了使用耐腐蚀材料外,在生产中最常见的方法之一就是在车体钢结构上涂装油漆保护层。

为了更好地起到保护作用和装饰作用,选用油漆材料应遵循以下原则。

(1) 对被涂表面具有优良的附着力,多层涂装时各涂层有良好的配套性。
(2) 有较好的化学稳定性和耐老化性。
(3) 漆膜干燥后有足够的弹性和硬度。
(4) 有较好的致密性和均匀成膜性。
(5) 油漆的施工性能、干燥性能与所具备的涂装条件相适应。
(6) 油漆为中性,对人体健康无害。
(7) 油漆干燥速度快,工艺性好。

车体钢结构内部搭接面比较多。一般先用密封胶把搭接缝隙密封堵严,然后喷涂防锈漆,再喷涂沥青厚浆涂料。

车体钢结构外部油漆由底漆、腻子和面漆三层组成。底漆主要起保护作用,要求漆膜与金属表面具有较强的结合力,并具有足够的弹性和耐热性。腻子的作用是填平金属表面上的凹凸不平,以提高表面平整性。面漆主要起保护和美观作用。干燥后的漆膜颜色、外观和漆膜机械强度应满足产品设计要求,并在使用过程中耐久、稳定,并耐使用环境介质的浸蚀。

9.3.3 落车检查和试运转

1. 落车检查

将车体落在转向架上后,按技术要求进行落车检查。

(1) 车钩高度。客车落成后，车钩中心线距轨面高度 880^{+50}_{+5} mm，同一车辆前后车钩高度差不得超过 10mm。凡不符合要求者，可通过调整心盘垫板、车钩垫板来解决。但心盘垫板的厚度不准超过 20mm，车钩垫板的厚度不准超过 10mm。

(2) 车钩三态作用。客车落成后，车钩开锁、闭锁、全开三态作用必须保持良好。

(3) 转向架四周高度、车体倾斜状况。测量转向架四角高度之差（弹簧支柱平面至轨面距离）前后应不大于 10mm，左右应不大于 8mm，客车落成后车体左右倾斜不得大于 15mm。

(4) 轴箱弹簧高度差。在同一轴箱上轴箱弹簧高度差不得大于 2mm，在同一转向架上不得大于 4mm。

(5) 旁承间隙。车体落成后同一转向架上、下旁承间隙 2～4mm，左右两侧旁承间隙之和不大于 6mm。

落车后还要进行各种试验，其中包括制动单车试验，电气绝缘耐压试验和给水、采暖装置性能试验。各种试验必须满足设计要求。

2. 试运转

新设计的车辆、特种用途的车辆和国际联运车辆在制成后均需进行试运转。其目的是检查以上车辆在正常运行速度下，各项设计指标是否符合要求。检查的主要内容有：轴温、制动作用、走行部分状态、钩缓装置状态、车电装置作用等，并检查各部件有无杂音和下垂现象。

试运转后，检查车钩中心线距轨面高度、转向架各弹簧高度、车体四角距轨面高度是否仍符合要求，各主要零部件是否有折损、裂纹和其他不良状态，如存在问题，应及时进行修理或更换，必要时修复后再次试运转，如所有指标全部合格，即可出厂投入运营。

思考题

1. 简述轨道客车制造工艺流程。
2. 说明轨道客车底架制造工艺内容。
3. 简述侧墙的装配—焊接工作顺序。
4. 分析轨道客车车顶结构工艺性。
5. 说明车顶制造工艺流程。
6. 叙述轨道客车车体钢结构总装工艺流程。
7. 落车检查项目包括哪些内容？

参 考 文 献

[1] 丁柏群，王晓娟. 汽车制造工艺技术 [M]. 北京：国防工业出版社，2012.
[2] 宋新萍. 汽车制造工艺学 [M]. 北京：清华大学出版社，2011.
[3] 曾东建. 汽车制造工艺学 [M]. 北京：机械工业出版社，2005.
[4] 王宝玺. 汽车制造工艺学 [M]. 2版. 北京：机械工业出版社，2005.
[5] 陈宏钧. 实用机械加工工艺手册 [M]. 3版. 北京：机械工业出版社，2009.
[6] 韩英淳. 汽车制造工艺学 [M]. 北京：人民交通出版社，2005.
[7] 邓仕珍，范森海. 汽车车身制造工艺学 [M]. 北京：北京理工大学出版社，2004.
[8] 宋晓琳. 汽车车身制造工艺学 [M]. 2版. 北京：北京理工大学出版社，2006.
[9] 王植槐. 汽车制造检测技术 [M]. 北京：北京理工大学出版社，2000.
[10] 周华祥，刘瑞已. 汽车制造工艺与数控设备 [M]. 北京：机械工业出版社，2007.
[11] 赵桂范，杨娜. 汽车制造工艺 [M]. 北京：北京大学出版社，2008.
[12] 郑修本. 机械制造工艺学 [M]. 2版. 北京：机械工业出版社，2002.
[13] 王先奎. 机械制造工艺学 [M]. 北京：机械工业出版社，1995.
[14] 王启平. 机械制造工艺学 [M]. 哈尔滨：哈尔滨工业大学出版社，1995.
[15] 华健. 现代汽车制造工艺学 [M]. 2版. 上海：上海交通大学出版社，2008.
[16] 王珺. 汽车制造工艺学 [M]. 北京：国防工业出版社，2011.
[17] 崔令江. 汽车覆盖件冲压成形技术 [M]. 北京：机械工业出版社，2003.
[18] 王永伦. 汽车制造工艺基础 [M]. 北京：机械工业出版社，2012.
[19] 何耀华. 汽车制造工艺 [M]. 北京：机械工业出版社，2012.
[20] 唐远志，向雄方. 汽车车身制造工艺 [M]. 北京：化学工业出版社，2009.
[21] 王锡春. 汽车涂装工艺技术 [M]. 北京：化学工业出版社，2005.
[22] 卢本，卢立凯. 汽车机器人焊接工程 [M]. 北京：机械工业出版社，2006.
[23] 王新华. 汽车冲压技术 [M]. 北京：北京理工大学出版社，1999.
[24] 刘岩. 车辆修造工艺与装备 [M]. 2版. 北京：中国铁道出版社，2007.
[25] 陈世和. 车辆修造工艺与装备 [M]. 北京：中国铁道出版社，1999.
[26] 符刚. 机车车辆制造技术的现状和展望综述 [J]. 机车车辆工艺，2002(4)：1-5.
[27] 金城. 我国车辆技术与制造工艺的发展 [J]. 金属加工，2009(16)：9-11.
[28] J. Vitins，等. 机车和动车的现代化制造工艺 [J]. 国外机车车辆工艺，2009(2)：19-25.
[29] 吉学刚. 谈现阶段中国客车制造工艺 [J]. 商用汽车，2010(1)：58-59.
[30] 段珍珍，张雪红，谷晓鹏. 轨道车辆焊接制造工艺现状及发展趋势 [J]. 焊接技术，2011，40(11)：1-5.
[31] 刘伟洁，马霄锋. 天津地铁车体制造工艺 [J]. 机车车辆工艺，2012(2)：16-17.
[32] 楼国昌. 铁道车辆的车轴加工工艺 [J]. 现代制造工程，2002(12)：57-58.

北京大学出版社汽车类教材书目

序号	书名	标准书号	著作者	定价	出版日期
1	汽车构造(第2版)	978-7-301-19907-7	肖生发，赵树朋	56	2014.1
2	汽车构造学习指导与习题详解	978-7-301-22066-5	肖生发	26	2014.1
3	汽车发动机原理(第2版)	978-7-301-21012-3	韩同群	42	2013.5
4	汽车设计	978-7-301-12369-0	刘涛	45	2008.1
5	汽车运用基础	978-7-301-13118-3	凌永成，李雪飞	26	2008.1
6	现代汽车系统控制技术	978-7-301-12363-8	崔胜民	36	2008.1
7	汽车电气设备实验与实习	978-7-301-12356-0	谢在玉	29	2008.2
8	汽车试验测试技术	978-7-301-12362-1	王丰元	26	2013.6
9	汽车运用工程基础(第2版)	978-7-301-21925-6	姜立标	34	2013.1
10	汽车制造工艺(第2版)	978-7-301-22348-2	赵桂范，杨娜	40	2013.4
11	车辆制造工艺	978-7-301-24272-8	孙建民	45	2014.6
12	汽车工程概论	978-7-301-12364-5	张京明，江浩斌	36	2008.6
13	汽车运行材料(第2版)	978-7-301-22525-7	凌永成	45	2013.7
14	汽车试验学	978-7-301-12358-4	赵立军，白欣	28	2013.5
15	内燃机构造	978-7-301-12366-9	林波，李兴虎	26	2011.12
16	汽车故障诊断与检测技术	978-7-301-13634-8	刘占峰，林丽华	34	2013.8
17	汽车维修技术与设备	978-7-301-13914-1	凌永成，赵海波	30	2013.5
18	热工基础	978-7-301-12399-7	于秋红	34	2009.2
19	汽车检测与诊断技术	978-7-301-12361-4	罗念宁，张京明	30	2009.1
20	汽车评估	978-7-301-14452-7	鲁植雄	25	2012.5
21	汽车车身设计基础	978-7-301-15619-3	王宏雁，陈君毅	28	2009.9
22	汽车车身轻量化结构与轻质材料	978-7-301-15620-9	王宏雁，陈君毅	25	2009.9
23	车辆自动变速器构造原理与设计方法	978-7-301-15609-4	田晋跃	30	2009.9
24	新能源汽车技术(第2版)	978-7-301-23700-7	崔胜民	39	2014.2
25	工程流体力学	978-7-301-12365-2	杨建国，张兆营等	35	2011.12
26	高等工程热力学	978-7-301-16077-0	曹建明，李跟宝	30	2010.1
27	汽车电气设备(第2版)	978-7-301-16916-2	凌永成，李淑英	38	2014.1
28	现代汽车发动机原理	978-7-301-17203-2	赵丹平，吴双群	35	2013.8
29	现代汽车新技术概论(第2版)	978-7-301-24114-1	田晋跃	42	2014.5
30	现代汽车排放控制技术	978-7-301-17231-5	周庆辉	32	2012.6
31	汽车服务工程(第2版)	978-7-301-24120-2	鲁植雄	42	2014.6
32	汽车使用与管理	978-7-301-18761-6	郭宏亮，张铁军	39	2013.6
33	汽车数字开发技术	978-7-301-17598-9	姜立标	40	2010.8
34	汽车人机工程学	978-7-301-17562-0	任金东	35	2013.5
35	专用汽车结构与设计	978-7-301-17744-0	乔维高	45	2010.9
36	汽车空调	978-7-301-18066-2	刘占峰，宋力等	28	2013.8
37	汽车空调技术	978-7-301-23996-4	麻友良	36	2014.4
38	汽车CAD技术及Pro/E应用	978-7-301-18113-3	石沛林，李玉善	32	2014.1
39	汽车振动分析与测试	978-7-301-18524-7	周长城，周金宝等	40	2011.3
40	新能源汽车概论	978-7-301-18804-0	崔胜民，韩家军	30	2013.6
41	汽车空气动力学数值模拟技术	978-7-301-16742-7	张英朝	45	2011.6
42	汽车电子控制技术(第2版)	978-7-301-19225-2	凌永成，于京诺	40	2014.1
43	车辆液压传动与控制技术	978-7-301-19293-1	田晋跃	28	2011.8
44	车辆悬架设计及理论	978-7-301-19298-6	周长城	48	2011.8
45	汽车电器及电子控制技术	978-7-301-17538-5	司景萍，高志鹰	58	2012.1
46	汽车车身计算机辅助设计	978-7-301-19889-6	徐家川，王翠萍	35	2012.1
47	现代汽车新技术	978-7-301-20100-8	姜立标	49	2013.7
48	电动汽车测试与评价	978-7-301-20603-4	赵立军	35	2012.7
49	电动汽车结构与原理	978-7-301-20820-5	赵立军，佟钦智	35	2012.7
50	二手车鉴定与评估	978-7-301-21291-2	卢伟，韩平	36	2012.8
51	汽车微控制器结构原理与应用	978-7-301-22347-5	蓝志坤	45	2013.4
52	汽车振动学基础及其应用	978-7-301-22583-7	潘公宇	29	2013.6
53	车辆优化设计理论与实践	978-7-301-22675-9	潘公宇，商高高	32	2013.7
54	汽车专业英语	978-7-301-23187-6	姚嘉，马丽丽	36	2013.8
55	车辆底盘建模与分析	978-7-301-23332-0	顾林，朱跃	30	2014.1
56	汽车安全辅助驾驶技术	978-7-301-23545-4	郭烈，葛平淑等	43	2014.1
57	汽车安全	978-7-301-23794-6	郑安文	45	2014.3

相关教学资源如电子课件、电子教材、习题答案等可以登录www.pup6.com下载或在线阅读。

扑六知识网(www.pup6.com)有海量的相关教学资源和电子教材供阅读及下载(包括北京大学出版社第六事业部的相关资源)，同时欢迎您将教学课件、视频、教案、素材、习题、试卷、辅导材料、课改成果、设计作品、论文等教学资源上传到pup6.com，与全国高校师生分享您的教学成就与经验，并可由您定价格，知识也能创造财富。具体情况请登录网站查询。

如您需要免费纸质样书用于教学，欢迎登陆第六事业部门户网(www.pup6.com)填表申请，并欢迎在线登记选题以到北京大学出版社来出版您的大作，也可下载相关表格填写后发到我们的邮箱，我们将及时与您取得联系并做好全方位的服务。

扑六知识网为打造成全国最大的教育资源共享平台，诚邀您的加入——让知识有价值，让教学无界限，让学习更轻松。

联系方式：010-62750367，童编辑，13426433315@163.com，pup_6@163.com，欢迎来电来信咨询。